불 균 등 발 전
자연, 자본, 공간의 생산

이 도서의 국립중앙도서관 출판예정도서목록(CIP)은 서지정보유통지원시스템 홈페이지(http://seoji.nl.go.kr)와 국가자료공동목록시스템(http://www.nl.go.kr/kolisnet)에서 이용하실 수 있습니다.
CIP제어번호: CIP2017027286(양장), CIP2017027285(반양장)

UNEVEN DEVELOPMENT
불균등발전

자연, 자본, 공간의 생산
NATURE, CAPITAL, AND THE PRODUCTION OF SPACE

닐 스미스 지음 | 최병두·이영아·최영래·최영진·황성원 옮김

한울
아카데미

Uneven Development
Nature, Capital, and the Production of Space (3rd ed.)
by Neil Smith

Published in the English language in the United States of America
by The University of Georgia Press Athens, Georgia 30602
Copyright © 1984, 1990 by Neil Smith
All rights reserved.
Korean translation copyright © 2017 by HanulMPlus Inc.
This Korean edition was published by arrangement with The University of Georgia Press.

이 책의 한국어판 저작권은 The University of Georgia Press와의 독점 계약으로 한울엠플러스(주)에 있습니다. 저작권법에 의해 보호를 받는 저작물이므로 무단전재 및 복제를 금합니다.

차례

옮긴이의 말 · 7
서언 · 14
제2판 서문 · 17
제1판 서문 · 20

서론 · 23

1 자연의 이데올로기 · 33

2 자연의 생산 · 83

3 공간의 생산 · 135

4 불균등발전 I: 지리적 차별화와 균등화의 변증법 · 185

5 불균등발전 II: 공간 규모와 자본의 시소운동 · 233

6 결론: 자본의 재구조화? · 269

제2판 후기 · 277
제3판 후기 · 307
옮긴이 해제 · 338
참고문헌 · 388
찾아보기 · 400

옮긴이의 말

2013년 2월 20일 뉴욕 시립대학교에서 거행되었던 닐 스미스(Neil Smith)의 추모식에서, 데이비드 하비(David Harvey)가 추모사를 시작하자 그곳에 모였던 많은 사람들이 자기도 모르게 웃음을 터뜨렸다. 하비의 추모사 첫말은 "닐은 내(하비)가 이때까지 알았던 사람들 가운데 가장 철저한 마르크스주의자였다. 왜냐하면 닐은 모순으로 가득 차 있었기 때문이다"였다(Wachsmuth, 2013: 409에서 재인용). 하비가 이렇게 말한 것은 스미스가 자신을 죽음에 이르도록 한 술과의 투쟁을 벌였기 때문이다. 하비의 말에 따르면, 스미스는 공부만 하는 착한 대학원생은 아니었다. 그는 인생의 반을 피켓 들고 시위에 나가는 데 보냈고, 나머지 반을 술집에서 보냈다. 이날 추모식 역시 스미스가 대학원에서 일하는 노동자들의 시위에 참석해 피켓을 들고 있는 비디오 상영으로 끝났는데, 여기서도 그는 북잉글랜드 민요를 편곡한 「사회주의 ABC(The Socialist ABC)」를 목청껏 부르고 있었다.

그의 제자 돈 미첼(Don Mitchell)도 스미스가 무척이나 많은 모순을 안고 있다고 느꼈다(Mitchell, 2014). 미첼이 스미스의 모순으로 지적한 바로는, 우선 그는 한편으로 자연을 사랑하고 정원 가꾸기와 새 관찰하기를 즐겨했지만 다른 한편으로 자연(첫째 자연)은 사회적 자연(둘째 자연) 내에서 사회적으로 생산된다고 주장했다. 또한 그는 어느 누구보다도 열렬한 유물론자였지만 사상과의 투쟁은 매우 중요하기 때문에 다른 누구에게 맡겨둘 수 없고 응당 본인이 해야 된다고 생각했다. 그뿐만 아니라 개인적인 이야기로 스미스는 지도 학생들의 연구에 대해서는 신랄한 비판을 하면서도 자신의 연구를 수정하는 것은 무엇보다 싫어했다고 한다. 같은 맥락에서 그는 존재하는 모든 것에 대해 철저한 비판이 필요하다고 믿었지만, 그의 생명을 구할 수도 있었던 자기 행동에 대한 비판이나 성찰은 하지 않았던 것처럼 보인다.

내가 체험한 스미스도 어떤 의미에서 모순으로 가득 찬 사람이었다. 그의 주장은 매우 이론적이고 이성적이었던 반면에 그의 행동은 매우 열정적이고 감성적이었다. 그는 모순적인 것처럼 보이는 논리적 이성과 열정적 감성을 내면에서 잘 조정하는 사람이었다. 그러나 그에게 운명처럼 주어진 이 모순적 경향, 한편으로는 너무 논리적이고 다른 한편으로는 너무 열정적이던 그 모순이 삶을 더는 지탱하기 어렵게 만든 것으로 보인다. 다만 앞에서 언급한 그의 모순적인 행동들 가운데 개인적인 이야기는 제외하고, 처음 두 가지 모순은 사실 스미스 자신에게 내재된 모순이라기보다 자본주의사회의 모순에 대한 그의 저항적 삶이 모순적 행동으로 나타난 것이라고 할 수 있다.

이런 점은 내가 기억하는 스미스와의 대화에도 나타난다. 1999년 1월 대구와 경주에서 개최되었던 동아시아대안지리학회 창립대회에 참석차 그가 처음 한국을 방문했을 때, 나는 그에게 한국의 인상에 대해서 물었다. 그는 "생각보다 한국이 많이 근대화되었다"라고 말했다. 그래서 나는 약간 장난스러운 말투로 한국의 근대화가 바람직한지 그렇지 않은지를 물었다. 그는 약간 망설이다가 근대화되어야 한다고 답했다. "이유가 무엇인가, 근대화란 결국 자본주의화를 의미하지 않는가?"라는 물음에, 그는 근대화는 빈곤과 질병으로부터 인간을 구해줄 수 있다고 설명했다. 다만 근대화와 자본주의화는 이런 긍정적인 변화를 가져다주지만 그 내적모순으로 인해 결국 비극으로 끝날 것이라고 말했다.

그 후 나는 1999년 4월 멕시코시티에서 열린 세계비판지리학대회 운영위원회에 참석했을 때 스미스를 다시 만났다. 멕시코시티 시내의 한 노천카페에서 그와 마주 앉아 한가롭게 대화를 나누었는데, 때마침 좁은 거리를 가득 메우면서 오가는 멕시코인들의 다양한 피부색이 화제가 되었다. 스미스는 멕시코인은 대부분 원주민과 백인 침략자 간의 혼혈이지만, 백인의 피부색처럼 되기를 매우 원한다고 말했다. 그 말을 듣고 나는 그에게 물었다. 멕시코인은 어떻게 살아가는 것이 좋은가? '혼종성'의 의미대로 백인과 거듭 결혼해 모두 흰색에 가까운 피부를 가지는 것이 좋은가, 아니면 원주민은 그들대로 따로 결혼해 본래 피부색을 유지하는 것이 좋은가? 그는 원주민과 백인 간의 결혼을 장려해 모두 같은 피부색을 가지는 것이 좋겠다고 답했다.

나와 스미스가 나눈 이 두 에피소드적 대화에는 두 가지 함의가 있다. 첫째, 대화의 핵심은 어떤 의문을 제기하고 그 의문에 어떻게 답할 것인가에 관한 개인적 의견의 문답이 아니라, 이들이 처해 있는 자본주의사회의 근대적 발전이나 제국주의적 침탈에 내재된 모순적 경향들을 논의하고 있다는 점이다. 달리 말해 내 질문과 스미스의 답변은 사실 우리가 살아가는 이 사회의 구조적 모순을 반영한 것이라고 할 수 있다. 둘째, 그러나 이런 대화를 회상하면서 매우 안타까운 점은 우리가 이런 모순에 봉착했을 때 지혜로운 판단과 실천적 전망을 제시할 수 있는 현자, 닐 스미스가 이 땅을 떠났다는 사실이다. 하지만 그가 이제 사라졌다고 할지라도, 많은 사람들이 여전히 그를 회상하고 그가 못다 한 일들을 이어가고 있다. 나 역시 여기에 공감하는 사람들과 함께 지리학의 고전이자 그가 남긴 불후의 명저 『불균등발전(Uneven Development)』(3판 2008년, 초판은 1984년 출판)의 번역 작업을 제안하고, 기꺼이 이끌게 되었다.

1954년 스코틀랜드 에든버러 교외의 한 오래된 마을, 리스에서 태어난 스미스는 어린 시절 주변의 자연경관에 매료되어 세인트앤드루스 대학교에서 지리학을 공부했다. 졸업 후에는 지도교수 조 도허티(Joe Doherty)의 추천으로 1977년 가을 존스 홉킨스 대학교 대학원으로 진학하게 되었다. 하비의 회고에 따르면(Cowen et al. 2012), 그는 스미스가 이 대학교로 오게 된 것에 아무런 역할을 하지 않았다고 한다. 왜냐하면 당시 하비는 안식년을 맞아 파리에 가 있었고, 스미스가 도착할 즈음에는 『자본의 한계(Limits to Capital)』(1982)를 한창 저술하고 있었기 때문이다. 하비는 『자본의 한계』를 저술하면서 스미스로부터 많은 도움을 받았으며, 그 후에도 『정의, 자연, 차이의 지리학(Justice, Nature and the Geography of Difference)』(1996)을 완성하는 데 많은 도움을 받았다고 한다. 반면 미첼의 말에 따르면, "만약 홉킨스에서 하비가 자본의 순환에 관한 전망을 열어가는 데 도움을 주었다면, 마르크스주의에 대한 닐의 관심은 훨씬 더 확장되었을 것"이라고 했다(Mitchell, 2014: 217).

스미스는 박사학위를 받기 전에 이미 뉴욕 컬럼비아 대학교 지리학과에 조교수로 임용이 되었고, 이로 인해 맹렬하게 학위논문을 작성했다. 밤늦게까지 연구실에서 논문을 작성했을 뿐 아니라 심지어 술을 마시면서도 논문을 집필했고, 활동가들과 연대하거나 도시 재활성화의 역동성에 관심을 가지면서도 논문을 작성했다(Mitchell, 2014). 하비의 말에 따르면, 스미스는 네 달 정도 만에 학위논문을 완성했다고 한다. 그는 1982년 후반 완성한 논문을 거의 수정 없이 출판사로 넘겼는데 이 책이 바로 『불균등발전』이었다. 그는 1986년 컬럼비아 대학교에서 럿거스 대학교로 옮겼으며 1990년 정교수로 승진했다. 그리고 2000년 뉴욕 시립대학교에서 석학 교수로 임명되어 자리를 옮겼으며, 2009년에는 자신의 고향에서 가까운 애버딘 대학교에서 세계적으로 저명한 교수들을 초빙하기 위해 마련한 지리학 및 사회이론의 석좌교수(Sixth Century Chair)에 첫 번째로 지명되었다.

스미스는 생애 동안 매년 평균 다섯 편의 탁월한 논문을 발표했으며, 네 권의 단독 저서와 여섯 권의 공동 저서를 출간했다(Doherty, 2013). 주요 저서로는 『불균등발전』 외에 『새로운 도시 전선(The New Urban Frontier)』(1996), 『아메리카 제국(American Empire)』(2002), 『세계화의 종반(The Endgame of Globalization)』(2005) 등이 있다. 특히 그는 지리학과 마르크스주의를 결합해 불균등발전론을 정형화했으며, 이에 바탕을 두고 도시적 규모의 젠트리피케이션(gentrification) 이론과 지구적 규모의 제국주의 지정학을 정형화하고자 했다. 이 과정에서 그가 제시한 주요한 개념들, 예를 들어 자연과 공간의 생산, 지리적 규모의 정치, 젠트리피케이션과 지대격차, 아메리카 제국 및 신자유주의적 세계화에 관한 연구는 비판적 사회이론과 실천적 운동의 발전에 기여했다. 그 외에도 그는 보복주의적 도시(revanchist city), 점핑 스케일(jumping scale), 자연 세탁(nature-washing), 엘니뇨 자본주의(El niño capitalism) 등 많은 메타포를 만들어냈다. 또한 그는 지리학의 역사와 철학에도 많은 관심을 갖고 시기별로 부상했던 주요 사상과 방법론들(예를 들어 공간과 사회의 관계, 후기 실증주의, 포스트모더니즘, 신비판지리학 등)을 둘러싼 논쟁을 주도하면서 미국과 영국의 지리학회에 깊이 개입하는 한편, 비판적 지리학의 세계적 조직과 확산에도 큰 영향을 미쳤다.

그뿐 아니라 스미스가 사회적 실천과 정치적 투쟁(특히 젠트리피케이션과 '도시적 탈취'에 저항하는 운동)에 미친 영향은 그가 학계에 미친 영향만큼 크다고 할 수 있다. 스미스는 도시 젠트리피케이션에 반대하는 활동가들에게 그들의 국지적 투쟁을 자본주의적 착취를 추동하는 거시적 힘과 연계되는 사고를 강조했으며, 전략적으로 행동하고 연대할 수 있는 제안들을 제시하기도 했다(Wachsmuth, 2013). 그는 '종반'에 도달한 자본주의의 신자유주의적 지구화와 제국주의적 침탈에서 벗어나 "다른 세계가 가능하다"라고 주장하면서, 반자본주의 세력의 연대가 강화되기를 희망했다. 이런 희망을 이루기 위해 그는 생애 마지막 시기에 혁명의 역사지리적 조건과 그 결과를 이론화하는 작업에 착수했다(Smith, 2007; 2009). 불행히도 이 작업은 그의 죽음으로 더는 진행될 수 없었다. 하지만 논리적 이성과 열정적 감성으로 충만했던 그의 삶에 영향을 받은 세계의 많은 비판적 지리학자와 사회이론가들이 그가 못다 한 작업을 여전히 이어가고 있다.

이러한 취지에 공감하는 국내 연구자들은 다소 늦긴 했지만 스미스를 추모하기 위해 두 가지 작업을 진행했다. 하나는 스미스의 이론들을 긍정적으로 재검토하면서 국내적 상황에 응용하는 일련의 논문을 모아 학술지 특집호를 만드는 작업이었다. 이 작업의 결과로 ≪공간과 사회≫ 제25권 4호에 「닐 스미스의 불균등발전론과 자본주의의 지리학」(최병두), 「닐 스미스의 지리정치경제학, 제국, 그리고 신자유주의」(이승욱), 「닐 스미스의 자연의 생산 개념에 의한 청계천 복원사업의 비판적 해석」(이상헌)의 논문들이 게재되었다. 이 특집에 참여하기로 했으나 시간 부족으로 참여하지 못했던 논문, 「닐 스미스와 젠트리피케이션, 그리고 한국」(이선영)은 ≪공간과 사회≫ 다음 호에 실렸으며, '옮긴이의 말'도 이 특집호에 게재된 추모 후기로 작성된 글의 일부이다. 다른 하나의 작업은 이제 지리학의 고전이 된 그의 역작 『불균등발전: 자연, 자본, 공간의 생산(Uneven Development: Nature, Capital, and the Production of Space)』을 번역하는 작업이었다. 이영아, 최영래, 최영진, 황성원은 이 번역 작업의 필요성에 전적으로 동의하고 기꺼이 참여해주었고, 그 결과로 이 번역서가 출간되게 되었다.

이 두 작업에 참여한 분들에게 모두 감사드리고, 애초에 같이하기로 했으나 바쁜 일정으로 부득불 참여하지 못한 분들에게도 고마움을 표한다. 특히 이 책을 한글로 번역한다는 소식을 듣고 격려를 해준 닐 스미스의 스승 데이비드 하비, 그리고 그의 제자 돈 미첼에게도 감사드린다. 끝으로 이 번역서를 기꺼이 출간해준 한울엠플러스 출판사에도 감사한다. 이 책의 출간을 통해 동시대를 살다가 앞서간 닐 스미스의 위대한 삶과 안타까운 죽음을 추모하며, 많은 독자들이 자본축적 과정에서 점점 더 심화되고 있는 불균등발전의 메커니즘을 이해하고 이를 넘어 인간적 가치와 사회공간적 평등이 구현되는 새로운 세계를 만들어가는 데 그와 함께하기를 희망한다.

최병두

참고문헌

Cowen, D. et al. 2012. "Neil Smith: A Critical Geographer." *Environment and Planning D: Society and Space*, 30, pp. 947~962.

Desbiens, C. and N. Smith. 1999. "The International Critical Geography Group: Forbidden Optimism?" *Environment and Planning D: Society and Space*, 17, pp. 379~382.

Doherty, J. 2013. "Neil Smith, 1954-2012: 'The Future is Indeed Radically Open'." *Urban Geography*, 34(1), pp. 1~4.

Mitchell, D. 2014. "Neil Smith, 1954-2012: Marxist Geographer." *Annals of the Association of American Geographers,* 104(1), pp. 215~222.

Smith, N. 2007. "Another Revolution is Possible: Foucault, Ethics, and Politics." *Environment and Planning D: Society and Space*, 25, pp. 191~193.

_____. 2009. "The Revolutionary Imperative." *Antipode*, 41(S1), pp. 50~65.

Wachsmuth, D. 2013. "For the Possibility of Another World: Tributes to Neil Smith (1954-2012): Part Two — The contradictions of Neil Smith." *City*, 17(3), pp. 409~410.

서 언

닐 스미스가 쓴 『불균등발전』의 재출간을 축하하는 데에는 두 가지 이유가 있다. 첫째, 이 책은 마르크스적 이론화와 지리학적 사유가 충돌하는 시작 단계이자 매우 알차고 계몽적인 국면이라고 할 수 있었던 역사적 계기에 지리적 불균등발전에 대해 전적으로 새로운 접근을 선도했다. 이 책은 스미스가 마르크스 이론과 지리학 이론에 대한 깊은 지식과 열정적 집념으로 매우 상이한 두 가지 사유 양식을 아주 통찰력 있고 당당하게 결합하고자 했음을 보여준다.

사실 스미스가 그렇게 한 것은 앙리 르페브르(Henri Lefebvre)의 주장, 즉 20세기 시작 이래 자본주의는 대체로 공간의 생산을 통해 존립했다는 주장을 심각하게 고려했기(그리고 왜 그렇게 되었는가, 왜 그렇게 되어야만 했는가를 이론적으로 보여주고자 했기) 때문이다. 또한 그가 앨프리드 화이트헤드(Alfred Whitehead)의 견해, 즉 인간의 본성(human nature)을 포함해 "자연의 의미를 결정하는 것은 원칙적으로 시간의 특성과 공간의 특성에 관한 논의로 환원된다"라는 견해를 수용해서 자연의 깊고 다양한 지적·정치적 의미들을 탐구하고자 했기 때문이다.

스미스는 이러한 전제로부터 시작하지는 않았다. 그러나 이로 인해 그가 자본, 공간, 자연에 관한 경합적인 사고들 전체에 대해 신중하게 비판적 관심을 가지게 되었다는 데에는 의문의 여지가 없다. 이런 중대한 통찰력 덕분에, 우리 대부분은 이 주제를 계속 발전시킬 수 있었다. 따라서 『불균등발전』은 역사적으로 매우 유의한 기본 텍스트이며 계속해서 재평가될 가치가 있다. 에드워드 사이드(Edward Said)가 『문화와 제국주의(Culture and Imperialism)』(1993)에서 서술한 바와 같이, 이 책은 "역사적 자본주의하에서 특정 종류의 자연과 공간의 생산이 어떻게 빈곤과 부, 산업적 도시화와 농업의 쇠퇴를 아우르는 경관의 불균등발전에 기여했는가에 관한 탁월한 이론적 정식"을 제공한다.

이런 사이드의 논평이야말로 우리가 『불균등발전』의 재출간을 환영해야 하는 두 번째 이유이다. 부와 빈곤의 양극화 심화, 놀라운 속도의 도시화와 환경 파괴를 초래하는 지구 경제의 불균등발전은 이 책이 처음 출판된 이래 사반세기 동안 줄어들기는커녕 가속화했다. 이런 조건하에서 이 책의 정치적 메시지는 거듭 환영할 만하다. 왜냐하면 이 책은 오늘날 우리가 처한 곤경을 해부하는 데 그 어느 때보다 더 적실하기 때문이다. 그렇지만 학계에서 강건했던 비판적 경향은 해를 거듭할수록 현저하게 줄어들고 있다. 마르크스적 이론화, 정치경제적 분석, 그리고 정치적 목적을 가진 비판지리학적 이론에 관한 평판은 사회주의의 종말과 같은 사건 때문에, 그리고 정체성의 정치나 문화적 이론화에 대한 미지근한 관심 속에서 해체될 상황에 처해 있다. 이와 같은 이른바 급진적 사유는 아무것도 할 수 없거나, 효과 없는 공동체주의적 반대를 뒷받침하거나, 심지어 은밀한 신자유주의화를 온건하게 지지하는 여러빠진 옹호론자들을 만들어냈다.

지구적 빈곤과 환경 퇴락에 대한 해답은 시장 논리의 확장과 사적 부동산 편재에 달려 있다는 믿음이 광범위하게 퍼져 있다. 이런 믿음은 부분적으로 신자유주의적 압박과 시장 결정에 따르는 대중매체와 대학들처럼 헤게모니적 제도 안에서 고취된다. 이런 논리는 별로 효과도 없으면서 비호혜적인 탄소 거래 체제에서부터 빈민을 무자비하게 갈취하는 미시신용제도에 이르기까지 적용되고 있다. 이런 상황에서 지구적으로 더 정의로운 사회질서를 구축하려는 투쟁의 비판적 기반은 거의 남아 있지 않다. 신자유주의적 지구화와 제국주의의 가장 나쁜 활용을 인권운동으로 개선하려는 야심은 오늘날 난국의 뿌리를 이루는 신자유주의적 개인주의와 개인의 책임이라는 이상을 기껏해야 줄여주거나 잘못하면 장려하게 된다.

다행스럽게도 세계 도처에서 다른 세계가 가능하다고 주장하는 사회운동이 전개되고 있다. 이들은 다른 세계를 구축하고자 하는 자신들의 결정을 구체화하고 있다. 그러나 여기에도 건설적인 정치에 반하는 장애가 있다. 이러한 장애는 지난 시대에 구축된 독단적 주장과 분석을 버리지 못한 전통적 좌파운동의 실패에서 비롯되었다. 더 좋은 세상을 건설하고자 하는 우리가 오늘날의 복잡한 지리적·역사적 상황을 이해하려면 앎의 정치와 방식을 다시 생각해야 한다. 하지만 마르크스적 이론화의 엄정성 외에 다른 모든 형태의 지적 추상화를 불신하는 분위기 속에서 그렇게 하기는 어렵다.

활동가들은 이런 위기 속에서 오래전 위대한 지리학자 엘리제 르클뤼가 그의 무정부주의적 동료들에게 제의했던 조언을 잊어버린다. 전 생애에 걸친 투쟁 끝에 그는 다음과 같이 조언했다. "사람의 생명을 위태롭게 할 정도로 위대한 열정과 헌신만이 대의에 기여하는 유일한 방법은 아니다. … 의식적인 혁명아는 감성을 가진 사람일 뿐만 아니라 이성을 가진 사람이며, 그에게 정의와 연대를 촉진하기 위한 모든 노력은 정확한 지식에 달려 있다. … 그런 사람은 자신의 개인적 사고를 인문과학의 더 큰 맥락 속으로 주입할 수 있으며, 자신의 폭넓은 지식을 통해 얻은 무한한 권력으로 유지되는 투쟁을 용감하게 전개할 수 있다."

닐 스미스의 『불균등발전』은 인간 조건에 관한 중대한 측면들을 비독단적인 방법으로 폭넓게 탐구하여 우리의 지적·정치적 역량을 강화하고, 우리에게 여전히 다른 세계가 가능하다는 사실을 고취하고 가르쳐준다. 이 책은 신중하게 독해하고 재독해할 가치가 있으며, 독자들은 실망하지 않을 것이다.

데이비드 하비

제 2 판 서 문

20세기 초, 이집트에 있는 알 아자르 대학교에서 학생들의 시위가 벌어졌다. 이 시위는 진보적 운동이 전혀 아니었다. 이들은 지리 과학(science of geography)에 반대하는 소동을 벌였다. 이들은 지리학이 지나치게 혁신적이고 기존의 전통에 분명 위협이 된다면서 이를 거부했다. 그들의 두려움은 사실이었지만, 사실 잘못된 근거에서 비롯되었다. 20세기 동안 지리 과학은 여러 국가적·국제적 맥락에서 지배계급의 온갖 의제에 반영되었다. 그렇지만 1970년대 후반, 지구적 정치가 우파로 이동할 때, 지리학은 좌파로 이동했다. 1980년대 말, 동유럽에서 폭동이 일어나자, 미국 국무성의 관리는 보도 자료를 발표하면서 우리가 '역사의 끝'에 다다랐다는 무모한 낙관론으로 제목을 뽑았다. 미국 자본주의가 승리했다는 것이었다. 이런 전망은 또한 비(非)미국적 사건으로부터 이데올로기적으로 차단된 채, '지리의 끝'을 가정하고 있다. 세계 도처에서 억압과 착취를 받는 사람에게는 그렇지 않지만, 미국 제국으로서는 시간과 공간을 얼어붙게 한 뉴스가 적기에 나온 것이라고 할 수 있다. 이 뉴스는 미국의 세기가 왜 쇠퇴하는지, 그 결과가 무엇인지, 그리고 지구상에 점점 더 많은 사람이 왜 생계의 위기를 겪는지에 대해 심각하게 고려해야 할 모든 필요를 외면하도록 했다.

워싱턴이 아닌 다른 곳에서 보면 1980년대에 일어난 사건은 우리에게 다른 견해를 가지도록 한다. '역사의 끝'과는 전혀 다르게, 우리는 '지리의 시작'을 목격할 수 있다. 제2차 세계대전 이후 자본주의는 다양한 독점과 국가 형태로 포장되어 있었지만 비교적 안정되어 있었고, 잇따른 사회적·정치적·경제적 재구조화와 결합되어 있었다. 이런 전후 자본주의의 해체는 모든 공간적 규모에서 장소와 사건의 파편화, 분열, 재조합을 촉진했고, 오늘날 새로운 경관의 생산은 지리학적 탐구의 중심 주제인 공간과 자연을 확고한 정치적 의제로 만들었다. 지리학은 능동적인 정치적 과정으로 재서술되고 있다. 이 점은 좀 더 학술적인 영역에서도 실현되고 있는데, 에드워드 소자(Ed Soja)는 이를 "비판적 사회이론에서 공간의 재천명"이라는 적절한 문구로 표현한 바 있다.

  나는 이 책의 초판 서문을 오늘날 잘 알려진 정취, "견고한 모든 것은 공기 속으로 사라진다"라는 문장을 인용하면서 끝을 맺었다. 이런 제목으로 마셜 버먼(Marshall Berman)의 책이 출판되면서 마르크스와 엥겔스의 경구는 1980년대 경험의 파편화를 상징하게 되었으며, 이로 인해 많은 사람들은 마르크스주의의 지구적 견해를 거부하고 다양한 국지주의를 선호하게 되었다. 그렇지만 과거 10여 년 동안 녹아버린 지리들은 1990년대에 다시 주조되고 견고화되어, 사회적 관계에서 재구조화된 편성으로서 새로운 표현이 되고 있다. 이 책에서 나는 자본주의의 불균등발전이 발전의 수준과 조건의 차별화 및 균등화를 지향하는 모순적 경향에서 기인한 것으로 가장 잘 인식될 수 있다고 주장한다. 납득할 만한 이유로 차별화 경향이 최근 우리의 주목을 끌고 있지만, 차별화와 균등화가 분리불가능하고 상호 뒤얽혀 있다는 점을 이해하지 못한다면 불균등발전의 지리를 이해할 수 없을 것이다. 그렇다면 알 아자르 대학교의 학생들을 그렇게 화나게 했던 지리 과학의 혁신적·진보적·반항적 잠재성 역시 실현될 것이다.

  많은 동료들이 최근 불균등발전에 관한 나의 사고를 확대시키는 데 도움을 주었다. 이들의 논평과 비평을 여기에 모두 언급할 수는 없지만, 나는 이들의 도움에 감사를 표한다. 데이비드 하비(David Harvey), 신디 케츠(Cindi Katz), 에드워드 소자는 특히 민감하고 도전적인 비판가들로, 이들은 내게 완전히 다른 새로운 이해 방식을 가르쳐주었다. 내가 학생일 때는 저자들이 그들의 학생에게 '고무적인' 영향을 받았다고 감사하는 것을 으레 하는 선심으로 생각했는데, 럿거스 대학교로 옮긴 이후 나 또한 탁월한 연구 모임이 만들어내는 지적 흥분에 굉장히 의존하게 되었다. 로라 리드(Laura Rid), 레일라 뷰럴(Leyla Vural), 타니아 스타인버그(Tanya Steinberg), 앤디 헤롯(Andy Herod), 돈 미첼, 타마르 로덴버그(Tamar Rothenberg), 그리고 줄리 투아손(Julie Tuason) 모두가 다양한 방법으로 시간과 아이디어를 내게 희사했다. 나는 이것이 내게 가치 있는 것처럼 그들에게도 가치 있기를 바란다.

1990년 5월
닐 스미스

제 1 판 서 문

이 책은 두 가지 유형의 지적 탐구가 만나는 기반을 보여준다. 첫 번째 유형의 탐구는 우리가 살고 있는 현실을 더욱 예리하게 탐구하기 위한 수단으로 개념을 이론적·철학적으로 고찰하고 비판하는 것이다. 따라서 이 책의 앞 두 장에서는 서구 사상을 지배하는 자연에 관한 끔찍하게 고풍스러운 개념화를 새롭게 다듬고자 한다. 나는 이 책의 이런 작업을 1979년에 시작했다. 두 번째 유형의 탐구는 앞 장과는 별개로 북미 도시에 매력을 느껴 시작했다. 1970년대 중반, 도시의 공간 구조는 모든 전통적 도시 모형에 맞지 않으면서 매우 역동적이거나 혼합적인 패턴으로 보였다. 처음에 나는 아주 피상적인 방법으로 도시의 지리적 공간에 각인된 것으로부터 사회적 구조의 많은 것을 읽을 수 있다고 확신했다. 특히 나는 젠트리피케이션 과정에 매료되어 이 주제에 관한 연구를 시작했다. 연구를 진행하면서 나는 좀 더 친숙했던 마르크스주의 이론과 개념을 배경으로 하지 않았다. 나는 젠트리피케이션이 상이한 규모들에서 작동하는 공간적으로 아주 특이한 현상들이라기보다는 더 보편적인 힘의 산물이라고 생각했다. 이 일반적 과정이 **불균등발전**의 한 과정이라고 확신하게 되었다.

공간 구조에 관한 연구가 이론적 탐구로 확장됨에 따라 철학적 고찰과의 연계가 좀 더 분명해졌다. 이에 따라 공간에 관해 서술한 3장에서는 (1장과 2장에서 논의한) 자연에 관한 좀 더 추상적인 작업을 4장과 5장에서 제시된 불균등발전에 관한 이론적 고찰과 연계시키고 있다. 나는 최종 생산물이 철학적 탐구 자체가 아니라 새로운 이론적 전망을 모색하기 위한 교량이 되기를 바란다. 마르크스가 주장한 것처럼, 실천적 과학과 분리된 철학이란 없다. 이 책은 분명 철학을 넘어서기 위한 시도라고 할 수 있다.

지적 풍요로움은 누적된 빚을 통해서 이루어진다. 나의 경우, 이 풍요로움이 내가 진 빚과 같기를 바랄 뿐이다. 데이비드 하비는 몇 마디 말이나 각주로 표현할 수 없을 정도로 이 저술에 많은 도움을 주었다. 그는 저녁 식사를 사주면서 깊은 우의로 나를 격려하기도 하고 비판하기도 했다. 그는 항상 이 프로젝트의 중요성을 믿었고, 자유롭게 방임하기도 하고 적극적으로 개입하기도 했다. 하비의 저작은 내가 볼티모어에 오기 전부터 나를 고취시켰으며, 그 후에도 계속 그러했다. 그는 또한 원고의 초안을 읽고 비판해주기도 했다.

하지만 만약 세인트앤드루스 대학교의 조 도허티가 없었다면 나는 결코 볼티모어에 올 수 없었을 것이다. 그는 철학적 사유가 현실에서 책임을 다할 수 있도록 나를 고무시켰다. 그는 내게 가장 문젯거리가 되는 논제들을 다루어야 한다고 조용하지만 끈기 있게 주장했다. 그의 진정한 충고가 없었다면 나는 이 저술을 꿈도 꿀 수 없었을 것이다. 볼티모어에서는 레즈 울먼(Reds Wolman)이 예상 밖으로 나를 지속적으로 지원해주었다. 그는 내가 무엇을 하려고 하는가를 잘 이해하지 못하면서도 나를 믿어주었다.

이 저술의 초기 단계에서 낸시 기시(Nancy Gish)는 여러 가지로 도움을 주었고, 내가 글을 쓰고자 하는 방향으로 분명히 잘 해낼 거라고 주장하기도 했다. 저술의 후기 단계에서는 많은 사람이 도움을 주었는데, 그중에서도 캐시 오그렌(Kathy Ogren)은 깊은 우애로 이 저술에 관해 많은 이야기를 해주었다. 비트리즈 노팰(Beatriz Nofal), 미셸 르페이브르(Michele LeFaivre), 배리 브라운(Barri Brown), 필 오키프(Phil O'Keefe), 바바라 쾨펠(Barbara Koeppel), 도나 해러웨이

(Donna Haraway), 제리 맥도널드(Jerry MacDonald), 그리고 리디아 허먼(Lydia Herman) 등 다른 동료들과 친구들도 나의 비사교적인 생활과 성향을 참아가며 여러 방법으로 격려해주었다. 캐런 페칼라(Karen Pekala), 진 켈리(Jean Kelley), 캐티 레이닌저(Katie Reininger), 페기 뉴필드(Peggy Newfield) 그리고 리자 크루기시(Liza Cluggish) 등 많은 사람들이 여러 단계에서(대체로 급하게) 타이핑 작업을 도와주었다.

언젠가 마르크스는 "견고한 모든 것은 공기 속으로 사라진다"라고 말했다. 이는 자본주의의 지리에서도 사실일 것이며, 또한 이런 시기의 착취와 억압에 대한 정치적 투쟁에서도 사실일 것이다. 그래서 마지막으로 나는 칼과 바바라 윈즐로(Cal and Barbara Winslow)가 보여준 격려에 감사한다. 이들과 함께 나는 우리가 다시 견고하게 태어날 날을 기다린다.

닐 스미스

서론

이 책은 정치의 지리학, 그리고 지리의 정치학에 관한 것이다. 따라서 이 책에서는 아주 최근까지 진지하게 상호 교류하지 못했던 두 가지 지적 전통을 통합하고자 한다. 만약 이 작업의 내용과 서술이 이론적이라면, 이는 작업의 동기 때문이다. 왜냐하면 오늘날 사람들은 세상을 바라보며 과거 20여 년, 그 어느 때보다 자본이 지리적 공간을 극적으로 재구조화하는 광경을 목격해왔다는 생각을 저버릴 수 없을 것이기 때문이다. 탈산업화와 지역 쇠퇴, 젠트리피케이션과 초거대도시의 성장, 제3세계의 산업화와 노동의 신국제분업, 민족주의의 강화와 새로운 전쟁의 지정학 등은 분리된 발전이 아니라, 자본주의의 지리에서 이루어진 심층적 전환의 증후들이다. 매우 근본적인 수준에서 이 책의 목적은 지리적 공간의 재구조화를 유발하는 이론적 논리를 밝히는 것이다.

첫 번째 전통, 즉 학문적 지리학의 전통은 지표면의 공간적 관계에 관한 분석과 더불어 지리적 공간과 환경에 관한 정통적 개념을 제공한다. 오랫동안 신칸트주의적 역사주의의 고유한 특성으로 점철되었던 학문적 지리학은 1960년대 철저한 반역사적 실증주의를 받아들이며 18세기의 외모를 벗게 되었다. 절대적 공간에 관한 추상적 개념화는 여러 도전 속에서도 오늘날 지리학의 전통을 지배하고 있다. 공간(시간과 더불어)은 현실의 기본 좌표, 즉 물질적 사건들이 발생하는 장이거나 무한하고 보편적이며 불변하는 상자로 간주된다. 이런 전통에 따르면, 공간의 재구조화는 매우 보편적인 물리적 힘과 법칙의 산물이라는 점을 이해할 수 있다. 인간 활동은 공간을 재구조화하지 않는다. 이는 공간상의 대상들을 재편성할 뿐이다. 이러한 일단의 철학적 렌즈를 통해 보면, 공간적 재구조화의 증후들은 그만큼 많은 분리된 스케일에서 분리된 과정들로, 분리된 원인와 설명을 필요로 하는 것처럼 보인다. 렌즈는 너무 거칠어서 실제 유형은 파편으로 굴절된다.

두 번째 전통은 자본주의사회에 관한 정치적 분석이다. 지리학적 전통과는 대조적으로 마르크스주의적 이론은 분명 역사적이며, 이는 이 이론의 주요한 강점 중 하나이다. 마르크스주의적 이론은 가정된 보편적 힘(예를 들어 인간 본성)이 아니라 역사적으로 특정하고 개연적인 과정으로서 주어진 시기의 사회에 관한 특정한 경제적·정치적·사회적 구조를 설명하고자 한다. 경쟁과 시장, 경제성장, 이윤 동기는 역사적으로 개연적일 뿐만 아니라 이들이 취하는 형태는 자본주의 역사 내에서도 변하고 발전한다. 마르크스주의적 이론의 또 다른 강점은 자본주의사회를 파편의 집괴가 아니라 일관된 (항상 조화로운 것은 아니지만) 전체로 다루는 관계적 관점이다. 이런 강점은 현대 자본주의사회의 재구조화에 특히 민감하게 반응하는 전통을 만들어낸다. 이 전통은 역사적 민감성은 얻었지만 지리적 민감성은 부족하다. 왜냐하면 마르크스주의자들은 전체주의적 접근에도 공간을 사회와 매우 분리시키는 전통적인 부르주아적 개념화를 채택하는 경향이 있기 때문이다. 마르크스주의적 전통은 도시와 시골의 분리에 관한 분석, 인터내셔널리즘(internationalism)의 필요성에 관한 분석 등 일부 사례들에서만 부르주아적 공간 개념화의 선입견에서 벗어난다. 따라서 이 전통은 오늘날 지리적 공간의 재구조화를 이해하는 데 필요한 이론적 수단이지만 동시에 필수적인 지리적 민감성이 결여되는 경향을 보인다.

지리적 공간의 재구조화를 좀 더 완전히 이해하기 위해 많은 연구자가 지리학적 전통과 마르크스주의적 전통 간의 상호 교류를 탐구하기 시작했다.[1] 포괄적으로 보면 다음과 같은 의문으로 논의하려는 논제의 초점이 제시될 수 있다. 자본주의의 지리는 무엇인가? 어떤 특정한 공간적 유형과 과정이 자본주의사회를 특징짓는가? 이들은 자본주의의 발전에 따라 어떻게 변화하는가? 이런 의문은 그 자체로 두 가지 전통에 의미 있는 발전을 가져다준다. 또한 지리학을 위해서 철학적 렌즈로 역사적 초점을 맞출 수 있는 가능성을 제공하며, 인간 사회가 자신의 지리를 창출하도록 새로운 세계를 열어준다. 마르크스주의를 위해서는 마르크스주의적 이론의 적용 범위를 지리적 영역으로 확장하고, 또한 사회적 경관의 자연적·공간적 하부구조가 마르크스주의적 이론 내에서 이해되도록 그 전통을 깊게 만드는 기회를 제공한다.

자본주의의 지리에 관한 새로운 연구 대부분은 불균등발전 과정을 상당히 자세하게 고찰한다. 이 연구 주제는 지난 10년간 흥미로웠고 크게 유행했다. 예를 들어 지리학자들은 불균등발전을 비역사적이고 보편적인 과정이며, 영구적인 균등발전이 가능하지 않은 데 따른 불가피한 결과로 간주한다. 즉, "모든 것은 불균등하게 발전한다"는 것이다. 훨씬 더 혼란스러운 점은 마르크스주의자들에게서 찾아볼 수 있는데, 이들 역시 역사적 예리함에도 불구하고 마찬가지로 하찮은 것에 굴복한다는 점이다. 왜냐하면 불균등발전은 자본주의의 전개에 매우 근본적이기 때문에 상식적인 것으로 치부되거나 아니면 립 서비스를 할 만한 가치가 있는 과정의 요주의 목록에 첨부되는 것 정도로만 여겨지기 때문이다. 요

---

[1] 앞선 사례로는 하비의 다음 저서가 있다. David Harvey, *Social Justice and the City* (London, 1973). 또한 다음 문헌들도 참고할 만하다. Henri Lefebvre, *The Survival of Capitalism* (London, 1976); David Harvey, *The Limits to Capital* (Oxford, 1982); Michel Aglietta, *A Theory of Capitalist Regulation* (London, 1979); Nigel Harris, *Of Bread and Guns* (Harmondsworth, 1983); J. Carney, R. Hudson and J. Lewis(eds.), *Region in Crisis: New Perspectives in European Regional Theory* (London, 1980); Michael Dunford and Diane Perrons, *The Arena of Capital* (London, 1983).

지는 불균등발전이 자본주의 지리의 핵심 요소라는 점이다. 자본주의는 균등하게 발전하지 못할 뿐 아니라 우연적이며 임의적인 요소 때문에 자본주의의 지리적 발전은 일반적 균형과정에서 확률적 편차를 나타낸다. 자본주의는 단지 균등하게 발전하는 데 실패했다. 즉, 우연적이며 임의적인 요소 때문에 자본주의의 지리적 발전이 일반적 균형 과정에서 확률적 편차를 나타낸다는 것은 아니다. 이에 따른 지리적 유형은 철저하게 결정적이며('결정론적'인 것에 반대되는 것으로), 자본주의의 독특한 특성이다. 가장 기본적인 차원에서, 나는 불균등발전이 자본의 구성과 구조에 내재한 모순의 체계적인 지리적 표현임을 보여주기를 바란다.

지리학적 전통과 정치적 전통의 공동 영역을 차지하는 불균등발전 이론은 무엇이 자본주의의 특정한 지리를 특징짓는가를 결정하는 핵심적 열쇠를 제공한다. 이렇게 서술해놓고 보면 불균등발전에 대한 의문은 근본적으로 **지리학적 의문**이다. 다만 불균등발전의 논리에 지나치게 치우치는 것은 더 근본적인 무언가를 위태롭게 하는 것임을 깨달아야 한다. 자본주의가 지리에 무엇을 하는가라는 의문뿐만 아니라 지리가 자본주의에 무엇을 하는가라는 의문도 중요하다. 따라서 불균등발전 이론은 근본적인 지리학적 의문과 함께 **정치학적 의문**도 다루어야 한다. 경관의 지리적 편성이 자본주의의 존립에 어떻게 기여하는가? 마르크스주의적 관점에서 이는 단지 마르크스주의의 깊이와 범위를 확장하는 의문이 아니라 20세기 자본주의의 존립에 관한 설명에 전적으로 새로운 국면을 개척하는 의문이기도 하다. 특히 오늘날 미국에서 모든 기업주의적 기회를 장악하고 있는 지리학적 전통의 이점에서 보면 이는 상당히 극적이다. 대중에게 널리 퍼진 지리학적 상식으로 보면, 우리는 점점 축소되는 세계에서 살고 있다. 값싸고 정교한 교통 체계는 지리적 공간과 차별화의 중요성을 감소시키고 있으며, 이로 인한 전통적인 지역적 정체성은 점점 똑같아지고 있다. 요컨대 우리는 지리를 능가하고 있다. 불균등발전 이론을 도출하면서 내가 주장하고자 하는 점은 대중적 상식에 약간의 부분적 진리가 있다고 해도, 대부분은 그 반대가 진실이라는 것이다. 이전에는 그렇지 않았지만 지리적 공간은 경제적·정치적 의제에 관한 것이다. '역사의 지리적 주축'이라는 사고는 핼퍼드 매킨더(Halford Mackinder)가 상상했던 것보다 더 근대적이면서 근본적인 의미가 있다.[2]

불균등발전에 관한 사고는 마르크스주의적 이론에서 그 유산을 찾을 수 있다. 이 과제를 수행하기 전에 현재의 분석을 불균등발전 법칙의 맥락 어디에 초점을 맞출지를 명확히 할 필요가 있다. 어니스트 만델(Ernest Mandel)은 불균등(그리고 혼합적)발전의 사고를 위해 전적으로 마르크스주의 계보를 주장했다. 이는 마르크스 본인을 제외하고 마르크스주의에서 출발한 사고 가운데 부르주아적 학계에 가장 크고 폭넓게 영향을 미치는 데 성공했다.[3] 이런 평가는 비록 과장되었다고는 하나 사실이다. 다만 마르크스주의 전통 내에서 불균등발전에 관한 개념화는 그렇게 잘 발달하지 못했다. 불균등발전에 관한 사고는 1920년대 레온 트로츠키(Leon Trotsky)와 이오시프 스탈린(Iosif Stalin) 간 정치적 투쟁, 특히 '인터내셔널리즘'과 '일국사회주의' 간 논쟁에서 두드러지게 다뤄졌다. 이런 맥락에서 계급투쟁과 세계 자본주의에 대한 도전이 불균등하게 발전할 수 있다는 점이 정치적으로 개념화될 수 있다. 20세기 마르크스주의 사상의 많은 측면에서 목격된 것처럼, 스탈린주의가 부상하는 시기에 제시된 반응의 유형은 그 후 이 과정을 어떻게 다룰 것인가를 결정하는 데 지대한 역할을 했다.

블라디미르 레닌(Vladimir Lenin)은 불연속적 과정으로서의 불균등발전을 처음으로 깊이 있게 고찰했다. 그는 불균등발전 과정의 경제적·지리적 윤곽을 묘사하고자 했다. 나아가 그 후의 분석에서 빈번하게 이 과정을 고찰했지만, 초기에 제시한 연구 이상으로 발전시키지는 못했다.[4] 1905년 혁명 이후 불균등발전

---

2   H. J. Mackinder, "The Geographical Pivot of History," *Geographical Journal*, 23(1904), pp. 421~437.
3   Ernest Mandel, *Trotsky: A Study in the Dynamic of His Thought*(London, 1979), p. 34.

의 사고는 경제 발전이 늦은 국가들, 즉 농노가 여전히 노동계급보다 많고 부르주아의 부상이 미약한 국가들이 사회주의 혁명이 가능한가를 놓고 벌이는 직접적인 정치적 문제로 해석되었다. 이는 트로츠키가 스탈린과의 정치투쟁에서 재발견하고 다듬은 개념이기도 하다. 이에 따라 오늘날 '불균등발전과 혼합적 발전의 법칙'은 분명 트로츠키주의적 전통과 관련된다. 트로츠키의 패배로 이 개념은 세상에서 잊히게 되었지만, 그 경제적·지리적 내용까지 완전히 사라진 것은 아니었다. 영구 혁명에 관한 트로츠키의 이론과 관련해 불균등발전의 사고는 계급 관계의 발전과 혁명의 자율성에 관한 정치적 측면이나 트로츠키주의 운동에 여전히 살아 있다.[5]

지난 10여 년간 불균등발전에 쏟아진 관심은 일정 부분 이와 같은 고전적 마르크스주의의 유산에 근거했다. 이는 실제 불균등발전 과정이 지리적으로 첨예화되었다는 점과 더불어 1960년대 이후 마르크스주의에 관한 흥미가 일반적으로 부활했다는 점에 더 크게 기인한다. 불균등발전의 중요성과 구조가 80년 전에 인식되지 않은 것은 자본축적의 지리적 패턴이 이후 급격히 변했기 때문이다. 이 책에 함의된 엄격한 의미에서의 불균등발전은 온전히 20세기 현상이다. 따라서 불균등발전 이론(법칙과는 구분되는)의 도출은 지리학적 전통과 정치적 전통 간 대화를 능가하는 제2의 대화를 내포한다. 그뿐만 아니라 19세기에 도출된 자본주의에 관한 이론적 분석과 20세기 말을 향해 가는 자본주의 현실 간의 역사적 대화를 포함한다.

불균등발전의 논리는 특히 자본에 내재된 대립적 경향, 즉 생산수준 및 조건의 차별화 경향과 균등화 경향에서 동시에 도출된다. 자본은 잉여가치를 생산

4　V. I. Lenin, *The Development of Capitalism in Russia*(Moscow, 1977 edn). 또한 *Imperialism, The Highest Stage of Capitalism*(Peking, 1975 edn) 참조.

5　예를 들어 근대적 관점에서 정치적 사고를 재포착하고 공감적으로 평가한 Michael Löwy, *The Politics of Combined and Uneven Development*(London, 1981) 참조.

하고 자본의 기반을 확장하기 위해 건조환경에 지속적으로 투자한다. 또한 동시에 자본은 건조환경에서 지속적으로 철수하고 다른 곳으로 이동해 더 높은 이윤율의 이점을 얻고자 한다. 물질적 형태를 갖춘 생산적 자본의 공간적 비이동성은 가치로서의 자본이 영구적으로 순환하는 것만큼이나 필수적이다. 따라서 자본주의의 불균등발전은 사용가치와 교환가치 간 더 근본적인 모순의 지리적 표현으로 이해할 수 있다.

결과적으로 경관에 나타나는 패턴은 잘 알려져 있다. 한 축에서는 발전이, 다른 축에서는 저발전이 나타난다. 이는 다양한 공간적 규모에서 전개된다. 종속이론, 중심-주변부론, 그 밖의 저발전 이론 모두가 이 과정의 일부를 포착한다. 그러나 이들은 지구적 규모에만 초점을 맞추는 경향이 있어 불균등발전의 지리적 차원은 제대로 연구되지 않았다. 요컨대 이런 이론들은 자본주의 지리학의 이해를 위해 잘 개발된 이론적 틀을 제시하지는 못했다. 놀랍게도 자본주의 지리학을 이해할 때 겪는 주요 장애의 원인은 자본의 작동에 대한 무지가 아니라 우리에게 깊게 뿌리박힌 공간에 관한 공통된 편견이다. 불균등발전 이론은 여러 차원에서 공간과 사회적 과정을 통합해야 한다. 하지만 공간을 활동의 장(field) 또는 용기(container)라고 생각하는 우리의 상식적 견해가 공간과 사회의 기계적 통합, 즉 공간은 사회를 '반영'한다는 사고를 넘어서기 어렵게 만든다. 여기서 관점의 근본적 변화가 요구된다. 우리는 이론가로서 공간과 사회의 통합을 달성하는 일에 심대한 개념적 문제를 가지고 있지만, 자본은 일상적 기반에서 실제 이를 달성한 것처럼 보인다. 사실 자본이 달성한 것은 자본 스스로의 사고에 따른 공간의 **생산**이며, 자본의 사고를 탐구하는 일은 불균등발전 이론에서 공간과 사회의 통합을 좀 더 완벽하게 이루게 할 것이다. 자본은 공간 전반을 생산할 뿐만 아니라 불균등발전이 일관성을 가지도록 실질적 공간 규모를 생산한다.

사실 공간의 생산은 더 기본적인 생산과정, 즉 **자연**의 **생산**을 전제한다. 자연의 생산이라는 말은 상당히 우스꽝스럽게 들리고 여태껏 자명하게 여겼던 우리의 전통적 입장과도 맞지 않는다. 그러나 자연의 생산은 자본주의의 불균등발전을 논의하기 위한 철학적 기반을 제공할 뿐만 아니라 자본주의 생산양식이 발전한 실질적 결과이기도 하다. 자연의 생산이라는 사고가 우리를 거슬리게 하는 것은 관례적이며 신성불가침한 것으로 여겼던 자연과 사회의 분리에 대해 자본주의가 서슴없이 방자하게 도전하기 때문이다. 우리는 자연을 사회의 외부에 있으며 인간 이전의 기원적인 것으로 인식하거나, 자연은 거대한 전체이며 그 속에서 인간은 단지 왜소하고 단순한 톱니바퀴의 한 부분 정도로 간주하는 경향이 있다. 그런데 자본주의는 바로 이렇게 우리가 물려받은 자연과 사회의 분리에 대해 부끄러워하지 않고 거만하게 도전한다.

자본은 자신의 통제하에서 점점 더 많은 사회적 부를 축적하려는 항상적인 추동에 따라 세계 전체의 모습을 전환시킨다. 신이 준 돌 하나라도 바뀌지 않은 것이 없고, 자연과의 기원적 관계 가운데 교체되지 않은 것이 없으며, 생명체 가운데 영향을 받지 않은 것이 없다. 이렇게 자본은 자연의 문제, 공간의 문제, 불균등발전의 문제를 함께 묶어놓았다. 불균등발전은 자본주의하에서 자연 생산의 구체적 과정이며 패턴이다. 이는 어떤 의미에서 사용가치, 가치, 교환가치에 관한 논의로 환원되는 자연의 생산에 관한 논의에서 더 분명해진다. 이런 관점의 인류중심주의는 어떤 변명도 필요 없다. 자본주의가 발달하면서 인간 사회는 인간 스스로를 자연의 중심에 놓았다. 따라서 우리가 먼저 이런 현실을 인정한다면 이로 인해 창출된 문제 또한 다룰 수 있게 될 것이다.

이 책의 전개는 직선적이다. 나는 1장에서 자연의 이데올로기를 고찰한 후, 이어지는 2장에서 자연의 생산에 초점을 두고 자연과의 관계에 관한 대안적 개념이 되는 기본을 열거할 것이다. 자연과 사회 간의 습관화된 이원론 때문에 1장과 2장이 다소 추상적이고 요점이 불확실하다고 느낄 수 있는데, 나는 이 점이 독자들의 기를 꺾지 않기를 바란다. 3장에서 나는 자연과 공간 간의 관계를 논의하고, 공간의 생산을 지향하는 자본의 강력한 추동력을 도출하려 한다. 4장에서는 균등화와 차별화의 기본 과정과 이들의 자본축적 및 순환과의 관련성을 연구하는 데 초점을 두고자 한다. 4장은 불균등발전에 관한 일반 이론을 제시하는 5장을 위한 마지막 기반이다. 여기서 나는 앞선 장에서 다룬 공간과 자연에 관한 결론에 많이 의존하겠지만, 동시에 자본주의에 관한 마르크스의 분석에도 의존할 것이다. 마르크스의 분석, 특히 『자본(Capital)』(1967)에서 공간적 함의와 차원을 도출하려는 경우, 불균등발전 이론의 기반은 쉽게 마련될 수 있다. 따라서 나의 분석은 불균등발전에 관한 실제 분석을 쌓아가기 전에 개선해야 할 일반적인 철학적 범주에서 시작한다.

불균등발전 이론을 개발하면서 나는 마르크스가 채택한 논리·역사적 절차를 따르려고 한다. 『자본』에서 그는 "자본주의적 생산의 법칙은 그 자체의 형태에서 작동한다"라고 가정했다. 또 그는 "현실은 자본주의적 생산 법칙에 유사하게 존재하겠지만, 법칙과 현실의 유사성이 클수록 자본주의적 생산양식은 더 발전한 것"이라고 했다. 달리 말해 순수한 형태에 관한 가정은 인위적인 추상이 아니라 실제 역사적으로 발생하는 추상이다. 이 가정은 "이런 발전의 한계를 표현하며 … 따라서 현실에 대한 정확한 표현에 점점 더 다가가게 된다".[6] 자본주의의 불균등발전이 봉건주의의 번잡스러운 역사적 유산에서 진행되었든 아니면 가정된 관념적 평면에서 시작되었든, 이는 자본의 내적 필수성에서뿐만 아니라 지리적 경관에서 점점 더 첨예해지고 있다. 이 책은 이런 불균등발전이 이루어지는 과정에 관한 이론적 분석을 시도한다.

---

6 Karl Marx, *Capital*, Vol.3 (New York, 1967), 3, p. 175; *Theories of Surplus Value*, Vol.3 (London, 1969), 1, p. 410.

제1장

자연의 이데올로기

확인 가능한 모든 경험들 가운데 산업자본주의의 등장은 자연에 관한 현대적 견해와 관점을 설정하는 데 가장 큰 책임이 있다. 옹호론자든 비판론자든 간에 산업자본주의가 만든 자연의 지구적 전환은 자연의 물리적 소비와 지적 소비를 지배하고 있다. 이런 경험은 자연에 관한 오래되고 배타적인 개념화를 걸러내고 새로운 개념화를 촉진시켰다. 인간 진보의 측도로 경외롭게 이해되든 임박한 재앙의 비극적인 경고로 두렵게 느껴지든, 자연의 지배는 일반적으로 용인된 현실이다. 어떤 사람은 "머지않은 미래에 자연을 전반적으로 통제할 수 있다"라고 기대하는 반면, 다른 사람들은 인간 사회가 "자연의 거대한 말썽꾸러기"에 지나지 않게 되었다고 한탄한다.[1] 이 과정의 진행 정도는 논쟁거리이며, 이에 관한 도덕성은 심각한 쟁점이다. 하지만 이들 모두에게 자연에 대한 사회적 지배는 주어진 현실로 간주된다.

개인의 일상적 생활수준은 물론 사회 전체 차원에서도 이런 경험이 핵심을 이루고 있지만, 자연에 관한 최근의 개념화는 비교적 최근에 겪은 자연에 관한 사회적 경험을 단순히 개념적으로 반영하지는 않는다. 자라는 나무가 매년 새

---

[1] Earl Finbar Murphy, *Governing Nature*(Chicago, 1967), p. 11; M. Horkheimer and T. Adorno, *Dialectic of Enlightenment*(New York, 1972).

로운 나이테를 더해가듯, 자연에 관한 사회적 개념은 역사 과정에서 수많은 의미의 층을 누적해나간다. 나무를 자르면 나이테가 드러나지만, 목재가 목공소로 보내지면 인간의 가공물로 장식된다. 이와 마찬가지로 산업자본주의는 자연의 누적된 의미를 잘라서 현재에 적합한 자연의 개념이 되도록 다듬고 장식해왔다. 자연에 관한 오래된 개념들은 극복되었다기보다는 오늘날 목적에 따라 제멋대로 사용되고 있다. 이로 인해 자연의 개념은 경험을 통한 상식에 기반을 둔다고 하더라도 매우 복잡하고 때로는 모순적이다. 자연은 물질적이며 또한 정신적이다. 이는 주어진 것이기도 하고 만들어진 것이기도 하며, 순수하면서도 더럽혀진 것이기도 하다. 자연은 질서가 있으면서도 무질서하고, 신성하면서도 세속적이며, 지배되면서도 승리한다. 또한 총체적이면서 일련의 부분이고, 여성이면서 사물이고, 유기체이면서 기계이다. 자연은 신의 선물인 동시에 자체적으로 진화의 결과물이다. 이는 역사의 바깥에 있는 우주이면서 역사의 산물이고, 우연적이면서 설계된 것이며, 황무지이면서 정원이다. 자연에 관한 개념화에 관해 우리가 포괄할 수 있는 모든 범위에서, 이런 의미들은 오늘날에도 유지되고 있다. 다만 이런 복잡성 속에서 자연에 관한 의미들은 자연의 개념화를 지배하는 근본적인 이원론으로 조직된다.

한편으로 자연은 외적이며, 사물이고, 인간 목적 밖에 있는 영역이며, 사회의 외부에 존재하는 과정이다. 외적 자연은 순결하고, 신이 준 것이며, 자율적이다. 이는 사회가 조성될 수 있는 원재료이며 산업자본주의가 계속해서 밀쳐나가는 전선이다. 외적 자연은 나무와 바위, 하천과 폭풍우처럼 사회적 생산과정에 내재화되기를 기다린다. 다른 한편으로 자연은 분명 **보편적인 것으로** 간주된다. 우리에게는 외적 자연과 병존하는 인간 본성이 있다. 이는 인간과 인간의 모든 사회적 행동이 이른바 자연의 외적 측면인 만큼 본성적이기도 하다. 따라서 인간 사회에 대한 생태적 처방으로 인류를 자연의 총체성 가운데 하나로 간주한다. 외적 자연의 개념과 대조적으로 자연에 관한 보편적 개념은 인간과 비인간을 모두 자연에 포함시킨다. 외적 자연과 보편적 자연이 전적으로 화합할 수 없는 것은 아니다. 왜냐하면 자연은 인간존재에 외적이라고 주장될 수 있는 동시에, 자연은 외적이며 또한 내적이기 때문이다.

자연에 관한 이런 개념적 이원론은 절대적이지는 않다. 자연에 관한 이런 개념화는 분명 모순이지만, 이들은 실제 흔히 혼동되며 분명하게 구분되지 않는다. 이원론의 역사적 뿌리는 유대-기독교적 지적 전통에서 부분적으로 나타나지만 가장 직접적으로는 칸트에게 소급된다. 칸트는 자연을 여러 가지로 구분했지만, 그는 (우리 목적에 가장 중요하고, 아마 역사적으로 가장 지속되는 것으로) 실제 내적 자연과 외적 자연을 구분하려 했다. 인간의 내적 자연[본성]은 조야한 열정으로 구성되는 반면 외적 자연은 인간이 살아가는 사회적·물리적 환경으로 구성된다. 이 구분은 어떤 의미에서 칸트가 주장하는 인식론적 체계의 결과로 그에게 강제된 것이다. 이 이원론에서 인간의 정신(mind)은 전혀 고려되지 않는다는 것이 중요하다. 칸트에 따르면 정신은 궁극적으로 이런 이원론을 극복할 수 있는 수단이다. 정신을 인식하는 개인은 자연을 정신 속의 통합체로 경험한다. 종의 차원에서 문화의 기능은 바로 이런 내적 야만과 외적 자연의 이원론을 극복하는 것이다.[2] 이런 점에서 처음의 이원론은 오늘날 친숙하게 들리는 다른 이원론들, 예를 들어 정신과 자연, 문화와 자연 등의 이원론을 고취하거나 최소한 함의한다. 자연에 대한 현대 부르주아적 이데올로기는 칸트가 장려한 이러한 철학적 이원론에 기반을 두고 있다. 내적 자연 대 외적 자연이라는 칸트의 이원론은 오늘날 우리에게 여전히 직관적으로 옳다고 간주된다. 외적 자연과 보편적 자연의 이원론보다 더 즉각적이고 직관적인 호소력을 가진 것은 없었다.

자연에 관한 실질적·개념적 주제는 전적으로 서구 사상 체계에서 만들어진

---

2   Yirmiahu Yovel, *Kant and the Philosophy of History*(Princeton, 1980), p. 181, passim; R. G. Collingwood, *The Idea of Nature*(London, 1945), pp. 116~120.

것이다. 칸트에 이르기까지는 자연에 관한 주요 개념의 전개 과정을 요약하는 것이 거대한 과제였다면,[3] 지난 두 세기 동안에는 이 개념의 전개 과정을 요약하는 것이 주어진 과제였다. 이 시기에 자연과의 사회적 관계는 예상치 못한 전환을 겪었다. 이와 병행해 자연에 관한 많은 오래된 개념화가 박물관의 유물로 화석화된 반면, 그다지 명확하지 않았던 개념이 갑작스레 돌출하기도 했다. 짧은 기간 칸트의 사상에 내재되었던 이원론은 자연에 관한 부르주아적 이데올로기의 근간으로 굳어졌다. 이 과제는 너무 엄중해서 우리가 이 장에서 이러한 이데올로기의 역사적 발전을 자세히 추적할 수는 없다. 그 대신 우리는 자연을 경험하고 개념화하는 두 가지 특정한 양식을 고찰함으로써 부르주아적 이데올로기를 간략히 예시하려 한다. 두 가지 특정한 양식이란 과학적 양식과, 우리가 잘 서술하기를 바라며 지칭하는 시적(poetic) 양식을 말한다. 이 예시는 완전하지 않으며, 두 양식에 대한 논의는 선별적이다. 핵심은 자연에 대한 부르주아적 이데올로기를 완전하게 점검하는 것이 아니라 예시하는 것이기 때문이다. 끝으로 우리는 부르주아적 개념화에 대한 주요 대안으로서 자연에 관한 마르크스주의적 논의를 고찰할 것이다.

1. 과학에서 자연

전통적으로 근대과학의 기원은 17세기 초 프랜시스 베이컨(Francis Bacon)까지 소급된다. 베이컨은 자연의 숙달(mastery)에 관한 열렬한 주창자로 잘 알려져 있다. 그는 자연의 숙달은 신에 의해 재가된 신성한 여정이며, 인간이 에덴동산

---

[3] 이와 연계하여, 특히 지리적 관점에서 고대부터 18세기에 이르기까지 자연에 대한 개념의 역사를 다룬 역작 Clarence Glacken, *Traces on the Rhodian Shore*(Berkeley, 1967) 참조.

에서 추방되면서 불가피하게 이루어졌다고 추론했다. 순결을 영원히 상실했다면, '인간과 자연' 간의 조화로운 균형을 위한 무언가는 자연에 대한 인간의 선한 지배를 통해 회복되어야만 한다. 자연의 숙달은 '기계적 솜씨(mechanical art)'를 응용함으로써 달성되며, '자연의 탐구'를 통해 발전한다. 인간이 자연적 지식의 정신 속으로 점점 더 깊게 파고 들어가야만, 자연의 숙달에 이르는 수단을 개발할 수 있다. 인간은 '자연'을 따름으로써 자연을 통제한다. 이런 점에서 베이컨은 자신의 생애를 체계적인 과학적 연구를 위한 제도적 수단을 성취하는 데 바쳤다. 그의 견해는 『뉴 아틀란티스(New Atlantis)』(1627)에 영원히 기록되었지만, 실제 베이컨의 살아생전에는 달성되지 못했다.[4]

베이컨이 구상한 사고의 상당 부분은 과학에 관한 우리의 언어와 개념화로 이어졌지만, 그의 독창성을 정확하게 평가하기는 어렵다. 그가 우리에게 전수한 자연의 개념화는 분명 인간 사회에서 외적인 것이다. 자연은 숙달되고 조작될 수 있는 대상이다. 이에 앞선 개념화와 비교해보면, 베이컨이 구상한 인간과 자연의 관계는 유기적이라기보다 기계적이다. 사회는 자연에서 분리된 인간의 영역이며, 선견지명이 있는 통합을 통해 자연에 대한 인간의 숙달로 나아가게 한다. 물론 자연을 숙달함으로써 잉글랜드의 대주교였던 베이컨에게 돌아가는 정치적 혜택도 없지는 않았다. 이 점에서 그가 자연의 외부성을 긍정했을 뿐만 아니라, 과학에 내재된 사회적 통제의 잠재력을 이해함에 있어 외적 자연과 내적 자연에 관한 칸트의 구분을 예상했음을 알 수 있다.

앞선 사람에게는 훨씬 덜했지만 세대를 이어가면서 점점 커지는 불편을 억누르는 데 있어 학습의 다른 장점들, 그리고 자연이 야기하는 필수성을 완화시키는 데 따

---

4   Benjamin Farrington, *Francis Bacon: Philosopher of Industrial Science*(New York, 1961); Paulo Rossi, *Francis Bacon: From Magic to Science*(London, 1968); William Leiss, *The Domination of Nature*(Boston, 1974), ch. 3.

른 장점, 어느 것도 확실하지 않다. … 왜냐하면 인간은 야만적이고, 이윤, 탐욕, 복수 등의 드러나지 않은 욕심으로 가득 차 있기 때문이다. 이런 야만과 욕심은 인간이 교훈, 법, 종교에 귀를 기울이고, 사회와 평화가 유지되는 한, 책, 설교, 열변을 통한 웅변과 설득으로 감미롭게 감동될 수 있다. 그러나 이런 도구가 침묵을 지키거나 난동과 소동으로 인간에게 들리지 않게 된다면, 모든 것은 무정부와 혼돈 속에 빠지게 된다.[5]

또한 과학적 연구는 인간 본성을 숙달시키는 수단을 제공하며 인간의 열정, 탐욕, 욕심에서 비롯되는 유독한 결과를 억누르도록 한다.

베이컨 이후 오늘날까지 과학은 자연을 외적인 것으로 취급한다. 과학적 방법과 절차는 조사하려는 사건과 대상의 사회적 맥락이나 과학적 활동 자체의 사회적 맥락에서 추출되는 절대적 추상을 요구한다. 뉴턴의 기계론은 신에게 자연적 우주의 한 자리를 허용했지만, 사회와 인간 개인은 이 세계에서 추방되었다. 뉴턴은 사과가 떨어지는 것을 보고 떨어지는 사과의 정확한 위치는 조사하면서도, 사과나무의 식목과 정원 설계를 유도한 사회적 힘과 사건에 대해서는 의문을 제기하지 않았다. 또한 사과의 형태를 만들어낸 사과나무의 작목화에 대해서도 묻지 않았다. 오히려 그는 사회적 맥락으로부터 추상화된 '자연적' 사건에 관해 의문을 가졌다. 마찬가지로 아인슈타인이 만든 상대성이론의 직접적인 연구 대상은 공간-시간에서 원자와 그보다 작은 단위가 운동하는 세계였다. 이 세계는 인간이 직접적으로 경험할 수 있는 규모에서는 존재하지 않는다. 뉴턴의 만유인력 법칙이 사과뿐만 아니라 인간 신체에도 적용되었던 것처럼, 아인슈타인이 내놓은 이론의 결과 역시 사회적 규모에서 물질적인 사건에 일반화

---

5 "Of the Proficience and Advancement of Learning, Divine and Humane," in Leiss, *The Domination of Nature*, pp. 56~57에서 재인용.

될 수 있었다. 그러나 뉴턴과 아인슈타인의 경우 모두, 사회적 산물과 사건은 사회적 현상으로서가 아니라 자연적 현상으로서의 과학적 원칙을 예시한다. 떨어지는 (인간) 신체가 겪는 사회적 규정과 맥락은 만유인력이나 상대성을 예시하는 데 사용될 경우 아무런 결과를 내놓지 못한다.

자연을 외적 대상으로 설정하는 것은 인위적이지 않을 뿐 아니라 우연적이지도 않다. 오늘날 산업과 과학적 방법 간 연계는 다소 모호하지만, 베이컨에게는 상당히 명백했을 것이다. 노동과정에서 인간은 자연적 물질을 상품화될 노동의 외적 대상으로 취급한다. 생산자는 노동과정에서 생산성을 증대하기 위해 생산자 자신과 노동의 대상 간에 '기계적 솜씨'를 부여한다. 그렇게 해서 과학이 이런 '기계적 솜씨'를 개발하기 위한 수단으로 기능하게 된다면, 과학 역시 자연을 외적 대상으로 취급해야 한다. 청교도적 종교의 도덕적 논리에 기반을 둔 '과학'은 많은 혜택을 주지만, 이런 도덕적 논리는 기계적 솜씨를 개발하는 데 별로 사용되지 않는다. 거의 한 세기가 지나서 뉴턴은 과학과 '기계적 실천' 간의 직접적인 관련성을 인정했다.[6] 오늘날 모든 과학이 생산적인 활동과 직접적으로 결합된 것은 아니지만 더는 초보적인 수준이 아니라, 그 자체의 생명력과 논리를 지닌 점점 더 중요한 사회제도가 되고 있다. 과학이 거대한 산업 실험실을 통해 과거 어느 때보다 산업자본주의에 더 많이 이용되고 있지만, 다른 한편으로는 여전히 순수 연구센터를 통해 생산의 직접적 필요로부터 일정한 독립성을 획득하고 있다. 여기서 중요한 것은 오늘날 과학이 산업과 아무리 밀접하게 연결되어 있다고 할지라도, 과학은 베이컨이나 뉴턴처럼 외적 자연에 관한 인식론적 가정을 공유한다는 점이다. 즉, 자연은 노동과정에서 실제 대상화되는 것처럼 이론적으로도 대상화된다.

---

6   예를 들어 "기하학은 기계적 실행에 기반을 두며, 측정 기술을 제안하고 과시하는 보편적 기계의 일부에 불과하다". Max Jammer, *Concepts of Space*(Cambridge, Mass., 1969), p. 96에서 인용.

그러나 근대과학의 전통에서 자연이 단지 외적인 것만은 아니다. 자연은 외적인 동시에 보편적이다. 근대과학의 초기 전통에서 통합성과 보편성의 근원이 종교적이었다면, 오늘날에는 세속적이다. 베이컨에 따르면, 그가 자연에 입힌 종교적 외피는 정치적인 동기에서 임의로 추가한 것이 아니라, 과학적 행동에 따라 통합된 것이다. 베이컨은 창조에 관한 성서적 견해를 수용했다. 에덴동산에서 인간이 추방되면서 자연의 조화로운 통합성이 깨졌다면, 그 파열은 단지 부분적이고 일시적이다. 과학과 자연의 숙달을 통해 인간이 자연의 조화를 복원하고 신의 의지를 이행하는 한, 과학은 성스러운 추구가 된다. 베이컨이 외적 자연을 사회 세계에서 아무리 분리시켜도 '자연적' 대상과 '인위적' 대상은 동일한 형태와 본질을 가지며, 단지 직접적인 원인에서만 차이가 있다.[7] 자연과 형태의 등식(equation)은 성립하지 않지만, 자연과 본질의 등식은 현대 언어와 사상의 초석이 되고 있다. 어떤 대상이나 사건의 '자연(nature)'[즉, 본성]은 그것의 본질(essence), 즉 그것의 외형 이면에 있는 어떤 것을 의미한다. 사회적이든 자연적이든 모든 현상은 본질을 가진다. 이런 의미에서 자연은 보편적이다.

뉴턴의 입장에서 자연의 보편성은 또한 그가 제시한 자연법칙의 보편성에 어떤 분명한 물리적 함의를 가진다. 그러나 베이컨과 달리 보편적 자연에 관한 뉴턴의 견해는 종교적 교훈 위에 구축된다. 뉴턴은 공간과 물체에 관한 앞선 개념화에 반대했다. 그의 절대적 공간 개념은 오늘날까지도 우리의 상식적 공간관에 주요한 영향을 미치고 있다. 이 공간 개념으로 뉴턴은 자연의 기본 요소는 물체가 아니라 공간과 시간이라는 인식의 가능성을 열게 되었다. 종교적·철학적 비판의 압박으로 뉴턴은 점차 절대적 공간을 신과 동일시하게 되었고, 생애 말기에는 자신이 물리학에서 발견한 모든 것은 절대적 공간에 관한 자신의 철학적 개념화에 부속된다고 주장했다. 만약 객체의 운동이 완전히 물리적 법칙에

---

[7] Rossi, *Francis Bacon*, p. 26.

따라 결정된다면, 이들이 운동하는 공간은 신의 전지전능함을 구현한 것이다. 따라서 우리는 공간의 이데올로기가 자연의 이데올로기와 연계된 것으로 숙고할 수 있다.[8]

현대 과학 역시 자연에 관한 보편적 개념을 채택하지만, 더는 종교적 성향을 보이지 않는다. 다윈 이래로 생물학을 우연적이 아닌 체계적 역사의 결과물로 보는 전통이 수립되었다. 인간생물학은 단지 생물학 체계의 일부이다. 다윈은 어떤 사회적 현상을 화학적이면서 궁극적으로 물리적인 사건과 같은 틀에서 다룰 수 있는 과학적 기반을 제공했다. 다윈의 핵심적인 생물학적 통찰력 중 일부는 19세기 정치경제학에서 빌려왔다는 점을 상기해야 한다. 오늘날 다윈을 활용하고 때로는 오용하는 것은 그의 통찰력을 다시 사회 세계로 확장하기 위한 것이다. 최근 사회생물학에서는 매우 정교한 시도가 이루어지고 있는데, 학자들은 생물학에 근거해 개인적 행태와 사회적 행태가 뒤얽히는 것을 설명할 수 있다고 주장한다. 이들에게 사회는 생물학적 인공물이다.[9] 대부분의 생물학자가 이런 생물학적 환원론을 받아들이지 않는다는 점은 중요하지 않다. 결정적인 받침대는 생물학에 따른 보편적 속성에 관한 전망이다. 즉, 인간 본성은 단지 생물학적 본성의 부분집합이다.

대다수 과학자는 보편적 자연에 관한 물리적 이론을 더 신뢰한다. 자연의 기반에 깔려 있는 것은 생물적 세계가 아니라 물리적 세계이다. 뉴턴에 대한 아인슈타인의 논박 및 양자 이론이 등장함에 따라, 물리적 사건의 기본 요소는 공간과 시간인가 아니면 물질인가를 둘러싼 논쟁이 일었다. 그러나 우리가 이 질문에 어떻게 답하든 간에 이런 개념화는 생물적 사건을 물리적 사건으로 직접적으

---

8   뉴턴에 관한 흥미로운 논의를 위해 Jammer, *Concepts of Space*, ch. 4 참조. 공간과 물질 간의 관계에 관한 전체 논제는 3장에서 매우 자세히 다룰 것이다.
9   Edward Wilson, *Sociobiology*(Cambridge, Mass., 1975); *On Human Nature*(Cambridge, Mass., 1978); Arthur Caplan, *The Sociobiology Debate*(New York, 1978).

로 환원하거나 화학을 통해 간접적으로 환원시킨다. 물리적 자연의 보편성에 관한 이런 견해는 매우 널리 수용되고 있다. 근원적으로 자연의 소재는 물질이다. 그 '본성(nature)'으로 보면 자연은 물질적이다. 심리적 행태에 관해 생리적 설명을 추구하는 것은 이런 견해를 함의한다. 물리학자 카를 프리드리히 폰 바이츠제커(Carl Friedrich von Weizsäcker)는 '자연의 통합성' 논제에 관한 낙관주의적이고 실용주의적인 견해를 제시했다. 그는 물리학을 "자연의 통합성을 표현해야 하는 과학"이라고 말했다. 자연의 통합성을 이해하는 방법으로는 기본적으로 세 단계가 있다. 첫째, 유기적·비유기적 자연의 영역은 물리학으로 환원해야 하는데, 이는 생물학에 관한 물리학적 이론을 의미한다. 둘째, 인간 진화 이론을 통해 인간은 자연 속에 유전적으로 각인되어야 한다. 셋째, 인공두뇌학(cybernetics)이 선도한 "인간 수행의 물리학적 이론"이다.[10] 바이츠제커 자신은 실증주의자가 아니었지만, 그는 이 과정에서 더 크고 흔히 설명되지 않은 실증주의적 과학 프로젝트를 표명했다. 그는 두 번째 단계를 서술할 때, 인간과 자연을 대비하며 자연의 통합성을 주장함과 동시에 자연의 분할을 받아들였다. 자연은 어떻게 해서든 인간에 외적인 것, 즉 인간이 아닌 것이며, 또한 동시에 자연은 자연일 뿐만 아니라 인간이다. 결국 바이츠제커에게도 두 가지 자연이 있다. 하나는 인간의 바깥에 있는 것이고, 다른 하나는 인간을 포함하는 것이다.

2. 시적 자연: 미국의 경관

헨리 내시 스미스(Henry Nash Smith)는 미국 경관에 관한 영향력 있는 연구에서 상징과 신화로 결론을 맺으며 다음과 같이 서술했다. "미국의 농업적 전통에

---

10 Carl Friedrich von Weizsäcker, *The Unity of Nature*(New York, 1980), pp. 6~7.

서 가장 어려운 점은 자연과 문명에 관한 상생적이지만 모순적인 사고를 역사적·사회적 해석의 일반 원칙으로 받아들인다는 것이다." 자연, 특히 지리적 경관에서 경험한 자연은 19세기 미국에서 스미스가 지배적 상징이나 이미지로 지칭한 것이었다. 황무지든 정원이든, 원시적이든 목가적이든, 경관에 관한 이미지는 미국의 미래 희망과 약속을 체현한 것이었다. 레오 마르크스(Leo Marx)는 자연지리와 문화적 신화 간의 시적 융합을 19세기 미국의 도덕적 지리학이라고 지칭한다. 이런 도덕적 지리학은 얼마간 미국에 고유한 것이다. 왜냐하면 미국에서 자연과 '문명' 간 모순은 구대륙의 그것보다 더 비약적이기 때문이다. 초기 자본주의로 함양된 진보적 포부는 미국의 앞선 사회형태에 따라 비교적 자유롭게 꽃을 피웠지만, 동시에 쇠퇴하는 봉건제보다 더 감당하기 어려운 지리적 자연과 맞닥뜨려야 했다. 기존 제도가 거의 없었던 미국에서 "인류와 자연환경 간의 관계는 일반적인 관계 이상이었다".[11] 구대륙의 지배적인 사회적 상징은 역사로부터 강도와 정당성을 도출하지만, 신세계의 상징은 자연에 더 많이 투영되어야 했다.

만약 자연이 더 강력한 사회적 상징으로 미국의 전통에서 더 잘 드러난다고 할지라도, 이 점을 자연의 단순성을 의미하는 것으로 받아들여서는 안 된다. 그 상징적 힘에도 불구하고, 자연의 이미지는 무척 복잡하기 때문이다. 그렇지만 미국의 황무지를 여행해보면 자연의 개념화에 관한 어떤 일반화가 가능할 것이다. 자연에 관한 과학적 경험과 더불어, 자연에 관한 시적 경험은 오늘날 우리에게 주어진 것으로 간주되는 자연의 개념에 결정적인 영향을 미쳤다. 이 점은 단지 지리적·문화적으로 정의된 미국에만 응용되는 것이 아니라 구대륙에도 적용된다. 매우 비약적이긴 하지만, 첫째, 자연과의 대면은 미국만의 독특한 것이라기보다는 산업자본주의가 등장한 결과이다. 따라서 이런 경험은 상당 부분

---

11 Henry Nash Smith, *Virgin Land*(Cambridge, Mass., 1950), p. 260; Leo Marx, *The Machine in the Garden*(New York, 1964), p. 110.

국경을 넘어 공유된다. 둘째, 미국의 문화적 경험은 이것이 발전하게 되었던 구대륙에 다시 영향을 미쳤다. 국민주의(nationalism)가 미국적 자연 이미지에 투입되어 있음은 의심할 바 없지만, 토지와 달리 이미지는 사적으로 소유될 수 있는 것이 아니다. 셰익스피어 시대부터 자연에 관한 미국적 이미지는 부분적으로 유럽의 가공물이었다. 레오 마르크스는 "≪템페스트(The Tempest)≫(셰익스피어의 희극 — 옮긴이)의 장소학은 미국적 상상력의 도덕적 지리학을 예감한다"라고 말한다. 좀 더 일반적인 맥락에서 로더릭 내시(Roderick Nash)는 "서구 사상의 한 개념으로 황무지에 관한 깊은 공명"을 언급했다.[12] "자연"에 관한 이런 입장을 간략히 고찰해보면, 우리가 과학적 자연관에서 본 것과 동일한 외적 자연 대 보편적 자연의 개념적 이원론을 예시할 수 있을 것이다. 앞서 논의한 바와 같이 우리는 외적 자연에서 시작한다.

유럽에서 출발해 1831년 7월 미시간 영토의 황무지를 방문한 젊은 알렉시 드 토크빌(Alexis de Tocqueville)은 자연에 관한 미국적 견해에 관해 이렇게 말했다.

미국인들이 시인을 가지지 못했다는 점은 내가 쉽게 인정하지만, 그렇다고 미국인들에게 시적 사고가 없음을 인정하는 것은 아니다. 유럽인들은 미국의 황무지에 대해 많이 이야기하지만, 미국인들 자신은 이에 관해 전혀 생각하지 않는다. 이들은 무생물적인 자연의 경이에 무감각하며, 자귀(hatchet, 북아메리카 원주민의 전투용 도끼 — 옮긴이)를 들고 벌목할 때까지 그들을 둘러싼 거대한 삼림을 인식하지 못했다. 이들의 시야는 다른 곳에 꽂혀 있었다. 미국인들은 늪을 메우고, 하천 유로를 바꾸며, 벽지에 사람을 정착시키고, 자연을 복종시키면서 황야를 가로지르는 자신들의 행군을 보았다. 이러한 웅장한 이미지가 미국인들의 시선에 단지 간

---

12 Marx, *Machine in the Garden*, p. 72; Roderick Nash, *Wilderness and the American Mind* (New Haven, 1967), p. 8. 자연과 국민주의에 관해서는 Perry Miller, *Nature's Nation* (Cambridge, Mass., 1967), 특히 제1장 "미국적 특성의 형성" 참조.

헐적으로만 나타나지 않았다. 이런 이미지는 미국인들이 하는 가장 중요한 행동에서 가장 하찮은 행동에까지 누구에게나 따라다니며, 그들의 마음에 앞서 항상 떠오르는 것이었다.[13]

이 같은 주제는 청교도 시대부터 19세기에 이르기까지 정복에 관한 문헌들 전체에 걸쳐 상당히 반복적으로 묘사되어 있다. 코튼 매더(Cotton Mather, 미국 청교도의 주요 성직자 – 옮긴이)가 묘사한 매사추세츠 삼림은 분명 용, 악마, 마녀, 그리고 '맹렬히 나는 뱀' 등 신화적 존재가 사는 원시적 소굴이었다. 그렇지만 순수한 상상이 아닌 청교도적 상상의 산물은 실제 사건에서 나타난다. 언어가 꾸며지고, 상상은 덜 생생하며, 피정복자보다는 정복자가 강조되지만, 19세기 정복에 관한 문헌은 야생적 자연에 대한 반감을 동일하게 반영한다.[14] 황무지는 문명의 반테제이다. 이는 메마르고, 무섭고, 심지어 불길하며, 야만인의 집, 특히 그의 자연적 집이다. 황무지와 야만인은 동일하다. 이들은 진보와 문명의 행군에서 극복해야 할 장애물이다.

황무지에 대한 혐오의 전통은 자연의 외부성이 가장 첨예하게 느껴지는 전선에서 나온다. 내시의 말에 따르면, "도시 황무지" 또는 "도시 전선"에 관한 현대적 서술은 고의적이든 그렇지 않든 간에 동일한 혐오 연상(聯想)을 함의한다.[15] 그러나 황무지가 순화되면서 외적 자연은 덜 위협적인 모습을 가지게 되었다. 억압되고 난도질당했던 자연은 과학의 손에 의해 좀 더 신중하게 해부되었다. 황홀함이 두려움을 대체했다. 자연의 예술가적 재현이라는 점에서 이런

---

13 Alexis de Tocqueville, *Democracy in America*, Vol. 2 (New York, 1945 edn), 2, p. 78.
14 Nash, *Wilderness and the American Mind*, pp. 28~43.
15 Sam Bass Warner, *The Urban Wilderness* (New York, 1972). '도시 전선'이나 '도시 개척'은 백인 중산층 전문직들이 내부 도시 노동계급의 근린 지구를 정복한 현상을 설명하기 위해 비교적 최근에 사용한 용어들이다. 따라서 도시 '황폐화'의 악과 어둠의 소굴은 정복되어야 하며, 문명은 모두를 위한 사회적 진보의 이름으로 기여해야 한다. 정확한 메타포(은유)라고 할 수 있다.

전환은 특정 종류의 자연의 채색, 즉 개별 식물종과 동물종에 관한 근접적·미시적 연구나, 이른바 자연 연구의 등장에서도 찾아볼 수 있다. 알렉산더 훔볼트(Alexander Humboldt), 프레더릭 에드윈 처치(Frederic Edwin Church), 존 제임스 오듀본(J. J. Audubon)과 같은 과학자나 예술가들은 식물, 꽃, 새 등을 드로잉, 스케치, 회화로 남겨 이런 전통에 기여했다.[16] 황무지에 대한 경험이 아주 본질적으로 반대되는 방향으로 영향을 미쳤던 것처럼, 자연적 대상에 관한 이런 전문적인 연구는 다시 사회적 운동의 모든 부분에 폭넓게 기여했다. 전선의 황무지는 인간에게 적대적이었지만, 19세기 '자연으로의 복귀' 운동에 의해 유도된 인간화된 자연은 철저하게 우호적이었다. 적대적이든 우호적이든 자연은 외적이었다. 자연은 정복되어야 할 세계 또는 되돌아가야 할 장소였다.

'자연으로의 복귀' 운동은 전선 개척자의 반응이 아니라 도시인의 반응이었다. "황무지에 대한 인식은 도시에서 시작되었다. 도끼를 휘두르는 개척자 대신 펜을 사용하는 문학적 신사(literary gentleman)들은 널리 퍼져 있던 자연 혐오에 대해 처음으로 저항 의사를 표시했다."[17] 19세기 말 "문학적 신사들"은 《주택과 정원(House and Garden)》, 《부인의 가정 잡지(Ladies Home Journal)》, 《자연-연구 리뷰(Nature-Study Review)》, 《좋은 가정 꾸미기(Good Housekeeping)》와 같은 대중 잡지와 그 밖의 많은 매체에 글을 쓰며, 자연을 교외 주택의 응접실로 들여왔다. 자연은 가축화되고 위생화되어 커피 탁자 위에 뻗쳐 있는 집고양이처럼 인간에 속하게 되었다. 다양한 종류의 활동, 특히 어린이를 위한 활동에서, 자연숭배는 처음에는 중산층을 위한, 그다음에는 다소 한정된 방법으로 그 밖의 다른 미국 도시인을 위한 주요 항목이 되었다. 황무지로 떠나는 휴가가 유행하게 되었고, 사진술이 발달해 풍경에 대한 사실주의적 묘사가 가능해지자 자

---

16 Barbara Novak, *Nature and Culture: American Landscape and Painting 1825-1875*(New York, 1980), pp. 101~134.
17 Nash, *Wilderness and the American Mind*, p. 44.

연숭배 현상은 더욱 심화되었다. 미개척 삼림에서 즐기는 스포츠가 대중화되었고, 여름 캠프는 고결하다고 간주되는 미개발 자연환경으로 도시 어린이를 데려갔다. 자연 공부가 학교 안으로 들어왔고, 사회 개혁가들은 슬럼가의 어린이에게 일일 여행을 제공하기 위해 '맑은공기 구제기금'을 설립하기도 했다. 보이스카우트(Boy Scouts)는 미개척 삼림 경험의 단순성에 지도력과 개인주의를 결합시켜 시민적 가치를 배양하는 수단이었다.[18] 오늘날 미국 농촌은 도시 놀이터로 많이 전환되었지만, 여름 캠프, 보이스카우트, 사냥철은 여전히 남아 있다. 거의 모든 도시의 주말 피서지에서, '자연으로의 복귀' 운동에 내재된 자연관은 그 현대적 표현을 보여주고 있다.

19세기 말경 대중적인 문화나 활동에 스며든 이런 움직임은 앞서 전문적 지식인 집단에서 나타난 바 있다. 예를 들어 "자연과 문명 간에 근본적인 대립"이 있다는 사고는 19세기 중반 경관화가들에게 관례적이었다. 이런 사고는 "모든 미덕, 휴식, 존엄은 '자연(Nature)'의 편에 있다는 가정을 동반한다. 여기서 자연은 대문자로 쓰며 여성성과 관련되지만, 이와 대립하는 문명은 지시대명사가 단순히 '그것(it)'이며, 추함, 불결함, 혼돈을 의미한다". 개척자 토크빌이 도끼를 들고 점점 더 자주 산지를 방문하고, 철도를 통해 접근성이 점점 더 높아지면서 자연-문명 구분에 관한 이런 견해는 19세기 중반에 크게 만연했다. 그러나 적대적 황무지라는 견해가 사회적 기능, 즉 자연에 대한 공격을 정당화하는 기능이 있는 것처럼, 정결한 자연이라는 견해도 마찬가지이다. 보수적 역사학자 조지 모리(George Mowry)에 따르면, 자연과 야외에 대한 열정은 "농촌적 미덕을 함양하기" 위해 "미국의 경제적 지배계급에 정치적으로 편리한" 생태적 향수를 나타낸다.[19]

---

18 Peter Schmitt, *Back to Nature*(New York, 1969).
19 Miller, *Nature's Nation*, p.197; George Mowry, *The Urban Nation 1920-1960*(New York, 1965), p. 2. 또한 '반(反)도시적 이데올로기'에 관한 논의는 다음을 참조. Morton and Lucia White, *The Intellectual Versus the City*(Oxford, 1977).

자연을 적대하거나 맹목적으로 숭배하는 전통은 자연을 외적인 것으로 보는 견해를 공유한다. 하지만 전선 개척자들의 둔감한 공리주의에서 자연으로의 복귀를 열렬히 지지하는 자들의 세련된 관념론에 이르기까지 단순한 선형적 발전이 있었던 것은 아니다. 자연에 관한 후자의 견해에 기여했던 도시의 문학적 신사들은 19세기 낭만주의 전통을 만들어낸 앞선 세대의 문예적 신사와 예술가들에게서 상당한 영향을 받았다. 그리고 이런 전통에 따라 자연의 외부성보다는 보편성이 매우 명확해졌다. 이런 능력 있는 저술가들이 다양한 관점에서 쓴 낭만주의에 관한 서술이 많아질수록, 자연을 종합적으로 심지어는 재현적으로 표현하는 것이 불가능하게 되었다. 우리는 보편적 자연에 관한 연상을 예시하는 관점을 가진 몇 가지 주요 논제를 확인하고자 한다.

자연 연구를 위해 어떤 대상으로 선정된 새나 식물에 대한 스케치를 단순히 사실주의로 간주하는 것, 즉 자연의 해석적 재현이라기보다는 낭만주의적 풍경화의 산물로 보는 것은 현대적 선입견에 불과하다. 식물학적 스케치에서 맥락이나 배경을 빼버리거나 가치절하하는 것은 신성한 영적 출현을 전달하기 위해 빛을 사용하거나, 위대하고 장엄한 자연 속에서 인간의 작은 모습을 어둡고 때로는 거의 보이지 않게 묘사하는 예술가의 해석 활동과 매우 흡사하다. 후자의 관례는 토머스 콜(Tomas Cole), 프레더릭 에드윈 처치, 애셔 듀랜드(Asher Durand) 등 많은 낭만주의 예술가들의 풍경화에서 전형적으로 나타나는 공통점 가운데 단 두 가지에 해당한다. 이들 작품에서 공통된 주제는 자연 속의 신이다. 자연은 어디에서나 거룩한 기원의 흔적을 담지하는 성경이며, 인간은 이런 자연의 일부이다. 요컨대 "신, 인간, 자연의 삼위일체"가 존재했다. 신이 자연 속에 있다면 자연의 텍스트는 19세기 낭만주의적 예술가가 경관 속에 직접 그린 모든 종류의 도덕적 진실을 담고 있는 것으로 이해된다. 이런 "기독교화된 자연주의"에서 신과 자연은 더 이상 구분되지 않는다. 자연은 단지 신의 텍스트일 뿐 아니라 신 자체가 된다. "자연의 통합성은 신의 통합성을 알린다." 특히 미국에서 기독교화된 자연주의가 강한 자연주의적 정취를 취한다면, 이는 여전히 인류 전체와 신, 그리고 자연과의 통합성을 의미한다. 국민주의와 종교적 보편성의 모호한 혼합을 동반한 명백한 운명이라는 이데올로기는 정확히 이러한 기반 위에서 설정되었다.[20]

다른 많은 현대 작가들이 자연의 통합성에 관한 유사한 견해를 전달하고 있다. 예를 들어 피터 에머슨(Peter Emerson)은 자연을 어떤 깊은 영적 의미의 형상적 형태로 이해한다. "모든 자연적 사실은 어떤 영적 사실의 상징이다. 자연의 모든 형상은 심상의 어떤 상태와 조응하며, 심상의 상태는 단지 자연적 형상을 있는 모습 그대로 표현하는 방법으로만 기술될 수 있다. … 모든 자연적 과정은 도덕적 판결의 한 견해이다." 이런 "자연의 통합성"은 매우 친밀해 "자연의 가장 비밀스러운 곳에 있으며, 보편적 정신에서 자신의 근원을 무심코 드러낸다". "자연의 가장 고귀한 직무는 신의 환상으로 나타나는 것이다. 보편적 정신은 자연을 통해 개인에게 말을 하며, 개인을 자연에게 되돌아가도록 하는 기관이다." "인간"은 자연의 "머리이고 심장이며, 모든 위대한 것과 사소한 것에서, 관찰 또는 분석이 드러내는 모든 산의 지층에서, 모든 색의 새로운 법칙에서, 천문학의 사실에서, 대기의 영향에서 그 자신의 어떤 모습을 발견한다".[21]

자연에 관한 이런 관념론적 통합성은 신이 공통적으로 개입된다고 할지라도 뉴턴 과학의 물질론적 통합성과는 명확히 다르다. 그렇지만 레오 마르크스가 다음과 같은 설득력 있는 문장에서 주장한 바와 같이 완전히 다른 것은 아니다.

과학적 지식은 설득력과 권력에 관한 어떤 전통적인 종교적 신화를 소진했다. 이

---

20 Novak, *Nature and Culture*, p. 17. 여기서 "기독교화된 자연주의"라는 문구는 페리 밀러(Perry Miller)의 저작에서 인용한 것이다. 또한 Albert K. Weinberg, *Manifest Destiny*(Gloucester, Mass., 1958) 참조.
21 Ralph Waldo Emerson, "Nature," in *Selected Writings*(New York, 1965), pp. 186~223.

런 이유로 창세기(Genesis)는 과거에 읽힌 방식으로는 앞으로 읽힐 수 없다. 그럼에도 동일한 지식이 예술가에게 신선한 신화-서사시적 가치를 가지고 자연 세계를 탐구할 수 있도록 한다. 거룩한 신체들의 운동, 우주(섬뜩하고 상상을 초월하는 우주의 무한성), 경관 자체, 이 모두는 과거 위대한 신을 위해 예약되었던 감성의 저장고가 되었다. 이렇게 새롭게 발견된 세계를 아름답다고 하는 것만으로는 충분하지 않다. 이는 장엄하다.[22]

따라서 일부 초월주의자에게는 산업 발전과 자연의 장엄함 사이에 어떠한 필수적 모순도 존재하지 않는다. 헨리 소로(Henry Thoreau)가 시골을 향한 산업의 행군에 대해 적대적 경향을 가졌다면, 에머슨은 철도와 같은 혁신은 자연에 대해 더욱 복잡하고 완벽한 견해를 유도하는 수단이라며 환영했다. 신 중심의 에덴적 자연관은 인류 중심적 견해로 더욱 다듬어졌다. 애초의 황무지가 신이 선물로 준 정원이었다면, 새롭게 인간화된 정원은 자연의 모서리를 부드럽게 만들어 더 조화로운 통합체로 만들고자 한 인간의 노력이었다. 자연의 보편성은 목가적인 것 이상으로 보전되었다. 인간의 모습과 인간이 만든 인공물은 경관 속에서 더 크게 드러나게 되었고 성스러운 빛은 부드러워졌다.

그러나 잠재적 모순은 사라지지 않았다. 문제는 과학과 산업의 발전이 점진적으로 자연을 포섭하면, 자연에 내재한 신도 어쩔 수 없이 포섭하게 되는데, 이는 받아들일 수 없는 신성모독이 된다는 점이다. 바버라 노백(Barbara Novak)에 따르면, "자연이 신적 자연(nature-as-God)을 침해하지 않고 '인간화될' 수 있다고 강하게 주장"하는 것은 "편법"이다.[23] 그렇지만 자연은 인간화되었고, 그 이

---

22 Marx, *Machine in the Garden*, p. 96.
23 Novak, *Nature and Culture*, p. 157. 이 모순은 매우 굳건해 전선의 끝에 관한 프레더릭 터너(Frederick Jackson Turner)의 발표에도 종종 나타난다. Frederick Jackson Turner, *The Frontier in American History*(New York, 1920 edn); Smith, *Virgin Land*, ch. 22 참조.

미지는 새롭게 길게 늘어지게 되었다. 미국인들이 자신들의 운명에 대한 대중적 견해를 공유하는 한, 이들은 스스로가 "정원의 이미지로 사회를 창조하고" 있다고 보았다. 이제 기계가 정원 관리에 직접 이용되면서 "기술적 극치라는 수사"가 등장했다.[24] 기계 기술은 경관의 고유한 일부로 이해되었다. 숭고한 것으로 묘사되는 외적 자연의 이데올로기적 기능에 대해서 실베스터 모리(Sylvester Mowry)가 언급한 것처럼, 레오 마르크스는 정원 경관의 이러한 형태에서 계급적 기반을 지적했다. 18세기 잉글랜드 정원을 참고하면서 그는 "조지프 애디슨(Joseph Addison, 17세기 후반부터 18세기 초에 활동했던 영국의 수필가, 시인, 정치인 — 옮긴이)이 거부한 정원의 형식적 스타일은 호탕하게 낭비하는 순전히 귀족적이고 자유방임적인 이상을 구현한다"라고 말했다. 이는 아름다움을 통합성과 작품으로부터 분리한다. 레오 마르크스는 애디슨이 그렇게 했다고 주장하면서, 이러한 분석을 "농촌 풍경 전체"에 확장시키고자 했다.[25]

이 지경에 이르러 모순의 거품은 터져야 했다. 자연에 관한 낭만주의의 급작스러운 붕괴는 전통적으로 다윈에게 소급되지만, 이 붕괴는 단순히 개별 사건이 아니라 그 뒤 [여러 사건을 유발하는] 방아쇠 이상의 의미를 가진다. 그러나 낭만주의의 종말이 보편적 자연의 종말을 의미하지는 않는다. 이 견해는 과학이나 '자연으로의 복귀'에 관한 현대 이데올로기의 관념주의, 또는 생태운동의 회고적 입장에서 혼합적으로 나타난다. 산업적 생산의 현실은 결국 개인주의적 낭만주의의 전통이 아니라고 해도, 예술적·지적 전통으로서 자연에 관한 낭만주의를 지나치게 키웠다.

여기서 제시된 자연의 이원론, 즉 외적 자연과 보편적 자연의 대립은 철학적 문헌에서는 명시적인 주목을 받지 못했다. 그러나 때로 이러한 대립이 암시되기

---

24 Marx, *Machine in the Garden*, p. 195.
25 같은 책, p.93. 경관을 조각한 노동을 무시한 채 이를 다룬 대표적 사례로 Raymond Williams, *The Country and the City*(St. Alban's, 1975) 참조.

도 했다. 『예술로서의 미국(America as Art)』(1976)에 관한 연구에서 조슈아 테일러(Joshua Taylor)는 황무지의 두 개념, 즉 "자연 속 현실과의 초월적 통합으로서의 황무지 개념과 문명의 제약에서 탈피하는 황무지 개념은 둘 사이의 엄청난 차이에도 어떤 모호한 유사성이 있다"라고 서술했다. 에머슨은 자신의 논문 서론에 보편적 개념이나 외적 개념과 상당히 유사하게 "자연"에 관한 두 가지 의미를 구분한다.[26] 우리는 이 이원론을 명시화함으로써 두 개념을 분리할 수 있지만, 현실에서 이들은 긴밀하게 연관되어 있다. 이 점은 낭만적 자연이 산업 발전의 황폐화 대상으로서 자연과 가지는 관계에서 매우 쉽게 찾아볼 수 있다. 19세기 미국의 낭만주의는 노동과정에서 자연을 성공적으로 대상화한 데 따른 직접적 반응이었다. 이 점은 두 가지 의미에서 사실이다. 첫째, 자연의 낭만화는 자연이 실질적으로 완전히 정복되기 전까지는 불가능했다. 대부분의 미국인이 생존 수단으로서 자연과 싸우는 상황에서 낭만주의는 정신 나간 짓이고 심지어 자멸적인 것이었다. 어금니를 뽑기 전까지 방울뱀을 귀여워해서는 안 된다. 어금니가 있는 길가의 방울뱀은 단지 그 자연적 아름다움으로 경탄할 수 있을 뿐이다.

둘째, 낭만주의는 가능성은 물론 이데올로기적 필수성을 전제했다. 미국에서 급속하게 진행된 황무지 정복 활동은 다른 어떤 곳보다 신속하고, 잔인하고, 뻔뻔스럽게 자행되었다. 문명의 낫질이 신과 자연의 몸을 깊게 벨수록, 정당화를 위한 시도는 더 극단으로 치닫게 된다. "역사상 알려진 가장 실용적인 정복은

---

[26] Joshua C. Taylor, *America as Art*(Washington, D.C., 1976), p. 178; Emerson, *Selected Writings*, p. 187. 에머슨의 이 어려운 문장을 해석하면서 모던 화이트와 루시아 화이트는 "에머슨이 지적한 바와 같이, '자연'이라는 단어는 두 가지 주요한 의미를 가진다. 하나는 자연은 우주 속에 있는 사물, 과정, 그리고 사건의 총체성과 관련된다. 다른 하나는 인간이 결코 만지지 않았거나 인간의 행동으로 간섭하지 않은 우주와 관련된다"라고 했다(Morton and Lucia White, *Intellectual Versus the City*, p. 233). 이 점은 분명 보편적 자연과 외적 자연에 관한 이원론의 정확한 재판이지만, 나는 이것이 에머슨의 원문이 아니라 이들의 해석에서 부분적으로 비롯된 것이라고 생각한다. 에머슨은 두 가지 '자연'의 존재에 관해 결코 명확하지 않았다.

토지의 가치 상승과 투자 계산에서가 아니라, (투기의 탐닉에도) 무한한 정신의 분발에서 고취된 것으로 간주해야 한다." 예술사학자 노백의 말처럼, 낭만주의적 전통의 "종교적, 도덕적, 그리고 흔히 국민주의적 개념"은 "그 속에서 시골의 공격적 정복이 완수될 수 있었던 수사적 장막으로" 기여했다.[27]

    자연은 흔히 여성으로 묘사된다. 앞에서 이미 언급했듯이 자연의 개념은 복잡하고 멍청한 메타포를 동반하는데, 자연의 여성성처럼 만연하고 고질적인 메타포는 아마 없을 것이다. 자본주의사회에서 여성을 대우하는 방법이 자연을 대우하는 방법과 유사하다는 점은 매우 인상적이다. 외적 자연처럼 여성은 인간이 지배하고, 억압하고, 황폐화하고, 낭만화하려는 대상이다. 여성은 숭배와 존경의 대상이면서 동시에 정복과 침략의 대상이다. 이 언어의 의미는 정확하다. 여성들은 존중되지만 그들의 사회적 지배는 한 번만 보장된다. 자연의 개념이 정확히 그런 것처럼 낭만주의는 통제의 한 형태가 된다. 그러나 여성은 완전히 외적이지는 않다. 왜냐하면 여성은 출산력과 생물적 재생산수단을 가지고 있기 때문이다. 이러한 이유로 여성은 보편적 자연의 요소, 어머니와 양육자, 신비한 "여성 직관"의 소유자 등으로 묘사된다. 여기서 자연의 여성적 메타포가 지닌 역사를 논하거나 관련된 분석적 고찰을 하지는 않겠지만 여성의 억압, 자연의 이데올로기, 자연과 사회적 관계의 발달 등에 관한 연구가 제시하는 통찰력이 있음에도 이에 관한 연구는 거의 이루어지지 않았다는 점은 사실이다. 그러나 여기서는 단지 여성성을 자연에 관한 '자연적' 메타포와 같은 것으로 만드는 처리 방법의 유사성을 지적하고자 한다.[28]

---

27 Miller, *Nature's Nation*, p. 199; Novak, *Nature and Culture*, p. 38.
28 이에 관해서는 다음을 참조. Annette Kolodny, *The Lay of the Land*(Chapel Hill, 1975); Carolyn Merchant, *The Death of Nature*(San Francisco, 1980); Sherry B. Ortner, "Is Female to Male as Nature Is to Culture?" in Michelle Zimbalist Rosaldo and Louise Lamphere(eds.), *Woman, Culture, and Society*(Stanford, 1974), pp. 67~87; Frederick Engels, *The Origin of the Family, Private Property, and the State*(New York, 1972 edn).

끝으로 우리는 자연의 과학적·시적 경험이라는 점에서 외적 개념과 보편적 개념의 상호 의존성을 훨씬 더 명시적으로 드러낼 수 있다. 전통적으로 19세기 미국의 경관을 둘러보는 경험은 도시로 되돌아오는 것으로 끝맺긴 하지만 기본적으로 자연을 여행하는 것으로 간주되었다. 그러나 최종 목적지는 단순히 여행이 시작된 과거의 도시로 돌아오는 것이 아니었다. 버나드 로즌솔(Bernard Rosenthal)의 표현을 빌리자면 최종 목적지는 '자연의 도시'였다.[29] 이는 원시적 황무지로의 여행이었으며, 목가적 추억으로 통하는 것이었다. 이 여행은 외적 자연에서 보편적 자연으로, 즉 자연의 무덤덤하지만 사실적인 외부성에서 활기차고 정신적인 보편성으로의 연속적인 여행으로 이해되었다. 평일에 우리가 도시에서 지내며 자연의 외부성에 빠져드는 것과 비슷하게, 주말에는 국립공원, 산장, 시골에서 휴가를 보내며 자연의 보편성으로 여행하는 경험을 하게 된다. 외부성은 최소한 주말에는 보편성으로 대체된다. 자연으로의 시적 여행은 과학적 여행이 끝나는 곳에서 시작한다. 만약 시적 여행이 보편화될 자연의 외부성에서 시작한다면, 과학적 여행은 노동의 외적 대상으로서 끊임없이 전환하게 될 자연(물질로서의 또는 공간과 시간으로서의 자연)의 보편성을 받아들인다. 자연의 낭만주의가 산업 성장에 대한 반작용이라는 점에서 과학적·시적 경험은 생산과정을 통해 연계되며, 이는 외적 자연과 보편적 자연이 공동의 기반을 찾게 되는 지점이기도 하다.

요약하면 자연의 개념은 외적 자연과 보편적 자연 간 기본적 이원론에 근거한다. 자연에 관한 이러한 두 가지 개념화는 상호 관계적이면서 상호 모순적이다. 사실 외적 자연이 없으면 자연의 보편성을 강조할 필요가 없기에 한쪽이 다른 한쪽에 의존하고 있다고 볼 수도 있다. 외적 개념화는 생산과정에서 자연을 대상화하여 이루어진 직접적인 결과물이다. 그렇지만 생산과정이 얼마나 효율

---

[29] Bernard Rosenthal, *The City of Nature*(Newark, De., 1980).

적이고 자연의 외부화에 얼마나 완전하게 영향을 미치든 간에, 한마디로 이 과정이 자연으로부터 인간 사회를 얼마나 효과적으로 해방시키든 간에, 인간, 인간 사회, 인간의 인공물은 "자연적" 법칙과 과정에 언제나 종속된다. 따라서 우리에게 외적 개념화는 자연에 대한 묘사의 일부에 불과하다. 자연 속의 인간 사회를 설명할 수 있도록 하는 자연의 개념이 필요하다.

이제 자연에 관한 개념적 이원론이 문제가 된다. 실제 현실에 두 가지 자연이 있는가? 그렇지 않다면, 즉 이원론이 "존재론적인 것이 아니라 인식론적"인 것에 불과하다면, 우리는 난일한 현실의 이원적 개념화를 감수할 수 있는가? 게다가 철학적으로 불만족스러운 점이 가장 중요하고 유일한 문제인 것도 아니다. 자연의 개념은 사회적 산물이며, 우리가 미국의 전선에서 자연을 대하는 방법과 관련해 이해한 것처럼 분명 사회적·정치적 기능을 가진다. 외적 자연의 적대성은 자연에 대한 지배를 정당화했으며, 보편적 자연에 관한 정신적 도덕성은 사회적 행태의 모형을 제시했다. 이것은 자연의 '이데올로기'를 의미한다. 나는 이데올로기를 "현실의 역전된, 단절된, 왜곡된 반영"으로 간주한다. 이데올로기는 일단의 잘못된 사고일 뿐만 아니라 어떤 실천적 경험, 즉 어떤 사회적 계급이 자신의 관점에서 투영하여 단지 부분적으로만 이해하게 되는 실천적 경험에 뿌리를 둔 사고이다. 이렇게 이데올로기가 현실의 부분적 반영임에도 해당 계급은 세계에 관한 자신의 인식을 보편화하려고 한다.[30]

여기서 이데올로기에 관한 이런 정의에 전적으로 동의하거나 자연을 대하는 모순적 이원론에 "이데올로기"라는 이름을 붙이는 것이 합당한가 여부는 크게 중요하지 않다. 본질은 사물이다. 100년 전 미국 경관과의 관계에서 드러난 것보다 오늘날 더 모호해졌지만, 변화된 자연 개념도 유사한 기능을 한다. 첫째,

---

30 Henri Lefebvre, *The Sociology of Marx*(New York, 1968), p. 64. 또한 다음을 참조. Jorge Larrain, *The Concept of Ideology*(Athens, Ga., 1979); Bhikhu Parekh, *Marx's Theory of Ideology*(Baltimore, 1982).

자연은 오늘날 충분히 순화되어 인간에게 적대적인 함의는 대개 극단적인 경우, 예컨대 모진 바다, 홍수, 허리케인과 같이 흔하지 않은 사건에만 적용된다. 적대적이든 그렇지 않든 간에 자연의 외부성에 관한 사실은 인간이 자연을 진압하는 것을 정당화하기에 충분하다. 사실 이제는 이런 진압 과정 자체가 "자연적인" 것으로 간주된다. 둘째, 오늘날 더 중요한 점으로, 보편적 개념화의 이데올로기적 기능이다. 보편적 개념화는 외적 자연의 정복을 정당화하는 "수사적 포장"으로 더 이상 작용하지 않으며, 사회적 행태가 지배계급에 적합하도록 자극하는 도덕적 견해가 되는 것도 아니다. 이 모든 기능이 함께 이루어진다. 그 효과는 여전히 일종의 정복, 정확히 말하면 통제이며, 목표는 여전히 사회적 행태를 대상으로 한다. 오늘날 보편적 개념화의 최우선 기능은 어떤 사회적 행태를 자연적 사건의 지위로 포장하는 것이다. 이는 사회적 행태와 특성을 도덕적이고, 신이 준 것이고, 불변하는 것이라고 믿게 한다. 경쟁, 이윤, 전쟁, 사적 소유, 성차별, 동성애자 편견, 인종주의, 가진 자와 가지지 못한 자의 존재, "추장과 인디언들"의 존재 등, 끝없이 열거할 수 있는 일련의 모든 것이 자연적인 것으로 간주된다. 인간 역사가 아니라 자연에게 책임이 있는 것으로 간주된다. 자본주의는 역사적으로 개연적인 것이 아니라 자연의 불가피하고 보편적인 산물로 간주된다. 자본주의는 오늘날 완전히 개화했지만, 이는 고대 로마나 심지어 적자생존이 지배하는 약탈적 원숭이 무리에서도 찾아볼 수 있다. 자본주의는 자연적이다. 이와 싸우는 것은 인간 본성과 싸우는 것이다.

인간-자연에 관한 주장은 부르주아적 포트폴리오에서 가장 수지맞는 투자 가운데 하나이고, 이는 보편적 자연의 왕관에 있는 보석과 같다.[31] 그러나 인간-자연 주장은 어떤 이유로 자연의 모든 외부성이 거부될 경우에는 아무것도 아닌 것이 된다는 점을 이해해야 한다. '인간 본성'이 이데올로기적 기능을 충족하

---

31 Milton Fisk, "The Human-Nature Argument," *Social Praxis* 5(1980), pp. 343~361.

려면 신성불가침의 권력을 가진 분리된 자연이 존재해야만 한다. 바로 자연으로부터 인간-자연 주장이 활력을 띠기 때문이다. 이렇게 취약한 모순 속에 있는 강력한 이데올로기적 개념을 유지하기 위해 자연의 개념에는 이상하고, 감추고, 빠진 부분이 있다. 개념 정의상 외적 자연은 인간 활동을 배제하지만, 보편적 자연 역시 노동이 필수적이며 고귀하다는 매우 추상적 의미를 제외하고는 인간 활동을 배제한다. 레오 마르크스의 '기술적 극치'라는 수사와 정원의 기계에 관한 이미지는 이런 규칙을 입증하는 데 예외이다. 여기서 우리는 인간적 인공물의 출현에도 불구하고 인간화된 "중간층 경관"이 전달하는 사고는 기계 기술을 경관에 철저히 통합시키지만, 이는 단지 실제 구체적 노동을 배제함으로써, 그리고 (자연화하지 않을 경우 자연을 침해했을) 인간적 인공물을 자연화함으로써 그렇게 통합시킨다는 점을 알 수 있다.[32] 자연의 보편성으로부터 구체적 노동을 배제하는 것은 역사에서 노동계급을 부정하는 수단일 뿐만 아니라 유한계급의 민감한 감수성에 대한 관례적 묵인만인 것도 아니다. 유한계급은 자신이 소유한 부의 실질적 근원, 즉 노동 현장을 마주 대하게 되면 기절할 것이다. 그뿐만 아니라 이는 외적 자연과 보편적 자연 간의 모순을 완화하기 위해 보편적 자연에서 사회적 활동을 추방하는 것이라고 할 수 있다. 보편적 자연의 사회화 가능성은 궁극적으로 역사적 경험의 기반에서 거부되는 것이 아니라, 외적 자연과의 모순 때문에 거부된다. 이것이 자연의 이데올로기이다.

3. 마르크스와 자연

자연의 이데올로기에 관한 이런 묘사가 옳다면, 사회과학에서 자연이 대체

---

32 Marx, *Machine in the Garden*, p. 32; Williams, *Country and the City*.

로 무시되었다는 점은 별로 놀랄 일이 아니다. 자연은 자연과학의 연구 대상이며, 사회는 사회과학의 연구 대상이다. 그러나 항상 그런 것은 아니다. 18세기 정치경제학의 전통에서 중농주의자들은 "자연"을 모든 가치의 직접적인 근원으로 단정했다. 이들은 농업을 위한 노동을 가치 생산의 유일한 수단으로 인식했다. 애덤 스미스의 노동가치론으로 인해 농업적 생산과 이에 따른 외적 자연의 우선성은 거부되었다. 그 후부터 고전적 전통은 점차 자연을 경제 이론의 핵심 요소로 간주하지 않고, 경제 발전을 한정 짓는 경계나 경제의 흥망성쇠에 있어 위기의 원인으로 간주하게 되었다. 데이비드 리카도(David Ricardo)에서 토머스 맬서스(Thomas Malthus)와 존 스튜어트 밀(John Stuart Mill)에 이르기까지, 자연은 점차 외적 요인으로 치부되었다. 이론에서 자연의 탈가치화는 시골이나 작업장 같은 현실에서 자연이 실질적으로 퇴조하는 것과 병행되었다. 정치경제학이 단순한 경제학이 되기 위해 번거로운 정치적 함의를 버리게 됨에 따라, 학문적 노동 분업이 나타나 여러 사회과학을 창출함으로써 한때 정치경제학의 우산 아래 포괄되었던 지식의 파편적 분할을 설명하게 되었다. 심리학에서 인류학, 정치학, 그리고 자연을 다루었던 지리학에 이르기까지, 이원적 개념은 되풀이되었다. 학문 분야마다 강조점은 다양했지만, 자연은 외적 자연 또는 인간적 자연(human nature)으로 나타나는 경향이 있었다.[33]

오늘날 한 전통이 자연을 이원론적으로 취급하는 데 반대하고 나섰다. 19세기 중반 저술에서 마르크스는 자연과 역사의 분석적 재결합을 명시적으로 시도했다. 그는 보편적 자연의 이데올로기적 도입을 알고 있었다. 그는 19세기 정치

---

[33] 경제 이론에서 자연에 관한 논의는 다음을 참조. Dieter Groh and Rolf-Peter Sieferle, "Experience of Nature in Bourgeois Society and Economic Theory: Outlines of an Interdisciplinary Research Project," *Social Research* 47 (1980), pp. 557~581. 19세기 다른 사회과학들의 발전에 관해서는 다음을 참조. Martin Shaw, *Marxism and Social Science* (London, 1975), pp. 75~79.

경제학의 정식들이 "부르주아적 지식인에게는 생산적 노동과 마찬가지로 자연이 부여한 자명한 필연성으로 보였다. 이에 따라 부르주아들은 사회적 생산의 전(前) 부르주아적 형태들을 마치 교회 성직자가 기독교 이전의 여러 종교들을 다룬 것과 같은 방법으로 다루었다"라는 점을 알아차렸다.[34] 마르크스는 자연과 역사의 통합성을 강경하게 주장했고, 인간 역사에 앞서는 어떠한 자연도 실제 존재하지 않는다고 주장했다. 자연에 대한 마르크스 자신의 취급을 고려해보면, 그의 견해에서도 자연의 개념적 이원론에 관한 어떤 변형을 찾아볼 수 있다. 자연과의 관계를 광범위하게 다루었던 그의 초기 저작에서는 자연의 통합성을 강조했지만, 덜 철학적이면서도 더 간결하고 분석적이며 구체적인 그의 후기 저작에서 자연은 생산과정에 따른 노동의 대상으로 더 자주 등장한다. 통합된 자연과 역사에 관한 약속은 앞선 저작에서 분명히 이루어졌다. 하지만 그는 후기 저작을 저술하면서 자연의 개념화를 발전시키는 데 더는 관심을 보이지 않았다.

이러한 점에서 마르크스는 자연을 이원론적으로 개념화하는 데 따른 문제를 알고 있었지만, 그의 저작을 매우 꼼꼼히 검토해보지 않고서는 실제 그가 이 함정을 피했는지, 그리고 그의 저작이 자연에 관한 설득력 있는 대안적 개념화를 유도하는 통찰력을 제시했는지 여부를 즉각적으로 알 수 없다. 우리가 다루려고 하는 과제가 바로 이것이다. 마르크스가 자연을 상이하게 다룬 것을 구분하기 위해 그의 저작 전체를 철저하게 조사할 필요는 없다. 이를 위한 고통스럽고 야심 찬 작업은 이미 알프레트 슈미트(Alfred Schmidt)가 자신의 어렵지만 완벽한 연구, 『마르크스의 자연 개념(The Concept of Nature in Marx)』(1971)에서 이미 수행했다. 슈미트의 연구는 프랑크푸르트학파에 속하며, 그는 자연에 관한 마르크스의 개념화를 밝히는 데 다음 세대의 마르크스주의자들보다 훨씬 더 관심이 많았다. 마르크스의 자연 개념과 다소 유사하게, 슈미트의 연구도 마르크

---

[34] Marx, *Capital*, 1, p. 81.

스주의자들에게 열정적으로, 그러나 무비판적으로 수용되어 연구에 많은 기여를 했다. 따라서 우리는 슈미트와 슈미트가 제시한 이론을 살펴보려 한다. 슈미트의 해석은 "마르크스의 철학적 해석에 대한 기여"[35]가 명백하고 분명 프랑크푸르트학파의 전통에 속하지만, 덜 철학적인 마르크스의 후기 저작인 『자본』과 『정치경제학비판 요강(Grundrisse)』(1973)에 신중하게 초점을 두고 있다는 점에서 예외적이다.

자연과 사회

마르크스의 자연 개념에 관한 해석 전반에서, 슈미트는 통찰력 있게 자연 자체보다 자연과 사회 간의 관계에 초점을 둔다. 그가 지적한 것처럼 마르크스를 인용하면 사회에서 분리된 자연은 아무런 의미가 없다. 왜냐하면 "인간 역사에 앞선 자연은 … 오늘날 더 이상 존재하지 않"기 때문이다(p.33). 자연과의 관계는 역사적 산물이며, 심지어 사회에서 외적인 것으로 자연을 설정하는 것(예를 들어 실증주의적인 "과학"에서 우선된 방법론적인 공리)은 매우 어리석은 짓이다. 자연을 설정하는 행위 자체가 자연과의 어떤 관계 설정을 요구하기 때문이다. 이 관계가 아무리 관념적일지라도, 이 역시도 자연과의 관계이다. 전반적으로 슈미트는 "외적 자연의 우선성은 비판받지 않는다"고 보았지만, 우선적 자연과 비우선적(즉, "사회적으로 매개된") 자연 간의 이런 구분은 단지 인간과 자연 간에 앞선 구분이 있을 경우에만 의미가 있다. 슈미트에 따르면, 이는 자연 내에서 발생하는 구분이다. 이런 개념화에 귀결되는 자연과 사회의 차별화된 통합성을 표현하기 위해, 슈미트는 주체(subject)와 객체(object)의 철학적 언어를 채택하고,

---

[35] Alfred Schmidt, *The Concept of Nature in Marx*(London, 1971), p. 15. 이 장에서 페이지만 표기된 책은 모두 이 저작을 지칭한다.

마르크스의 자연 개념은 근원적으로 주체와 객체의 변증법으로 이해해야 한다고 주장한다.

> 마르크스는 자연(인간 활동의 물질)을 주체에만 특정한 것이 아니라고 규정했다. … 그는 이러한 인간 외적(extra-human) 현실이 비매개적이고 객관적이라는 의미에서 존재론적으로 이해되어야 한다고 말하지 않았다. … 루트비히 안드레아스 포이어바흐(Ludwig Andreas Feuerbach)에 따르면, 자연 일반은 비역사적이고 동질적인 기초이지만, 마르크스주의적 비판의 본질은 이러한 동질성을 주체와 객체의 변증법으로 해체하는 것이다. 마르크스에게 자연은 인간 실천의 요소이며 존재하는 모든 것의 총체성이다(p.27).

이런 방법으로 일반적인 지형을 확인하면서, 슈미트는 마르크스의 자연 개념에서 내적 변증법을 구성하는 특정한 관계를 일부 해명하려 한다. 그는 '일차적 자연'과 '이차적 자연' 간 유용한 구분을 제시한다. 일차적 자연과 이차적 자연은 게오르크 빌헬름 프리드리히 헤겔(Georg Wilhelm Friedrich Hegel)이 사용한 개념이다. 여기서 슈미트는 때로 헤겔의 논리에 기댄 마르크스의 빚을 보여주는 동시에 헤겔과 마르크스를 구분하려 노력했다. "헤겔은 일차적 자연, 즉 인간 외부에 존재하는 사물의 세계를 맹목적이고 무개념적인 사건으로 서술한다. 국가, 법, 사회, 경제 등과 같이 형태를 갖춘 인간 세계는 그에게 '이차적 자연', 현시된 이성, 객관적인 정신이다." 슈미트에 따르면, 마르크스주의적 분석은 "헤겔의 '이차적 자연'을 그의 '일차적 자연', 즉 맹목적 필수성과 맹목적 우연성이 일치하는 무개념성의 영역에 응용한 용어로 자연 개념을 서술해야 한다는 견해를 반대한다. '이차적 자연'은 여전히 '일차적'이다. 인류는 자연적 역사를 넘어서지 못했다"(pp.42~43). 마르크스에 따르면, "사회 그 자체[이차적 자연]는 자연환경이었다." 왜냐하면 "인간은 자연에 비해 자신의 생산력을 통제하지 못하기" 때문이라고 슈미트는 설명한다(p.16).

슈미트는 사회는 자연에 속하지만, 이들이 결코 동일하지 않다고 강조한다. 오히려 자연은 사회를 통해 매개되고, 사회는 자연을 통해 매개된다. 마르크스는 이러한 매개를 좀 더 정확하게 '신진대사(metabolism)' 또는 '신진대사적 상호작용'으로 지칭했으며, 슈미트는 이 개념이 자연에 대한 마르크스의 사고에서 매우 중요하다고 보았다. "'신진대사'라는 개념으로 마르크스는 자연과 인간의 관계에 관한 완전히 새로운 해석을 도입했는데, 이는 계몽주의에 의해 제시된 부르주아적 자연 이론을 훨씬 능가한다"(pp.78~79). 슈미트는 특히 마르크스가 역사적인 독창성의 근원임을 확인하는 데 통찰력 있는 시각을 보여주었다. 왜냐하면 신진대사라는 용어 자체가 새로운 것이 아니라 마르크스가 이를 사용한 맥락이 새로웠기 때문이다. 특히 마르크스는 노동과정을 이러한 신진대사적 상호작용의 추동력으로 이해했다. 슈미트의 설명에 따르면, 노동에서 "인간은 자신의 본질적 힘을 자연 대상에 편입시킨다. 그러면 자연적 사물은 사용가치라는 새로운 사회적 성질을 얻게 된다". 따라서 "자연은 인간화되고, 반대로 인간은 자연화된다"(p.78). 신진대사적 상호작용 내에서, 자연은 노동에 주체와 객체, 즉 한편으로는 노동자(자연적 능력과 목적성을 지닌)를, 다른 한편으로는 노동의 대상(전환하게 될 물질)을 모두 제공한다.

마찬가지로 지식의 전유도 인간과 자연 간의 신진대사의 일부이다. 따라서 슈미트는 주장한다. "유물론자 마르크스에게 … 자연과 자연법칙은 모든 인간 의식이나 의지와는 무관하게 존재"하지만, 이러한 법칙은 "사회적 범주의 도움이 있어야만 정형화된다.ND 자연법칙의 개념은 자연을 지배하려는 인간의 노력 없이는 생각할 수 없다"(p.70). 지식의 대상이 일차적 자연과 이차적 자연의 통합성이듯, 과학(지식을 전유하는 과정) 또한 통합된 노력이다. 마르크스 방법론의 핵심은 변증법이지만 대상을 사회과학으로 한정했기 때문에, 이 점은 자연의 변증법에 관한 의문을 즉각 제기한다. 변증법적 자연과학은 어떠한가? 엥겔스는 자연적 과정 자체를 변증법적인 것으로 간주함으로써 이 의문에 답하려 했고, 그 결과로 도출된 "자연의 변증법"을 슈미트는 정확하고 통찰력 있게 비판했다. 스탈린하에서 자연의 변증법은 공식적인 소비에트 교리로 명문화되어 형이상학의 차원으로 격상되었다. 슈미트는 이를 엥겔스 개념이 가지는 독창적인 이론적 지위의 징후라고 정확하게 이해한다. 왜냐하면 궁극적으로 "엥겔스의 자연 변증법은 주체의 문제가 외부에 반드시 남기" 때문이다(p.52). 자연에 변증법을 적용하려는 시도는 어떤 객체를 그 주체에서 분리하는 것과 같이, 자연을 인간 사회의 외적인 것으로 이미 전제해 변증법이 작동할 수 있도록 하는 조건 자체를 부정한다. "인간과 무관한 외적 자연의 변증법은 존재할 수 없다. 왜냐하면 변증법의 모든 본질적 계기[객체와의 관계에서 주체]가 이 경우 부재하기 때문이다"(p.59). 대신 "자연의 변증법"은 인간 사회와 자연의 신진대사적 상호작용에서 등장한다.

> 자연은 자연의 힘으로 자연 그 자체에 대응하는 전환적이고 의식적으로 행동하는 주체로서의 인간을 생산한다는 점에서 변증법적이다. 인간은 노동의 도구와 노동의 대상 간을 연결하는 수단을 형성한다. 자연은 노동의 주체-객체이다. 자연의 변증법은 이러한 점에서 구성된다. 인간이 자신을 통해 자연과 매개하고, 자신의 목적에 합당한 작품으로 자연을 만들어간다. 인간은 외적 자연의 낯섦(strangeness)과 외부성을 점차 박탈함으로써 자신의 자연을 변화시킨다(p.61).

자연과 유토피아

이렇게 기본적인 '자연의 변증법'을 묘사한 후, 슈미트는 자연과 역사의 관계를 좀 더 구체화하려는 목적으로 마르크스의 자연 개념을 해석적으로 평가한다. 그는 자연과 인간의 신진대사는 마르크스의 자연 개념에서 어떤 절대적인 것으로 주어진다고 주장한다. 이는 "전환될 수 있지만, 폐지될 수 없다"(p.76).

"신진대사의 개념으로 마르크스는 자연의 과정으로서 사회적 노동과정을 제시했기" 때문에, 근본적으로 물질적인 측면에서 노동과정은 불변하는 것, 즉 "영원한 자연-부여적 필연성(eternal nature-imposed necessity)"임을 보여주려 했다(pp.91~92). 그러나 신진대사로 형성된 구체적 형태는 역사적으로 변화해서, 슈미트는 인간과 자연의 관계를 "부르주아 이전"과 "부르주아적인" 것으로 구분한다. 부르주아 이전 시대에 "인간은 자신의 신체와 마찬가지로 자연적 존재로서의 굴레를 쓰고 있었다". 따라서 "자연과 인간의 기원적인 … 추상적 동일성"이 있었다. 부르주아적 생산 조건이 등장하면서 이런 동일성도 추상적인 반대로 변해, 객관적인 자연적 조건에서 노동의 근본적인 이탈로 이어졌다(pp.81~82). 그는 부르주아 이전 사회를 "자연 같은 것, 그리고 비역사적인" 것으로 이해하고(p.171), 대조적으로 부르주아적 사회는 사회적이고 진정하게 역사적인 것으로 이해한다. 슈미트는 이런 시기를 "인간의 자연 지배"에서 세계 역사의 두 단계로 서술한다. 그는 역사에 대한 자연과 주체에 대한 객체의 초기 우월성은 부르주아적 사회에서 역전된다고 서술한다. 자본주의에서 역사는 자연을 지배하고, 주체는 객체를 지배하게 되었다(pp.121, 177). 슈미트에 따르면 "엄격히 말해 마르크스주의적 이론에는 단지 두 가지의 진정한 역사적 변증법, 즉 고대-중세에서 부르주아적 시대로의 전환의 변증법 … 그리고 부르주아적 시대에서 사회주의 시대로의 격변적이고 해방적인 전환의 변증법이 있다"(p.180).

신진대사적 상호작용의 일부인 지식의 전유는 역사적으로 변화하는 신진대사 형태와 더불어 추상적인 비역사성을 체현하며, 이런 구분은 마르크스의 인식론에 반영되어 있다. 이에 따라 슈미트는 마르크스의 "논리적-인식론적 범주"에서 "경제적 범주"를 구분했다. 경제적 범주는 역사적으로 개연적인 반면, 마르크스의 논리적-인식론적 범주는 "더 일반적이고 종합적인 타당성"을 가진다(pp.123~124). 슈미트가 마르크스의 인식론에 내린 결론과 그 결론이 기반을 두고 있는 "신진대사"라는 테제는 슈미트가 마르크스의 유토피아주의를 주장하는 발판을 제공한다. "마르크스는 추상적 유토피아의 구축을 거부하면서 헤겔에 동의했기 때문에, 철학의 역사에서 가장 위대한 유토피아주의자가 되었다"(p.127).

슈미트는 마르크스의 신진대사 개념에서 자신이 "부정적 존재론"이라고 명명한 것을 탐지한다. 이 부정적 존재론은 신진대사가 "영원한 자연-부여적 필연성"이라는 마르크스의 믿음에서 도출되어 마르크스를 "자연의 사변(nature-speculation)"에 빠지게 했다. 왜냐하면 그의 부정적 존재론은 미래 자연과의 관계에 어떤 기대나 추정을 함의했기 때문이다(pp.80, 127). 마르크스는 일반적 의미에서 이데올로기적이지 않았지만, "유물론자로서 자신을 헤겔이 지칭한 '유한-이데올로기적 관점'에 한정되도록 했다"(p.99). 이 관점에 따르면, 인간은 자연 속에서 자신의 실천적 활동을 "목적적 의지"와 매개한다. 슈미트는 『자본』에서 마르크스는 인간의 '목적적 의지'가 자연을 상대로 승리하는 방법을 철저하게 논의했다"고 말한다(p.100). 이런 목적적 의지는 모든 신진대사적 상호작용의 활성적 구성 요소에 기여하기 때문에, 슈미트는 "마르크스의 견해에서 (니체의 견해에서처럼) 사물과 자신의 동료를 대하는 '권력을 향한 인간의 의지'가 그의 지적 활동을 뒷받침한다"라고 결론짓는다(p.111).

마르크스의 유토피아주의에서 "미래 전망(공산주의)"은 "인간과 자연"이 갈등하지 않고 조화롭게 살아가는 시대이다. 주체와 객체는 인간과 자연 간 완전히 발전된 신진대사에 기반을 둔 "더 높은 종합"에서 조화를 이룬다. 마르크스의 초기 저작에서는 이처럼 "인정받지 못한 유토피아적 의식"이 분명 명백하다. 슈미트에 따르면, 마르크스 자신은 이를 제거해버렸지만 여전히 유토피아적 의식은 그의 후기 저작에 남아 있다. 슈미트는 마르크스가 이데올로기의 종말을 예견하면서 자유의 문제를 자유 시간의 문제로 환원시키고, 이에 따라 문화를 "물질적 노동의 완전한 반테제"로 만들었다고 비난했다(pp.142~144). 슈미트는 본질적으로 기술 발전에 대한 마르크스의 태도가 긍정적이며, 기술은 해방적 힘이라고 주장한다. 마르크스는 "노동자의 역할을 점점 더 기술 '감독자이며 조정자'의 역할로 변화시킬 수 있는 산업의 완전 자동화를 생각했다". 따라서 그는 자본주의에서 "노동과정의 인간화"를 가져올 "선진화된 기계적 발전"을 기대했다(pp.146~147).

슈미트는 외형적 유토피아에 반대하며 인간과 자연 간 필수적 신진대사의 일부로서 기술 발전은 해방이 아니라 지배의 근원이라고 단언한다. 사람들 간에 새롭게 결속이 이루어진 무계급 사회에서도 "숙달되어야 할 객체로서 자연의 문제는 계속 존재한다"(p.136, 저자 강조 추가). 자연과의 투쟁은 사회주의를 포함한 모든 형태의 사회에서 공통적이며, 인간 사회가 비록 한 계급으로 다른 계급의 지배를 폐기함으로써 자신의 내적 자연을 해방시키는 데 성공할지라도 '외적 자연을 지배하기'에서 벗어날 수 없다. "새로운 사회는 인간에게만 수혜를 줄 것이며, 이 수혜가 외적 자연의 희생하에서 가능하다는 점은 의심의 여지가 없다. … 진정한 인간 세계라도 주체와 객체 간 완전한 화합은 존재하지 않을 것이다"(pp.155~158). 슈미트는 마르크스가 예상한 어떤 것보다 더 근본적으로 기술로 촉발된 자연의 파괴를 예측한다.

> 인간의 기술적 가능성이 오래된 유토피아론자의 꿈을 여러 차례 능가한 오늘날, 부정적으로 실현된 이러한 가능성은 파괴의 힘으로 변했다. 이에 따라 기술적 가능성은 언제나 인간에게 한정된 구원을 가져다줄지는 모르지만, 그 속에서 주체와 객체가 조화롭기보다는 절멸되는 완전한 파괴, 마르크스가 의도한 전환의 냉혹한 패러디로 유도한다(p.163).

철학과 정치: 슈미트에 대한 비판

슈미트의 해설은 면밀하게 제시되었다. 원전에서의 인용과 인증은 쪽마다 흥미롭다. 슈미트는 백과사전 같은 종합성과 상세함으로 마르크스의 자연 개념을 설명하는데, 이러한 설명은 인상적이면서 매우 포괄적으로 이용 가능하다. 슈미트의 저작이 좀 더 일반적이어서 비판적인 주목을 끌었더라면 그의 주장을 세부적으로 요약할 필요는 없었을 것이다. 그러나 이런 주목이 없었던 상황에서 슈미트 해설의 요점과 핵심 논리, 그리고 그 의미를 제공하는 작업은 필수적이었다. 궁극적으로 슈미트의 훌륭한 철학적 학설은 마르크스의 후기 저작에서 보이는 정신적·실천적 의도와는 아주 상반되는 자연관으로 귀착되었다. 슈미트를 읽어보면 그의 텍스트는 두 가지 수준의 결합된 의미가 있지만, 해설에서 이런 의미의 분리가 전개되는 것이 불편하게 느껴진다. 한편으로 우리는 마르크스와 슈미트가 본질적으로 분리되지 않는 표피적 운동으로 초대된다. 마르크스가 유토피아주의자가 되는 지점에 도달하기 전까지 이 분석은 매우 합리적으로 보인다. 그러나 이와 뒤얽혀 슈미트의 해설이 전개되면서 구축하는 마르크스의 두 번째, 좀 더 심층적인 독해와 마주한다. 이는 마르크스의 견해와는 근본적으로 상이한 견해로 지적으로 고귀한 해석을 누적해나간다. 마르크스의 후기 저작에는 자연에 관한 어떤 유토피아적 개념이 함의되어 있을 가능성이 있으며, 심지어 설득력도 있을 것이다. 그러나 슈미트 자신의 프로젝트는 단지 "마르크스의 1850년 이후 저작의 철학적 내용(또는 최소한 철학적으로 유관한 내용)"(pp.9~10)을 지적하는 것이기에, 마르크스가 아니라 슈미트가 유토피아주의의 근원이라고 말하는 것도 마찬가지로 설득력이 있다.

　나는 후자가 실제 전개되었다고 주장한다. 유토피아주의에 대한 비난은 전혀 근거 없는 것이 아니라, 슈미트가 묘사한 자연-철학, 즉 전적으로 슈미트적인 자연-철학의 논리적 산물이다. 슈미트의 자연 개념은 한 가지가 아니라 두 가지가 있으며, 이런 이원성이 부르주아적 개념의 모순적 이원성처럼 억제되지 않은 낭만주의와 유토피아주의의 문을 열게 했다. 곧 살펴보겠지만 슈미트의 이원성은 마르크스를 해석하기 위해 그가 사용한 특정한 철학적 렌즈 때문이다. 이 철학적 렌즈가 마르크스에 관한 그의 견해에 깊은 영향을 미쳤기 때문에,

믿기 어렵겠지만 슈미트는 자연에 관한 부르주아적 개념을 매우 세련되게 우리에게 설명하는 것으로 끝을 맺는다. 슈미트에 따르면, 자연에 관한 외적 개념화(사회에 외적인 노동의 대상으로서의 자연)와 보편적 개념화(사회와 자연의 통합체로서의 자연)가 존재한다. 이러한 개념 간 "변증법"을 논증하려는 모든 시도와 이들의 통합성에 관한 그의 철학적 단언에도 불구하고, 슈미트의 설명에서 두 개념은 실천적으로 분리된 채 남아 있다.

슈미트의 저서에서는 자연에 관한 그의 이원적 개념을 보여주는 많은 인용이 발견된다. 예를 들기 위해 세 개를 인용한다. "인간과 독립적인 자연적 과정[외적 개념화]은 물질과 에너지의 전환에 근본적인 반면, 인간 생산 자체는 자연의 영역 안에 있다[보편적 개념화]"(p.77). "자연[외적 개념화]과 사회의 상호 침투는 … 자연 내에서 이루어진다[보편적 개념화]"(p.16). "자연의 사회적으로 각인된 성격[보편적 개념화]과 자연의 자율적 역할[외적 개념화]은 통합성을 구성한다"(p.70). 요컨대 슈미트는 서로 다른 개념화나 "계기들" 사이에 구체적인 변증법을 전개할 필요성은 인식했지만(p.67), 이 과제를 결코 완수하지는 못했다. 슈미트는 이를 항상 강조했지만 어디에서도 이원적 개념화의 통합을 예증하지는 못했으며, 그 자신이 (다른 맥락에서) "비진리적 형태로 표현된 진리"(p.27)를 우리에게 제공했다. 이원적 개념화는 슈미트의 자연 개념 전반에 걸쳐 다른 많은 이원성을 유발했다. 이런 전개에서 이원론은 (그렇지 않았다면 정확했을 설명에서) 단지 철학적으로 불완전한 것만이 아니라는 점이 점차 분명해졌다. 예를 들어 세계 역사를 두 가지 시대로 구분하고, 두 가지의 역사적 변증법을 확인함으로써 자연과의 신진대사를 역사화하고자 한 슈미트의 시도를 살펴보자. 부르주아 이전 시기에 "자연은 농업을 통해 전유되었기 때문에 인간과는 완전히 독립적"이었고, 따라서 "인간은 자연과 추상적으로 동일하다. 말하자면 인간은 모르는 사이에 자연적 존재가 된다"라고 슈미트는 주장한다. 부르주아 시대에 "인간이 자연을 기계의 세계로 전환하면서 기술적·경제적·과학적으로 자연을 보편화하는 데 성공한 결과, 자연은 인간에게 외적인 추상 자체로 굳어졌다"(p.82). 즉, 자연의 보편적 개념화가 부르주아 이전 시대에 적합했다면, 외적 개념화는 "부르주아 시대"를 가장 잘 묘사한다.

이런 역사적 구분은 자연의 지배에 관한 슈미트의 결론적 논의에 중요한 전조가 되었다. 그럼에도 그의 결론적 논의는 이론적으로 매우 간단했고 기계적이었다. 결론 부분은 물론 그의 저작 전반에 걸쳐 슈미트가 자연을 남성(men)에 주목한 것은 우연이 아니다. 그가 여성에 관심을 가졌는지 여부는 명확하지 않다. 그는 부르주아 이전 역사를 "자연과 같은 비역사적"인 것으로 이해하고, 노동의 생리적 (젠더와 연령에 기반을 둔) 분업을 노동의 자연적 분업으로 기술한다. 이는 자본주의하에서 발전한 사회적 분업과 대조된다(pp.170~171). 역사적 범주를 자연의 이원론적 개념화에 끼워 맞춘 데 따른 정치적 결과는 명백하다. 여성으로서 여성의 억압은 "부르주아적 시대"에 앞선 노동의 분업이 원인이기 때문에, 슈미트는 여성의 억압을 "자연적"이라고 보았다. 그는 노동의 생리적 분업에 관한 실질적인 사회적 성격을 추상화한다.[36] 슈미트의 저서에서 두드러지는 점은 남성과 여성 간 구분이 명확해지고 발전해서 단지 여성이 자연의 일부로 다루어질 경우에만 그의 철학이 의미가 있다는 것이다. 그가 외적·보편적 자연이라는 개념을 전제로 한 것처럼, 슈미트는 '인간(man)'을 때로는 여성과 남성 모두로 간주했고, 때로는 남성만으로 간주했다.

여기서 두 가지 연계를 고찰해야 한다. 첫째, 자연에 관한 이원적 개념화를 유도했던 특정한 철학적 프로젝트를 정확히 지적하는 일이다. 둘째, 자연에 관

---

[36] 분명 마르크스도 그의 초기 저서에서 노동의 생리학적 분화를 자연적인 것으로 서술했다. 그러나 슈미트처럼 사회적인 것에 대한 대립 또는 이로부터의 추상화를 의미하지는 않았다. 예를 들어 재산의 "핵심, 이의 첫 번째 형태"는 "가족 내에서 노동의 자연적 분업"에 있다. 여기서 "아내와 자녀는 남편의 노예이다. 가족 내에서 이런 잠재적 노예화는 비록 매우 조야하지만 첫 번째 재산이다". Karl Marx and Frederick Engels, *German Ideology*(New York, 1970 edn), p. 52.

해 슈미트가 마르크스를 잘못 독해해 빚어진 잘못된 개념화와 이로 인한 정치적 결과를 확인하는 일이다. 슈미트가 인정하고 논의했던 것처럼 마르크스가 헤겔에게 진 빚에 관한 연구는 많지만 마르크스가 칸트에게 진 빚에 관한 연구는 거의 없다. 슈미트의 저작은 이러한 누락을 시정하는 데 도움을 줄 수 있다.[37] 슈미트는 마르크스가 칸트와 헤겔 사이의 "중간 지점"을 채택했다고 보았다. 그의 책에서는 단지 "거칠게 묘사"했지만, 슈미트의 목적은 이 중간 지점을 좀 더 정확하게 결정하는 것이었다(p.12). 칸트는 주체와 객체를 엄격히 분리하기 위해 씨름했으며, 활동적인 창조적 주체가 "물 자체(thing-in-itself)"에 존재하는 객체와 조화를 이루도록 하려고 했으나 결국 실패했다. 칸트에 이어서 헤겔은 성공했지만 단지 객체를 주체 속으로 용해함으로써, 즉 자연을 궁극적으로 역사(그 자체 개념의 역사)에 녹여버림으로써 성공할 수 있었다.[38] 변증법을 재구성하는 작업, 즉 헤겔처럼 주체와 객체를 궁극적으로 동일시하지 않고, 동시에 칸트처럼 이들을 조화할 수 없는 것으로 만들지도 않으면서 변증법을 재구성하는 작업은 마르크스에게 남겨졌다.

그렇지만 슈미트는 마르크스가 시도한 변증법의 재구성과는 다른 것을 만들어냈다. 슈미트는 다음과 같이 말했다.

주체와 객체에 관한 헤겔의 동일성에 대한 [마르크스의] 유물론적 비판은 그를 칸

---

37 "지식 대상의 구성 요소에 관한 칸트의 문제는 초월적 철학으로의 단순한 복귀를 의미하지 않는다. 칸트를 비판한 헤겔이 명확히 형성한 기반에 근거해 마르크스에게 (객관적으로) 되돌아오는 것이다"(p. 12).

38 헤겔은 *Philosophy of Nature*(London, 1970 edn)에서 다음과 같이 결론짓는다. "자연 속에서 개념[Begriff]은 개념에게 말한다. 그리고 자연에 산재된 수없이 많은 형태 아래 숨겨진 개념의 진정한 형태는 이성에게 자신을 드러낸다"(p. 445). 여기서 제시된 것처럼, 칸트에 관한 매우 단순하지만 정통적인 독해에 대한 대안으로는 Richard Kroner, *Kant's Weltanschauung* (Chicago, 1956) 참조.

트로 돌아가도록 했다. 그러나 이러한 점이 사유와 동일성을 가지지 않는, 존재가 알 수 없는 "물 자체"로 나타나는 것을 의미하지는 않는다. … 마르크스는 주체와 객체의 비동일성에서 칸트의 테제를 유지했지만, 동시에 역사를 더는 배타적인 것으로 간주하지 않는 탈칸트적(post-Kantian) 견해, 즉 주체와 객체는 가변적으로 통합한다는 견해를 채택했다(p.121, 저자 강조 추가).

이런 주체와 객체의 "가변적 통합(changing configuration)"은 슈미트가 역사적으로 설명한 자연과의 신진대사, 즉 부르주아 이전 시대에는 자연이 역사를 지배하고 객체가 주체를 지배했으며 부르주아 시대에는 그 반대가 일어났다는 점을 예시하려 한 것이다. 자연과의 신진대사는 비역사적으로 주어진 것이고 단지 그 형태만 변할 수 있기 때문에, 슈미트의 저서에서는 주체와 객체 간 관계의 이원적 개념화가 작동한다. 이것이 자연에 관한 그의 이원적 개념화의 철학적 핵심이다. 그는 한편으로는 주체와 객체의 통합성을 이해하고, 다른 한편으로는 이들 간의 "부서질 수 없는 경계"를 주장한다(p.159). 그는 칸트에 반대해 주체와 객체의 통합성을 유지하며, 헤겔에 반대해 이들의 절대적인 비동일성을 유지한다. 두 가지 개념화는 결코 하나로 응결되지 않고 둘로 남는다. 따라서 슈미트가 "마르크스주의적 유물론"을 변증법적 통합이 아니라 "변증법적 이원성"(p.136)을 체현하는 것으로 보았다는 점은 우연이 아니다. 변증법에 관해 철학적으로 전제된 이러한 사고는 자연에 관한 그의 이원적 개념화의 이면에 놓여 있다. 자연은 차별화된 통합성이 아니라 한편으로는 차별화이고 다른 한편으로는 통합성이다.[39] 칸트와 헤겔 모두와 상반되게 마르크스의 자연 개념을 규정하려는 시도로서, 슈미트는 헤겔에서 칸트로, 그리고 다시 칸트에서 헤겔로 매우 자유롭

---

39 슈미트의 저서에는 "한편/또 다른 한편" 방식의 분석이 빈번하게 등장한다. 이는 어떤 징후를 나타낸다. 그가 양 측면을 모두 거론할 경우에는 일반적 결과, 즉 통합성을 위한 의도(prayer-for unity) 형식을 취한다.

게 넘나들었다. 그는 이렇게 문제가 되는 상황에 완고하게 남아 있었다. 이로 인해 자연의 두 가지 개념화, 하나는 좀 더 칸트적이고 다른 하나는 좀 더 헤겔적인 개념화가 제시되었다. "인간과 물질이 작동하도록 두 부분으로 분할된 자연은 언제나 이런 구분 속에서 자신을 드러낸다"(p.79). 슈미트는 정확히 자신이 의도한 대로 실행했다. 그는 전적으로 칸트와 헤겔 사이에 마르크스를 두고 마르크스가 이들을 능가한 것으로 보지 않았다. 결과적으로 슈미트는 칸트와 헤겔을 아주 많이 인용했지만 마르크스의 방식에는 거의 관심을 두지 않았다.[40]

철학적 추상화의 기원과 사회적 기능에 관한 자극적이고 통찰력 있는 논의에서 앨프리드 존-레텔(Alfred Sohn-Rethel)이 언급한 바에 따르면, 개념적 이원론이 철학 자체만큼 오래되었지만, 여전히 자본주의하에서 특정한 유의성을 가진다. 이들은 칸트에 뿌리를 둔 부르주아적 철학의 징표이다. "철학의 막강한 이원론은 이를 벗어나고자 하는 탁월한 탈칸트주의자의 노력 덕분에 발견된 것이 아니다. 좀 더 자본주의의 현실을 충실히 반영했기 때문이다. … 부르주아적 세계에 관한 진실이 이원론 말고 다른 어떤 것으로 잘 표현되겠는가?"[41] 이원론이 특정한 자연 개념뿐 아니라 슈미트의 자연 개념도 목표로 하지 않았지만 (사실 레텔은 슈미트의 저서를 "탁월한 연구"로 이해한다), 이런 평가는 자연에 관한 슈미트의 처리 방법과 부르주아적 처리 방법 양쪽 모두에 잘 맞아떨어진다.

슈미트가 마르크스를 잘못 해석한 것처럼, 여기서도 그는 실질적으로 중요

---

40 그의 본래 프로젝트에 조응해, 슈미트는 헤겔보다 칸트로부터 더 많은 영향을 받았다. 이로 인해 그의 사상에서는 자연의 이원적 개념화가 궁극적으로 승리했다. 그는 이론에서의 어떤 결여를 다음과 같이 지적한다. "마르크스와 칸트 사이에는 여태까지 충분히 주목하지 않은 관계"가 존재한다(p. 120). 그는 실제로 마르크스를 칸트의 신발에 맞춤으로써 교정하고자 했다. 슈미트는 헤겔의 변증법에서 "이 체계의 끝에 승리하는 것은 관념론적 동일성이다. 다만 마르크스의 변증법에서 이는 역전된다. 마지막에 승리하는 것은 비동일성(non-identity)이다"라고 했다 (p. 28).

41 Sohn-Rethel, *Intellectual and Manual Labour*(London, 1978), p. 15.

한 어떤 것을 포착해, 그의 심층적인 프로젝트를 추구하는 과정에서 진실을 반쪽 진실로, 그리고 다시 허위로 왜곡시켰다. 슈미트의 자연에 관한 고찰은 그가 제시한 것처럼 교환가치와는 엄격하게 구분되는 사용가치 영역에 초점을 두어야 한다고 강조하면서 시작한다. 마르크스의 『자본』 1장이 사용가치에서 추상화한 것처럼 슈미트는 교환가치에서 추상화한다. "상품의 교환가치에는 자연적 내용물이 전혀 없다"라고 그는 주장한다(p.65). 이러한 절대적 구분이 처음에는 합리적이고 심지어 통찰력 있는 것처럼 보이지만, 결과는 거의 그렇지 않다. 예를 들어 슈미트는 노동과정을 역사적으로 불변한 것으로 묘사하지만 매우 추상적 측면, 즉 물질적(사용가치) 측면에서만 불변하다. 우리는 사실 역사적으로 분리된 생산양식들에서 사용가치와 교환가치 간 관계를 쉽게 확인할 수 있지만, 이들 간 관계를 고찰하는 계기는 단지 교환가치 관계들을 고려함으로써 확인될 수 있다. 그렇지만 슈미트는 자연의 지배를 역사적 필연성으로 논의하는 것이 가능하며, 사회주의하에서도 "자연은 숙달되어야 한다"(p.155)라고 선언할 수 있다고 느꼈다. 슈미트는 마르크스가 이러한 것을 인식하지 못했기에 유토피아주의자가 되었다고 비난했다. 슈미트는 순수한 사용가치의 추상적 영역을 떠나지 않고 이러한 모든 것을 행할 수 있었다. 이제 마르크스는 철학적 추상화의 부재로 인한 희생자가 되었다. 그는 『자본』 전반에 걸쳐 경제적 주장을 재충전할 필요가 있을 때면 언제나 사용가치로 되돌아간다. 슈미트는 이 점을 알지 못했다. 왜냐하면 『자본』 어디에도 그에게 사용가치의 특정한 개념화가 어떻게 경제적으로 주장하는 통합적 성분으로서 암묵적으로 발전하게 되었는지를 말해줄 수 있는 예시가 없었기 때문이다. 그러나 『요강』에서 마르크스는 이를 명확히 서술한다.

가치가 그 속에 존재하지만 이제는 자본의 몸체처럼 보이는 사용가치의 특정한 본질은 여기서는 그 자체로 자본의 형태 및 자본을 작동하는 결정자처럼 보인다. …

따라서 단순한 순환에서 특징적으로 경제적 형태 바깥에 존재하는 사용가치와 교환가치 간 구분이 … 일반적 순환에서도 바깥에 존재한다고 단정하는 것보다 더 잘못된 것은 없다.[42]

만약 슈미트가 자연의 역사적 관계를 결정하는 데서의 교환가치의 중요성을 이해했더라면, 마르크스에서의 자연에 관한 그의 이해의 중심에 올바르게 놓았던 노동과정에 관한 그의 견해는 전적으로 달라졌을 것이다. 만약 그랬다면 그는 "자연 개념"에서 마르크스의 정신을 반영하기 시작했을 것이다. 그러나 슈미트는 교환가치를 사용가치와 분리시키고, 사용가치에 배타적으로 초점을 맞추었다. 또한 자신을 마르크스주의 이전의 철학적 영역(즉, 칸트와 헤겔)으로 설정해 마르크스에 관한 자신의 독해를 벗어나 자연에 관한 전형적이고 부르주아적인 개념화를 재생산하는 무대를 마련했다. 자연을 사용가치와 동일시한 결과로 초래된 물신화와 신비화의 결합은 부르주아적 개념의 징표이다.

슈미트가 말한 자연 개념의 정치적 함의는 이러한 함의를 만들어낸 그의 저서와 마찬가지로 다양하고 포괄적이다. 우리는 이미 혁명적 페미니즘이 슈미트가 선호하는 운동이 아니라고 이해한 바 있다. 혁명적 사회주의에서도 똑같은 이해가 가능하다. 왜냐하면 계급 차이에서 완전히 추상화되면서,[43] 슈미트도 계급적 차이가 중요하지 않다는 실천적 인상을 주기 때문이다. 따라서 그는 사회주의를 자본주의보다 더 나쁘지 않다면 거의 비슷한 것으로 이해한다. 자연의 지배는 사회주의하에서도 여전히 필요하다. 이데올로기와 노동의 분업은 여전히 존재할 것이다. 그리고 자본주의와 마찬가지로 사회주의에도 "두 가지 생활

---

42 Karl Marx, *Grundrisse*(London, 1973), p. 646.
43 "노동과정을 통해 사용가치를 창출하는 탐구는 처음에는 이 과정이 이루어지는 생산관계의 특성화를 요청하지 않는다"(p. 93). 슈미트는 처음부터 끝까지 계급을 진지하게 고려하지 않았다. 그는 교환가치를 피하고자 한 것처럼 계급도 피하고자 했다.

영역", 즉 "노동과 비노동"이 있다.[44] 사실 슈미트는 정치에 거의 관심이 없었다. 정치에 관심이 있었다면 "권력을 향한 의지"(니체의 문구)처럼 인간 활동 이면에 놓인 실천적 의도를 그가 설명할 수 있었겠는가? 심지어 버트런드 러셀(Bertrand Russell)도 사회주의를 "나치와 파시즘에 의해 정치적으로 재현된" 철학으로 서술하는 데 거리낌이 없었다.[45] 의도적이든 그렇지 않든 간에 슈미트의 철학은 정치적으로 광범위한 영향력을 가진다. 인간적인 사회를 건설하려는 시도에서, 그가 말한 절망의 정치보다 더 신중한 것은 없다. 여기서 우리는 바람직한 사유의 근원, 즉 유토피아주의와 자연[현상에 대한] 사색을 볼 수 있다.

우리는 … 미래사회가 거대 기계 … "자연 속의 엄청난 소란"이 아닐까라는 의문을 제기해야 한다. … 기껏해야 모호한 희망, 즉 인간은 쇼펜하우어의 철학에 함의된 의미대로 서로 조화를 이루면서 억압된 동물 세계와의 실천적 유대를 훨씬 강하게 배울 것이라는 희망만이 남아 있다(p. 156).

4. 자연의 지배?

"자연의 지배"는 프랑크푸르트학파의 일관된 주제였다. 인간은 기술적 역량

---

[44] 슈미트는 자신의 철학에 따라 사회주의 역시 자연을 지배할 것이라고 생각한 반면, 루이 알튀세르(Louis Althusser)는 자신의 철학에 따라 이데올로기가 사회주의와 공산주의하에서도 남아 있을 것이라고 생각했다. *For Marx*(London, 1977), p. 223; *Essays in Self Criticism* (London, 1976), p. 121 외 여러 곳 참조. 이 점은 알튀세르와 프랑크푸르트학파 간의 매우 흥미로운 유사점이다. 우리는 일반적으로 프랑크푸르트학파를 완전히 반대되는 전통을 나타내는 것으로 이해하지만, 실제 결론과 관점에서 놀라운 입장을 공유한다. 양쪽의 공통된 연계는 철학적 관념론을 공유한다는 것이다.

[45] Bertrand Russell, *A History of Western Philosophy*(New York, 1945), p. 790.

을 발전시켜 쉼 없이 자연에 대한 지배를 확장해왔다고 주장한다. 그러나 자연은 복수를 결행한다. 왜냐하면 "외적 자연"의 지배는 "내적 자연"(사람 자신)의 지배를 증가시킬 뿐만 아니라 인간존재의 허약성 증대를 동반하기 때문이다. 이 주장은 막스 호르크하이머(Max Horkheimer), 테오도르 아도르노(Theodor Adorno), 그 외 여러 학자의 초기 저술에서 나타나지만, 히로시마 원폭 이후 더 핵심적인 관심사가 되었다. 헤르베르트 마르쿠제(Herbert Marcuse)는 그중 가장 지속적이고 세련된 주창자라고 할 수 있다. 그렇지만 결국 마르쿠제도 다소 미묘한 물신성을 설명하는 자연의 이원론적이고 모순적인 개념화에 의존한다. 프랑크푸르트학파는 인간과 자연의 어떤 사회적 관계를 영원하고 불가피한 것으로 간주한다는 의미에서 자연적 관계로 다룬다. 그들이 기술을 다루는 방식은 이러한 의도하지 않은 물신성을 가장 잘 보여준다. 기술을 사회적 산물로 인식하면서도, 심지어 마르쿠제도 인간-자연 관계를 매개하기 위한 기술의 추상적인 철학적 필연성에 안주하곤 했다. 따라서 자연의 지배는 기술을 생산하고 이용하는 특정한 사회적·역사적 관계가 아니라 이런 추상적인 필연성에서 나오는 것처럼 보였다. 물론 마르쿠제는 새로운 기술에 대한 희망, 즉 억압이 아니라 해방에 기여하는 자연의 자비로운 숙달을 기원했지만, 이는 단지 희망에 불과했다. 위르겐 하버마스(Jürgen Habermas, 슈미트와 더불어 프랑크푸르트학파의 제2세대에서 가장 탁월한 학자)에게는 이런 빈약한 희망을 거부하고 범주적으로 서술하는 것이 너무 쉬운 일이었다. "기술이 전적으로 프로젝트에 기반을 둔 것이라면, 기술은 역사적으로 넘어설 수 있는 프로젝트가 아니라 종으로서 인류 전체의 '프로젝트'로 소급될 수 있을 뿐이다."[46] 엄밀히 따지면 그 내용과 형태에서,

---

46 Jürgen Habermas, *Toward a Rational Society*(Boston, 1970), p. 87. "자연의 반동"에 관해 Max Horkheimer, *Eclipse of Reason*(New York, 1974 edn), pp. 92~127 참조. 마르쿠제의 제자였던 윌리엄 리스(William Leiss)의 논제, "자연의 지배"에 관한 비판 참조. "만약 자연의 지배라는 사고에 어떤 의미가 있다면 그러한 수단, 즉 우월한 기술적 능력의 소유를 통해 일부 인간

기술은 자연적인 것으로 이해된다.

마르크스가 확인한 상품 물신성처럼, 프랑크푸르트학파의 자연 물신성은 교환가치에서 사용가치의 엄격한 분리로 인해 발생한다. 이 점은 슈미트에게 특히 분명하지만, 그가 결코 전형적이지는 않다. 프랑크푸르트학파의 전통은 저속한 경제주의에 대한 반작용으로 진화했다. 가정된 "경제의 우선성"은 처음부터 도전받았고, 학파의 구성원은 문화적, 심리적, 사회적, 그리고 포괄적으로 정치적인 연구에 몰두했다. 그러나 이 점은 교환가치에서의 철회, 그리고 이에 따른 자연의 물신성에서의 철회를 유발했고, 결국 과학과 기술을 다소 결정론적인 분석으로 유도했다. 이로 인해 슈미트는 다음과 같은 철학적 결정론의 글을 자발적으로 서술한다. "헤겔의 변증법에서처럼 마르크스의 변증법에서도 주체와 비동일적인 부분이 단계적으로 극복된다. 자연의 점점 더 큰 영역이 인간의 통제하에 들어간다"(p.136). 슈미트가 "지배"로부터의 자유는 바로 가능하다는 마르크스의 믿음을 유토피아적인 것으로 이해한 점은 놀라운 일이 아니다. 이런 결정론에 기댄 절망의 정치는 처음부터 분명했다. 초기 이론가들 중 사실상 마르쿠제만이 심각하게 회의적이기는 했지만 혁명에 관한 모든 희망을 결코 포기하지 않았다. 반면에 그 후 세대는 처음부터 반혁명적 전통을 물려받았다. 혁명을 믿는 것이 불명예스러운 세대였다.

마틴 제이(Martin Jay)는 자신의 탁월한 이론에서 1945년 이후 시기를 살펴보았다. "프랑크푸르트학파는 정통 마르크스주의로부터 벗어나기 위한 오랜 행군의 마지막 구간을 전개했다. 이러한 변화의 가장 분명한 표현은 [프랑크푸르트]연

이 다른 인간을 지배하고 통제하기 때문이다. 외적 자연에 대한 인간의 공통된 지배는 넌센스이다. … '인간' 자체는 … 인간 간의 실제 폭력적인 투쟁에서 기술적 도구들이 일정 역할을 담당한다는 사실을 은폐하고자 하는 … 추상화이다." *The Domination of Nature*, pp. 122~123. 또한 Jürgen Habermas, "Toward a Reconstruction of Historical Materialism," *Theory and Society* 2(1975), pp. 287~300 참조.

구소가 모든 진정한 마르크스주의 이론의 초석으로 간주되는 계급 갈등을 역사의 새로운 동력과 교체했다는 점이다. 초점은 이제 인간과 자연 간의 더 큰 갈등에 맞춰진다."[47] 따라서 자연을 둘러싼 투쟁이라는 점에서 보면, 자본주의하에서 인간과 자연의 사회적 관계는 부차적으로 중요한 것이 된다. 정치적 투쟁은 인류가 자행하는 자연의 자본주의적 이용과 생산이 아니라, 자연의 전반적인 오용과 지배를 겨냥하게 되었다. 자본주의가 아니라 "인간의 조건"이 역사적 악당이며, 정치적 표적이 되었다. 이로 인해 프랑크푸르트학파는 1960년대 환경운동의 좌파에게 자연에 관한 잘못된 이원론적 개념화를 심어주었다. 또한 이들은 인간성을 위한 희망이 조금이라도 남아 있다면 이 희망은 현재 체제를 개혁하는 것이라는 정신분열적(schizophrenic) 정치를 직간접적으로 유도했다. 왜냐하면 자본주의 자체가 잘못된 것은 아니기 때문이다. 희망이 없다면, 즉 인간 조건이 정말 결정적인 것이라면, 어떤 의미에서 다소 자포자기하거나 신비한 자아로의 후퇴가 유일한 대안으로 보인다.

최근 레이먼드 윌리엄스(Raymond Williams)는 마르크스주의에서 "인간의 자연 정복에 관한 승리주의적 견해"를 확인했다고 주장했다. 그는 우리가 이 장의 첫 부분에서 이해했던 것, 즉 승리주의가 부르주아적 사상의 전체 시기를 특징짓고, 자연과 사회가 처음부터 분리된 것으로 간주될 경우에만 일관될 수 있는 견해라는 점을 올바르게 주장한다.[48] 비록 프랑크푸르트학파가 자연에 대한 인간 지배의 멈출 수 없는 필연성이 축복이 아니라 좌절을 초래한다고 주장할지라도, 윌리엄스의 주장은 분명 프랑크푸르트학파에 대한 적절한 비판이었다. 사실 이는 부정적 승리주의이다. 이러한 승리주의는 20세기 러시아가 자연을 대하는 태도와 이데올로기에서 더욱 명백하게 드러난다.[49]

---

47 Martin Jay, *The Dialectical Imagination*(London, 1973), p. 256.
48 Raymond Williams, "Problems of Materialism," *New Left Review* 109(1978), pp. 3~17.
49 Boris Komarov, *The Destruction of Nature in the Soviet Union*(London, 1980).

다른 서구 마르크스주의자들도 자연의 개념과 씨름했다. 루이 알튀세르는 자신이 주장한 인식론적 체계가 드러낸 난점들 때문에 자연의 개념을 완전히 빠뜨렸다. 세바스티아노 팀파나로(Sebastiano Timpanaro)는 이런 난점들을 다루기 위해 준비하면서 자연의 생물적 우선성을 복원하려 했다. 그는 인류의 "생물적 조건"이 마르크스주의자에게는 별로 강조되지 않았다고 주장한다. 그는 "자연이 인간에게 행사하는 억압"을 강조함으로써 문제를 거꾸로 전도하려 했다.[50] 그러나 결국 팀파나로는 외적·보편적 자연의 이데올로기에 관한 생물학적 견해, 즉 사회생물학의 어떤 측면들과의 모호한 유사성을 열어놓은 채 버려둔 견해 이상의 어떤 것을 달성하지 못했다. 이 역시 부정적 승리주의이다.

이처럼 윌리엄스는 우리에게 이런 승리주의가 마르크스주의의 핵심까지 소급될 수 있는 것으로 믿게 만들었다고 하겠지만, 이는 사실이 아니다. 이 장에서 제시된 비판의 요체는 이제 우리는 자연에 사회적 우선성이 있음을 고려해야만 한다는 것이다. 자연이 사회적이지 않다면, 이는 아무것도 아니다. 슈미트처럼 단지 이러한 결론을 단언하는 것만으로 자연을 이원론적으로 다루는 것을 능가할 수는 없다. 이루어져야 할 점은 자연이 부여하는 이러한 사회적 우선성과의 구체적 관련성을 보여주는 것이다. 마르크스에서 이러한 자연관, 즉 윌리엄스의 승리주의보다 훨씬 정교하고 변증법적으로 복잡한 자연관의 (단지) 시작점을 찾아볼 수 있다. 승리주의와 마찬가지로 '자연의 지배'라는 부정적 승리주의는 자연과 사회의 두 가지 분리된 영역에서 출발해서 둘을 통합시킨다. 마르크스에서 우리는 이와 반대되는 절차를 찾아볼 수 있다. 그는 통합성으로서 자연과의 관계에서 시작하여, 이들 간에 어떤 분리가 존재할지라도 역사적이면서 동시에 논리적인 결과를 도출하고자 한다. 이런 방법으로 자연의 사회적 우선

---

50 Sebastiano Timpanaro, *On Materialism*(London, 1975), p. 52. 알튀세르에 관해서는 Neil Smith, "Symptomatic Silence in Althusser: The Concept of Nature and the Unity of Science," *Science and Society* 44(1)(1980), pp. 58~81 참조.

성은 바깥으로부터 주입되어야만 하는 어떤 것이 아니라, 자연과의 사회적 관계에서 이미 존재하는 어떤 것이다. 따라서 자연의 지배 대신 우리는 자연의 생산이라는 더 복잡한 과정을 고찰해야 한다. '자연의 지배'라는 주장이 우울하고 일차원적이며 탈모순적인 미래를 의미한다면, '자연의 생산'이라는 사고는 기술적 필연성보다는 정치적 사건과 힘에 여전히 결정되는 역사적인 미래를 의미한다. 그러나 정치적 사건과 힘은 정확히 자본주의적 생산양식의 성격과 구조를 결정하는 요소이다. 우리는 마르크스의 저서에서 이러한 자연관을 어렴풋이 찾아볼 수 있다. 다음 장에서는 자연의 이원론적 이데올로기에 대한 대안을 제공하기 위해, 그리고 자본주의 발전하에서 자연을 다루는 특이하고 매우 모순적인 방식을 고찰하는 데 바탕이 될 수 있는 새로운 이론적 기반을 제시하기 위해 자연의 생산이라는 견해를 발전시켜가려 한다.

제2장

자연의 생산

마르크스는 "일상적 경험으로 판단하자면, 과학적 진실은 늘 사물의 기만적인 모습만을 포착하는 역설(paradox)이다"라는 유명한 말을 남겼다.[1] 자연의 피상적인 모습으로 판단한다면 자연의 생산이라는 개념은 자본주의사회에서조차 터무니없이 들릴 정도로 매우 역설적이다. 엄밀히 말해 자연은 생산될 수 없는 것이며, 인간의 생산적 활동을 방해하는 안티테제로 여겨진다. 직접적인 모습에서 자연 경관은 그 자체로 우리에게 일상생활의 물질적 토대, 즉 교환가치라기보다는 사용가치의 영역으로 나타난다. 자연 자체는 여러 축을 따라 매우 차별화된다. 그러나 자본축적 및 경제 발전의 확장 과정에서 이러한 물질적 토대는 점점 더 사회적 생산의 산물이 되며, 차별화의 지배적 축은 점점 더 사회적인 근원을 가진다. 요컨대 이러한 자연의 직접적인 모습을 역사적인 맥락에서 볼 때, 물질적 경관의 발전은 그 자체로 자연의 생산과정임을 보여준다. 이러한 자연의 생산에서 나타나는 차별적 결과가 불균등발전의 물질적인 징후이다. 따라서 가장 추상적인 수준에서 사용가치와 교환가치, 그리고 공간과 사회가 이러한 자연의 생산과정에서 융합된다. 따라서 이 장의 기능은 부르주아 이데올로기의 이원론적 세계가 통합된 전체로 재구성되도록 자연에 대한 우리의 개념을

---

[1] Karl Marx, *Value, Price, and Profit*(London, 1899), p. 54.

개조하는 것이다. 이를 통해 불균등발전의 실제 유형을 자연과 사회라는 그릇된 이데올로기적 이원론 안에 맹목적으로 위치 지우기보다는 자본의 통합성(unity)의 산물로서 다룰 수 있게 할 것이다. 이 문제는 자연의 다양한 모습으로부터 자연의 생산에 관여하는 본질적인 계기를 분리시킬 것이다.

마르크스는 어디에서도 자연의 생산을 명확하게 언급하지 않았다. 그러나 그의 저서에는 자연의 생산으로 이끄는 자연에 대한 이해가 확고하게 암시되어 있다. 사실 마르크스는 자연에 관해 일관되게 정교한 단 하나의 개념을 사용하지 않았으며, 아주 다양한 방식으로 '자연'이라는 말을 사용했다. 그러나 이 개념의 다양한 사용이 무작위로 이루어진 것은 아니다. 마르크스의 저작을 자세히 보면 그가 자연을 다루는 방식이 합리적으로 발전하고 있음을 알 수 있다. 결국 완전하게 구성된 개념은 아니지만, 마르크스는 자본주의 생산양식을 분석하고 비판해 암묵적으로 자연의 개념에 대한 개략적인 틀을 남겼다.

이른바 초기 젊은 마르크스와 후기 마르크스 간의 급격한 단절이 있다는 주장에는 동의하지 않는다.[2] 오히려 그의 사상은 풍부하고 복잡하게 발전되었으며, 이는 자연에 대한 그의 논의에 반영되어 있다. 마르크스는 그의 저서 전반에 걸쳐 자연을 차별화된 통합성으로 다루지만 시기에 따라 통합성과 차별화를 번갈아 강조한다. 마르크스의 초기 저작, 특히 『경제학-철학 수고(Economic and Philosophical Manuscripts)』(1975)에서는 "인간과 자연"의 통합을 강조했다. 여

---

[2] 마르크스의 작업이 지속성이 있는가 혹은 필연적으로 분리된 시기의 연속으로 보이는가에 대한 질문은 새로운 것이 아니다. 이는 20세기 초반 마르크스의 초기 작업의 일부에서 최초로 제기되었지만 지금까지 어느 것도 발행되지 않았다. 마르크스의 작업을 불연속적인 두 개의 시기로 본 이 관점을 가장 최근에 제일 단호하게 옹호한 사람은 알튀세르이다. 알튀세르의 『마르크스를 위하여(For Marx)』를 볼 것. 수많은 저자들이 젊은 마르크스와 후기 마르크스를 구별하는 것을 반대해왔다. 특히 Bertell Oilman, *Alienation: Marx's Concept of Man in Capitalist Society* (Cambridge, 1971)와 William LeoGrande, "An Investigation into the 'Young Marx' Controversy," *Science and Society* 41 (1977), pp. 129~151 참조.

기서 그는 칸트뿐 아니라 관념론자인 헤겔의 전통을 상당히 많이 빌려왔다. 마르크스는 오직 (엥겔스와 함께 쓴) 『독일 이데올로기(German Ideology)』(1932)에서만 자연을 좀 더 유물론적 시각으로 대한다. 마르크스는 "인간과 자연"의 통합성을 가정하는 철학적 측면을 논의하기보다, 통합성을 달성할 수 있는 실질적인 과정에 더욱 관심을 가졌다. 이는 마르크스가 인간과 자연 간 관계의 중심에 인간 노동을 두고, 인간 노동의 기능에 대해 논의하도록 만들었다. 나아가 그는 추상적이고 철학적인 질문이 아닌 역사적 과제로서 인간 노동 문제를 다루기 시작했다. 『요강』에서 많은 통찰력이 확장되었는데, 특히 자연과 인간의 관계에 대한 역사적 차원에 관한 것들이 더 추가되었다. 특히 마르크스가 출판을 완료한 『자본』 1권에서는 자연을 산발적으로 취급했지만, 『요강』에서는 자연을 다양하게 다루는 최초로 일관되고 논리적인 진전이 나타났다. 자연에 대한 논의는 파편적으로만 이루어졌는데, 이는 『자본』이 자본주의하에서만 자연을 분석하려는 의도로 쓰인 것이 아니기 때문이다. 『자본』은 어디까지나 자본주의 생산을 비판할 목적으로 쓴 것이며, 따라서 자연에 대한 개념 서술은 부분적으로만 전개되었다. 그는 주요 과제를 수행하기 위해 완성된 자연의 개념을 표현하거나 발전시킬 필요가 없었다. 다만 1권에서 자연에 대한 분석이 마르크스의 비판을 구축하기 위한 개념과 견해의 논리적 진보를 보여주는 만큼 자연의 개념도 동일하게 취급된다.

『자본』의 초기 저작에서 어느 정도 추상적이고 철학적인 어조가 반복되면서도 일부 추가적인 성과가 있었다. 『자본』에서 자연에 대한 최초의 논의는 자본주의하에서 자연과의 관계를 더욱 구체적이고 발전적으로 취급하기 위한 토대를 제시한다. 마르크스는 노동의 분업, 제조업 및 근대산업에 대한 후기 논의에서 실제 자본주의 조건하에서 자연이 어떻게 되는지를 엄밀하게 보여주기 위해 이 주제를 다시 끄집어낸다. 예를 들어 지대론을 다루는 『자본』의 다른 곳에도 구체적이고 유물론적인 자연의 개념에 대한 짧은 글이 있지만, 서로 연결되지 않을뿐더러 명쾌하게 논의되지도 않는다. 이 책에서는 이 일을 시도해보고자 한다. 이는 마르크스가 자연에 대해 언급한 것을 모으거나, 그의 글들의 내적인 철학적 일관성을 강요하려는 것이 아니다. 오히려 마르크스가 이룬 작업의 의도와 방향을 깊이 이해하고, 적어도 부분적으로는 전형적인 사례인 자연의 개념을 확장하고 해석하려는 시도에 대해서도 깊이 이해하고자 함이다. 따라서 이는 철학이 아닌 정치와 이론에 대한 글이다.

『자본』 1권에서 마르크스는 "추상에서 구체로의 상승"이 과학적으로 옳은 방법이라는 자신의 견해를 전형적으로 보여주었다. 그는 구체적인 상품에서 시작해 교환가치, 사용가치, 가치, 잉여가치, 추상 노동, 사회적 필요 노동시간과 같은 수많은 이론적이고 추상적인 개념을 끌어낸다. 분석을 진행하면서 사고의 구체(the concrete in thought)가 명확하게 재생산될 때까지 이 개념들을 점진적으로 발전시킨다. 자연과의 관계에 대한 그의 대우도 이 절차에 따른다. 하지만 그의 글에서 역사적 발전은 이 논리적 발전에 통합되며, 일반적으로 마르크스가 주장하는 논리는 실제 일어났던 역사적 발전을 잘 반영한다.[3] 따라서 자연이라는 개념의 발전은 화폐를 분석하는 것처럼 완전하거나 명확하게 제시되지 않는다 하더라도 "논리-역사적" 방법론으로 표현되어 자연에 대한 단편적인 논의를 종합해왔음은 분명하다. 따라서 그의 『독일 이데올로기』 첫 부분과 『요강』의 별도 구절, 그리고 『자본』에서 우리는 다소 덜 명확하지만 더욱 체계적으로 자연과 사회의 관계에 대한 논리-역사적 도출을 엿볼 수 있다. 이 글의 가장 중요한 과제는 이런 단서를 발견하는 것이고, 다음으로는 그 단서들을 펼쳐놓고 퍼즐을 완성하는 것이다. 마르크스는 우리에게 네 개의 모퉁이와 직선, 그리고 그림을 완성하기 위해 필요한 공통의 퍼즐 조각 대부분을 주었다. 그런데 이 조

---

[3] Marx, *Grundrisse*, p. 10. 『자본』 1장의 논리적·역사적 방법에 대한 흥미로운 논의로는 Harry Cleaver, *Reading Capital Politically* (Austin, 1979) 참조.

각들은 전혀 다른 분석의 맥락에서 제공된 것이다. 이들의 중요성을 인식하기 위해 해야 할 일은 이 조각들을 뒤집어놓고 본래 얼굴을 드러내는 것이다.

시작할 곳은 생산 일반인데, 이것이 인간과 자연 간 가장 기본적인 유물론적 관계이기 때문이다. 모든 시대의 생산, 즉 "생산 일반은 하나의 추상적 개념이지만, 실제로 [모든 시대의 생산에] 공통적 요소를 찾아내 고정시킨다는 점에서 합리적 추상"이다. "어떤 결정 요인은 모든 시대에 속하고, 어떤 것은 특정 시기에만 속한다. 어떤 결정 요인은 가장 오래된 시대와 함께 가장 최근의 시대에도 공통적일 것이다." 따라서 "일반적이거나 공통적이지 않은 요소들은 본래 생산에 유효한 결정 요인들과 분리시켜서, 주체로서의 인류와 대상으로서의 자연이 동일하다는 사실에서 발생하는 통합성 때문에 그들의 본질적인 차이가 망각되지 않도록 구분해야 한다".[4] 인간 사회와 자연 사이의 관계에 대한 일반적 결정 요소들은 교환을 위한 생산에서도 여전히 유효하나, 슈미트의 비판에서 보았던 것처럼 사용가치와 교환가치의 변증법은 자연과의 관계에 새로운 차원을 추가했다. 바로 생산 일반보다는 특정한 교환을 위한 생산이다. 끝으로 시장 교환에 근거한 다양한 생산양식이 있으나, 세계시장에서 자본의 승리와 더불어 완전히 새롭고 특수한 일단의 결정 요인이 이 상황에 진입한다. 이로 인해 자연과의 관계는 다시 한 번 급변한다.

자본주의 생산에서 시작해 생산 일반과 교환을 위한 생산에 이르기까지, 논쟁의 논리적·역사적 무기는 자연의 생산이라는 구체적이고 관찰할 수 있는 결과를 이끌어낸다. 아마도 마르크스가 자연의 생산에 대한 실체를 가장 명확하게 표현한 문장은 포이어바흐의 관념론(idealism)에 대한 비판의 일환으로 쓴 글일 것이다. "이 활동, 즉 끊임없는 감성적 노동과 창조, 이 생산이야말로 현존하

---

4   같은 책, p. 85. "인간 본성 일반을 우선적으로 다루어야 하며, 그다음에 인간의 시대(human epoch)마다 수정된 인간 본성을 다루어야 한다"라는 마르크스의 주장에 대해서는 *Capital*, 1, p. 609n 참조.

는 감성적 세계 전체의 기초이기 때문에 단 일 년만이라도 중단된다면, 포이어바흐는 자연계에서 엄청난 변화를 발견하게 될 것이며, 또한 전체 인간 세계와 그의 고유한 직관 능력, 더구나 그 자신의 존재마저도 당장 사라지고 말 것이다."⁵ 따라서 이제는 완전하게 인간 사회가 자연을 생산하게 되어, 생산적 노동의 중단은 인간 본성의 멸종을 포함하는 거대한 자연의 변화를 일으킬 것이다.

1. 생산 일반

상품의 추상적 계기에 관한 초기 도출에서, 마르크스는 생산을 자연의 형태가 변경되는 과정으로 묘사한다. 생산자는 "생산과정에서 오직 자연 자체가 하는 것처럼 일할 수 있을 뿐이다. 다시 말해 오직 물질의 형태를 변경할 수 있을 뿐이다. 더구나 형태를 변경하는 이런 노동에서까지 인간은 끊임없이 자연력의 도움을 받는다". 생산자는 자신의 활동으로 "자연이 제공하는 재료의 형태를 인간에게 유용하게 변경시킨다. 예를 들어 목재로 책상을 만들면 목재의 형태는 변하지만 책상은 여전히 목재이고 보통의 감각적인 물건이다". 노동이 인간의 수요를 충족시키는 유용한 것을 생산하는 한, 노동은 "인간과 자연 사이의 물질 대사, 즉 인간 생활 자체를 매개하는 영원한 자연적 필연성이다".⁶ 그러면서 노동은 사물의 형태를 단순하게 변화시키는 것 이상의 영향을 끼친다. 즉, 노동은 동시에 노동자에게 영향을 끼친다. "노동은 무엇보다 먼저 인간과 자연 사이에

---

5 Marx and Engels, *German Ideology*, p. 63.
6 *Capital*, 1, pp. 42~43, 71. 『자본』 번역에서 'nature'는 종종 대문자로 쓰였으나, 다른 번역에서, 그리고 독일어 원본에서는 어떤 중요성을 추가하기 위해서라기보다는 늘 명사로서 대문자로 쓰였기 때문에, 나는 전체적으로 인용할 때 소문자를 유지했다. 마르크스는 인간성을 의미할 때는 'man'을, 인간을 의미할 때는 'men'을 사용한다. 간결성과 성차별적 언어의 문제를 피하기 위해 나는 인용할 때 원래의 형태를 유지한다.

서 이루어지는 하나의 과정이다. 이 과정에서 인간은 자신과 자연 사이의 물질대사를 자기 자신의 행위로 매개하고 규제하며 통제한다. 인간은 자연력 가운데 하나로서 자연을 상대하며, 자연의 생산을 자신의 목적에 적합한 형태로 전유하기 위해 자신의 신체이자 자연력인 팔과 다리, 머리와 손을 작동시킨다. 인간은 이러한 작동을 통해 외부 세계에 영향을 미치고 외부 세계를 변화시키는 동시에 자신의 자연[본성]을 변화시킨다."[7] 자연과 인간의 신진대사는 인간이 그들의 필요를 충족하기 위힌 수단을 전용하고 다른 사용가치를 자연으로 돌려주는 과정이다. 추상적인 수준에서 자연과의 관계(물질적 교환)는 명백하게 사용가치 관계이며, 순수한 사용가치로서 자연은 인간과 관계 맺는다. 이 설명은 "활동(industry)이란 인간과 … 자연과의 실제 역사적 관계이다"[8]라는 마르크스가 앞서 밝힌 좀 더 추상적인 주장을 확대하고 구체적으로 발전시킨 견해이다.

인간은 음식, 성, 따뜻함, 사회적 상호 행동과 같은 특정한 본성적 욕구를 가지고 태어나며, 그들은 자연이 직접적이든 간접적이든 이러한 욕구를 충족하기 위한 수단을 제공하는 세상에서 태어난다. 생활 수단이란 본성적 욕구를 충족하기 위해 자연으로부터 직접 소비되는 물질적 필수품이다. 생활 수단을 자연스럽게 양적 혹은 질적으로 적절하게 이용할 수 없는 곳에서 생산수단, 즉 작업해야 할 생산의 대상물이자 그 작업의 완수를 위해 사용되는 도구들은 자연으로부터 획득되며, 실제 노동을 통해 소비할 수 있는 상품생산에 쓰인다. 자신의 욕구를 만족시키기 위한 수단을 생산함으로써 인간은 자신의 물질적 생활을 집합적으로 양산하고, 그 과정에서 인간은 더 많은 생산 활동을 요구하는 새로운 인간 욕구를 생산한다. 가장 일반적인 수준에서 이러한 욕구와 이를 충족하는 만족 양식(mode of satisfaction)은 인간 본성의 결정 요소이다. 이 모든 것에서 인간

---

7 같은 책, p. 177.
8 Karl Marx, *Early Writings*(Harmondsworth, 1975), p. 355.

은 자연의 존재이다. 생산도구와 대상물에 대해, 또한 그것을 통해 발휘되는 인간의 본래적인(육체적인 그리고 정신적인) 능력을 생산하기 때문이다. 따라서 자연과 결부된 인간은 사회적 존재라는 추상적인 정체성을 지닌다. 즉, "인간은 직접적으로는 자연 존재로 … 자연력을 갖추고 있으며, 그의 존재와 생명력은 표현의 대상으로서 실질적이고 감각적인 대상을 지닌다. … 자기 바깥에 자신의 자연을 갖고 있지 않은 존재는 결코 자연적 존재가 아니며, 자연의 체계에 아무런 역할도 하지 않는다".[9]

의식의 생산은 물질적 생활의 생산 일반에 통합되어 있는 필수적인 부분이다. 가장 일반적인 의식은 바로 인간 실천에 대한 의식이다.

> 이념, 개념화, 의식의 생산은 처음에는 인간의 물질적 활동과 물질적 상호 교류 및 현실적 생활의 언어와 직접 뒤얽혀 있다. 이 단계에서 인간의 인지하기, 사유하기, 정신적 상호 교류하기는 아직 자신의 물질적 행동을 직접 발현하는 것으로 나타난다. … 인간은 그들의 개념화, 관념 등의 생산자이지만, 현실적·활동적 인간으로서 이들은 생산력과 그에 상응하는 상호 교류의 일정한 발전에 의해 조건 지어진다.[10]

인간의 필요와 그 필요를 만족시키는 수단, 그리고 이 둘 모두에 영향을 끼치는 힘(예를 들어 과학이나 초기 자연종교 등)에 대한 의식은 인간의 의식 구성에서 중심이 된다. 이러한 방식에서 의식은 그 자체로서 생산적인 인간 활동, 그리고 인간이 생산을 위해 서로 맺게 되는 사회적 관계의 자연적 산물이다.

이런 상황은 사회와 자연의 일반적인 통합성을 제안한다. "자연에 대한 인간

---

9 같은 책, pp. 389~390.
10 *German Ideology*, p. 47.

의 제한된 관계가 인간 상호 간의 제한된 관계를 규정하고, 또한 인간 상호 간의 제한된 관계가 자연에 대한 인간의 제한된 관계를 규정하는 식으로 나타난다"[11] 는 점에서 사회와 자연의 통합이다. 이는 물리학자들을 사로잡았던 자연의 통합성도 아니며, "자연으로의 복귀"를 주장하는 생태 운동에 의해 우상화된 것도 아니다. 물리학자에게 자연의 통합성은 심각한 개념적 추상의 산물이며, "자연으로의 회귀" 애호가들에게는 희망 사항의 산물이다. 둘 다 관념적 추상이다. 마르크스의 작업에 내포된 자연의 통합성은 자연 존재의 구체적인 활동에서 노동을 통한 실천으로 생산된다. 자연적 존재인 노동은 자연의 다른 여러 면을 끌어들여 하나로 결합한다. 인간은 자연과 협력함으로써 사회적 존재로 생존하고 발전한다. 그러나 이런 자연의 통합성은 미분화된 것(undifferentiated)이 아니며, 추상적 동일성이 아닌 통합성이다. 그리고 이는 자연의 차별화에서 인간의 생산 활동이 수행하는 역할을 이해하기 위해 필수적이다.

우선 인간과 동물 간에는 결정적인 차이가 있는데, 여기에도 역시 노동이 핵심적인 역할을 한다. 마르크스가 지적한 것처럼, 인간은 "의식, 종교, 그 밖에 사람이 생각하는 어떤 것들에 의해서 동물과 구별된다. 인간은 자신의 생활 수단을 **생산하기** 시작하면서부터 자신을 동물과 구별하기 시작한다".[12] 인간을 동물과 다르게 만든 것이 인간의 생산적 활동인데, 이는 일반적인 개념보다는 생활 수단을 만들기 위해 고안된 구체적인 역사적 활동으로 해석된다. 엥겔스는 그의 미완성 저작인 "유인원에서 인간으로의 전환에 노동이 기여한 부분"이라는 글에서 동일한 관점을 더욱 명시적으로 설명한다. 처음부터 인간 본성은 인간적인 산물이었으며, 이는 단순히 의식뿐 아니라 심지어 인간 생리학에도 적용된다. 이동 수단부터 도구를 조작하기 위한 정교한 수족으로의 손의 발전은 수천 년간

---

11 같은 책, p. 51.
12 같은 책, p. 42.

의 노동을 통해 점진적으로 이루어졌다. 혹은 도나 해러웨이(Donna Haraway)가 썼던 것처럼 "인류는 말 그대로 자기가 만든 것이다. 우리의 신체는 단순한 영장류를 넘어 도구를 사용하는 데 적응한 결과물이다. 인간과 자연의 교환을 중재하는 도구를 가지고 인간은 능동적으로 계획을 결정한다".[13]

인간 생리학 외에, 인간의 의식과 물질적인 생활 수단, 물질적인 생활의 생산과 재생산은 노동자의 생산, 즉 노동력의 재생산을 수반한다. 사회관계의 일부 형태는 이 재생산 과정에 포함되는데, 가장 기본이 되는 것은 성별에 따른 노동 분업이다. 이는 최초의 진정한 사회적 노동 분업이지만, 그 기원은 인류 이전의 사회조직에서 찾을 수 있다. 사회적 노동 분업이 인간 사회로 상속됨에 따라 인간 사회는 자연적인 동시에 사회적이 되며, 이 점은 다시 자연의 통합성을 설명한다. 자연 상태에서 생물학적 차이는 사회적 노동 분업을 통해 재생산된다. 사회적 노동 분업은 재생산 과정의 기초이지만 생산의 영역으로도 확산된다. 성별에 따른 노동 분업은 사회 전반에 걸쳐 일반적인 것이 되었으며, 이에 따라 합목적적 인간 활동을 통해 인간 본성 자체가 분화되기 시작했다. 노동의 분업은 인간 본성이 지속적으로 형성되고 재형성되는 사회적 경험에서 체계적 분업을 생산한다.

생산 일반에 대한 이런 관점은 자연에 관한 통찰력을 가지도록 해주지만, 이는 매우 제한적이다. 수많은 가정, 특히 생태적인 것과 사회적인 것의 조화로운 균형이라는 가정에는 사용가치의 생산과 소비의 엄밀하고도 지속적인 일치가 중심에 내포되어 있다. 그러나 매년 생산과 소비가 정확히 일치하지는 않으며,

---

13 Frederick Engels, *Origin*, pp. 251~252. 또한 다음 글과 문헌을 참조. Donna Haraway, "Animal Sociology and a Natural Economy of the Body Politic, Part II: The Past is the Contested Zone: Human Nature and Theories of Production and Reproduction in Private Behavior Studies," *Signs* 4(1)(1978), p. 38. Gordon Childe, *Man Makes Himself* (New York, 1939); Charles Woolfson, *The Labour Theory of Culture* (London, 1982).

기근이나 사회적 잉여 중 하나가 발생할 가능성도 언제나 존재한다. 처음에 이 불일치는 전적으로 우연히 발생하며, 혹독한 날씨나 특별히 비옥한 토지처럼 자연적인 원인에 의해 발생한 것으로 치부된다. 하지만 모든 사회는 점차 소비보다 생산이 부족한 상황이 수반하는 끔찍한 결과를 철저히 막기 위해 매년 '경작물 생산을 위협할 수 있는 기본적인 재해에 대응하기 위한 사회 대비용 자금'을 마련하게 된다. 처음에는 잉여가 단순히 자연적인 가능성이었지만 이제는 사회적으로 필수적인 것이 되었다. 영구적인 사회적 잉여의 창출은 사회의 가장 기본적인 생존뿐만 아니라 그 이상의 노동 분업, 심지어 인구 성장을 가능하게 했다.[14] 잉여는 가장 기본적인 수준에서 사회적 위험을 막기 위한 필수적인 수단이 되었다.

그러나 영구적인 사회적 잉여의 실현은 잉여의 가능성에서 발생한 자동적인 결과물이 아니다. 이는 단순히 직접적인 생활 수단 이상의 개별적 생산이 지속되는 특정한 유형의 사회경제 조직을 요구한다. 그러나 생산에 따른 노동 분업의 증가는 다시 새로운 가능성을 제시한다. 요컨대 영구적인 잉여는 계급적 사회 분업의 기초가 되었다. 계급적 사회 분업은 사회의 일부가 부분적으로나 전체적으로 생산적 노동을 중단하고, 나머지 일하는 사람들을 희생시켜 여가를 얻기 시작하면서 최초로 나타났다. "처음에는 자발적이고 간헐적이던 것이 이후에는 의무적이고 정규적인 것이 된다." 또한 엥겔스에 따르면, 잉여를 전유하는 것이 특징인 사회로의 전환은 필수적으로 국가의 발전과 노예제를 수반하며, 이러한 잉여의 생산자와 소비자 간 분업은 사회적 계급의 분화로 고착화된다. "이러한 역사적 조건이 만연해지면 초기의 위대한 사회적 노동 분업은 결과적으로 노예제를 유발하게 된다. 위대한 사회적 노동 분업으로부터 최초로 주

---

14 Rosa Luxemburg, *The Accumulation of Capital*(New York, 1968), p. 77; Ernest Mandel, *Marxist Economic Theory*(London, 1962), pp. 27~28. 도시의 기원에서 잉여의 기원과 기능에 관한 논의의 요약은 David Harvey, *Social Justice*, pp. 212~223 참조.

인과 노예, 착취자와 피착취자와 같은 계급 간 격차로 커다란 사회적 분열이 생긴다." 그러나 이러한 발전 역시 "평등한 원시사회를 깨고 계급으로 분할된 사회를 등장시키는 사회혁명"[15]에 좌우된다. 사회 발전은 조화로운 자연의 균형을 분열시킨다. 어떤 형태든 간에 잉여는 자연으로부터 전용되며, 정규적인 생산과 분배를 촉진하기 위해 특정한 사회제도와 조직의 형태를 요구한다. 이는 결과적으로 자연과 맺는 사회관계를 변경시킨다. 자연과의 관계는 사회제도를 통해 조정되기 때문에 추상적이고 자연적인 개인("인간")은 마찬가지로 자연적인 환경에 더 이상 단순히 조화를 이루지 않는다.

따라서 영구적인 사회적 잉여의 생산은 외관상 모순된 결과를 가져온다. 인간이 자연적 필요를 충족시키기 위해 필요한 사용가치의 공급을 더 효과적으로 규제할 수 있도록, 영구적인 잉여의 생산은 인간이 자연과의 관계를 더욱 잘 통제할 수 있는 수단을 제공한다. 요컨대 영구적인 사회적 잉여의 생산은 인간 사회가 스스로 자연의 제약으로부터 해방되는 장기적인 과정을 시작하게 한다. 그러나 다른 한편으로는 이렇게 증가된 통제가 필연적으로 사회적 통제이며, 인간 사회 전체가 자연에서 해방되는 것을 돕는다고 하더라도, 이는 오직 사회 내에서 내부적인 차별화와 대규모 인구의 노예화를 통해 이루어질 뿐이다. 이 모순적인 관계가 취하는 정확한 형태는 사회가 발전하는 특정한 유형에 좌우되는데, 이제 우리는 이에 대해 더욱 구체적으로 검토해보고자 한다. 마르크스가 말한 것처럼,

> 노동과정이 인간과 자연 사이의 단순한 과정인 이상, 단순한 요소들은 노동과정의 모든 사회적 발전 형태에서 공통된 것이다. 그러나 노동과정의 특수한 역사적 형태들은 각각 이 과정의 물질적 토대와 사회적 형태를 더욱 발전시킨다. 그러다 일

---

15 Engels, *Origin*, p. 220; Mandel, *Marxist Economic Theory*, pp. 40, 44.

정한 성숙 단계에 도달하면 그 일정한 역사적 형태는 버려지고 더 높은 형태에 자리를 양보한다.[16]

2. 교환을 위한 생산

부분적으로는 어떤 자연조건이 식량 저장, 인구 증가, 비생산적인 일 등을 허가하거나 장려하는지 여부에 따라 잉여는 여러 가지 형태를 취할 수 있다. 어떤 형태는 유용하고 어떤 형태는 그렇지 않다. 만약 유용하지 않은 물질적 형태로 (예를 들어 밀을 과도하게 공급해 소비하거나 유용하게 저장할 수 있는 수준을 넘어서는 경우) 존재한다면, 이 잉여 산물은 다른 사용가치로 교환될 수 있다. 사용가치의 정규적 교환이 발생하기 위해서는 잉여의 생산이 충분조건 내지는 필수 조건이다. 인간이 교환을 위해 생산함에 따라 자연과의 관계는 더 이상 배타적인 사용가치 관계가 아니며, 사용가치는 직접적인 사용을 위해 생산되는 것이 아니라 교환을 위해 생산된다. 특정한 사용가치가 특정한 양으로 교환되기 때문에 이들은 사용가치인 동시에 교환가치로서도 존재하며, 사회 내에서 상품으로 변형된다. 상품의 교환가치는 다른 상품을 교환할 수 있는 양적인 관계로 나타난다. 또 교환을 위해 생산하기 때문에 사용가치가 아닌 교환가치가 생산을 위한 직접적인 동기가 된다. 실제로 상품 소유자에게 그 상품의 직접적인 사용가치는 교환가치의 보관창고가 되는 것이다. 따라서 물질적 생활의 생산은 자연이 노동의 주체, 대상, 수단을 제공하는 자연적인 활동이 아니다. 교환경제에서 자연의 전유는 사회형태와 제도들에 의해 점차 규제되며, 이에 따라 인간은 인간 본성이 요구하는 것보다 더 많은 것을 생산하기 시작한다.

---

16 *Capital*, 3, p. 883.

이 모든 것은 노동 분업의 발전과 확장을 전제로 한다. 노동 분업이 존재하지 않는 곳에서는 교환을 위한 생산이 단지 우연히 지속될 뿐이다. 먼저 토지에 묶인 활동과 토지에 묶이지 않은 활동 간 노동의 분업, 즉 농업과 상업 간의 분리가 나타난다. 이때 상품생산의 일반화, 상품 교환을 용이하게 하는 다양한 상업 활동, 그리고 조직 구성이 필수적이다. 복잡하게 발생하는 교환거래를 단순화하고 집중화하기 위해, 생산과 분리된 시장 기능이 발달한다. 이후 이 복잡한 교환을 용이하게 하는 화폐 상품도 개발된다. 화폐의 사용가치는 엄밀히 말해 "순수한 교환가치"[17]를 표현하는 능력이다. 시장과 그 비슷한 제도가 만들어지는 것은 중심지가 발전하는 것, 최종적으로는 도시의 발전과 같은 의미이다. 또한 수많은 보조적인 활동 역시 도시에 집중되기 시작하며 도시의 발전에 기여한다. 농업과 상업 간 분업은 도시와 농촌의 분리를 의미하며, 이는 다시 "상품 교환에 의해 발전하고 초래된 모든 분업의 토대"가 된다.[18]

영구적인 잉여의 생산과 노동 분업의 발전은 (넓은 의미에서 사회적 조건이 우호적이라면) 사회 계급의 발전에 필수적인 경제적 토대가 된다. 여기에서 사회적 노동 전체를 수행하는 계급과 노동을 수행하지는 않는데도 사회적 잉여를 전유하는 계급 간에 근본적인 차이가 발생한다. 이러한 계급 분화는 생산적 노동과 비생산적 노동 간의 앞선 분화에서 발생하지만, 반드시 이들과 동일한 것은 아니다. 많은 지배계급은 노동을 전혀 하지 않는 반면, 다른 계급은 사회적 가치를 생산하지 않더라도 필수적인 사회적 기능을 수행한다. 핵심은 사회 계급의 발전과 함께 자연으로의 접근이 계급에 따라 (양적·질적으로 모두) 불균등하게 배분된다는 것이다. 노동계급이 생산수단을 가지고 작업하는 동안, 지배계급은 사회적 생산수단을 직접 통제하든 그렇지 않든 간에 다른 사람들의 노동을 통해

---

17 *Grundrisse*, p. 146.
18 *Capital*, 1, p. 352.

자연으로부터 전유된 잉여를 확실히 통제한다. 토지 소유로 자연에 대한 불균등한 접근이 분명하게 나타나며, 도시와 농촌 사이의 분리라는 매우 가시적이고 공간적인 양상을 띠게 된다.

계급에 따른 사회적 분업과 함께, 국가는 정치적 통제 수단으로서 역사에 등장한다. 엥겔스가 기록한 것처럼 "계급이 필연적으로 사회의 균열이 되는 특정한 경제 발전 단계에서, 국가는 이러한 균열로 인해 필연적인 것이 되었다".[19] 국가의 기능은 지배계급의 이해를 위해 계급사회를 관리하는 것인데, 이는 군사적·법적·이데올로기적·경제적 수단을 통해 이루어진다. 국가는 또한 여성의 억압을 규제할 책임이 있는데, 이는 사유재산이 출현하면서 교환을 위한 생산과 함께 성별에 따른 노동 분업이 또 다른 사회적 관계가 되었기 때문이다. 따라서 계급 착취와 사유재산뿐만 아니라 노예제와 여성 억압도 함께 등장했다.

이제 가정 내 노동 분업은 계급 구조와 생산과정에 완전히 기반을 두게 된 더 넓은 사회적 분업에 종속되어 있다. 초기에는 단지 가정에서 "노예제가 잠복된 형태"였으나 아내와 아이가 남편과 아버지의 소유물이 되는 순수 혈통 노예제로 발전된다. 성별 관계로 여겨지던 이전의 추상적인 통합성은 정반대로 발전한다. 여성이 생산과정을 효과적으로 통제했던 농업 영역이 남성에게로 넘어간다. 사회적 재생산을 위한 책임이 공유되었던 곳이 상품 교환에 근거한 생산양식으로 진화하면서 여성은 점점 더 많은 책임을 질 것을 강요받는다. 여성이 노동을 중단했던 것은 아니다. 단지 여성이 상품의 생산뿐만 아니라 아동 양육과 관련된 모든 가사에 책임질 것을 강요받는 동안, 남성은 교환을 위한 상품생산에 더욱 배타적으로 특화되었다. 이러한 발전의 근거는 사유재산의 기원과 밀접하게 연관된다. 사유재산의 상속은 오직 부계 관계를 통해서만 보장될 수 있

---

19 *Origin*, p. 232. 또한 Lawrence Krader, *Formation of the State*(Englewood Cliffs, N.J., 1968)와 Elman R. Service, *Origins of the State and Civilization*(New York, 1975) 참조.

었다. 엥겔스는 그의 글 마지막 장에서 세계 역사적으로 여성의 패배라고 언급함으로써 이를 강조한다. "모권의 전복은 여성의 세계-역사적 패배였다. 남성은 가정에서도 지배력을 획득했으며, 여성의 신분은 노역을 위해 강등되고 약화되었다. 또한 여성은 남성의 욕망을 위한 노예가 되었으며 순전히 자녀를 생산하는 도구가 되었다."[20] 엥겔스는 남녀 간 사회, 정치, 경제적인 관계가 발전한 결과로 사유화된 가족이 발전해온 방식에 대해 계속해서 설명한다. 그는 집단 혼인에서 짝을 짓는 혼인과 일부일처제로 지배적인 가족 형태가 이행한 것을 추적하며, 어떤 경우든 여성에게만 적용된 일부일처제는 여성을 억압하기 위해 정교하게 조율된 사회적 메커니즘이라고 결론짓는다.

처음에 성과 계급에 기초한 사회적 분업의 생산을 통해 발달한 인간 사회는 점차 인간 본성의 전환을 촉진한다. 마르크스가 포이어바흐에 대한 여섯 번째 테제에서 말한 것처럼 "인간의 본질은 개개인에게 내재된 추상이 아니다. 인간의 본질은 현실적으로 사회적 관계의 총체(ensemble)이다".[21] 사회적 관계의 총체가 변화하는 것처럼 인간의 본성도 변화한다.

특별히 교환을 위한 생산과 함께 발전하는 노동의 분업 중 하나는 육체노동과 정신노동 간 분업이다. 이는 인간의 의식 생산을 위한 심오하고 새로운 전망(vistas)을 연다. 왜냐하면 이에 따라 자연의 특정 측면이 작업 과정에서 물리적 파트너나 적으로서가 아니라 오직 개념적 추상화로서 일부 계층에 이용될 수 있기 때문이다. 교환 과정이 사실상 교환되는 상품의 사용가치에서 추출되는 것처럼 인간의 의식은 존재가 당면한 물질적 조건에서 추출될 수 있다. 추상적 사고의 가능성은 교환 과정을 동반하는 실제 추상화의 결과로 나타나는데, 이는 물질적 행동으로부터 의식이 '직접적으로 유출'되는 것이지만, 그 반대가 되기

---

20 *Origin*, pp. 120~121. 또한 *German Ideology*, p. 52 참조.
21 *German Ideology*, p. 122.

도 한다. 추상적 사고와 개념화가 발전하고 정신노동과 육체노동의 분업과 함께 사회적으로 제도화되면서, 의식을 단순히 물질적 행동의 "직접적 유출"로 보는 것은 더 이상 충분하지 않다. 이 순간부터 처음으로 의식은 "기존의 실천 의식과는 다른 어떤 것임을 실질적으로 자랑하게 된다."[22] 물론 정신노동은 새로운 노동의 대상물을 찾고, 새로운 노동의 도구를 발전시키며, 노동 주체의 노동 습관을 개편하는 작업과 계속 연결될 수 있다. 그러나 정신 "노동"의 일부 형식은 생산적이든 비생산적이든 노동이기를 전적으로 중단할 수 있다. 이 단계에서 일부 개인 또는 전체 계층이 노동의 수행 없이 "순수한 숙고"를 통해 자연에 접근할 수 있기 때문이다.

직접적인 사용보다는 교환을 위한 생산과 함께, 처음에는 개인이 소외될 가능성이, 그다음에는 필연성이 생겨난다. 잉여의 생산과 그 결과로 발생하는 사회적 부의 증가는 계급 구별이 출현한 상황에서 노동계급이 더 부유하도록 보장하지 않는다. 이에 따라 노동은 온전히 양적 소외를 겪는다. 노동계급의 잉여노동은 지배계급에 의해 전용된다. 노동계급과 자연의 관계 역시 질적으로 변경되는데, 이는 노동계급이 노동력을 사용해 자연과 직접적으로 관계를 맺음에도 불구하고 그들 자신의 생산품으로부터 소외되기 때문이다. 또한 생산품의 원소유자도 자신의 노동을 빼앗기고 있기 때문에 자연과의 직접적이고 실천적인 관계에서 소외되기도 한다. 이제 노동자의 소외는 비단 생산으로부터의 소외가 아니라, 늘어나는 노동의 특화로 인한, 동료 노동자와 자기 자신으로부터의 소외이기도 하다. 그러나 예상대로 이 소외는 정반대의 것을 불러오기도 한다. 즉, 노동과정(심지어 노동과정에 대한 통제까지)에서의 경쟁과 전문화의 증가는 협력

---

22 같은 책, p. 52. 마르크스를 결정론자, 환원주의자 혹은 기타 어떤 "주의자"로 채색하기 위해, 의식이란 인간 실천의 "직접적인 유출"이라는 말을 자주 인용한다. 그가 이 일반적이고 잠정적인 진술을 다섯 쪽의 분량으로 명확하고 상세하게 논술한 부분은 인용된 적이 없다. 이런 방식으로 마르크스를 잘못 해석하는 사람들은 그 논의의 논리-역사적 특징을 이해하지 못한 것이다.

의 자연력(natural powers of cooperation)을 개발할 필요성을 상기시킨다. 소외의 악영향은 노동계급에 보상되지 않은 채 부과되며, 협력의 편익 또한 노동계급에 거의 발생하지 않는다. 잉여노동이 교환가치의 형태로 전환되면서, 노동계급은 늘어난 협력을 통해 발생하는 양적인 이득을 포기하며, 물질적인 협력의 편익은 대부분 노동을 하는 개인 수준이 아니라 생산력 수준에서 존재한다. 요컨대 교환을 위한 생산의 발전과 함께 인간 개인은 사회적 산물이 된다.

가격에 따른 이러한 정립과 이들의 유통 등은 표면적인 과정에서 나타나며, 그 아래 심층에서는 개인의 외견상의 평등과 자유가 사라진 전혀 다른 과정이 진행된다. 한편으로 교환가치를 생산 체계 전체의 기반으로 전제하는 것은 개인의 직접적인 생산물이 그를 위한 생산물이 아니라 사회적 과정에서 비로소 그렇게 되며, 이것이 일반적이기는 하지만 외적인 형태를 취해야 한다는 개인에 대한 강제를 내포한다는 것, 개인은 교환가치를 생산하는 개인으로만 실존한다는 것, 요컨대 이미 자신의 자연적 실존에 대한 완전한 부정을 내포하며 개인은 전적으로 사회에 의해 규정된다는 것, 이는 나아가 개인이 단순한 교환자의 관계와는 다른 관계 속에 이미 정립되어 있는 분업 등을 전제로 한다는 것이 망각된다. 요컨대 이 전제는 결코 개인의 의지나 직접적인 본성에서 유래하는 것이 아니라 역사적인 전제이며, 개인이 이미 사회로부터 규정된 것으로 정립된다는 것이다.[23]

엄격한 물질적 소외에 따른 노동자의 소외는 특정한 의식의 소외이다. 이들은 함께 이루어진다. 추상적 사고는 소수의 특권으로 시작되었으나, 빠른 속도로 모두의 자산이 되었다. 인간의 직접적인 실천에서 의식이 분리된 것은 이데올로기적 의식을 가능하게 만든 사건이다. 직접적인 자의식은 사회적 이데올로기로 대

---

23 *Grundrisse*, pp. 247~248.

체될 수 있다. 마르크스와 엥겔스는 『공산당 선언(The Communist Manifesto)』 (1955)에서 "모든 시대의 지배적인 이념은 지배계급의 이념이었다"[24]라고 했다. 어떤 생산양식에서든 노동계급은 계급뿐만 아니라, 개인적인 수준에서 일상적인 노동 경험의 자발적인 의식과 지배계급이 퍼뜨린 지배적인 이념 간의 끝없는 싸움을 하고 있다. 이 이념은 직접적인 경험에 뿌리박고 있거나 성공적인 것처럼 보이기도 하지만, 늘 추상적 이데올로기가 담겨 있다. 농노는 일주일에 사흘은 영주를 위해 무료로 일했다고 이해했으며, 이런 현실을 신의 세계에서 공평하고 적절한 본분의 결과로 이해했을 수도 있다.

교환을 위한 생산과 함께 자연의 생산은 더 넓은 규모에서 발생한다. 인간은 그들 존재의 직접적인 본성을 생산할 뿐만 아니라 전적으로 사회적인 본성도 생산한다. 그들은 자연, 성, 계급, 육체적 활동과 정신적 활동, 생산과 분배 활동에 따라 달라지는 사회적 본성과 관련된 복잡한 분화를 발전시킨다. 생산 내의 노동 분업은 더욱 복잡하다. 그러나 이전에 자연과의 관계를 특징으로 했던 통합성이 단순하게 무질서한 혼란으로 퇴화되는 것은 아니다. 이 통합성은 더욱 발전된 형태로 재생산된다. 상품의 일반화에 따른 생산과 교환관계를 위해 이전에 고립되고 국지화되었던 집단이 구체적인 전체사회와 얽히게 된다. 그들은 더 이상 사회적 개인의 일반적 통합을 통해서가 아니라 시장과 국가, 화폐와 계급, 사유재산과 가족으로 발전할 수밖에 없었던 사회제도들을 통해서 전체사회로 통합된다. 그로 인해 자연과 명확하게 구분될 수 있는 사회가 나타난다. 인간의 행위를 통해 자연과 사회, 일차적 자연과 이차적 자연 사이에 분열이 일어난다. 사회와 이차적 자연은 정확하게 직간접적으로 상품 교환을 유용하게 하고 규제하는 사회적 제도들로 구성된다. 고립된 지역 통합성은 더 확장된 사회적 통합성으로 대체된다. 이차적 자연은 일차적 자연으로부터 생산된다.

---

[24] Karl Marx and Frederick Engels, *The Communist Manifesto* (New York, 1955), p. 30.

"이차적 자연"이란 정확하게 무엇인가? 교환경제가 국가 제도를 발전시키기 전까지 이차적 자연이라는 개념은 없었다. 고대 그리스인 플라톤은 특히 인간 활동이 지표면을 변형시켜왔던 방식을 잘 알고 있었다. 그러나 키케로 이전까지는 이차적 자연의 개념이 실제로 만들어지지 않았던 것으로 보인다. 키케로에 이르러서야 이차적 자연은 본래의 비인간적인 자연의 반대개념으로, 명백하게 인간 활동에 의해 생산된 자연이 된다. 심지어 2000년이 지난 지금 거의 근대적인 것과 동일한 톤으로 쓰인 『신의 본성에 관하여(De Natura Deorum)』(1972)에서 키케로는 스토아학파인 발부스(Balbus)의 관찰을 다음과 같이 설명한다.

이에 따라 우리는 우리의 감각의 증거가 어떻게 장인의 손에 의해 실현되는 정신의 고안물을 유도하여, 도시, 벽, 집, 성전 등을 우리에게 제공함으로써 우리의 모든 필요를 충족시키고 안전하게 거주하고 입을 수 있게 하는가를 이해하게 된다. 인간은 숙련된 기술로 풍부하고 다양한 음식을 구한다. 토지는 구하는 자에게 많은 식량을 제공해주는데, 이 식량을 바로 먹을 수도 있고 나중에 먹기 위해 저장할 수도 있다. 인간은 지구상에 있는 짐승들을 잡거나 일부러 사육한다. 또한 네 발 달린 짐승을 길들여 타고 다니며 속도를 냄으로써 스스로 강해진다. 짐승들의 일부는 매어두고 일부는 무거운 것을 나르는 데 이용한다. 인간의 목적을 위해 코끼리의 친근감과 개의 총명함을 착취한다. 땅을 갈기 위해 필요한 철을 땅 깊은 곳으로부터 채취한다. 인간은 자신을 꾸미고 이용하기 위해 깊이 묻혀 있는 구리, 은, 금 광맥을 찾는다. 인간은 자신의 몸을 따뜻하게 하기 위해 불을 피우고 요리하며, 건물을 짓고 그 위로 지붕을 만들며, 열기와 냉기로부터 스스로를 지키기 위해 나무를 자르고 모든 종류의 야생식물이나 경작된 식물을 이용한다. 인간은 생활에 필요한 모든 것을 가져오기 위해 여기저기 항해하는 배를 만들고자 하며, 이를 위해 이 재료들을 이용한다. 인간은 가장 폭력적인 자연력인 바다와 바람을 인간의 항해 기술을 이용해 길들이고 통제할 수 있으며, 이를 통해 바다의 풍부한 자원으로부터 이득을 얻을 수 있다. 인간은 또한 지구상의 모든 과실을 소유해왔다. 산맥과 평원은 즐길 수 있는 인간의 것이다. 강과 호수도 인간의 것이다. 인간은 옥수수를 뿌리고 나무를 심는다. 인간은 관개를 통해 토양을 비옥하게 한다. 인간은 원하는 방향으로 강이 흐르도록 강에 댐을 세운다. 인간의 손으로 자연 세계에서 이차적 자연을 생산하고자 하는 것이다.[25]

이러한 이차적 자연의 개념은 18세기까지 거의 변함없이 이어진다. 인간이 가공한 자연의 변형에 관심을 보였던 프랑스의 유명한 과학자인 쿠 뷔퐁(Count Buffon) 백작은 "새로운 자연은 우리 손에서 나올 수 있다"[26]라고 했다. 그러나 18세기까지 이차적 자연을 구성하는 것이 인간 노동뿐 아니라 사회를 작동시켰던 조직과 법적·경제적·정치적 규정의 물질적 창조라는 것도 명확해졌다.

따라서 자연과의 관계에서 "교환가치는 … 사용가치를 동반하는 … 역할을 한다".[27] 이는 두 가지 점에서 그러한데, 하나는 자연 물질에 대한 사용이 그로 인해 발생될 교환가치의 양에 따라 조절되는 것이다. 이는 가공되지 않은 원료 시장뿐 아니라 노동시장에도 적용된다. 또한 이차적 자연의 물질적 측면이 상품으로 생산된 이래, 자연은 교환가치의 구성 요소로서 생산되어왔다. (이 경우에 인간을 억압적으로 통제하는 것은 추상적인 외적 자연이 아니라 죽은 노동의 무게이다.) 물론 자연의 사용가치는 여전히 중요하다. 정육점 푸주한이 목수의 도구와 재료를 사용해 구두 수선공의 일을 하려면 엄청난 어려움과 비용이 따를 것이다. 그러나 이는 더 이상 자연의 사용을 지시하는 추상적인 생산의 가능성이나

---

25 Cicero, *De Natura Deorum*, II, pp. 151~152. *The Nature of the Gods*, translated by Horace C. P. McGregor(Harmondsworth, 1972), pp. 184~185.
26 Clarence Glacken, *Traces on the Rhodian Shore*, pp. 655, 663~664에서 인용. Cicero에 대한 Glacken의 논의에 대해서는 pp. 144~146 참조.
27 *Grundrisse*, p. 252.

불가능성을 의미하지 않는다. 다양한 사용가치를 사용하는 것이 상대적으로 저렴한지 여부만이 계산될 뿐이다. 사용가치는 생산과정 중에 (실제로나 계산상에서) 교환가치로 전환된다. 따라서 "사용가치가 근대적 생산관계에 의해 수정되거나, 또는 그 자신이 다시 이 생산관계를 수정하기 위해 개입하자마자, 사용가치는 정치경제학의 영역에 속하게 되는"[28] 것처럼, 동일한 사항이 교환가치와 자연과의 관계에도 적용된다. 이차적 자연이 상품생산 과정을 통해 일차적 자연으로부터 생산되자마자, 교환가치는 자연의 영역 안으로 들어가게 된다. 자연과의 관계는 사용가치의 확정뿐만 아니라 교환가치에 의해서도 중재된다.

교환가치가 자연에 개입하는 것을 인정하지 않고서는 일차적 자연과 이차적 자연 사이의 관계를 구체적으로 이해할 수 없다. 한편으로는 자연이 사회적이고 다른 한편으로는 사회가 자연적이라는 제한적이고 애매하고 잠재적으로 이데올로기적인 주장을 넘어서기는 어려울 것이다. 이들이 서로 "상호 관련되고" "상호 작용한다"라는 주장도 마찬가지로 제한적이고 문제가 있다. 왜냐하면 상호작용이 생산과정의 핵심인 변증법을 대체하지 않기 때문이다. 이전에는 인간 활동에 따라 변경되지 않았던 일차적 자연의 요소들이 노동과정에 종속되며, 이차적 자연의 사회적 사안으로 재출현한다. 비록 이들의 형태는 인간 활동에 의해 변경되었지만 현재 중력, 물리적 압력, 화학적 변형, 생물학적 상호작용과 같은 비인간적인 힘과 과정으로부터 벗어났다는 점에서 더 이상 자연적인 것이 되기를 멈춘 것은 아니다. 그러나 이들은 또한 사회적으로 기원한 일단의 새로운 힘과 과정에 종속된다. 따라서 자연과의 관계는 사회관계의 발전과 함께 발전하며, 사회가 모순적인 한 자연과의 관계 역시 그러하다.

잉여노동이 주로 농업상품에서 드러난다면, 경제적·정치적 권력은 토지 소유와 밀접하게 엮인다. 농업 노동은 직접적 또는 거의 직접적인 소비를 위해 생

---

[28] 같은 책, p. 881.

산되며, 매개 과정이 개입하는 경우는 거의 없다. 그러나 계속된 노동의 분업으로, 개입하는 과정이 점점 늘어나게 된다. 직접 토지에 얽히지 않은 노동자 집단과 상인 집단은 스스로를 구분하기 시작한다. 이차적 자연의 생산은 일차적 자연으로부터 사회의 해방을 재촉해왔으며, 이 과정에서 농업용 토지라는 시원적인 이차적 자연에 얽혀 있는 지배계급과 시장과 도시의 통제에 의존해 정치적 기반을 닦은 신흥 부르주아 간 모순, 즉 전적으로 이차적 자연에 내재한 모순이 심화된다. 이러한 모순이 발전하면서, 부르주아는 필연적으로 교환 과정뿐 아니라 생산과정까지 그 통제력을 확장시키게 된다. 이는 교환을 위한 상품의 지속적인 공급을 보장하기 위함이다. 이와 같이 생산과 분배를 결합해 통제함으로써 그들은 사회적 부의 지속적인 생산을 더욱 보장받고, 일반적인 교환을 위한 생산은 특정한 자본주의적 생산으로 대체된다. 교환을 위한 생산의 초기 발전과 달리, 이는 점진적이며 멈출 수 없는 "자연스러운" 변형은 아니다. 이차적 자연의 생산물은 정치적 투쟁을 포함하며, 부르주아 혁명에서 극에 달한다. 여기에는 한 지배계급의 패배와 다른 지배계급의 등장이 포함되며, 혁명과 함께 새롭고 더욱 특수한 자연과의 관계가 나타난다.

3. 자본주의적 생산

자연과의 관계에서 현대적 특징은 자본주의의 사회관계에서 파생된다. 자본주의가 다른 교환경제와 다른 점은, 한편으로는 생산수단을 소유하지만 노동은 하지 않는 계급을 생산하고 다른 한편으로는 생존을 위해 팔 수 있는 게 노동력밖에 없는 계급을 생산한다는 것이다. "자연은 한편으로는 화폐 소유자나 상품 소유자"를 낳고, "다른 한편으로는 자신의 노동력만 소유하는 사람을 낳지 않는다"라고 마르크스는 언급했다. "이런 관계는 자연사적 관계도 아니며 역사상 모든 시대에 공통된 사회적 관계도 아니다. 그것은 분명히 과거 역사적 발전의 결과이며, 수많은 경제적 혁명의 산물이고, 과거 일련의 사회적 생산 형태가 몰락한 산물이다."[29]

자본주의하에서 노동계급은 자신이 생산하는 상품뿐만 아니라 생산에 필요한 대상물과 도구를 빼앗긴다. 임금노동 관계가 일반화되면서 교환가치는 그것의 기초가 되는 것, 즉 가치의 일관된 표현이 되었다. 교환에서 표현되는 상품의 가치, 즉 교환가치는 상품생산을 위해 요구되는 사회적으로 필요한 노동시간의 양이다. 노동력이라는 상품도 예외가 아니다. 노동자의 임금은 노동자를 재생산하는 데 사회적으로 필요한 노동시간의 양이다. 따라서 자본주의하에서 잉여의 생산은 잉여가치의 형태로 나타난다. 노동자가 가지는 노동력의 가치는 하루 작업으로 생산되는 가치의 일정 비율로 표현된다. 역사적으로 노동자가 생산수단으로부터 멀어지면서 노동자는 자신의 노동력을 파는 것에 전적으로 의존하게 되었다. 다른 한편으로 노동의 필요로부터 자유로워진 자본가는 더 많은 것을 창조하기 위해 잉여가치의 일정 비율을 재투자하는 데 전적으로 의존한다. 잉여가치의 실현과 재투자는 생산수단의 사적 소유로 초래된 경쟁적 조건하에서 발생하며, 만약 개별 자본이 전적으로 자신을 재생산하게 되면 이 점은 개별 자본이 확대된 규모로 그렇게 하도록 만든다. 따라서 자본주의의 특정 계급 구조는 자본축적이 물적 생활의 재생산을 위한 필수 조건이 되도록 만든다. 최초로 "축적을 위한 축적"이 사회적으로 부여된 필연성이 된다. 축적 과정은 가치 법칙에 의해 규제되며, 이 법칙은 "맹목적 자연법칙으로서 개별적인 주체에 대응하는 내적 법칙으로서만" 작동한다.[30]

자본주의의 특정 계급 관계에서 파생한 이러한 경제적 관계의 구조는 자본

---

29 *Capital*, 1, p. 169.
30 같은 책, 3, p. 880.

주의에 특유하며, 자연과의 매우 상이한 관계를 암시한다. 자연과의 관계는 사회적으로 매개된다는 점에서, 자본주의는 이전의 여느 생산양식과 다르지 않다. 그러나 이 사회적 매개의 실체와 자연과의 관계의 복잡성 측면에서 볼 때 그것은 현저하게 다르다. 사회적 매개의 논리는 사용가치의 생산과 소비의 필요에서 즉시 나타나는 단순한 근거가 아니며, 심지어 교환을 위한 가치의 근거도 아니다. 이는 오히려 자본주의하에서 자연과의 관계를 결정하는 사회적 가치의 창조와 축적에 수반되는 추상적 논리이다. 따라서 추상에서 구체로의 이동은 단순하게 미르그느가 꿈꾸었던 훌륭한 개념적 생각이 아니라, 자본주의 내 자연과의 관계에서 실질적으로 성취된 영구적인 번역(translation)이다. 그리고 가치 수준에서 추상적인 결정은 자연과의 관계에서 구체적인 사회적 활동으로 지속적으로 변형된다. 이는 자연과의 관계에 대해 독특하지만 매우 복잡한 결정, 즉 생산 대상으로서의 자연, 인간 본성, 재생산 과정, 인간의 의식 등을 결정하는 데 기여한다. 생산 일반 및 교환을 위한 생산처럼, 자연과의 관계에서 나타난 일반적 양상을 통해 자본주의하에서 자연과의 관계를 검토할 것이다. 우리는 자연을 생산의 대상으로 보기 시작한다.

 축적 과정의 지시하에서, 생산양식으로서 자본주의는 존립을 위해 끊임없이 확장해야 한다. 물적 생활의 재생산은 전적으로 잉여가치의 생산과 재생산에 좌우된다. 이를 위해 자본은 물적 자원을 찾아 지구를 활보하며, 자연은 주체, 객체, 생산도구를 제공하는 것뿐만 아니라 자연 전체가 **보편적인 생산수단**의 부속물이 된다. 따라서 "예를 들어 잡히지 않은 물고기가 어업에서 생산수단이 된다고 주장하는 것은 역설적으로 보인다. 그러나 지금까지는 누구도 아무것도 없는 물에서 물고기를 잡는 기술을 발견한 사람은 없다".[31]

 자본주의하에서 자연의 전유와 생산수단으로의 변형은 최초로 전 세계적 규

---

31 같은 책, 1, pp. 180, 181n.

모에서 발생한다. 원료의 탐색, 노동력의 재생산, 노동의 성적 분업, 임금노동의 관계, 상품과 부르주아 의식의 생산은 모두 자본주의 생산양식하에서 일반화된다. 자비로운 식민주의의 기치 아래 자본주의는 이전의 다른 모든 생산양식을 자신의 논리에 강압적으로 종속시키며 거칠게 휩쓸고 간다. 그러한 진행 과정의 한 부분으로 자본주의는 지리적으로 농촌의 도시화를 시도한다. "고전적인 고대사는 도시의 역사이지만, 토지 소유와 농업에 기초한 도시의 역사이다. … 중세(게르만 시대)는 농촌을 역사의 거점으로 두고 출발한다. 그 뒤 역사의 계속적인 발전은 도시와 농촌의 모순 속에서 진행된다. 근대[역사]는 고대에서처럼 도시의 농촌화가 아니라 농촌의 도시화이다."[32]

자본주의가 확산되면서 필수적으로 자본주의국가가 발전한다. 이전의 모든 국가와 같이 자본주의국가도 중심 기능은 지배계급을 대신해 사회를 통제하는 것이다. 자본주의사회에서 국가는 사적 자본이 하기를 꺼리거나 할 수 없는 일의 관리자가 된다. 억압적·이념적·경제적 수단이나 일련의 다른 사회적 수단을 통해, 국가는 해외에서 전(前) 산업사회를 억압하고 자국에서 노동계급을 억압하는 일을 관리한다. 동시에 자본축적에 필요한 경제적 조건을 보장하고자 한다. 요컨대 국가는 안정적인 자본주의의 확장을 지원하고 조정한다.[33] 따라서

---

32 *Grundrisse*, p. 479.
33 국가에 대한 분석을 둘러싼 논의와 복잡성에 관해서는 다음을 참조. Colin Barker, "The State as Capital," *International Socialism* 2(1)(1978), pp. 16~42; J. Holloway and S. Picciotto, *State and Capital*(London, 1978); James O'Connor, *The Fiscal Crisis of the State*(New York, 1973); Suzanne de Brunhoff, *The State, Capital and Economic Policy*(London, 1978). 국가에 대한 논의를 상당 부분 구체화한 랠프 밀리밴드와 니코스 폴란차스의 논쟁에 관해서는 다음을 참조. Ralph Miliband, *The State in Capitalist Society*(London, 1969); Nicos Poulantzas, "The Problem of the Capitalist State," *New Left Review* 58(1969), pp. 67~78; Ralph Miliband, "The Capitalist State: A Reply to Nicos Poulantzas," *New Left Review* 59(1969), pp. 53~60; Ernesto Laclau, "The Specific city of the Political: The Poulantzas-Miliband Debate," *Economy and Society* 4(1975), pp. 87~100; Ralph Miliband, "Poulantzas and the Capitalist State," *New Left Review* 82(1973), pp. 83~93; Nicos Poulantzas, "The Capitalist State: A Reply to Miliband

자연과의 관계에서의 모순적 특징이 그 복잡성과 함께 더욱 구체적으로 나타나기 시작한다. 자본주의하에서 이차적 자연은 일차적 자연으로부터 점차 분리된다. 그러나 이런 분리는 매우 상반되면서도 상호적인 과정, 즉 자연과의 자본주의 관계의 일반화와 생산과정에서 모든 자연의 실질적인 동일화 과정의 일부로서 성취된다.

사회적 노동 분업과 생산력의 향상이 빠른 속도로 진행되면서 이차적 자연은 지속적으로 내적 분화를 경험한다. 여기서 과학적 노동은 중요성이 증가하며 분리된 활동으로서 전면에 나서게 된다. 과학적 노동의 주요 기능은 생산력의 형태에서 자연의 생산을 촉진하는 것이다. "자연은 기계, 기차, 철도, 전기 텔레그래프, 자기 조절적 방적기 등을 만들지 않는다. 이런 것들은 인간 노력의 산물, 즉 자연에 대한 인간의 개입이거나 자연을 정복하려는 인간 의지의 신체 기관(organ)들로 변형된 자연적인 물질이다. 이는 인간 두뇌의 기관이며, 인간의 손에 의해 창조된 것이며 객관화된 지식의 힘이다." 따라서 자본주의 산업을 위해 "잘 맞추어진 기술적 기초"는 단지 "중첩된 기계들"[34]의 구축을 통해 달성된다. 다양한 사회적 분업과 세분화가 확산되는 동시에 사회적 협력도 이에 걸맞게 증가해야만 자본주의적 생산양식이 전체적으로 기능할 수 있다. 사회적 협력을 확보하기 위해 전반적인 전문화가 나타났는데, 그중 가장 눈에 띄는 것은 은행업부터 대량 운송에 이르기까지 무수한 서비스 활동의 출현이다. 인간의 생산활동의 특성을 나타내는 자연과의 추상적인 협력은 자본주의하에서 상당히 구체적인 특징을 가진다. 이는 "사회적 노동 분업에서의 혼란(anarchy)"에 대한 해독제로 발전하는데, 여기서 혼란은 생산수단의 사적 소유에 기초한 경쟁의 논리적 결과이다.

---

and Laclau," *New Left Review* 95 (1976), pp. 63~83.
[34] *Grundrisse*, p. 706; *Capital*, 1, p. 384.

사회적 노동 분업을 따라 작업장 내에서 노동의 기술적 분업이 발전되며, 바로 여기서 우리는 자본주의하의 생산에서 인간 본성의 기본적인 요소의 일부를 이해하기 시작한다. 단일 상품의 생산이 수많은 세세한 작업으로 세분화되면서, 개별 노동자의 활동은 점차 몇 개의 원동력 기능으로 제한된다. 이 역시 노동자의 "협력의 자연력"에 대한 사용의 확장을 필요로 하지만, 자본의 통제하에 이런 협력의 수행은 개별적인 자연력의 발전이 아니라 정확히 그 반대에 의해 이루어진다. 노동과정의 다른 자연 구성물처럼 노동자의 협력의 힘은 소외되며, 노동자는 자본의 힘에 직면한다. 이는 과학적이고 육체적인 능력에 대한 거대한 투자로 표현될 뿐 아니라 노동자 간의 거대한 협력의 실행으로 표현되는 고정자본의 경우에 가장 명확해진다. 자본가의 기계에 직면해 "노동자는 물질적 생산과정의 지적 잠재력에 정면으로 맞닥뜨리게 되며", 또한 그들의 개인적 본성의 지적 무력감과도 맞닥뜨리게 된다. 육체적·지적·협력적 기량은 노동자를 '다른 사람의 재산이나 지배력'에 직면하게 했다. "집단적 노동자를 만들기 위해, 그리고 집단적 노동자를 통해 자본의 사회적 생산력이 풍부해지기 위해 각 노동자는 개별적인 생산력이 부족해야 한다." 소비를 위해 직접 사용가치를 단순 생산하는 경우처럼, 노동과정에서 개인은 자신의 본성을 실현한다. 그러나 현대 노동의 조건은 노동자를 할리우드처럼 낭만적이고 위엄 있으면서 자수성가한 사람으로 전환하지 않는다. 오히려 생산능력과 본성의 세계를 희생하고 섬세한 손재주를 강요함으로써 노동자를 '불구가 된 괴물'로 전환시킨다. 노동자에 관한 한, 자본의 발전에 근거한 생산양식은 '어떠한 발전도 없는 전문성(speciality)'을 만든다.

생산의 발전을 위한 모든 수단은 생산자를 지배하고 착취하는 수단으로 전환되며, 노동자를 파편화된 인간으로 불구화하고, 노동자를 기계의 부속물로 떨어뜨리며, 노동의 모든 매력적 자취를 파괴함으로써 노동을 혐오스러운 고통으로 전환시키고, 과학이 독립적인 힘으로 노동과정에 도입되는 정도에 비례해 노동과정의 지적 잠재력을 노동자로부터 소외시킨다. 이들 생산력을 향상시키는 모든 방법과 수단은 노동자의 노동조건을 악화시키며, 노동과정에서 비열하기 때문에 더욱 혐오스러운 자본의 독재에 노동자를 굴복시키고, 노동자의 전체 생활시간을 노동시간으로 전환시키며, 그의 아내와 자녀를 자본이라는 저거노트(Juggernaut, 힌두교에서 크리슈나 신의 우상을 의미하며, 이 우상을 실은 차에 치어 죽으면 극락에 갈 수 있다는 미신이 있다 — 옮긴이)의 수레바퀴 밑으로 질질 끌고 간다.[35]

이것이 자본주의하에서 인간 본성이 맞닥뜨리는 운명이다.

엥겔스는 상품경제의 발전과 함께 "단독 가구(single family)"가 "사회의 경제적 단위"[36]가 된다는 것을 보여주었다. 자본주의하에서 사적 자본 형태가 명확한 승리를 거둔 이후 가족이라는 형태에 변혁이 일어났다. 특히 가족이 경제적 단위로 남아 있기는 하지만, 그 경제적 기능은 매우 특수화되어서 더는 사회의 경제적 단위로 남아 있지 않다. 잉여가치는 가족에서가 아니라 다른 작업장이나 공장에서 생산된다. 엥겔스는 "생산수단이 일반적인 소유로 전환되는 것"과 함께 단독 가구는 기본적인 경제단위가 되지 않을 것이라고 강조했다. 그러나 자본주의는 그 자체로 점점 더 많은 여성을 노동력으로 끌어들이고 잉여가치의 생산을 가족에서 공장과 공공 작업장으로 이전시킴으로써, 단독 가구를 해체하는 과정을 시작한다.[37]

---

35 *Capital*, 1, pp. 350, 360~361, 645.
36 *Origin*, p. 223.
37 Joan Smith, "Women and the Family," *International Socialism* 100(1977), pp. 21~22. 가부장제와 계급을 다른 관점으로 조사하고 비판한 다음을 참조. Joan Smith, "Women, Work, Family, and the Economic Recession," paper presented at the symposium on "Feminism and the Critique of Capitalism," The Johns Hopkins University(24~25 April 1981). 프롤레타리아화가 여성을 억압으로부터 자유롭게 해준다는 마르크스와 엥겔스의 결론은 뒤늦은(hindsight)

임금노동이 가정 밖의 공공 활동 영역에 위탁되면서 노동력 재생산과 연결된 수많은 기능이 핵가족 내로 사유화된다. 대부분의 노동자계급 여성이 가정 밖에서도 일을 하지만 여전히 가정은 "여성의 작업" 영역으로 남는다. 사적 가족의 재생산양식은 자본주의 입장에서 이점이 많다. 재생산 비용이 가족, 특히 여성의 노력으로 충당되는데, 여기서 노동력을 재생산하는 여성의 노동이 무보수이기 때문이다. 또한 가족은 "자연의" 권위를 받아들이기 위해 다음 세대 노동자를 사회화시키며, 모든 이데올로기적이고 경제적인 결과로 사유화된 소비를 요구한다. 그러나 자본주의의 계급 구조는 사회구조의 모든 측면에 침투하며, 재생산도 예외는 아니다. 부르주아 가족은 노동자계급 가족과는 여러 측면에서 다르다. 부르주아 가족은 아마도 집안일을 수행하기 위해 노동력("하녀", "유모")을 구입하지만, 노동자계급의 아내는 자신의 가족을 위한 집안일뿐 아니라 자신의 남편처럼 임금을 받고 노동력을 파는 일도 할 것이다. 따라서 노동자계급의 여성은 "이중 부담"을 진다. 모든 일에서 가족은 사유화되지만, 재생산은 부분적으로만 사유화된다. 국가는 가정이라는 재생산 조직에 깊이 관여되어 있다. 국가는 교육체계를 통해 필수적인 과정을 통제할 뿐만 아니라 법체계를 통해 가족의 형태 자체를 통제하며, 결혼 및 이혼, 법, 낙태, 법률 제정, 상속 등을 통해 여성의 억압을 관리한다.[38]

노동력 생산은 여느 다른 상품처럼 축적 주기의 주기적 파동에 민감하다. 그리고 다른 상품의 생산에서처럼, 피임 도구, 의료 기술, 유전공학 등과 같은 넓은 범위에서의 기술혁신을 통해 파동을 조절하려는 시도도 이루어졌다. 이러한

이익과 함께 어느 정도는 낙관적인 견해로 보인다.

38 자본주의를 위한 가족의 필요성에 대해서는 다음 글을 참조. Barbara Winslow, "Women's Alienation and Revolutionary Polities," *International Socialism* 2(4)(1979), pp. 1~14. 다른 관점에 대해서는 다음 글을 참조. Irene Bruegel, "What Keeps the Family Going?" *International Socialism* 2(1)(1978), pp. 2~15.

영역에서 자연의 생산이 성취된 것은 사실이다. 생산된 상품은 다양한 형태에서 사회적 산물이다. 흔히 자연 생산의 1단계로 여겨지는 시험관 아기는 더 정확히 말하면 마지막 단계로 보인다. 이는 한편으로는 의도하지 않았던 일손의 생산이며, 다른 한편으로는 임신 조절을 위한 가장 초기 수단으로 시작했던 것이 하나의 과정, 즉 생명 자체의 생산과정으로 통합된 것이다.

임금노동 관계의 일반화와 함께 의식도 신속하게 발전한다. 신의 세계에서 인간에게 적합한 장소를 강조했던 종교 이데올로기는 임금노동 관계를 정당화시키는 데 제한적으로 이용되었다. 따라서 부르주아사회의 성장은 생산보다는 교환관계에 기초한 부르주아 의식의 성장으로 보완된다. 자본주의하에서의 생산관계가 잉여가치를 도출하기 위해 노동을 착취하는 것으로 특성화된다면, 자본주의하에서 교환관계는 자유와 평등의 원칙에 근거한 것이다. 교환을 특징짓는 원칙은 자신의 재산을 그에 상응하는 가치를 가진 것과 교환할 자유이며, 이로부터 부르주아 이데올로기가 생겨난다. 따라서 마르크스는 냉소적으로 교환의 영역을 언급하며 "거기에는 자유, 평등, 소유와 벤담이 통치한다"[39]라고 했다. 생산과정을 정의하는 임금 노예제, 불평등, 계급을 기반으로 하는 재산 소유는 구매자와 판매자가 서로 동등하게 만나는 시장으로 용해된다. 모든 사람은 소비자이다. 부르주아 이데올로기는 대량소비, 광고, 텔레비전, 스포츠 관람 등을 통해 직접적인 생산과정으로부터 가장 성공적으로 의식을 분리시킨다. 미국처럼 성공적인 곳에서는 계급 차이가 더 이상 존재하지 않으며 실질적으로 모두가 중산층이 된다는 결론을 이끌어낸다.

이러한 의식의 동질화는 생산 체계 자체의 발전으로부터 추진력을 얻는다. 자본은 축적을 위해 지속적으로 기술적인 생산수단을 발전시키는데, 이는 지속적인 과학의 발전을 의미한다. 만약 과학이 생산력을 향상시켜야 한다는 직접

---

[39] *Capital*, 1, p. 176.

적인 의무와 함께 등장한다면, 과학은 세속의 종교로 작동될 정도로 가장 중요한 이데올로기적 기능을 맡게 될 것이다. 그러나 의식의 동질화는 언제나 편향적이다. 이는 의식이 직접적인 노동과정과 분리될 때만 발생한다. 증가하는 노동 분업 및 과학적 사고의 추상성에 따라 의식의 동질화가 용이해지는 반면, 자본주의 생산양식은 여전히 자본을 소유하는 계급과 노동자계급 간의 근본적인 차이에 근거한다. 이는 계급 노선에 따른 문화의 차별화, 성이나 인종에 기초한 차별화와 같이 의식의 동질화와는 정반대 방향으로 이끈다. 만약 이데올로기의 기능을 인정한다면, 의식은 여전히 물질적 실천의 직접적인 유출이다. 그러나 사회가 분화되는 것처럼, 의식 역시 분화된다. 실제로 계급투쟁에 초점을 맞출수록 의식의 차별화에 더욱 초점이 맞춰진다. "물질적 생활의 생산양식이 일반적인 사회적·정치적·지적인 생활 과정을 규정한다. 인간의 의식이 인간의 존재를 결정하는 것이 아니라, 인간의 사회적 존재가 인간의 의식을 결정한다."[40]

자연을 생산하는 능력에서 자본주의는 특이하지 않다. 생산 일반은 자연의 생산이다.

> 보통 자연의 산물이라고 여기는 동물과 식물도 현재의 모습에서 보면 전년도 노동의 생산물일 뿐 아니라, 여러 세대에 걸쳐 인간의 통제 아래 인간의 노동으로 이루어진 점진적인 변화의 산물이다. … 아주 피상적인 관찰자도 노동 도구에서 과거 오랫동안 누적된 노동의 흔적을 목격할 수 있다.[41]

자본주의가 특이한 점은 전 세계적 규모에서 최초로 인간이 자연을 생산한다는 것이다. 120여 년 전 마르크스는 이에 대한 훌륭한 관찰을 남겼는데 "인류

---

40 Karl Marx, *A Contribution to the Critique of Political Economy* (London, 1971), pp. 20~21.
41 *Capital*, 1, p. 181.

역사에 선행하는 자연은 오늘날 어디에도 더 이상 존재하지 않는다(아마도 최근 만들어진 오스트레일리아의 일부 산호섬은 예외로 하고)."[42]라고 했다. 그의 통찰력이 설령 일반적으로 자연의 생산이라는 말로 해석되지 않는다 해도, 오늘날에는 전통적인 지리 지식이 되었다.

자본주의의 발전은 자연과의 관계에서 양적인 발전뿐 아니라 질적인 발전까지 포함한다. 이는 단지 자연에 대한 인간의 단선적인 통제가 확장되는 것이 아니라 일차적 자연에 대한 희생으로 이차적 자연의 범위가 확장되는 것을 의미한다. 세계석 규모의 자연 생산에서, 자연은 점진적으로 이른바 이차적 자연 내부에서, 그리고 이차적 자연의 일부로서 생산된다. 일차적 자연은 자신의 일차성(firstness)과 독창성을 박탈당하게 된다. 자연과의 관계에서 발생하는 질적인 변화는 사용가치와 교환가치 간 달라진 관계에서 비롯된다. "경제 관계의 발전 단계가 다르면, 교환가치와 사용가치의 관계도 다르게 결정된다."[43] 따라서 자본주의하에서 교환가치는 더 이상 순수하게 사용가치를 동반하는 역할을 하지 않는다. 세계적 규모에서 자본주의의 발전과 임금노동 관계의 일반화와 더불어 자연과의 관계는 무엇보다 교환관계이다. 물론 자연의 사용가치는 여전히 기본적이지만, 생산력의 선진적 발전과 함께 특정한 필요는 사용가치의 범위가 증대하면서 성취될 수 있으며, 특정 상품은 늘어난 원료의 편성을 통해 생산될 수 있다. 자본주의하에서는 교환가치 관계로의 전환이 실천적으로 성취되는 것이다. 자본주의적 생산(그리고 자연의 전용)은 일반적 필요의 충족이 아니라 어떤 특정한 필요, 즉 이윤의 충족을 위해 성취된다. 이윤 추구 과정에서 자본은 전 세계를 활보한다. 보이는 모든 것에 가격표를 부착하며 그때부터 가격 표시가 자연의 운명을 결정한다.

---

42 *German Ideology*, p. 63.
43 *Grundrisse*, p. 646.

자연과의 관계가 교환가치의 논리에 따라 결정되고, 일차적 자연은 이차적 자연 내부에서 이차적 자연의 일부로 생산되는 순간, 일차적 자연과 이차적 자연은 스스로 재정의된다. 교환을 위한 생산과 함께, 일차적 자연과 이차적 자연의 차이는 단순히 인간이 창조하지 않은 세계와 인간이 창조한 세계 간 차이이다. 일차적 자연 역시 일단 생산되고 나면, 이 차이는 실질적 의미를 잃게 된다. 이제 구체적이고 물질적인 일차적 자연인 사용가치 일반의 속성과 교환가치에 내재된 사용가치에서 파생된 추상적인 이차적 자연 간의 구분이 이루어진다. 인간에 의한 세계와 인간이 개입하지 않은 세계라는 초기의 대립적 개념은 오늘날에도 강하게 뿌리박혀 있으며, 19세기에 이르러서도 전혀 도전받지 않았다. 이차적 자연의 새로운 개념은 오래된 대립 개념이 여전히 영향을 끼쳤던 뷔퐁 백작이 있던 프랑스가 아니라, 그에 대한 예외적인 철학적 전통과 함께 헤겔이 활동했던 독일에서 가장 널리 발전되었다. 헤겔의 사고는 관념론적 이차적 자연이었다. 그것은 비단 인간의 활동에 의해 창조되고 변형된 물질세계가 아니라 현대사회에서 경제와 정치조직이 가지는 권리 체계를 통한 자유의지의 표현이었다. 이는 헤겔의 이차적 자연을 사용해 구축된 구조가 아니라 법체계, 시장법칙, 현대사회의 민족 규칙이었다. 즉, "자유의 영역은 이차적 자연처럼 그 자신에게서 발생한 정신세계를 실제적인 것으로 만들었다".[44]

또한 자연에 대한 헤겔의 관념론적 개념을 만들어낸 현실은 키케로와 뷔퐁의 개념보다 이차적 자연의 물질적 개념을 더 발전적으로 드러나게 했으며, 자본주의가 등장한 현실에 더 적절했다. 레텔은 이차적 자연을 두고 최고의 묘사를 남겼다.

독일에서 "사용"의 영역은 실질적인 의미에서 원료인 "일차적 혹은 최초의 자연"이

---

[44] G. W. F. Hegel, *Philosophy of Right*, translated by T. M. Knox(London, 1967), p. 20.

라고 불린다. 반면 교환의 영역은 전적으로 인위적 추상인 "이차적 혹은 순수하게 사회적인 자연"이라고 불린다. … [일차적 자연은] 사용의 대상이자, 자연과 상호 교환하며 자신의 활동으로서 상품을 구성하는 구체적이고 물질적인 것이다. [이차적 자연은] 가치의 양과 교환의 대상물로서 상품을 고려하는 추상적이고 순수하며 사회적인 것이다.[45]

두 자연에서는 동일한 문제가 동시에 존재한다. 중력의 법칙과 물리학에서의 물리적(physical) 상품처럼 자연은 일차적 자연에 존재한다. 그러나 시장의 법칙에서의 교환가치처럼 자연은 이차적 자연으로 이동한다. 인간 노동은 일차적 자연을 생산하며 인간관계는 이차적 자연을 생산한다. 인간 노동의 기원과 근본적 특성에 내재한 추상적 잠재력이었던 것이 자본주의하에서 처음으로 현실로 실현된다. 자본주의하에서 생산된 것은 인간존재의 직접적 또는 국지적 본성이 아니라, 총체성으로서 자연이다. 자본에 기반을 둔 생산양식은 "자연의 보편적 전유와 더불어 사회 구성원들에 의한 사회적 연관 자체의 보편적 전유를 추구한다. 이에 따라 자본의 위대한 영향력으로 문명화가 이루어지는데, 이를 발전한 사회와 비교해보면 앞선 모든 사회는 단지 인류의 국지적 발전이자 자연숭배에 불과한 것처럼 보인다".[46] 지표면, 대기, 해양, 지질적인 하위층 또는 생물학적 상위층 등 어느 부분도 자본에 따른 변형으로부터 예외일 수 없다. 모든 사용가치는 가격표의 형태로 노동과정에 초대되어 소환되며, 자본은 그 속성상 의사적(quint) 본성으로 모든 초대를 좋아 보이게 한다.

이는 마르크스의 논리로 보일 수 있지만, 그 역시 『자본』에서 노동과정은 아직 "자연이 직접 제공한 생산수단, 즉 자연적 실체와 인간 노동 간의 결합을 나

---

[45] Sohn-Rethel, *Intellectual and Manual Labour*, pp. 28, 56~57.
[46] *Grundrisse*, pp. 409~410.

타내지 않는 생산수단을 많이 사용한다"⁴⁷라는 것을 명확히 하지 않았는가? 이 점은 자연이 생산된다는 사고를 모호하게 하지 않았는가? 여기 두 종류의 사례를 살펴볼 필요가 있다. 첫째, 정치경제학적 의미에서 자연의 본질은 교환가치를 체현하지 않지만, 그럼에도 사용가치라는 의미에서 인간의 노동에 의해 직간접적으로 상당히 변경된 것이다. 예를 들어 어떤 농토가 토지개량으로 그 가치를 모두 찾게 되면, 한때 완전히 가치절하되었던 토양의 비옥도와 물리적 구조가 상당히 변경될 수 있다.⁴⁸ 이것은 건물과 같이 더욱 명백한 생산물이 될 수도 있다. 이런 생산물은 더 이상 생산과정에서 자신의 기원에 대한 경제적 흔적을 찾을 수는 없지만, 인간 솜씨(artifice)의 물리적 특징을 담고 있는 것은 확실하다. 더욱 일반적으로 자연의 어떤 측면은 사회적으로 필수적인 노동시간에 대한 아무런 투자가 없더라도 인간 활동에 의해 물리적 형태가 극적으로 바뀔 수도 있었다. 독극물 쇼크 신드롬(toxic shock syndrome), 암, 그 외 인간이 생산한 질병의 사례는 인간 활동으로 인한 기후변화만큼 많다. 일차적 자연의 요소로서 그들은 상품은 아니지만 상당히 많이 만들어진다.

    그러나 더욱 설득력 있는 사례가 있는데, 실제로 자연 본질의 형태가 인간 활동에 의해 변경된 적이 없는 사례이다. 누군가 아주 깊이 들어가기만 한다면 지질학적 하위층의 단단한 부분도 이 범주에 포함될 것이다. 누군가 달과 일부 행성과 우주에 뿌려진 파편 너머로 갈 수만 있다면 태양계도 마찬가지일 것이다. 물론 이는 극단적인 사례라서 "자연의 생산" 이론의 허위를 증명하기는 어렵다. 옐로스톤 공원이나 요세미티 공원과 같이 생산되지 않은 자연으로 여겨지는 사

---

47 *Capital*, 1, p. 183.
48 같은 책, 3, p. 746에서 마르크스는 "자본이 투자되면 토지는 지대를 산출하는데, 이는 자본이 투자되어서가 아니라 투자된 자본이 토지를 과거보다 더 생산적인 것으로 만들기 때문이다. … 이자로 녹아든 지대 역시 투자된 자본이 양도되자마자 순수 차액지대가 된다"라고 말한다. 하비는 『자본의 한계』에서 이 점을 지적한다. David Harvey, *Limits to Capital*, p. 337.

레를 더욱 철저하게 들여다볼 때 특히 그러하다. 이들은 모든 상상력을 동원해 만들어진 자연이다. 야생 생물의 관리에서 인간의 점유에 의해 경관이 변경된 것까지 모든 물질적인 환경은 인간 노동의 특징을 지니고 있다. 또한 미용실에서 음식점까지, 캠핑 공원에서 '요기 베어' 캐릭터가 그려진 그림엽서, 요세미티와 옐로스톤까지, 이들은 매년 상당한 이윤을 올리는 환경의 문화적 경험으로 깔끔하게 포장된다. 여기서 핵심은 생산되기 전(pre-produced) 자연에 대한 향수가 아니라, 어떻게 보이든 간에 오히려 인간 주체가 변경한 자연의 범위를 설명하는 것이다. 자연이 오염되지 않고 존재하는 지표 밑의 영역이나 몇 광년 밖의 영역은 단지 인간의 접근이 불가능하기 때문에 그런 것뿐이다. 만약 필요하다면 우리는 이 접근 불가능한 자연을 마치 에덴동산과 같이 생각하게 할 수 있지만, 실제 이런 자연 개념은 인간이 절대 알 수 없는 관념적이고 추상적인 상상 속의 자연이다. 인간은 자연이 무엇이든 그들에게 접근할 수 있도록 생산한다.

자본주의는 자연의 통합성을 분명 유물론적 통합성으로 이끌지만, 이는 자연과학자가 하는 물리학적 혹은 생물학적 통합성은 아니다. 오히려 생산과정의 중심에 있는 사회적 통합성이다. 그러나 이 통합성을 미분화된 자연을 함의하는 것으로 여겨서는 안 된다. 앞에서 살펴본 것처럼 일차적 자연과 이차적 자연은 서로 구분된다. 그러나 자연의 생산과 그 과정을 보편적인 것으로 만드는 자본주의의 추진력에 비춰볼 때, 자연의 통합성과 대비되는 이 구분은 얼마나 타당한가? 확실히 경제구조는 스스로를 이차적 자연으로 표현한다. "모든 무계획적이고 조직화되지 않은 생산에서 경제법칙은 객관적인 법칙처럼 인간 앞에 나타난다. 자연법칙의 형태와 마찬가지로 인간은 이에 저항할 힘이 없다." 따라서 마르크스는 『자본』에서 "현대사회의 경제적 운동 법칙"을 발견하는 것을 책의 최종 목적으로 여겼다. "경제적 사회 구성의 진화를 자연사적 과정으로 보는 [그]의 관점에서는, 다른 관점과는 달리 개인이 경제법칙의 진화에 책임이 있다고 생각하지 않는다. 또한 개인이 주관적으로 이런 관계를 초월하고 있다고 하더라도, 사회적으로는 여전히 경제법칙의 산물이다." 인간은 명백히 자신의 역사를 만들어가지만 스스로 선택한 조건하에서가 아니라 과거로부터 이어져온 조건하에서 그렇게 한다.⁴⁹

그러나 경제와 사회의 법칙을 자연주의적인 방식으로 보는 데는 잠재적인 문제가 있다. 왜냐하면 마르크스가 1868년 7월 11일 루트비히 쿠겔만(Ludwig Kugelmann)에게 보낸 유명한 편지에서 말한 것처럼 "어떤 자연법칙도 없어지게 할 수 없다. 변화하는 역사적 상황에서 변할 수 있는 것은 이 법칙이 작동되는 형태 정도이다".⁵⁰ 자본주의 경제법칙이 진정 자연법칙이라면, 마르크스는 암묵적으로 그 법칙과 자본주의는 없어질 리 없다고 주장하는 것처럼 보인다. 그러나 사회주의 투쟁으로 일생을 바친 헌신적인 혁명가인 마르크스가 이렇게 생각했다고 보기는 어렵다. 또한 마르크스로서는 자연을 생뚱맞게 사회 외부로 보는 것으로의 회귀가 그저 실수도 아니다. 왜냐하면 여기서 자연법칙에 대한 언급은 중력이나 물리법칙에 대한 것이 아니라 사회적 노동의 분업에 대한 언급이기 때문이다. (그런데 슈미트가 마르크스에서 논리-인식론적 범주와 경제적 범주 사이를 구별할 수 있었던 것이 바로 이 외견상 모순이었다. 슈미트는 이 지점부터 공상적 이상주의에 대한 비난을 준비했다.)

해결책은 범주들 간 철학적 구별에 있는 것이 아니라 변함없는 인간의 실천, 특히 인간의 역사에 놓여 있다. 중력과 같이 시장 법칙도 복종되거나 거부될 수 있으며, 인간은 이런 방식으로 법칙이 작동하고 경험되는 형태를 변화시킬 수 있다. 그러나 중력과 달리 가치의 법칙에서 자연적인 것은 없다. 어떤 사회도 중력의 작동을 경험하지 않고는 살아갈 수 없으나, 가치의 법칙 없이는 살아갈 수 있다. 가치법칙이나 다른 시장 법칙이 어느 정도 자연법칙의 형태로 경험된다

49　Friedrich Engels, *Anti-Duhring*(London, 1975), p. 425; *Capital*, 1, p. 10; Karl Marx, *The Eighteenth Brumaire of Louis Bonaparte*(New York, 1963), p. 15.

50　Marx to Kugelmann, *Selected Correspondence*(London, 1934), p. 246.

고 해도, 이들은 중력과는 다르다. 이 점이 바로 마르크스의 주장, 즉 자본주의의 패배는 인류의 자연적인 역사의 종말과 진실한 역사의 시작, 그리고 자연법칙의 형태로 경험한 사회법칙의 종말과 역사에 대한 진정한 사회통제의 시작을 가능하게 한다는 주장의 요지이다. 엄청난 생산력의 발전을 이룬 자본주의는 자연의 생산에 대한 의문을 의제로 만들어왔다. 그러나 자본주의 생산양식은 이 의문을 자체적으로 해결할 능력이 없다. 자본주의는 미래를 위해 자연을 통합시켜왔지만, 현재를 위해서는 그렇게 할 수 없다.

따라서 일차적 자연과 이차적 자연의 구분은 점차 쓸모가 없어진다. 추상적으로 혹은 존재론적으로 동등하거나 심지어 유사한 실체 간의 철학적 구분으로서 인간과 비인간 세계의 구분을 언급하는 것은 더 이상 쓸모없게 되었다. 물질성과 추상성 간 구분으로 일차적 자연과 이차적 자연을 구분함으로써 사회조직의 복잡성과 원시적 자연으로부터 사회조직 간의 거리를 확실히 포착했다. 그러나 자본이 "그 자신의 이미지로"[51] 물질세계를 생산하는 능력은 이 구분을 스스로의 희생물, 즉 인류 역사의 현실 변화와 잠재력에 접근하는 것을 잃어버린 추상성이 되도록 했다. 이차적 자연 내에서 또는 이차적 자연의 일부로서 일차적 자연의 생산은 스스로 일차적인 자연 혹은 이차적 자연이 아닌 자연의 생산을 지배적인 현실이 되게 한다. 그러나 여기에는 중요한 구분이 필요하다.

이 구분은 자연에 대한 인간의 "지배(mastery)"는 "인간이 다른 모든 동물에 비해 자연의 법칙을 배울 수 있고, 이를 정확하게 적용시킬 수 있는 이점을 가지고 있다는 사실에 기인한다"[52]라는 엥겔스의 지적에 암시되어 있다. 자연의 생산은 오직 자연법칙을 확인하고 적용할 때 가능하다. 그러나 자연법칙의 증명은 필연적으로 이러한 법칙의 한계에 대한 명확한 지식을 포함하며, 실제로 자

---

51 *The Communist Manifesto*, p. 14.
52 Friedrich Engels, *Dialectics of Nature*(Moscow, 1954), p. 180.

연의 법칙과 특정한 사회형태하에서 자연적으로 보이도록 하는 법칙 간 구분을 포함한다. 이는 철학적인 구분이 아니라 실질적인 구분이다. 중력 법칙과 가치 법칙 간 차이는 생산될 수 있는 것과 그렇지 않은 것과는 관련이 없다. 중력 효과는 매우 쉽게 저항을 받고 변경될 수 있으며, 단순히 다른 자연의 법칙에 대해 증명하고 사회적으로 적용함으로써 상당히 반대되는 결과를 얻을 수도 있기 때문이다. 예를 들어 우리는 비행기를 날게 할 때마다 중력을 거스른다. 따라서 확실히 해야 하는 근본적인 구별은 오히려 파괴될 수 있는 것과 없는 것 사이에 있다. 이런 구별은 철학적 사색 과정이 아닌 사회 역사의 실천 과정에서 실현된다. 역사적으로 이 말은 중력의 법칙이 실제 작동하는 형태가 사회적으로 결정되거나 그로 인해 달라지더라도 파괴될 수는 없는 반면 가치의 "법칙"은 파괴될 수 있다는 것을 의미한다. 미래에는 오직 자연법칙을 발견하고 증명해서 실제로 인간 자연의 기초가 되는 자연법칙을 구별하고 밝힐 수 있게 될 것이다. 이는 자연법칙이라 할 수 있는 사회 피라미드를 파괴하고 뒤집는 과정에서만 성취될 수 있다. 한 사회에서 인간 본성을 가장 잘 이해하는 사람들은 인간과 사회 행위에 대한 자연성(불가피성을 의미함)을 설교하는 고귀한 성직자가 아니다. 오히려 어떤 사회적 괴물이 파괴될 수 있는지를 가장 정확한 감각으로 파악하는 사람들이며, 인간이 더욱 인간적인 어떤 것을 창조할 수 있음을 가장 잘 이해하는 사람들이다.[53]

---

[53] 이는 명백하게 과학, 특히 비판적 과학에 결정적인 역할을 부여한다. 왜냐하면 과학의 이데올로기적 기능은 일반적으로 필연적이며 특정한 사회과학을 자연스럽게 보이도록 해왔기 때문이다. 마르크스의 정치경제학에서 "부르주아 지식인은 생산적 노동을 자연이 부과한 매우 필요한 것으로 인식한다"(*Capital*, 1, p. 81). 자연적인 것과 사회과학 사이의 구별은 자연과학적인 조사 대상으로서 "자연"의 물신화를 가능하게 한다. 그것은 자연과학 이후, 조사의 자연적 대상으로 사회를 취하며 사회과학이 스스로를 만들게 했다. 그러나 마르크스와 엥겔스에 따르면, 자연과학과 사회과학으로 분리되지 않은 단 하나의 과학이 있다. 과학의 통합은 실천적 과정으로 통합성이 창조되어야 한다. 마르크스가 엥겔스에게 썼던 것처럼(*Selected Correspondence*, p. 123), 과학은 "변증법적으로 표현될 수 있을 때까지" 수정되어야 한다. 특히 자연과학에서 이는

통제되지 않은 보편성을 확보하기 위해 밀어붙이는 과정에서 자본주의는 스스로의 미래에 새로운 장애를 만들어낸다. 그것은 필요한 자원의 결핍을 만들고, 아직까지 인간의 손길이 닿은 적 없는 자원의 질을 떨어뜨리고, 새로운 질병을 발생시키고, 모든 인류를 위협하는 핵 기술을 개발하고, 재생산을 위해 반드시 소비해야 하는 전체 환경을 오염시키고, 일상적인 작업 과정에서 매우 중요한 사회적 부를 생산하는 존재인 인간을 위협한다. 그러나 이어서 자본주의는 스스로의 한 부분으로서 자본주의 생산양식이 얼마나 인공적이고 취약하며 역사적으로 일시적인지를 드러내는 바로 그 힘을 발전시켜야 한다. 자본주의가 일시적인 것은 자본주의가 상대적으로 최근에 등장했을 뿐만 아니라 그러한 일시적인 특징을 가지게 하는 내적모순을 생산하기 때문이다. 자연의 생산은 이러한 모순을 구체화시키는 수단이다. 초기 사회에서 자연과의 모순적 관계는 결핍의 위기로 나타났으며 그 효과는 즉각적이었다. 생산과정만큼 중요한 것이 사회의 주변부 한계로 표현되는 결핍의 위기였는데, 사회적 결핍은 사회 발전의 제약을 결정했다. 자본주의하에서 사회 위기는 여전히 생산과정에 초점을 맞추었지만 이제는 복잡한 사회 체계의 중심에 놓여 있다. 자연의 생산은 보편적이나, 생산과정에서 내적모순도 동등하고 보편적으로 만들어진다. 오늘날의 위기는 사회와 외부 자연 사이의 공유 영역(interface)에서 생기는 것이 아니라 사회적 생산과정 자체의 중심에 자리한 모순에서 생긴다. 오늘날의 사회 위기

적절하게 과학에 속해 있지만 착취되고 배제되어왔던 정치를 회복하는 것을 포함한다. 만약 자연의 생산에 대한 우리의 생각이 옳다면, 과학의 정치는 자연과학 대 사회과학이 아니라 과학 대 이데올로기로서 사회 창조와 자연법칙을 구분하는 것을 포함한다. 이 연결에 대해서는 발렌티노 제라타나(Valentino Gerratana)의 후기 다원주의자에 대한 비판인, "자연의 역사성(historicity)을 설명하는 데 다른 어떤 것보다 더 많이 기여했고 인간 역사이자 자연 역사의, 바로 그 부분에 대한 역사적 과정을 부정하고 배제함으로써 끝을 내는 데 기여한 사람들인" 진화론자를 참조하라. 이는 "방법론적 역전(inversion)"의 신호를 나타낸 것으로, 역전이란 "역사적인 사회 발전 법칙을 영원한 자연법칙으로 확신한 데 따른 과오(lapse)"이다. Gerratana, "Marx and Darwin," *New Left Review* 82(1973), pp. 60~82.

가 여전히 자연의 결핍에서 기인한 이상, 이 역시 자연에서 생산된 결핍으로 여겨야 한다.

핵에너지든 아니면 노동계급의 반란이든 간에 자연의 생산에 포함된 모순은 자본주의 자체의 형태로부터 발산된다. 자본주의는 "자신의 본성에 친 장벽"으로 자신의 최종 형태 중 하나인 노동계급을 창조했다. 그 장벽은 자본이 만든 임금 노예로서 나머지 인간성과 차별화된다며 마르크스가 쓴 글은 전혀 은유적이지 않았다는 것을 이해해야 한다. 여기서 "자신의 본성에 친 장벽"이란 "일정한 발전 단계에서 자본은 스스로를 이 경향의 가장 큰 제약으로 인식하도록 할 것이며, 따라서 자본 자신에 의한 자본의 지양을 추구하도록 할 것이다."[54] 자본에 대항해 투쟁하는 과정에서 진정한 인간 본성을 밝힐 기회를 얻는 것은 노동계급이다. 오늘날 노동계급이 다른 계급에 비해 더 자연적이라고 말하는 것은 전혀 아니다. 자신을 고용한 사회의 통제로부터 소외된 계급처럼, 노동계급은 모든 면에서 부자연스러운 자본주의의 산물이다. 노동계급의 존재가 사회주의의 불가피성을 의미하지는 않지만, 적어도 혁명(revolt)의 불가피성은 제안한다. 또한 자연적인 필요를 충족시키는 데 필요한 수단을 빼앗긴 인간이라는 동물이 이러한 박탈에 때로는 폭력적으로 때로는 사회적으로 조직된 형태로 반응하는 것이 자연의 법칙이다. 혁명의 형태는 자연의 법칙으로 관리되는 것이 아니라 사회적 산물로 관리된다. 이러한 변혁의 승리는 인간이 그들 역사에서 자연의 주체가 아닌, 적극적인 사회적 주체가 될 수 있도록 역사적으로 고유한 기회를 가져다줄 것이다.

---

54 *Grundrisse*, p. 410.

4. 결론

대영제국의 지리학자였던 아이자이어 보먼(Isaiah Bowman)은 예일 대학교에서 강연할 때 "남극에 수십만 명이 사는 도시를 건설하고, 전기선을 놓고, 오페라극장을 공급할 수 있다. 문명은 그 비용을 지불할 수 있다"라고 이야기하곤 했다. 이는 피어리 탐험대가 남극에 도착했던 1909년의 일이었다. 그리고 그 남극 도시 개념은 아마도 그가 초기에 매력을 느꼈던 환경결정론에 상당히 극단적인 수정을 가한 뒤의 표현이었을 것이다. 같은 맥락에서 그는 "인간은 사하라사막에 비가 내리게 할 수 있을 정도로 높은 산맥을 세울 수 있다"라고 주장하기도 했다. 그리고 20년 뒤에 좀 더 일반적인 용어로 정확하게, 먼저 "채권을 발행하지" 않는다면 "인간은 산을 옮길 수 없다"라고 서술했다.[55]

예상대로 자연의 생산은 절대로 상상할 수 없는 물리적인 사건이 아니며, 이윤 가능성이 있는 경제적 사건이 안내하는 길을 더 많이 따라왔다. 또한 예상대로 자연의 생산이 가장 잘 이루어진 사례는 1918년부터 1973년까지 세계 자본주의를 확장하고 개척한 북아메리카에서 찾아볼 수 있다. 장 고트만(Jean Gottmann)은 자신의 통념을 깨는 분석인 『메갈로폴리스(Megalopolis)』(1961)에서 다음과 같이 제시한다.

> 오랫동안 유럽 사람들의 꿈으로만 제한되고 그들의 고국에서는 현재 상태로 단념되었던 이 프로메테우스 같은 노력이 이 황무지에서 오래된 경계를 무너뜨렸다. … 광활한 무료 토지의 종말과 함께 더욱 정교한 노동 분업과, 더 많은 서비스의 교환, 더 많은 교역과 더 많은 자본과 사람의 축적을 통해 대도시인 메갈로폴리스는 풍요로운 사회의 무제한적인 자원에 대한 끝없는 풍경을 만들어냈다.

---

[55] Isaiah Bowman, *Geography in Relation to the Social Sciences*(New York, 1934).

메갈로폴리스의 확장은 그러한 프로메테우스적인 비범한 추진력이 없었다면 거의 일어날 수 없었을 것이다. 미개척지가 자연 상태에서 점차 도시가 되고, 황무지가 확실한 방식으로 길들여져 숲과 초원에서 도로와 인간이 모이는 곳으로 바뀌면서 프로메테우스를 위협했던 독수리들조차 이곳을 떠나기 어렵게 되었다.[56]

이런 상상에서 기회와 파멸의 잠재적으로 모순적인 혼합은 마르크스가 자연을 다룬 것과 완전히 다르지 않다. 마르크스와 엥겔스는 비록 1차원적인 감각에 의해서는 아니지만, 자연과의 관계의 실체를 전통적으로 자연에 대한 우위나 지배가 커지는 것으로 보았다. "자연에 대한 지배는 인간의 손이 노동을 통해 발전하면서 시작되었으며, 모든 새로운 진전을 통해 인간의 영역이 넓어졌다."[57] 자본주의의 해가 떴을 때 자연에 대한 진보적인 지배는 기어를 달고 빠르게 성장했으며, 역사상 최초로 자본축적의 형식으로 나타나는 경제 성장이 절대적인 사회적 필요가 되었고, 동시에 자연의 우세에 대한 끊임없는 확산이 필요해졌다. 그러나 자본과 자본을 육성하는 부르주아사회는 자연과의 관계에서 양적·질적 변화를 모두 안내한다. 자본주의는 상품 교환과 유통 시스템인 세계 자본주의 체계로서 생산 체계를 소화시키고 토해내는 글로벌 세계시장을 물려받는다. 이를 이루기 위해 인간의 노동력 자체는 특히 자본주의적인 사회관계를 따르는 다른 상품처럼 생산되는 상품으로 전환된다. 자본의 목표는 자연에 대한 "지배"를 키우는 것만이 아니라 세계적 규모에서 자연을 생산하는 것이다.

비록 "자연의 변증법" 사상이 엥겔스를 아주 다르게 이끌었고 나는 이게 잘못된 길이라고 생각하지만, 엥겔스의 작업 일부에서 자연과의 관계에 대해 마르크스 개념의 결론을 진술하지 않은 것은 논리적인 일이다. 질문은 왜 그들이

56　Jean Gottmann, *Megalopolis*(New York, 1961), p. 79.
57　*Origin*, p. 253.

자연에 대한 "지배"와 "우위"에 대한 개념과 언어를 부분적으로 담고 있는가 하는 것이다. 실제로 인류 이전의 일차적 자연(피지배자)과 인간이라는 이차적 자연(지배자) 사이의 구별이 쓸모없어지자마자 인간과 자연의 관계는 지배와 우위를 넘어 발전했다. "지배"는 초기의 좀 더 단순한 구별을 계승했던 물질성과 추상성 간의 구별인 새로운 일차적 자연과 이차적 자연 사이의 관계를 묘사하는 것이 아니다. 문제는 관념론으로 이어지는 추상 세계가 우세하거나 지배하는 것이 아니라, 추상적인 법, 필요, 힘, 자본주의사회의 우연 등에 따라 전 세계적으로 특정한 문제가 생산되는(즉, 그 형태가 변화되는) 것이다. 자연의 생산에 대한 실체는 19세기 중반보다 20세기 후반인 오늘날 더욱 명확하며, 이는 다른 어떤 것보다도 왜 마르크스가 지배라는 구식 개념에 매달렸는지를 설명한다. 상대적 잉여가치를 거침없이 추구하며 진행된 20세기 자본주의 발전에서 자연의 생산에 대한 이념은 지극히 상투적이었어야 했다. 그것이 소설이어서 상투적인 것과는 정반대로 자연의 생산 이념이 여전히 현실적인 것은 자연에 대한 이데올로기의 힘 때문이다.

　자연의 생산과 자연을 **통제**하는 것을 혼동해서는 안 된다. 비록 어떤 통제는 일반적으로 생산과정을 수반하지만 이것이 결코 확실하지는 않다. 자연의 생산은 어떻든 간에 자연에 대한 지배를 완성하는 것이 아니며 질적으로 매우 다르다. 심지어 엥겔스조차 조심스럽게 ("생산"보다 통제의 의미를 더 크게 담고 있는) 지배와 통제를 구별했다. 엥겔스는 "자연에 대한 인간의 승리에 대해 과도하게 스스로를 칭찬하지 말자"라고 하면서, 이러한 승리의 비용과 자연의 "복수"에 대해 묘사하는 사례를 썼다. 각 단계에서 그는 다음과 같이 결론 내린다.

　우리는 외국인을 지배한 정복자처럼, 그리고 자연의 밖에 있는 어떤 사람처럼 결코 그렇게 자연을 통치하지 못한다는 것을 깨닫는다. 그러나 살과 피와 두뇌를 가진 인간은 자연에 속해 있고 그 안에서 존재하며, 자연에 대한 인간의 지배는 모두 자연의 법칙을 배울 수 있고 그것을 정확하게 적용시킬 수 있어서 다른 모든 동물보다 이점을 가지고 있는 게 사실이다.[58]

자연에 의한 복수라는 생각은 "지배"가 본래 이중적 함의를 지녔기 때문이지만, 그럼에도 엥겔스가 쓴 글은 19세기 과학이 승리주의를 구가하던 상황에서 (엥겔스 역시 똑같이 굴복한 상황에서) 놀랄 만한 식견을 담고 있다. 예를 들어 산업화 과정에서 배출되어 공기 중에 퍼진 이산화탄소와 이산화황은 기후에 통제할 수 없는 영향을 끼쳐왔다. 많은 과학자들이 온실효과의 가능성과 그 결과로 만년설이 녹을 것이라 여기는 반면, 이런 생각을 거부하는 많은 과학자들은 이 현상과 동시에 극적으로 기온이 떨어질 것을 기대한다. 더구나 공기에 포함된 이산화황의 증가는 산성비의 원인이다. 심지어 인간의 손으로 이루어진 생산도 결코 통제 과정에 있지 않았다. 인간이 만든 생산물 중 가장 완성도 높고 정교한 생산물인 자본주의 시스템은 사실 가장 무질서하다. 생산과정의 내부적 산물로 의도치 않게 오염 원자가 나오는 것처럼, 자연의 생산은 상당 부분 생산의 의도적인 목표는 아니었다. 생산과정은 상당히 의도적이지만, 그 직접적인 목표인 이윤은 사용가치가 아닌 교환가치에 의해 판단된다. 따라서 통제의 문제는 매우 중요하지만 오직 맥락에 따라 고려될 때만 그렇다. 첫 번째 질문은 자연이 통제가 되는지, 된다면 어느 정도 되는지가 아니다. 이는 일차적 자연과 이차적 자연, 전(前) 자본주의의 자연에 대한 지배와 비지배 같은 이분법적 언어에 짜 맞춰진 것이다. 진정한 질문은 어떻게 우리가 자연을 생산하고 누가 이 자연의 생산을 통제하는가이다.

자본주의는 자연의 통합성이 또 다시 가능해지는 지점에서 생산력을 발전시킨다. 그러나 자본주의하에서 이러한 통합성은 보편성으로의 추진에 따라 지속

---

[58] *Dialectics of Nature*, p. 180.

적으로 보장되는 경향일 뿐이다. 자본주의는 기술적인 수단을 창조하지만, 기술 자체로 자연의 통합성을 보장할 수는 없다. 마르크스가 말한 것처럼 선택은 사회주의냐 야만주의냐이며, 둘 중 하나는 자연의 통합성이다. 선택에 따른 잔인한 아이러니는 오늘날 더욱 명확한데, 핵전쟁의 위협 속에서 야만주의는 자연을 오직 말살함으로써 통합시키기 때문이다. 그러나 마지막의 야만적 패배를 위협하는 계급사회는 사회주의라는 야망을 제공한다. 사회주의는 유토피아가 아니며 보장된 것도 아니다. 그러나 사회주의는 자연의 통합성이 실제로 일어날 가능성이 있는 때이며 장소이다. 이는 자연의 생산에 대한 진정한 사회의 통제를 발전시키기 위한 각축장(arena of struggle)이다. 초기 마르크스는 "인간과 자연 간의 갈등에 대한 진정한 해결책"[59]으로 공산주의를 그렸다. 이것이 사실인지, 실현되는지는 두고 볼 일이다.

확실한 것은 이러한 갈등에 대한 투쟁은 박탈에 대항하는 변혁이고, 여러 방식으로 "사회적으로 필요한" 것을 통제하기 위한 노력이라는 점이다. 오염과 같은 여러 가지 자연의 생산은 생산과정에서 의도하지 않고 통제되지 않은 결과를 가져온다. 이는 노동과정에 내장된 산물일 수 있으나, 오염 등 여러 가지 생산된 자연의 부분들이 "사회적으로 필요한 노동시간"의 담지자는 아니다. 사회주의를 위한 투쟁은 무엇이 사회적으로 필요하고 무엇이 필요하지 않은지를 결정하는 사회통제를 위한 투쟁이다. 궁극적으로는 무엇이 가치이고 무엇이 가치가 아닌지를 통제하는 투쟁이다. 자본주의하에서 이는 시장에 의해 판단되었으며, 자연의 결과로 스스로를 표현한다. 사회주의는 시장이나 시장 논리에 의해서가 아니라 인간의 필요에 의해, 교환가치와 이윤에 의해서가 아니라 사용가치에 의해 필수품을 판단하기 위한 투쟁이다.

생애 후기에 마르크스는 자연과의 관계에 대해서는 관심을 덜 기울인 반면,

---

[59] *Early Writings*, p. 348.

공산주의란 무엇인가 또는 무엇이 아닌가에 대해서는 더 주의를 기울였다. 마르크스는 『자본』에서 이 문제를 설명하는데, 그의 초기 저작에 비해 정치적으로 더욱 구체적이고 간결하며 단호하다.

> 자유의 영역은 궁핍과 외부적인 편의가 결정하는 노동이 끝장나는 곳에서 비로소 진정으로 시작되며, 그 본성상 현실적인 물질적 생산의 영역을 넘어서서 존재한다. … 이 영역에서 자유는 오직 사회적인 인간, 연합한 생산자가 자기들과 자연 사이의 물질대사를 합리적으로 규제함으로써 물질대사가 맹목적인 힘으로 그들을 지배하는 것에 있는 것이 아니라, 그들이 물질대사를 집단적인 통제 아래에 두는 것, 그리하여 최소의 노력으로 인간성에 가장 알맞고 적합한 조건 아래에서 물질대사를 수행하는 것에 있다. 그러나 이것은 여전히 아직 필연의 영역이다. 이 영역을 넘어서야만 진정한 자유의 영역 ― 즉, 인간의 힘을 목적 그 자체로서 발전시키는 것 ― 이 시작된다. 자유의 영역은 필연의 영역을 토대로 두어야만 개화될 수 있다. 노동일의 단축은 그 기본적인 전제조건이다.[60]

노동시간의 단축은 이미 언급한 것처럼 과도기적인 수요이다. 그것은 여전히 교환가치에 의해 형성된다. 노동시간이 줄어들수록 자본가계급에 필요한 이윤의 형태로 생산되는 잉여가치의 양은 줄어든다. 궁극적으로 필요한 것은 노동자의 통제로, 이는 생산과정에 대한 통제이며, 따라서 자연의 생산에 대한 통제이다. 즉, 자본주의를 전복하고 교환가치 체계를 통제해 사회를 통제한다. 이는 사용가치 영역을 통제하기 위함이다. 이렇게 "자연의 생산" 개념은 슈미트가 "자연의 개념"으로 바꾸기를 원했지만 결코 할 수 없었던 "정치 활동의 개념으로 변한다".[61]

---

60 *Capital*, 3, p. 820.

신성모독을 하는 뻔뻔스러움과 자연이 가진 본래의 미, 신성함, 미스터리에 대한 조악한 폭력을 진정한 자연의 생산이라는 개념으로 분석하는 사람들도 있을 것이다. 그들에게 자연의 의미는 신성한 것일 뿐 아니라 진정한 노동의 상징인 땀을 통해 생산을 보는 그런 통속적인 고려 사항을 초월한 것이다. 통속성에 관해 그들은 틀리지 않았다. 그들은 금방 그것을 잊고 부정한다. 그러나 통속성은 진실이다. 현대 산업자본주의와 그것이 의미하는 모든 것은 자본주의의 통속성이지 필요의 통속성은 아니다. 통속성은 현재 실체의 산물이지 마르크스 이론의 유령이 아니다. 만약 그다지 통속적이지 않고 자연을 위한 이론이 여전히 매우 인간 중심적이라면 사람들은 불평할 것이다. 솔직하게 통속성이 가지는 낭만적인 책임처럼 이 역시 향수의 산물이다. 인간은 스스로 생계 수단을 생산하기 시작하면서 자신을 동물과 분리시켰으며, 스스로를 점점 더 자연의 중심에 두기 시작했다. 지구적 규모에서 인간 노동과 자연의 생산을 통해 인간 사회는 자신을 거리낌 없이 자연의 중심에 위치시켜왔다. 엄밀하게 자연의 중심성은 자연을 실제로 통제하기 위한 자본의 미친 탐색에 기름을 붓는 일이지만, 자연을 통제하려는 이념은 꿈이다. 이는 내일의 노동을 준비하며 자본과 자본가계급이 매일 밤 꾸는 꿈이다. 그러나 진정으로, 자연의 **생산**을 사회적으로 통제하는 인간에게는 이것이 실현 가능한 사회주의의 꿈이다.

---

61 Schmidt, *Nature in Marx*, p. 196.

제3장

공간의 생산

공간이 자연과 분리된 별개의 실체로 개념화되지 않는 이상, 공간의 생산은 자연의 생산에 따른 논리적 귀결이다. 문제는 공간의 생산을 입증해내는 다소 단순한 논증 자체가 아닌, 공간의 의미 또는 공간 - 자연 관계에 내포된 가정들에 있다. 공간의 개념은 "자연"과 달리 당연시되는 경향이 있으며, 공간이란 종종 모순적 의미들로 가득한 모호한 개념이기 때문이다. 우리가 공간에 대해 어떠한 비판적인 잣대를 들이댈지라도 공간에 대한 기본 사고들, 예컨대 장으로서의 공간, 용기로서의 공간, 단순히 텅 빈 곳으로서의 공간과 같은 개념들을 피하기 어렵다. 오늘날 서구 사회에서 통용되는 공간에 대한 이러한 관점은 직관적이다. 그러나 아인슈타인이 공간과 시간의 개념에 관해 명시적으로 서술했듯이 "공간에 관한 보편적 개념들에 무의식적으로 지배당하지 않기 위해서, 우리는 과학적 관심을 견지하며 이를 거듭 비판할 필요가 있다".[1] 이에 따라 이 장에서 우리는 공간의 생산에 대해 2장의 권위에 기대지 않은 채 공간 자체의 논지를 이끌어내고 이를 자연의 생산과 관련된 논의로 연결시킬 것이다. 본 작업은 공간의 생산에 대해 더욱 설득력 있는 논점을 제공할 것이며, 더불어 공간의 개념에 대해 비판적으로 검토하는 기회가 될 것이다. 또한 이 작업은 자본주의 지

---

1 Albert Einstein, "Foreword," in Jammer, *Concepts of Space*, p. xii.

리, 특히 자본주의 발전의 불균등성과 자연의 생산 간의 관계에 관한 개념적 토대를 제공할 것이다.

여기서 우리의 관심은 지리공간이다. 일반적으로 지리공간이란 최소 규모의 건축 공간에서 지표면 전체 규모에 이르기까지 인간이 활동하는 모든 공간을 뜻하는데, 이 장에서는 분석을 진행하며 지리공간에 대한 좀 더 특별한 의미를 도출할 것이다. 이때 요점은 이 장에서 다루지 못하는 공간에 관한 다른 여러 의미나 접근 방법으로부터 지리공간을 구별하는 것이다.[2] 지리공간의 개념화는 1960년대 초 무렵부터 논의의 대상이 되어왔다. 공간에 관한 두 가지 개념화가 특별히 강조되었는데, 그것은 절대공간과 상대공간이다. 지리공간의 개념화에 관한 이러한 논의는 지리학에서 이른바 계량혁명(quantitative revolution)에 대한 반응으로 등장했으며, 1960년대 초에 가시화되었다. 그 이전의 지리학자들은 거의 전적으로 절대적 공간 개념에 의존하는 경향이 있었는데, 그보다 더욱 포괄적인 공간에 대한 견해가 '계량혁명'의 기술적 혁신에 동반되었다.[3] 이와 같이 공간에 관한 서로 다른 개념들에는 공간이 자연 및 물질적 현상과 맺고 있는 상

---

2 특히 심리학 및 인류학에서 다루는 공간이 지리공간의 논의와 중복되기는 하지만 이 장의 논의에서는 배제하고자 한다. 다음 글들을 참조. Edward Hall, *The Hidden Dimension*(New York, 1966); Claude Levi-Strauss, *Structural Anthropology*(New York, 1963); J. Piaget, *The Principles of Genetic Epistemology*(London, 1972); Carl Jung, *Man and His Symbols* (London, 1964).

3 Fred Schaefer, "Exceptionalism in Geography: A Methodological Examination," *Annals of the Association of American Geographers* 43(1953), pp. 226~240; William Bunge, *Theoretical Geography*, 2nd edn(Lund, 1966); Peter Haggett, *Locational Analysis*(London, 1965); Ian Burton, "The Quantitative Revolution and Theoretical Geography," *Canadian Geographer* 7(1963), pp. 151~162. David Harvey, *Explanation in Geography*(London, 1969)에서 하비는 최초로 지리학적 맥락에서의 절대공간과 상대공간의 개념을 분명하게 기술했다. 한편으로는 『사회 정의(Social Justice)』에서 제3의 공간 개념이라 할 수 있는 관계공간 (relational space)을 추가하는데, 상대공간과 관계공간의 차이에 대해서는 충분히 기술하지 않는다.

이한 관계가 내포되어 있다. 한편 우리는 공간의 생산 개념을 통해 이보다 한 단계 더 나아간 논의를 전개하려고 한다. 이를 위해서는 절대공간과 상대공간의 기원과 양자를 구분하는 의의를 필수적으로 알아야 한다. 사실 이 개념들은 물리학과 과학철학에 기원하므로 우리는 먼저 과학이 공간을 어떻게 다루었는지를 살펴봄으로써 자본주의의 지리를 종합적으로 이해하는 데 도움을 주는 광의적인 역사와 인식론적 기원을 이해하고자 한다.

1. 공간과 자연

1920년 상대성이론이 발표된 지 몇 년 지나지 않아, 화이트헤드는 "자연의 의미를 정하는 작업이 기본적으로 시간의 성질과 공간의 성질에 관한 논의로 환원되었다는 표현은 과장이 아니다"라고 선언했다.[4] 화이트헤드는 공간과 자연 간에 존재하는 밀접한 관계를 인지함으로써, 상대성이론에 내재되어 있는 새롭고 급진적이며 탈-뉴턴적(post-Newtonian)인 공간 개념을 도출해냈다. 그러나 공간이 자연보다 어떻게든 앞선다고 보는 점에서 뉴턴으로부터 시작해 사회적·과학적 정설이 된 공간 관점을 완전히 버리지는 않았다. 역사적으로 볼 때 공간이란 언제나 자연과의 관계 속에서 개념화되었는데 그 관계의 실체에 대해서는 매우 다른 관점들이 존재해왔다. 뉴턴이 생각한 절대공간 개념은 이러한 원칙을 증명해낸다는 점에서 이례적이다. 공간이 물질과 별개의 독립적 존재(절대공간)라는 것을 증명하기 위해 뉴턴은 물질현상과의 관계에서만 정의되던 상대공간이라는 부차적 개념을 절대공간과의 평행선상에서 이론화했다. 뉴턴

---

[4] Alfred North Whitehead, *The Concept of Nature*(Cambridge, 1920), p. 33.

이 명확하게 짚은 대로 절대공간의 정의는 물질적 사건들과 다소간 혼돈되었던 이전의 공간 사고들과는 매우 달랐다.

> 나는 시간, 공간, 장소 및 운동을 모두에게 잘 알려진 의미로 정의하지 않는다. 단지 내가 주장하려는 것은 일반인은 다른 어떤 사고하에서가 아니라 그들이 감지할 수 있는 대상과의 관계에서 그 정량성(quantity)을 인지한다는 점이다. 그리고 여기에서 특정한 편견이 발생한다. 이러한 편견을 제거하기 위해 공간을 절대적인 것과 상대적인 것, 참된 것과 표피적인 것, 수리적인 것과 통상적인 것 등으로 구분하는 것이 편리할 것이다. … 절대공간은 그 속성상 외적인 어떤 것과도 관계가 없으며, 언제나 유사하게 부동적으로 머문다. 반면 상대공간은 절대공간의 어떤 이동 가능한 차원 또는 양이다. 우리의 감각은 몸으로부터의 위치를 통해 상대공간을 결정한다.[5]

뉴턴의 시대로부터 거의 3세기가 지난 오늘날, 공간에 관한 통상적인 편견에 간접적으로 기여하는 것은 뉴턴의 생각과 대립했던 이들의 개념이 아니라, 뉴턴 자신의 절대공간 개념이다. 오늘날 선진 자본주의 세계에 사는 우리 모두는 공간을 비어 있는 것, 보편적 그릇으로 그 속에 물체가 존재하고 사건이 벌어지는 어떤 것, 준거의 틀, 모든 실체가 그 안에 존재하는 (시간과 더불어) 좌표 체계로 인식한다. 공간에 대한 이러한 관점은 너무도 자명해 보여서, 메타포로 활용되도록 끊임없이 강요받은 탓에 모호해진 개념임에도 불구하고, 우리는 이러한 용법에 대해 거의 전적으로 무비판적이다. 공간은 우리에게 단순히 주어진 보편적인 존재가 되었다.

---

5 *Principia*. Jammer, *Concepts of Space*, p. 99에서 재인용.

뉴턴 이전, 그리고 뉴턴 직후에는 상대적인 공간 개념이 우위에 있었다. 상대적 공간 개념에 따르면, 공간은 물질로부터 독립되어 있지 않다. 공간 관계는 실제 물질의 특정 조각들 사이의 관계를 의미한다. 게다가 공간은 물질과 물질현상의 움직임, 행동, 그리고 구성에 온전히 상대적이다. 그리스 시대 원자론자들이 절대공간의 개념을 부분적으로 발전시켰지만, 절대공간과 상대공간의 개념을 명확히 구분한 것은 순전히 뉴턴의 업적이었다. 아인슈타인의 상대성이론이 절대공간을 상대공간의 한 가지 특별한 경우로 상정함으로써 상대공간의 우위를 회복시킨 것처럼 보이기도 하지만, 20세기 물리학에서 다루는 상대공간은 뉴턴 이전에 연구된 공간의 상대성과는 확연히 다르다. 수리물리학에서 사용하는 공간 개념을 사회과학에 곧바로 대입할 수는 없지만, 물리학의 상대성은 영향력 있는 지리학자들이 자신의 공간 개념을 재평가하는 데 고무적인 영향을 끼쳤다. 그러나 물리학의 공간 개념 역사는 절대공간과 상대공간을 정의하는 초보적 관점보다 훨씬 복잡하며, 현재까지도 물리학과 철학에서는 공간에 대한 논의가 진행되고 있다.[6] 논의가 진행된 역사를 살펴보면 특별히 현재의 과제에 이르기까지 지속되는 세 가지 경향이 있다. 각 경향은 공간과 자연의 관계에 관한 특정한 관점을 지니고 있는데, 우리는 이 장에서 세 가지 모두를 검토할 것이다.

첫째로 공간 개념의 역사는 물질로부터 공간을 점차 추상화하는 과정으로 특징지어진다. 오늘날 우리가 취하는 이러한 구분은 이전 사회에서는 적용되지 않았다. 물질뿐만 아니라 힘, 권력, 인간, 그 밖의 다른 어떤 것과도 공간은 구분되어 있지 않았다. 자연의 통합성은 완전했다. 즉, 공간, 본질, 의미는 하나로 통

---

6   상대공간을 옹호하는 입장에 관해서는 Ian Hinckfuss, *The Existence of Space and Time* (Oxford, 1975) 참조. 절대주의를 옹호하는 신뉴턴적 입장에 관해서는 Graham Nerlich, *The Shape of Space*(Cambridge, 1976) 참조. 단, 뉴턴의 본래 개념은 거의 보존되어 있지 않다. 상대적 공간 개념을 인정하면서 절대적 공간 개념을 회복시키려는 고전적 입장에 관해서는 Adolf Grunbaum, *Philosophical Problems of Space and Time*(New York, 1963) 참조.

합되어 있었다. 로버트 색(Robert Sack)은 이러한 초기적 공간 관점에 대해 잘 설명하고 있다.

시원적 시각에서 토지는 조각으로 나뉘어 각 필지로 팔릴 수 있는 것이 아니다. 토지는 더 넓은 공간체계 안에 존재하는 하나의 공간 조각이 아니다. 반대로, 토지는 사회적 관계라는 점에서 이해된다. 자연의 일부로서 인간은 토지와 밀접히 연결되어 있다. 어떤 영토나 장소에 속한다는 것은 우선적으로, 그리고 무엇보다도 어떤 사회적 단위에 소속되어야 함을 뜻하는 사회적 개념이다. 토지 자체는 전체로서 집단의 소유이다. 사적으로 나뉘고 소유되는 것이 아니다. 토지는 인간 역사 및 정신과 함께 살아 있고, 토지 위의 장소는 신성시된다.[7]

이 단계에서 사람들이 경험하는 것은 공간이 아닌 장소이다. 특정한 장소로부터 일반 공간으로의 추상화 작업이 이루어졌다고 보기에는 아직 이르다. 공간 및 공간의 (신화적·물질적) 이용은 사회공간과 물리공간의 구분이 불가능한 만큼이나 구분하기 어렵다. 공간에 관한 의식은 실질적 행위가 직접적으로 이루어질 때에야 인지된다. 에른스트 카시러(Ernst Cassirer)는 이에 관해 특수한 지리적 예시를 제안한다.

민족학 연구를 보면 원시 부족은 대체로 비범하고 날카로운 공간지각력을 지니고 있음을 알 수 있다. 부족 토착민은 주변 환경의 모든 세밀한 사항을 감지한다. 그들은 주변에 있는 물체의 위치 변화에 극히 민감하다. 변화를 감지하기 매우 어려운 상황에서도 어떻게든 알아차린다. 노를 젓거나 바람을 가르며 항해하는 순간에도 강의 모든 흐름을 정확히 따라간다. 그러나 더 자세히 살펴보면 우리는 그들의 공

---

7 Robert Sack, *Conceptions of Space in Social Thought*(Minneapolis, 1980), p. 22.

간 이해력에 매우 이상한 결핍이 있다는 놀라운 사실을 발견하게 된다. 그들은 강의 전체적인 모습을 설명하지 못한다. 강줄기를 지도로 그려달라는 질문 자체를 이해하지 못한다. 여기서 우리는 공간과 공간 관계에 관한 구체적 이해와 추상적 이해의 차이를 명확하게 알 수 있다. 토착민은 강의 흐름을 완벽하게 숙지하고 있다. 그러나 이때의 숙지란 우리가 추상적이고 이론적인 의미로 부르는 이른바 지식이라는 것과는 큰 차이를 보인다.[8]

다른 곳에서 지적된 바와 같이 확인 가능한 의식의 대상으로서 공간의 개념은 시간의 개념에 앞서 존재한 것처럼 보인다.[9] 특정 공간이나 장소와 구분되는 공간 개념은 인간 역사의 중대한 사건들(철학의 기원, 더 이상 즉각적인 실제 행위의 직접적 발산이라 볼 수 없는 개념적 사고의 기원)과 동시적으로 발전해왔다. 최초의 그리스 철학자들이 공간과 물질을 혼동하기는 했지만, 피타고라스의 사례에서 분명해진 것처럼 그들은 더 추상적이고 개념적인 관점에서 공간을 사고할 수 있었다. 그 후 아리스토텔레스, 플라톤, 그리스 원자론자들의 이론은 물질로부터 공간을 분리하고, 공간을 좀 더 독립적인 존재로 간주했다. 플라톤은 공간을 텅 비어 있는 물질을 담는 미분화된 기층(substratum)으로 간주했다. 이를 통해 플라톤은 물질을 공간으로 환원시키는데, 이는 오늘날에도 유효한 주제이다. 플라톤과 달리 아리스토텔레스는 공간을 힘의 장으로 간주하는데 이 또한 현재 진행형인 주제이다. 플라톤은 공간을 물질보다 더 근본적인 것으로 보았고, 아리스토텔레스는 그 반대로 보았다. 막스 야머(Max Jammer)가 지적한 바와 같이 아리스토텔레스는 공간을 "물질의 우연"으로 보았다.[10] 우리에게 흥미로운 점

---

8   Ernst Cassirer, *An Essay on Man*(London, 1944), pp. 45~46.
9   Jammer, *Concepts of Space*, pp. 3~4. 또한 다음 문헌도 살펴보기 바란다. John G. Gunnell, *Political Philosophy and Time*(Middleton, Conn., 1968), p. 117.
10 Jammer, *Concepts of Space*, p. 22.

은 이들의 사고나 이론 간의 차이가 아니라, 공간과 물질의 비분리성에 관해 플라톤과 아리스토텔레스가 합의했다는 사실이다. 여기서 기하(학)는 중요한 연계 고리이다. 플라톤과 아리스토텔레스 모두에게 기하는 물질을 공간에 달라붙게 하는 접착제이다. 기하학은 명시적으로 실재하는 물리적 형체의 추상화이며, 동시에 공간의 구조를 기술한다.

이렇듯 뉴턴 이전 시대의 공간 개념은 하나가 아닌 여럿으로, 많은 경우 나란히 살아남았고, 서로 연관되어 있었다. 뉴턴의 업적은 여러 공간 개념을 통일된 공간 개념의 틀 안에 넣은 것이다. 즉, 절대공간의 개념과 함께 절대공간과 상대공간 간의 관계를 밝힘으로써 다수의 추상을 하나의 추상으로 제시한 것이다. 뉴턴을 통해 공간은 그 자체로 단일한 개념이 되었다. 그러나 공간의 절대적 개념에는 득과 더불어 실도 존재한다. 절대공간 내에서 개별공간의 세부 요소는 물질현상이나 물체와의 관계에서만 다뤄질 수 있다. 그것이 바로 상대공간이다. 그런데 상대공간이란, 물리학의 보편적 법칙을 따르는 한편 물리법칙에 즉각적으로 지배되지 않는 구체적 과정과 관계 속에서도 구성된다. 조금 덜 정교하지만 이해하기 쉬운 표현을 쓰자면, 물리공간의 물질로부터의 완전한 추상화는 물리공간과는 구별되는 다른 유형의 공간 가능성을 제시한다. 즉, 물리공간이 절대화되면서 관념적인 "공간"이 남게 되는데, 이 관념적 공간은 궁극적으로 "사회공간"과 같은 여타의 개념들로 채워질 수 있다. 물질과 공간이 혼동된 상태에서는 인간의 물질적 활동이 물리공간의 추상화를 통해 개념화될 수 없다. 한편 인간 행위가 벌어지는 공간이 그 행위를 구성하는 물질적 대상이나 사건과 분리될 수 없다면 절대적 공간 개념으로는 물질현상과 상당 부분 독립적으로 존재하는 이 "사회적" 공간을 정의할 수 없다. 물론 사회 행위는 여전히 절대공간 "내"에서 일어나는 것처럼 보일 수 있다. 그러나 절대성의 속성상 절대공간은 인간의 공간 행위의 구체성에 영향받지 않는다. 따라서 절대공간으로부터 상대공간을 분리하는 작업은 물리공간으로부터 사회공간을 구분하는 수단을 제공한다. 이때 사회공간이란 독립적이고 외부적인 일차적 자연(first nature)이 아닌 인간에 의해 생산되는 이차적 자연(second nature)과의 관계에서 정의된다. 뉴턴의 상대공간이 절대공간의 부분집합인 것처럼, 사회공간은 물리공간과는 차별되는 물리공간의 부분집합으로 등장한다. 이후 독자적 개념으로의 사회공간의 등장은 상대공간이라는 부분집합이 한때 자신을 담고 있었던 집합 전체를 삼킬 때까지 기다려야 했지만, 이것이 바로 사회공간이 독립하게 된 기원이라 할 수 있다.

상대성이론의 출현에 의한 상대공간의 재등장이 추상화 과정의 역전처럼 비춰질 수 있다. 공간 관계가 다시금 물질 관계에 필수불가결한 것으로 보인다는 점에서, 실제로 그렇다고 볼 수도 있다. 그러나 상대성이론의 출현과 함께 등장하는 상대공간은 이전의 상대공간 개념과는 다르다. 뉴턴은 물질로부터 절대적인 물리공간을 분리했지만 공간과 물질을 이어주는 접착제 역할을 하는 기하학 자체를 무너뜨리지는 않았다. 물질적 경험을 통해 직접 실증해야 하는 유클리드 기하학의 문제를 지적했을 뿐이다. 공간과 물질이 연결되어 있다는 점에서 이러한 직접 실증은 기하학의 필요조건이었다. 그러나 공간과 물질이 분리되면서 물리공간에 관한 서술에 직접적인 경험적 실증은 더 이상 필요하지 않게 되었다. 한편 비유클리드 기하학은 19세기, 특히 베른하르트 리만(Bernhard Riemann)에 의해 발전해왔다. 상대성이론 등장 이전의 비유클리드 기하학은 물질적 경험으로부터 단절된 채 온전히 추상적인 수리학으로 구성되어 있었고 공간은 n차원적 다수로 개념화되어 있었는데, 아인슈타인의 등장으로 마침내 수학에 기반을 둔 그의 n차원적 공간이 물질적 준거를 획득하게 된 것이다. 이는 화이트헤드가 지적한 대로 자연의 의미만 시간과 공간의 의미로 축소된 것이 아니라, 시공간의 형태와 구조 또한 수리적 관계로 환원된 것으로 볼 수 있다. 3차원적 공간 혹은 4차원적 시공간은 n차원적 수리공간에 길을 내주게 되었다. 즉, 물리공간이 수리공간으로 대체되었다. 물리공간이 인간의 실제 경험을 준거로 삼는 반면 수리공간은 그것을 넘어서는 온전한 추상화의 세계이다. 그런데 실체의 구조가 수리적이라는 주장은 행성계 차원이나 아원자(subatomic) 물리학적 규모에서 발생하는 물질현상을 준거로 할 때만 검증이 가능하다. 온종일 n차원적 우주를 연구하는 수리물리학자라 하더라도 구멍가게에 다녀온 자신을 n차원 공간에서의 운동으로 설명하기는 쉽지 않다. 결론은 이렇다. 만약 우리의 공간 개념이 연속적인 추상화의 산물이라면, 공간을 모든 실체가 존재하는 추상적 틀로 간주하는 정의에 대해 질문을 던질 필요가 있다. 공간은 그 '자체'로 실체의 틀인가 아니면 우리가 실체를 들여다보는 틀인 추상적 공간 개념이 공간인가?

공간 개념 역사의 첫 번째 줄기가 견고한 추상화로의 진입이라면, 두 번째 줄기는 변증법적 발전이다. 여기에는 질적인 동시에 양적인 발전이 있다. 한스 라이헨바흐(Hans Reichenbach)는 시공간의 철학에 관한 그의 고전적 저작에서 프톨레마이오스의 우주에서 코페르니쿠스의 우주를 거쳐 아인슈타인의 우주에 이르기까지의 역사적 진보를 이렇게 설명한다.

> 상대성이론은 프톨레마이오스의 개념을 받아들이지 않고 도리어 프톨레마이오스나 코페르니쿠스가 제창한 이론의 절대적 의의에 대항한다. 그것이 가능한 이유는 역사가 두 이론을 이미 거쳐왔으며, 코페르니쿠스가 프톨레마이오스의 우주론을 정복한 결과 우리 또한 코페르니쿠스적 세계관의 편향성을 인지할 수 있는 수단을 얻었기 때문이다. 여기서 보듯 진리로 가는 길은 헤겔이 모든 역사발전에 필수라 여긴 변증의 가장 순수한 형태였다.[11]

우주의 개념과 공간의 개념은 발전의 궤를 같이한다. 개념적 우주의 진화는 공간 개념의 변증법적 발전을 함의한다. 일반상대성이론이 수반하는 상대공간의 개념은 절대공간을 넘어선 복합적인 전환이자 발전인 동시에, 뉴턴 이전의

---

[11] Hans Reichenbach, *The Philosophy of Space and Time* (New York, 1958), p. 217.

공간을 넘어서는 분명한 진전이다. 이것은 질적인 변화이다. 뉴턴 이전의 공간은 물리적인 동시에 사회적이었다. 뉴턴 이후의 공간은 수리적이다.

아인슈타인의 일반상대성이론은 뉴턴 이전 시대의 공간을 특징짓던 근본적인 혼돈보다 더 정교한 방법으로 공간과 물질을 재결합하려는 시도였다. 에른스트 마흐(Ernst Mach)는 아인슈타인보다 수십 년 앞서 공간과 물질의 결합을 가장 온전히 표현한 바 있다. 마흐는 물질의 분포와 운동에 완전히 종속된 공간 구조를 만들고자 했는데, 이는 물질이 공간보다 우선한다는 것을 증명해 절대공간에 대한 상대공간의 승리를 쟁취하려는 시도였다. 상대성이론은 그 승리를 완성하기 위한 경험적 증거를 제공하려 했고, 아인슈타인 또한 본인 스스로 "마흐의 원리(Mach's Principle)"라고 칭한 것을 증명하려 노력했다. 그러나 아인슈타인은 물론 아인슈타인 이후의 누구도 이 증거를 발견하는 데 성공하지 못했다. 증거를 발견하지 못한 이유가 마흐의 원리에 모순되는 것처럼 보이는 어떤 실험적 결과 때문이라면, 우리는 이에 상정되어 있는 공간 개념의 추상성을 살펴볼 필요가 있다.

마흐의 원리가 공간과 물질의 재결합을 함의하는 반면, 상대성이론이 채택한 수리적 공간 개념은 물질로부터 분리된 공간의 완전한 추상화를 상정한다. (실험의 중요성을 격하하려는 것은 결코 아니지만) 실험적 증거에 관계없이 물질현상과는 완전히 동떨어진 공간 개념을 가지고 시작하면서 물질과 관계된 공간의 상대성을 증명하는 결론을 얻기란 어렵다. 이렇듯 수리적 공간 개념을 당연한 것으로 이미 상정했기에 아인슈타인은 스스로 예견했던 위험, 즉 개념에 좌지우지되는 상황을 피할 수 없었다. 결국 아인슈타인은 마흐의 원리를 증명하지 못한 채로 일반상대성이론을 고집함으로써 기존의 철학 영역, 즉 존재론과 인식론의 구분으로 후퇴하고 말았다. 과학의 한계를 넘어서려던 급진주의가 재탕 보수주의로 급속히 대체되고 만 것이다. 아인슈타인이 취했던 입장을 요약하는 글에서 야머는 "물질이 계량적인 장(metrical field)에서 인식론적 기반을 제공해줄 수 있을지는 모르겠으나 존재론적으로도 우위에 있을 것이라는 보장은 없다"라고 기술했다.[12] 실제로 아인슈타인은 과학의 새로운 지평을 열기 위해 끊임없이 노력했지만, 그의 노력은 공간이 물질보다 우위에 있다는 뉴턴의 가정을 그대로 답습하는 것에 불과했다. 결국 상대성이론의 보편적 수용에도 불구하고 우리는 화이트헤드가 이야기한, 물질이 공간에 종속되어 있는 자연의 시공간으로의 환원에 머물러 있다. 혁명이 될 뻔했던 공간과 물질의 재조합은 개념적 추상화의 산물인 전통 철학의 가정과 구분들에 의해 저지당했으며 라이헨바흐가 찾아낸 변증은 여전히 역사적인 미완으로 남아 있다.

살펴볼 세 번째 줄기는 공간 개념 발전의 물질적 기반이다. 라이헨바흐의 헤겔적 변증 또한 물질에 바탕을 두고 있다. 공간 개념은 결국 사회적 산물이다. 뉴턴은 "기하학은 기계적 실행에 근거해, 측정의 기술을 정확하게 제시하고 검증하는 보편적 기계학의 일부에 불과하다"라고 분명히 말한다.[13] 비유클리드 기하학이 뉴턴 이후의 시대에서 물리학의 기초가 된 것과 마찬가지로, 뉴턴이 고수한 유클리드 기하학은 초기 그리스 시대 실질적 인간 행위의 산물이었다. 카를 프리드리히 가우스(Carl Friedrich Gaus)가 리만에게 미친 영향과 수리적 공간에 관한 근대적 사고에 미친 영향을 고찰하면서, 야머는 이러한 물질적 기반의

---

12 Jammer, *Concepts of Space*, p. 198. 아인슈타인의 입장을 거의 동일하게 대변하는 견해에 관해서는 Adolf Grunbaum, *Space and Time*, p. 421 참조. 인식론적·존재론적 우위가 다르다는 것, 심지어 정반대라는 것은 무엇을 뜻하는가? 단순히 우리가 실재라고 아는 것이 (그것이 어떻게 알려질지언정) 실제로 실재인 것과 다르다는 것을 의미하는가?

13 Jammer, *Concepts of Space*, p. 96에서 인용. 기하학은 종종 공간 구조와 혼동되는데 두 용어의 차이를 명확히 할 필요가 있다. 근대적 개념에 따르면, 기하학은 독립적인 개념적 시스템이 아니라, 실재적인 물질 사물과 사건이 결합된 추상화를 뜻한다. 따라서 기하학 용어는 선, 점, 고체, 표면 같은 것이다. 공간 구조를 묘사하는 언어로서의 기하학은 추상적이기는 해도 물질성에 대한 일부 준거를 존속한다. 추상화의 정도가 강해질수록 유클리드 기하학의 배타성은 n차원에서 이루어지는 더욱 추상적인 기하학의 다중성으로 치환된다. 그럼에도 공간 구조는 언제나 물질 사물과 사건의 질서와 배치를 나타내며, 기하학은 그러한 구조를 묘사하는 데 사용되는 추상화된 언어, 또는 그러한 언어의 집합을 뜻한다. 같은 책, pp. 162~176 참조.

중요성을 분명히 하고자 했다. "고대 기하학이 토지측량의 실질적 필요에서 기원한 것과 마찬가지로, 역사적 관점에서 우리는 공간에 관한 추상적 이론의 존재가 측지학에 빚을 지고 있음을 다시 한번 확인하게 된다."[14]

이렇듯 공간 개념의 질적 발전뿐 아니라, 꾸준히 진행되는 추상화 또한 물질적 기반을 가지고 있다. 레텔은 직접 행위가 배제된 개념으로 공간을 추상화하는 작업은 상품 교환의 발달과 긴밀한 연관이 있다고 주장했다. 교환 행위에 내재된, 사용과 물질성으로부터의 상품의 추상화는 공간 내 직접적인 물질 존재로부터의 공간의 추상화를 가능하게 한다.

> 상품 교환의 영향으로 추상화된 시간과 공간은 가시적이든 비가시적이든(예컨대 공기) 모든 자연적·물질적 내용물을 동질성, 연속성, 그리고 텅 빔으로 특징지운다. 교환의 추상화는 인간사든 자연사든 역사를 만들어내는 모든 것을 배제시킨다. … 시간과 공간은 이로써 절대적인 역사적 영원성과 보편성의 속성을 지니게 되는데, 이는 교환을 전체 또는 개별적 차원에서 추상화한다.[15]

공간 개념 발전의 물질적 기반에 관한 레텔의 설명이 옳다면, 그의 주장은 공간 개념이 시간개념보다 역사적 우위에 있다는 통찰을 제공한다.[16] 그러나 그의

---

14 같은 책, p. 162.

15 Sohn-Rethel, *Intellectual and Manual Labour*, pp. 48~49. 조지 톰슨(George Thomson)은 초기 그리스의 원류 화폐경제로부터 공간 개념을 추적함으로써 이러한 주장의 초기 버전을 제공한다. George Thomson, *The First Philosophers*(London, 1972 edn) 참조. 이 관점에 관한 절대적인 역사적 합의는 존재하지 않으나, 중요한 것은 서로 다른 시대의 차이점을 식별하는 주장이 이러한 종류를 추상화하는 촉매제로서 서로 다른 사회들 간의 교류에 주목한다는 것이다. 일례로 바빌론에 관해서는 다음을 참조. Otto Neugebauer, "Vorgriechische Mathematik," *Vorlesungen über die Geschichte der antiken Mathematischen Wissenschaften*(Berlin, 1934).

16 공교롭게도 이러한 분석은 시간에 따른 개념인 공간이 역사적으로 우선한다는 단서를 제공한

주장에서 더욱 중요한 논지는, 우리의 공간 개념이 역사적으로 변화할 뿐 아니라 공간에 대한 우리의 태도나 경험의 변화에 따라서도 발전한다는 사실이다. 인간과 자연의 관계가 역사적으로 발전하는 것과 같이, 인간 행위의 공간적 차원 또한 역사적으로 변화하며 이에 따라 우리의 공간 개념도 달라진다. 자본주의하에서 상품으로서의 공간이 어떻게 다뤄져왔는지 살펴보기에 앞서, 지금까지 펼친 주장을 마무리하면서 과학에서 다루는 물리공간에서 지리공간으로 옮겨가보자.

절대공간의 사례에서 보듯 늦어도 뉴턴의 시대부터 공간에 대한 과학적 개념은 좀 더 넓은 의미인 사회적 공간 개념에 지대한 영향을 끼쳐왔다. 그런데 현존하는 사회공간 개념은 수리물리학에서 말하는 추상적인 n차원 공간과 아무런 유사성을 가지고 있지 않다. 역사적 관계성이야 어떻든 오늘날의 사회공간은 과학에서 다루는 공간과는 상당한 차이를 보인다. 과학에서의 공간은 사회적 행위나 사건과 동떨어진 온전한 추상화를 추구하는 반면, 사회공간은 사회적 행위가 벌어지는 장으로 간주된다. 상술한 바와 같이 독립된 사회공간이 출현할 수 있게 된 개념적 기반은 분명 뉴턴이 절대공간으로부터 상대공간을 분리시킨 덕분이다. 뉴턴의 절대공간 덕분에 한편으로는 물리적·생물학적·지리학적 현상의 세계가 물리공간의 자연적 기반으로, 다른 한편으로는 사회공간이 절대공간 내에 존재하는 순수한 상대공간으로 다뤄지게 되었다. 사회공간의 상대성은 사회 내에 존재하는 특별한 사회적 관계에 따라 결정된다.

다. 사용을 위한 생산에서 교환을 위한 생산으로의 전환은 생산과 순환에서 시간적 체제의 변화를 전혀 필요로 하지 않는 반면, 공간적 체제에 있어서는 분명한 변화를 수반한다. 하나의 공동체에 의해 주어진 공간 내에서 생산되고 소비되던 사물이 경계를 벗어나 교환된다. 소비의 시간성은 방해받지 않은 채 남아 있더라도 소비의 공간성은 불가피하게, 그리고 명백하게 전환된다. 생산과 소비의 사회적 분리는 곧 공간적 분리이다. 즉, 생산의 공간이 소비의 공간으로부터 분리되는 것이다. 이와 유사한 형태인 시간의 분리는 교환관계가 생산의 영역으로 돌아가면서 작업 과정의 시간적 체계를 흔드는 상품 교환의 후기 단계에 이르러서야 비로소 발생한다.

물리공간과 사회공간이 분리되는 물질적 기반은 일차적 자연으로부터 파생되는 이차적 자연에 있다. 사회공간이 물리공간으로부터 완전히 구분되기에 앞서, 사회가 자연으로부터 실질적으로 분리되어야 한다. 절대적 물리공간은 일차적 자연을 뜻하는 자연공간과 연관되어 있는데 이때 물리공간과 자연공간은 분리가 불가능하다. 반면 사회공간이라는 개념은 자연공간이라는 기준에서 점차 멀어지면서 추상화된다. 자연철학이 철학의 전문 분야로 발전해온 한편, 자연경제는 애덤 스미스를 비롯한 이들이 제창한 고전 정치경제학의 일부로 발전해왔다. 자연공간과 사회공간의 철학적 구분이 칸트까지 거슬러 올라가고, 18세기 및 19세기 초의 고전 경제학이 최초로 사회공간을 실질적으로 인정했다고 하지만, 정식으로 제도화된 사회공간 개념은 19세기 말까지도 분명하지 않았다. 에밀 뒤르켐(Emile Durkheim)은 '사회공간' 용어의 창시자로 대중에게 알려져 있다. 1890년대 뒤르켐은 사회공간이 "실질적" 공간과는 상당한 차이가 있는 분리된 개념이라고 조심스럽게 주장했는데 여기서 실질적 공간이란 물리공간을 뜻하며,[17] 사회공간은 온전히 메타포적 의의로서의 공간으로 보인다. 수리공간이 자연현상의 절대적인 장의 표상이 된 것처럼, 사회공간은 인간에 의해 구성된 사회적 사건들의 절대적인 장이며 여러 방식으로 정의된다. 이를테면 노동계급이나 임금노동 관계처럼, 어떤 대상이나 관계는 충분히 실질적일 수 있지만, 이를 사회공간 내에 어떤 지점으로 위치 짓는 것은 물리공간이나 자연공간에서 이들의 위치와는 아무런 관계가 없다.

지리공간은 다르다. 지리공간이 아무리 사회적이어도, 이는 분명 물리적이다. 지리공간은 도시, 평원, 도로, 허리케인, 공장 등의 물리공간이다. 물리공간은 절대공간적 개념으로의 자연공간과 더 이상 동일시될 수 없다. 물리공간이

---

[17] Emile Durkheim, *The Division of Labour in Society* (Glencoe, Ill., 1947 edn); Anne Buttimer, "Social Space in Interdisciplinary Perspective," *Geographical Review* 59(1969), pp. 417~426.

그 정의상 사회적일 수 있기 때문이다. 자연공간과 물리공간의 차이는 이렇듯 지리공간의 논의에서 출현한다. 지리학은 일차적 자연으로서의 자연공간과 더불어 일반 물리공간을 다뤄야 한다. 대부분의 사회과학은 그 연구 대상이 사회공간의 범주와 맞아떨어지기에 물리공간을 우연히 주어진 외부적인 것으로 간주해 분석할 수 있었고, 따라서 물리공간으로부터 연구 대상을 추상화할 수 있었다. 그러나 지리학은 분명 이러한 사치를 누리지 못했으며, 최근 몇 년만 보더라도 물리공간과 사회공간 간의 명백한 모순 및 일반 물리공간에서 내부적으로 차별화되는 자연공간의 문제를 정면으로 다뤄야 했다. 지리학자들이 절대적 자연공간 내에서 사회적으로 상대적이며, 사회적으로 결정된 경제 입지의 유형과 과정을 알아내려 할수록 자연공간과 사회공간의 관계가 더욱 문제를 일으키고 물리공간의 의미 또한 더욱 모호해진 까닭에 공간과 사회의 미성숙한 초기 이원론은 점차 뚜렷한 관심 주제가 되었다. 이러한 이원론은 초창기 경제지리학 연구 과정에 참여했던 많은 지리학자들에게는 아무런 문제도 되지 않았다. 도리어 이들의 방법론적 실증주의는 객체-주체, 사실-가치, 자연-사회 등과 같은 철학적 이원론에 기반을 두었다. 이들에게 공간의 절대적 존재와 경제 기준에 따른 공간의 사회적 이용 사이의 모순은 존재하지 않았다. 이들에게 있어 공간은 주어진 것이고 사회는 그것을 이용한다. 그리고 분리된 두 영역 사이에는 "상호작용(interaction)"이 있을 뿐이다.[18]

철저히 실증주의적인 패러다임에 뿌리를 둔 이러한 작업은 지리학의 연구 과제에 상대공간의 본격적인 등장을 알렸지만, 이는 뉴턴이 제시한 비전을 뒤집은 것이 아니라 완수했을 뿐이었다. 누구도 절대공간의 존재론적 우위를 부

---

18 Walter Christaller, *Central Places in Southern Germany* (Englewood Cliffs, N.J., 1966 edn); Bunge, *Theoretical Geography*; Haggett, *Locational Analysis*. 이러한 일반 경향에 대치되는 예외적 사례에 관한 문헌으로는 다음을 참조. August Losch, *The Economics of Location* (New Haven, 1954).

인하지 않았고, 나아가 경제공간은 절대공간의 파생물이자 절대공간의 온전히 상대적인 부분집합으로 간주되었기 때문이다. 그러나 이러한 지리공간의 상대화가 충분하지 않다고 생각한 이들이 있었다. 1960년대에 발생한 도시 폭동은 도시 사회공간의 형태와 발전에 대한 관심을 불러일으켰다. 폭동은 도시 사회를 다루는 기존의 방식에 대한 급진적 비판론을 낳았다. 비판론에는 여러 계파가 있는데, 현재 맥락에서 가장 두드러지는 계파는 둘이다. 두 계파는 모두 후기 실증주의 지리학 이론의 발전이라는 보다 광범위한 프로젝트의 맥락에서 공간과 사회의 이원성을 비판했다. 첫 번째 계파는 인본주의 지리학이다. 인본주의 지리학은 사회공간 개념을 지리학에 소개하는 데 가장 큰 공헌을 했다. 현상학을 발판으로 명성을 얻은 인본주의 전통은 실증주의 과학이 고수하는 객관성의 배타성과 허세를 거부했으며, 주관적인 방식으로의 앎에 대한 중요성을 강조했다. 인본주의 지리학에서 지리공간은 단순한 객관적 구조가 아니라 사회적 의미의 층위가 중첩된 사회적 경험을 의미했다. 즉, 객관적 공간은 공간에 관한 여러 사회적 개념 중 하나에 불과했다. 인본주의 지리학은 물리공간이나 객관적 공간이 아닌 "사회공간"을 연구 대상으로 삼았다. 뒤르켐이 최초로 제시했던 사회공간 개념은 그것이 명백히 지리적이라는 전제하에 받아들여졌는데, 이때의 "사회공간"은 아이러니하게도 본래의 사회공간 개념이 만들어낸 이원론을 공격하는 데 사용되었다.[19]

---

19 사회공간에 관한 지리적 이론을 발전시켜온 근래의 인물 가운데 한 명으로 프랑스 지리학자 막시밀리앙 소르(Maximilien Sorre)가 있다. 그의 작업은 앤 버티머(Anne Buttimer)의 『사회공간(Social Space)』에서 영어로 소개되었다. 앤 버티머의 사회지리학 입문서에 관해서는 Anne Buttimer, *International Encyclopedia of the Social Sciences* 6(New York, 1968), pp. 139~142 참조. 인본주의적 전통을 다룬 문헌에 관해서는 David Ley and Marvin Samuels, *Humanistic Geography*(Chicago, 1978) 참조. 간결한 비평에 관해서는 Neil Smith, "Geography, Science, and Post-Positivist Modes of Explanation," *Progress in Human Geography* 3(1979), pp. 356~383 참조.

공간과 사회에 관한 문제의 지평을 확대한 두 번째 계파는 급진적 정치 전통이다. 이 전통은 본래 1960년대 후반과 1970년대 초반에 만연했던 정치 운동에 뿌리를 내렸다가 점차 마르크스주의에 고취된 여러 이론적 전통에 바탕을 두게 되었다. 급진적 정치 전통은 지리공간을 객관적인 동시에 사회적인 힘의 산물로 설명하는 데 관심을 두었다. 각각의 사회는 서로 다른 방식으로 공간을 이용하고 조직한다. 그 결과 지리적 양식은 공간을 사용하고 조직하는 특정 사회의 선명한 표식을 담는다. 예를 들면 자본주의사회의 공간적 형태는 봉건시대 도시와 상당한 차이가 있다. 하비는 물리적인 도시공간의 역사적 상대성에 대해 상징적으로 서술한 바 있다. "(교회권력의 시대에 탄생한) 옥스퍼드에서 교회와 성당의 첨탑이 꿈을 꾸는 것은 우연이 아니다[시인 매튜 아놀드(Matthew Arnold)는 옥스퍼드를 "꿈꾸는 첨탑들의 도시"라고 불렀다 — 옮긴이]. 마찬가지로 독점자본주의 시대의 맨해튼을 품고 있는 것은 크라이슬러 빌딩과 체이스-맨해튼 은행 빌딩이다."[20] 즉, 공간과 사회는 단순히 "상호작용"을 하는 것이 아니다. (자본축적이라는) 특정한 역사적 논리가 공간과 사회의 역사적 변증을 이끌어내는 것이다.

오늘날 우리가 사용하는 지리공간 개념은 이러한 후기 실증주의 전통의 산물로 이전보다 훨씬 정교하다. 그러나 실상 우리는 이원론 해체의 첫걸음을 겨우 떼었을 뿐이다. 우리는 공간과 사회의 통합성을 인지하고 주장하게 되었다. 그러나 우리의 공간 개념을 실질적으로 바꾸지 않는 한, 이러한 주장을 입증해야 하는 다음 단계로 나아가기란 매우 어렵다. 공간과 사회가 "상호작용"하거나, 공간 양식이 사회구조를 "반영"하는 수준에 불과한 사고는 그 구성 자체가

---

20 Harvey, *Social Justice*, p. 32; "The Geography of Capitalist Accumulation: A Reconstruction of the Marxian Theory," *Antipode* 7(2)(1975), pp. 9~21[reprinted in R. Peet(ed.), *Radical Geography*(Chicago, 1977), pp. 263~292]; "The Urban Process Under Capitalism: A Framework for Analysis," *International Journal of Urban and Regional Research*, 2(1978), pp. 101~131.

조악하고 기계적일 뿐 아니라 지리공간에 관한 통찰력을 발전시켜가는 데 도리어 방해가 된다. 이는 근본적으로 공간과 사회의 관계에 대한 우리의 관점이 절대적 공간 개념에 매여 있기 때문이다. 공간과 사회를 서로 분리되어 있는 존재로 정의하는 이상, 이 둘은 그저 상호작용하거나 서로를 반영하는 수준에 머물 수밖에 없다. 또한 우리가 단지 이 문제를 인지한다고 해서 이원론이 가져다주는 개념적 유산의 부담에서 저절로 벗어날 수 있는 것도 아니다. 우리의 의도와 관계없이, 공간과 사회에 대한 암묵적인 이원론적 개념에서 출발해 이들의 통합성을 입증해내기란 어려운 일이다. 이원론은 그것을 몰아내기 위해 노력한 후기 실증주의 전통 내에서 갖가지 다른 형태로 살아남았다.[21] 이제 우리는 다음 단계로 나아가기 위해 "공간의 생산" 개념을 살펴보고자 한다. 이를 통해 공간과 사회의 통합성을 단순히 주장하지 않고 입증해보려 한다.

마르크스는 "이론을 신비주의로 이끄는 모든 신비는 인간의 실천과 그 실천의 이해를 통해 합리적 해결책을 얻는다"[22]라고 말했다. "공간의 생산"은 인간의 실천과 공간을 공간 "그 자체"의 개념적 차원에서 결합시킨다. 지리공간을 사회의 산물로 보는 시각에서 사회로부터 추상화된 지리공간이란 철학적으로 수족

---

21 인본주의적 전통에서 색은 "객관적" 공간과 "주관적" 공간을 완전히 분리해서 다루었다. 그보다 일반적인 비평에 관해서는 Richard Bernstein, *The Restructuring of Social and Political Theory*(Oxford, 1976), part III, p. 232 참조. 리처드 피트(Richard Feet)는 마르크스주의 방법론으로 "공간적 변증법"을 발전시키고 이원론의 회복력에 대해 다루었다. 다음 글을 참고하기 바란다. "Spatial Dialectics and Marxist Geography," *Progress in Human Geography*, 5 (1981), pp. 105~110. 다른 비평에 관해서는 Neil Smith, "Degeneracy in Theory and Practice: Spatial Interactionism and Radical Eclecticism," *Progress in Human Geography* 5(1981), pp. 111~118 참조. 존 레텔에 따르면, "꺾이지 않는 이원론"은 "이원론을 제거하기 위해 노력한 저명한 후기 칸트주의자의 작업보다 자본주의의 실체를 더 충실히 반영한다. … 어떻게 부르주아 세상의 진리를 이원론 외의 것으로 표현할 수 있겠는가?" 이론이란 이러한 실체를 수용하는 동시에 그것을 바꾸려는 노력으로 기능해야 한다. Sohn-Rethel, *Intellectual and Manual Labour*, p. 15.
22 Eighth Thesis on Feuerbach, *German Ideology*, p. 121.

이 절단당한 존재나 다름없다. 공간의 상대성은 철학적 의제가 아닌 사회적·역사적 실천의 산물이다. 마찬가지로 지리공간의 통합성 또한 철학적 산물이 아닌 사회적 산물이다.[23] 여기서는 공간의 직접적인 물리적 생산에 주목하지만, 공간의 생산 개념은 물리적 생산과 불가분의 관계인 공간의 의미, 공간의 개념, 그리고 공간 의식의 생산을 포괄한다. 공간의 생산 가설은 라이헨바흐의 헤겔식 변증을 한걸음 더 나아가게 한다. 공간의 개념적 추상화를 가능하게 하는 행위자인 인간의 실천이 공간의 생산 개념 자체에 이미 탑재되어 있기 때문이다. 이 과정에서 헤겔뿐 아니라 아리스토텔레스도 비판을 받는데, 이는 그들의 철학적 오류 때문이 아니라 그것이 역사적 진화의 결과이기 때문이다. 공간은 더이상 "물질의 우연"이 아니다. 물질적 생산의 직접적인 결과물이다.

2. 공간과 역사

우리는 초기 인류 사회가 장소와 사회를 구분하지 않았다는 사실을 이미 살펴보았다. 즉각적인 경험을 통해 볼 때 모든 장소는 이미 사회적인 의미로 채워져 있다. 장소를 넘어서는 추상공간 혹은 사회를 넘어서는 장소는 존재하지 않

---

23 마르크스는 과학의 합일성을 강조했다. "우리는 오직 하나의 과학, 즉 역사의 과학밖에 알지 못한다. 역사는 두 가지 측면, 자연의 역사와 인간의 역사로 나눌 수 있다. 이 둘은 분리가 불가능하다. 자연의 역사와 인간의 역사는 인간이 존재하는 한 상호 종속적이다 — Marx and Engels, *Feuerbach*(London, 1973), p. 15. 지리공간의 상대성에 관한 이러한 공식은 물리학에 상정되어 있는 공간의 상대성과 일치한다. 지리공간의 사회적 특성 외에 차이점으로 들 수 있는 것은 스케일뿐이다. 이로써 공간에 근거한, 더 근본적으로는 자연에 근거한 합일된 과학(unified science)의 가능성이 열린다. 여기서는 다루지 않지만 알튀세르의 철학과 연결되는 이 문제에 대해 더 알고 싶다면 내가 저술한 다음 글을 참고하기 바란다. Neil Smith, "Symptomatic Silence in Althusser: The Concept of Nature and the Unity of Science," *Science and Society*, 44(1)(1980), pp. 58~81.

는다. 장소와 사회는 하나의 통합체로 서로 녹아 있는데, 로버트 색은 이를 공간의 "원시적" 개념으로 정의한다.[24] 그런 사회는 자연공간을 점유한다. 이때의 자연공간이란 문자 그대로, 사회적이든 아니든 간에, 자연적 과정, 행동, 형태를 통해 창조된 공간을 의미한다. 장소 개념은 자연 상태 내에서 발전된 사회적 관계의 관점에서 다루어진다.

상품 교환을 기반으로 발전된 사회경제와 더불어 이차적 자연이 등장하면서, 장소와 자연의 통합성에 금이 가기 시작했다. 앞에서 살펴본 것처럼 이는 물리학이 채택한 점진적으로 추상화된 공간 개념의 기원이 되었다. 추상화는 색이 말하는 공간의 "문명화된" 개념의 특질이다. 이러한 공간 개념은 즉각적인 장소에 매이지 않는다. 그것은 즉각적인 장소로부터의 추상화, 즉각적인 경험을 넘어서는 공간 확대의 가능성을 내포한다. 결과적으로 공간과 사회의 개념적 융합은 깨지고, 공간은 독립적이고 개념적인 존재로 발전하기 시작한다. 이차적 자연의 발전은 공간의 개념적 발전뿐 아니라 사회적으로 생산되는 공간의 발전도 이끌어낸다. 사회적으로 생산되는 공간은 자연공간으로부터 파생된다. (그 모든 하나하나가 자연공간만큼이나 실질적이다.) 이것은 몇 가지 방식으로 설명될 수 있는데, 중세도시가 하나의 분명한 사례이다. 유클리드적 차원에서 도시 공용주택 1층부터 4층까지의 높이는 도시를 둘러싼 성벽 밖에 있는 숲의 나무 높이와 동일하다. 그런데 공용 주택의 층간 높이는 사회적 지위와 계급을 기준으로 측정될 수 있는 반면, 나무의 높이는 그렇게 측정될 수 없다. 이보다 더 원시적인 사례로 공적 공간과 사적 공간의 최초 분리를 들 수 있다. 두 공간의 분리는 우선 특정한 장소성의 관점에서 설명할 수 있다. 수렵이 이루어지거나 전쟁이 일어나는 장소는 곡식을 기르고 수확하거나 아이들을 양육하는 장소와 구

---

24 Sack, *Conceptions*, p. 170. 색은 "원시"라는 용어를 비하의 맥락이 아니라 역사적 우위를 내포하는 뜻에서 사용한다고 강조한다.

분된다. 그런데 이는 성별에 따른 분업이라는 사회적 관점으로도 분리할 수 있다. 일반적으로 남성이 전자의 공간을 통제하고 여성이 후자의 공간을 우선적으로 운영한다.[25]

이차적 자연의 등장과 더불어 사회와 공간의 개념적 분리가 발생한다. 사회 규칙은 최초로 비공간성을 띠게 된다. 즉, 공간과의 관계로부터 상당 부분 추상화된다. 인간의 생산 행위가 농업을 통해 토지에 매여 있을 때는 자연공간으로부터 분리되는 공간의 사회적 생산 범위에 제약이 있다. 그러나 산업 행위와 농업 행위의 분업이 이루어지면서, 어떤 생산 활동은 공간의 직접적인 제약에서 해방되며, 이러한 사회적 분업은 도시와 농촌의 공간적 분리에 잘 드러나 있다. 이때 도시 자체는 공간적으로 고정되어 있지만, 도시 내에서 발생하는 행위와 사회적 행위를 다스리는 규칙들에는 공간적 제약이 전혀 존재하지 않는다. 어떤 행위와 규칙은 도시 간에 보편적으로 적용되고, 같은 도시 내에서도 역사적 시기에 따라 서로 다른 규칙하에 서로 다른 행위가 발생하기도 한다. 그런데 여기에 발생기적(nascent) 모순이 존재한다. 초창기의 사회가 영속적인 공간적 뿌리를 내리려면, 즉 고정된 영토적 범위를 달성하려면 그 사회는 공간으로부터 스스로를 해방시킬 수 있는 수준까지 발전해야 한다.

발생기적 모순은 국가의 발생에서 더욱 확연하게 드러난다. 엥겔스는 초창기 국가에 두 가지 특징이 있다고 설명한다. 첫째, 초기 국가는 "더 이상 무장한 이들의 집단과 일치하지 않는 공적인 세력을 형성했다". 국가는 계급 격차 및 노예제, 사유재산, 여성 억압 등에 대한 직접적인 대응 과정에서 기원했다. 국가의 기능은 사회 "이상"의 무엇을 드러내는 동시에 지배계급의 입맛에 맞게 갈등을 중재하는 것이었다. 둘째, "최초로 [국가는] 공적 목적에 따라 친족 집단이 아니

---

25 *Origin*, pp. 33~34. 엘리너 리콕(Eleanor Leacock)이 쓴 서문도 참고할 만한다. 이러한 일반화가 갖고 있는 한계에 관해서는 다음을 참조. Nancy Tanner, *On Becoming Human*(New York, 1981).

라 거주의 공동 장소에 따라 사람을 분류했다. … 과거 종족 조직과는 대조적으로, 국가는 영토적 기반에서 그 구성원의 집단들에 의해 최초로 구분되었다". 혈통에 기반을 둔 과거 종족 조직은 더 이상 단일한 영토를 차지할 수 없었다. "영토는 그대로였으나 사람들이 이동하기 시작했다." 이로써 영토 통제에 바탕을 둔 새로운 사회 구분이 필요하게 되었다. "거주지에 기반을 둔 국가 시민 조직은 모든 국가에서 공통적으로 나타난다. … 친족 집단에의 소속이 아닌 거주지만이 국가 구성원의 결정적 기준이 되었다. 사람이 아닌 영토가 분류되기 시작했다. 거수자는 영토의 정치적 부속품으로 간주되었다."[26] 이렇듯 민족주의 혹은 여타 유형의 지역주의야말로 계급과 젠더에 의한 사회 구분 및 지배계급의 통치가 가능하게 되는 국가를 형성하는 역사적 뿌리이다.

초창기 국가는 이차적 자연의 가장 시의적절한 사회적 요소라 할 수 있는 자연으로부터의 실질적·사회적 추상화의 정점을 대표하지만 이는 명백히 관할 영토로 표현된다. 국가의 필요조건이라 할 수 있는 영토적 정의는 일견 지리공간과 사회의 연결 고리를 더욱 단단하게 하는 것으로 보일 수 있다. 그러나 실상은 그 반대이다. 국가가 만들어낸 복잡하고 번거로운 제도를 통해 어떤 사회가 특정 공간에 더욱 긴밀히 매이는 것은 사실이다. 그러나 국가는 민주주의, 자유, 도덕 권리 등 사회적 교류의 추상적 원칙들을 통해서만 사회를 통치하는 권위를 정의하고 정당화할 수 있다. 이러한 원칙들은 그 자체로 특정한 계급사회의 결과물이다. 경계가 뚜렷한 영토적 기반을 가진 국가라 할지라도, 그 국가의 기저를 이루는 사회 원칙은 대단히 유동적이다. 즉, 어떤 국가와 그 국가가 속한 사회는 이전보다 훨씬 깊은 공간적 뿌리를 내리고 있는 동시에 훨씬 더 이동성이 강하다. 철학적 추상화의 결과물인 정치와 경제원칙으로 무장한 국가는 영토를 확장할 수도 있고 축소시킬 수도 있으며, 아예 다른 곳으로 그 기반을 옮길 수도

---

26 *Origin*, pp. 176, 179, 229.

있다. 물론 그렇게 하려면 구체적으로 무기, 식량, 운송 수단 등을 보유해야 하며, 이것들은 경제 발전 수준에 의해 좌우된다. 핵심은 이것이다. 최초로 사회의 비공간적 개념화를 시사하는 추상적이자 비공간적인 이차적 자연(사회공간)은 국가에 대한 명백한 공간적 정의를 통해 가능해진다.

한편 공간은 사회 발전을 뒷받침하는 데 점점 더 중요한 역할을 하게 된다. 이차적 자연이 확대되고 이를 위한 경제적·사회적·기술적 수단의 발달과 더불어 소규모 지방도시국가가 확장하면서 좀 더 광대한 영토가 국가의 관할권에 포함된다. 그러나 이 과정에 절대적인 것은 아무것도 없다. 이 과정은 내부의 발전이나 외부와의 (경제적·군사적) 경쟁에 따른 산물이다. 도시국가는 결국 공국(duchy), 남국(barony), 왕국(kingdom) 등의 지역(regional) 국가에 속하거나, 이후에는 국민국가(nation state)에 종속된다. 색에 따르면, "사회와 장소의 기본적 융합이 절대국가, 그다음 근대 국민국가라는 더 넓은 지리적 규모로 옮겨감에 따라, 경제적 기능의 조정이 이루어졌다".[27] 시작은 미미했지만, 지구의 지리공간 전체는 이제 사회 확장의 일부로 분할되었다. 영토의 차별화와 세계시장의 보편화는 단일한 과정으로 진행된다. 지리적 확장은 사회의 확장 및 발전과 동일한 것으로 간주된다. 그런데 사회의 확장과 발전은 공간이 사회적으로 생산되는 바로 그 지리적 무대를 확장함으로써만 가능하므로, 지리학은 인류 진보의 최첨단에 놓여 있다.

한편 공간은 사회적 교류와는 더욱 관계없는 것으로 인식되기 시작한다. 경제적·기술적·정치적·문화적 관계가 발달하고 확장할수록, 이러한 관계를 다루는 제도적 기반 또한 복잡해지며 고유의 공간적 정의를 잃어버린다. 그러나 사회가 공간에서 해방될수록, 엄격한 의미에서 공간은 점차 더 상품화된다. 세계시장의 출현이 이러한 사회 프로젝트의 경계를 설정한다고 할 때, 자본주의

---

[27] Sack, *Conceptions*, p. 184.

는 그 경계의 내부를 채우려는 시도라 할 수 있다. 이 문제를 직접 다루기 전에, 우선 상품으로서의 공간에 관한 일반적 관점들을 제시해보고자 한다.

3. 공간과 자본

상품으로서의 공간

마르크스의 자본주의 분석은 비공간적이라는 오해가 널리 알려져 있다. 하지만 이는 전혀 옳지 않다. 마르크스의 분석에 내재된 활발한 공간적 함의가 거의 연구되지 않았다고 하는 편이 정확하다. 마르크스뿐만 아니라 그를 이은 마르크스주의 연구자들도 지리공간을 본격적으로 다루는 개념적 기반을 발전시키지 못한 것은 사실이다. 그런데 마르크스를 구체적으로 살펴보면 이는 그리 간단한 문제가 아니다. 『자본』에서 마르크스는 노동시간에 따른 가치의 평가, 잉여가치의 기원, 자본의 형태로 나타나는 가치의 축적 등 가치에 우선적인 관심을 두었다. 일반적으로 사람들은 마르크스가 이러한 논점을 이끌어내기 위해 상품의 사용가치로부터 추상화한 상품의 가치와 교환가치만이 중요하다고 주장한 것으로 가정하지만, 이 또한 오해이다. 오히려 마르크스는 자본에 관한 변증법적 분석을 발전시키는 과정에서 종종 사용가치의 영역으로 되돌아간다. 마르크스는 사용가치를 어떻게 정의했는가? 어떤 상품의 "기하학적, 화학적, 기타 자연적 물성"이 사용가치를 결정한다고 했다.[28] 공간의 과학적 개념화, 그리고 공간과 물질 사이의 관계에 관해 상술한 논의에서 보면, 처음부터 상품의 공간적 속성을 이러한 자연적 물성 가운데 하나, 즉 상품의 사용가치의 일부로 포함시키는 작업이 의미 있을 것이다. 실제로 마르크스가 공간에 대해 언급한 부분

---

28 *Capital*, 1, p. 37.

은 그가 사용가치를 자본주의 분석에 재통합하려는 주장을 펼칠 때가 대부분이다.[29] 적어도 하나의 구절에서 마르크스는 공간적 속성을 사용가치의 일부로 보는 관점을 명시적으로 설명한다. 마르크스는 사람이나 상품의 운송 과정에 있어 "노동대상에 물질적 변화, 즉 공간적 변화, 장소의 변화가 발생한다. … 노동대상의 공간적 존재가 변함에 따라 사용가치의 변화가 수반된다. 사용가치의 위치가 변하기 때문이다. 이러한 사용가치의 변화가 노동을 필요로 함에 따라, 교환가치도 동일한 양으로 증가한다"라고 말한다.[30]

이처럼 우리가 공간 관계를 사용가치의 속성으로 정의하면, 자연의 생산에서 공간의 생산으로의 단계적 전진 외에도 몇 가지 핵심적 통찰을 얻게 된다. 우선 하비가 언급한 바와 같이, 이는 다소 조잡했던 통합적 공간 개념에 견고한 이론적 기반을 제공한다. 자본주의적 생산양식에서 가치가 추상화된 노동의 보편적인 형태로 존재하려면 서로 다른 장소에 존재하는 서로 다른 구체적 노동과정이 시장으로 모여들어야 한다. 가치의 보편화를 가로막는 특정 노동과정의 사회적 고립을 해결하려면 우선 서로 다른 노동과정의 공간적 고립을 해결해야 한다. "상이한 위치에서 일어나는 상품생산을 교환을 통해 연결하는 공간적 통합"은 자본에 필수 불가결하다.[31] 하비의 시사점이 아마도 마르크스가 아래 문장에서 의도했던 바일 것이다.

구체 노동이 세계시장을 아우르는 서로 다른 노동 양식들의 총체성이 됨에 따라, 추상적인 부, 가치, 화폐와 그에 따른 추상 노동이 발전한다. 자본주의적 생산은 생산물에 체현된 노동의 가치 또는 그 노동의 사회적 노동으로의 전환에 의존한다. 그러나 이는 해외무역과 세계시장의 존재하에서만 [가능하다]. 이는 자본주의 생

---

29 상품으로서의 공간에 관한 논의는 다음을 참조. Harvey, *Limits*, pp. 337~339, 375~380.
30 *Surplus Value*, 1, p. 412.
31 *Limits*, pp. 375~376.

산의 전제조건인 동시에 자본주의 생산의 결과이기도 하다.[32]

따라서 마르크스가 사용가치의 척도로 공간에 대해 가장 직접적으로 언급한 구절이 상품 교환과 관련한 논의인 것은 우연이 아니다.

마르크스가 주장한 맥락에서 절대공간과 상대공간의 개념을 분석하면 또 다른 중요한 시사점이 나타난다. 우리가 구체적 노동과정에 집중할 때 우리의 공간 개념은 절대적일 수밖에 없다. 노동의 특수성은 그 노동이 가진 공간적 속성의 특수성을 내포하기 때문이다. 그러나 추상 노동에서의 상황은 다르다. 추상 노동의 가치 실현은 상품 교환, 화폐 관계, 신용 관리, 노동의 이동성을 아우르는 공간적으로 통합된 체계를 함의한다. 이를 위해서는 구체적인 생산이 일어나는 각각의 장소들 간에 구체적인 운송과 소통의 연결 고리가 갖추어져야 하고, 공간을 절대적일 뿐만 아니라 상대적인 관점에서도 개념화할 수 있어야 한다. 예를 들어 이전까지 고립되어 있던 생산 장소를 국가 혹은 국가 경제로 통합하는 작업은 그 장소의 절대위치를 변화시키지 못하지만, 상대위치를 바꾸는 과정에서의 공간적 통합 행위는 추상 노동의 가치 실현을 도모한다.

이는 그저 개념의 차이가 아니라 역사적으로 구분되는 차이로, 여기서 우리는 상당히 추상적으로 상술했던 결론에 대한 확신을 얻게 된다. 우리는 이미 마르크스를 통해 자본주의의 역사적 발전이 추상 노동의 형태로 가치가 점진적으로 보편화되는 과정을 수반한다는 사실을 알고 있다. 이는 운송망의 발달을 통한 지리공간의 생산뿐 아니라 절대공간이 상대공간으로 끊임없이 통합되고 변환되는 과정을 포함한다. 즉, 절대공간은 상대공간의 생산을 위한 원자재이다. 나아가 역사적 관점에서 살펴볼 때 지리공간의 상대성을 결정하는 사회적 요소들이 분명해진다. 그것은 아인슈타인도 아니고, 지리공간의 상대성을 최종적으

---

32 *Surplus Value*, 3, p. 253.

로 결정하는 물리학이나 철학도 아니다. 그것은 바로 자본축적의 실질적 과정이다.

공간과 자본에 관한 좀 더 면밀한 분석에 앞서 공간적 속성, 공간 관계, 그리고 총체로서의 지리공간이 무엇을 의미하는지 명확히 할 필요가 있다. 우선 사용가치가 발생하는 형태, 즉 1차원, 2차원, 3차원에서 사용가치의 공간적 확대와 그 결과로 만들어지는 모양은 사용가치의 공간적 속성을 구성한다. 그러나 공간적 속성은 어떤 상품의 사용가치를 결정하는 상품의 내재적 본질만을 의미하지 않는다. 오히려 하나의 대상과 다른 대상, 사건, 그리고 행위 간의 관계에서의 상대적 유용성이라고 할 수 있다. 사용가치란 무엇보다 관계를 뜻하며, 공간 관계는 특정한 사용가치를 결정하는 관계의 일부이다. 이는 개별 상품 단위에서만 적용되지 않는다. 예를 들어 주택의 사용가치는 피트와 인치로 규정되는 주택의 규모뿐 아니라 내부 디자인, 교통 접근성, 하수 설비, 직장, 공공서비스 등에 의해 결정된다. 우리는 이를 도시나 지역과 같은 복합적 상품의 유형을 결정하는 특정한 공간 관계에서도 적용할 수 있다. 절대공간이든 상대공간이든, 위치 분석의 근간에 놓이는 것은 공간 관계이다. 절대위치는 단순히 거리를 결정하는 사회적 요소들로부터 추상화되는 상대위치의 특수한 경우에 불과하다. 반면 총체로서의 지리공간은 다르다. 지리공간은 그 자체로 생산양식의 구조와 발전을 표현하는 어느 정도 인식 가능한 패턴들로 조직된 공간 관계들의 총체이다. 지리공간은 그 부분들을 구성하는 개별 관계들의 단순 합을 넘어선다. 따라서 세계를 저발전된 세계와 발전된 세계로 구분하는 작업은, 비록 부정확할지라도 오직 총체로서의 지리공간 관점에서 이해될 수 있다. 그 작업은 자본 - 노동 관계의 표현으로서 지리공간의 패턴화를 수반한다. 마찬가지로 특정한 공간 관계가 아닌 총체로서의 지리공간을 살펴볼 때에야 비로소 공간적 통합을 가치의 보편성의 표현으로 이해할 수 있다.

공간의 현대사

자본주의의 성공적 발전을 위해서는 세계적 규모에서 조직되는 상품 시장이 필수적이다. 이를 위해 자본주의는 이전 사회로부터 이어받은 세계적 규모에서 운용되는 순환 양식만큼이나 보편적인 생산양식을 만들어내야 한다. 축적을 위한 축적과 경제 확장이라는 내재적 필요는 임금노동 영역을 공간적으로, 사회적으로 확장시켜간다. 세계시장의 통합에 기여한 대항해(大航海) 탐사 과정은 식민주의 과정에 묻혀 빛이 바랬는데, 식민주의는 자본주의 이전 사회를 세계 시장으로 편입시켰을 뿐 아니라 궁극적으로 그 사회에 구체적인 자본주의적 임금-노동 관계를 도입했다. 자본주의 세계시장에 도움을 주는 방향으로 노예제를 존속하거나 자본주의 이전의 생산관계를 보존하는 등의 유의미한 예외를 제외하면, 임금노동은 점차적으로 보편화되었다. 자본주의하 임금-노동 관계의 보편성은 노동계급과 자본을 절대공간의 내재적 구속에서 해방시킨다. 봉건사회하에서 농노는 영지에 묶여 있었고, 이에 따라 계급 관계의 규정은 농노가 노동하는 절대공간의 규정과 결부되어 있었다. 농노제로부터의 해방은 영주의 토지에서 도망쳐 1년 이상 도시 성내에서 거주하는 방식으로만 가능했다. 자본주의하의 임금노동자는 그렇지 않다. 임금노동자는 이중의 자유로 정의된다. 상품으로서 자신의 노동력을 판매할 자유와 생산수단의 소유 또는 생존을 위해 필요한 생계로부터의 자유가 그것이다. 따라서 임금노동자에게는 이동의 자유가 주어지는데, 사실 대개의 경우 이들은 농촌에서 생계 수단을 박탈당한 까닭에 도시로 이동할 수밖에 없었다.

사회 발전이 공간으로부터 점진적 해방을 이뤄낸 동시에 공간적 고정성이 점차적으로 사회 발전의 필수 토대가 되었다고 상술했던 모순을 이제 면밀히 검토해보자. 자본에 내재된 경향인 임금노동의 보편화 및 그와 더불어 진행되는 가치의 보편화는 우리가 위에서 명명했던 "자연공간", 즉 이전 시대로부터 승계된 절대공간으로부터 사회적 관계와 제도를 해방하는 방향으로 가차 없이 나아간다. 자본 유동성, 그리고 그보다 낮은 수준의 노동 유동성은 이러한 필요성을 명시적으로 나타낸다. 오늘날은 버튼을 한 번 누르는 것만으로 5억 달러를 싱가포르, 런던을 거쳐 바하마로 날아가게 할 수 있다. 마치 이들 사이에 물리적인 거리가 존재하지 않는 것처럼 말이다.[33] 그러나 자연공간으로부터의 해방은 상대공간을 생산해내야 하는 필요를 더욱 고조시킨다. 가치의 보편화를 이루기 위해서는 운송 비용과 운송 시간을 최소화해야 한다. 생산 장소와 소비 장소 간의 상대거리와 이 거리를 극복하기 위한 수단, 즉 상대위치는 자본축적 및 이동해야 할 상품, 통신, 신용의 발달과 비례해 더욱 중요해진다. 마찬가지로 생산과정의 규모가 생산력 발달과 함께 증대됨에 따라 점점 더 많은 노동자가 작업장에서 더 가깝게 공간적으로 집중되어야 한다. 이러한 노동자의 배치는 노골적으로 자본에 정치적인 혜택을 가져다주는 동시에 노동자가 일터로 가는 여정을 최소한으로 줄이고 낮은 수준으로 임금을 유지할 수 있게 해준다. 즉, 자본은 상대공간의 생산에 동시적으로 관여할 때만 자연공간으로부터 사회적으로 해방될 수 있다.

영토로 표현되는 지리공간은 사회 발전의 부속물이다. 어떤 일이 "공간 안에서" 일어난다는 관념은 사고뿐 아니라 언어적 관습이기도 하다. 절대적이며 자연적인 공간에 호소한다는 측면에서 이런 관념은 시대착오적이고 과거지향적이며 공간의 비판적 이해에 걸림돌이 된다. 사회는 더 이상 공간을 무엇을 담는 그릇으로만 간주하지 않고, 도리어 공간을 생산해낸다. 다시 말해 우리는 공간 "안"에서 삶을 영위하고 행동하고 노동하는 만큼이나, 살고 행동하고 일하면서 공간을 생산해낸다.

자본은 절대공간을 완전히 제거하지 못하며, 사실 그런 노력조차 하지 않는다. 자본은 자연공간으로부터 자신을 해방시키고자 하지만, 그것은 더 광범위

---

[33] 자본의 다양한 형태에 따른 차별적 유동성에 관한 통찰력 있는 논의로는 다음을 참조. Harvey, *Limits*, pp. 376~395.

한 상대공간의 생산의 일부로서 스스로의 절대공간을 생산함으로써만 가능하다. 아인슈타인 이후의 뉴턴적 공간처럼 우선순위가 뒤바뀌어, 절대공간은 상대적인 우주의 특별한 경우가 된다. 핵심은 오늘날 지리학적 관점에서 절대공간이 생겨나는 장소가 인간 행위의 산물이라는 것이다. 즉, 공간의 절대성이란 자연공간의 특징이 아닌 사회적 산물이다. 자본주의로의 전환 과정에서 발생하는 인클로저(Enclosure)는 절대공간의 역사적 창출을 대표한다. 자본주의가 확장해가면서 지구는 실질적이거나 가상의 울타리에 의해 법적으로 구별되는 구획으로 나누어신다. 또 다른 규모에서 오늘날 세계는 160개 혹은 그 이상의 개별 국민국가로 나누어져 있는데, 이는 자본의 필수 요소인 사적 소유의 지리적 분할이라고도 할 수 있다. 지리학자들은 전통적으로 고수해온 경계에 관한 관심과 지도학적 기술을 통해 세계를 다수의 절대공간으로 구분하는 데 앞장서왔다. 특히 영국의 지리학파는 전문직으로서 자신들의 존재를 구축하는 데 이러한 작업에 많은 빛을 지고 있다.

자본주의가 특정한 절대공간을 생산한다는 사실이 비록 명시적으로 언급되지는 않았지만, 이에 관한 암묵적 인식은 공간을 생산수단으로 다루는 일부 마르크스주의자들의 최근 시도들에서 의심할 바 없이 나타난다. 이러한 정의는 공간을 마르크스주의 이론의 중심으로 통합하는 시도로 가치가 있다. 지리공간이 생산수단으로 기능함을 보여주는 가장 대표적인 사례로 운송 산업을 들 수 있다. 운송 산업의 생산수단은 출발지와 목적지 간의 거리이다. 보편적 생산수단으로서의 자연을 기술한 마르크스의 비유를 바꾸어 표현하자면, 그 누구도 지금껏 위치를 변화시키지 않은 채 상품 혹은 어떤 대상을 한곳에서 다른 곳으로 이동하는 기술을 발견하지 못했다. 어떤 방식으로 측정되든, 절대적이든 상대적이든, 출발지에서 목적지까지의 순수한 공간적 거리는 운송 산업의 생산수단 중 하나이며, 더 구체적으로는 원자재라고 할 수 있다. 운송과 통신수단의 발달에 따라 지리공간은 생산수단으로서 경제에 더욱 편입된다.

전반적인 산업 생산에서 공간은 좀 더 보편적인 방식을 통해 생산수단으로 기능한다. 엄밀한 의미에서 토지는 노동이 토지를 경작하는 이상 농업이나 몇몇 광물 채취 활동에서만 생산수단으로 기능하며, 기타 산업에서는 생산과정의 조건에 불과하다. 그러나 더 일반적 차원에서 토지의 공간 규모 및 토지의 질적 유형은 직접 생산에서 생산수단을 구성하는 하나의 요소이다. 이와 관련해 마르크스는 다음과 같이 설명했다.

광의의 의미에서의 노동수단이란 노동대상에 대한 노동의 작용을 직접 매개하고 그럼으로써 여러 방식으로 노동 활동의 전도체 역할을 하는 사물들 외에도, 노동과정을 지속하는 데 필요한 모든 것을 포함한다고 할 수 있다. 그것들은 노동과정에 직접 들어가지 않지만 그것들 없이는 노동과정이 전혀 수행될 수 없거나 또는 매우 부분적으로만 수행된다. 우리는 다시 한번 토지가 이러한 류의 보편적 노동수단임을 알게 된다. 왜냐하면 토지는 노동자가 서 있는 장소, 그리고 그의 활동이 수행되는 장을 제공하기 때문이다.[34]

활동이 수행되는 공간적 장은 주체, 대상, 노동 도구에 의해 점유되는 직접적 공간과 함께 창고 등과 같은 물질적 요건도 포함한다. 생산수단으로서 지리공간의 중요성은 제철소나 자동차 조립 공장 등에서 소비되는 공간을 제빵소나 발전소 등에서 소비되는 공간과 서로 비교함으로써 구체적으로 설명될 수 있다. 서로 다른 생산과정에 상이한 "공간 요건"이 필요하기 때문만은 아니다. 그보다는 생산력이 환경에 투입되는 과정에서 생산력의 공간적 속성에 따라 공간이 다르게 생산되기 때문이다.

---

34 *Capital*, 1, p. 180.

그러나 지리공간이 생산수단으로 기능할 수 있다는 사실이 종종 그렇듯 공간을 생산수단으로만 다루는 융통성 없는 관점으로 귀결되어서는 안 된다.[35] 지구적 규모의 공간이 자본에 기여하는 생산수단으로 동원될 수 있음을 인정한다고 공간이 가진 여타의 기능을 배제해서는 안 된다. 공간의 환원주의적 정의는 지리공간의 상대성, 그리고 자본주의하에서 생산되는 상대공간과 절대공간의 관계를 놓치고 만다. 공간은 생산수단 외에도 훨씬 많은 기능을 한다. 사실 이 전체적인 질문의 배후에는 규모의 문제가 도사리고 있는데, 이는 5장에서 자세히 다룰 것이나. 낭장은 서로 다른 규모의 식별을 통해 어떤 주어진 공간이나 공간 범위가 절대공간으로 다뤄질 수 있다는 명제에 이르는 것으로 충분하다. 예를 들면 우리는 이러한 공간을 고정된 "도시공간"이나 "생산공간"으로 간주하고, 각각의 규모에서 서로 다른 구체적 공간들 간의 관계나 내적 과정, 패턴을 고찰할 수 있다. 요약하자면, 공간 규모를 식별하는 작업은 상대공간과 절대공간 간의 관계에 관한 암묵적 가정을 포함하고 있으며, 5장에서 우리는 이것이 자의적인 이론의 문제가 아니라 공간의 생산에 필수 불가결한 요소로 자본이 사회조직 내에 서로 다른 공간 규모를 생산해냄을 입증할 것이다. 그것은 마치 상대공간이라는 바다에 절대공간이라는 섬들이 떠 있는 것과 같다. 이를 위해 우선 어떤 관습적 공간 규모를 단순히 주어진 것으로 상정하지 말고 자본주의의 발전과 구조의 분석을 통해 도출해보자.[36]

---

35 공간을 생산수단과 동일시하는 착오에 관해, 특히 "공간들"의 물신화와 공간을 독립적 사물(들)로 보는 관점에 관해서는 다음을 참조. G. A. Cohen, *Karl Marx's Theory of History* (Princeton, 1978), pp. 50~55. 이 연구에서는 마르크스의 철학적 접근에 관한 문제 일반을 좀 더 기초적으로 다루고 있다. 제럴드 코헨(Gerald Cohen)의 연구는 본질적으로 분석철학적 훈련의 하나로, 마르크스의 역사 "이론"이 부수적인 것에 가깝다는 주장을 펼친다. 여기서 역사 이론이란 분석철학의 기량을 보여주기 위해 잘 마련된 개념적 단련장에 불과하다.

36 동일한 주장으로는 다음을 참조. Peter Taylor, "A Materialist Framework for Political Geography," *Transactions of the Institute of British Geographers*, 7(1982), pp. 15~34.

앞서 자본주의의 발전은 과거로부터 물려받은 절대공간, 즉 자연공간이 새롭게 생산되는 상대공간으로 끊임없이 변환되는 과정이었음을 제시한 바 있다. 이제 우리는 정확히 어떤 방식을 통해 공간이 자본주의의 생존과 관계된 핵심 사안으로 부상했는지 증명하려면 이 논점을 부연할 필요가 있다. 자본주의 초기 사회의 확장 및 발전은 지리적이었다. 사회의 확장은 지리적 확장을 통해 이루어졌다. 소읍이 도시 중심지로 확장되고, 전 자본주의국가가 근대 국민국가로 확장되고, 국민국가가 다시 식민제국으로 확장되었다. 자본주의의 지리가 상대공간의 생산을 통해 발전했다지만, 초기에 이는 절대공간에서의 확장을 통해 완수되었다. 임금-노동 관계가 지구의 곳곳으로 진출함에 따라 자본이 물려받은 세계시장은 자본주의의 특징을 지닌 세계시장, 즉 추상 노동 형태로서의 가치의 보편성에 의해 점차적으로 구성되는 세계시장으로 변모한다. 이러한 절대적 확장이 자본의 진보를 표현한다고 할 때, 절대적 공간 개념은 공간의 생산을 이해하는 데 그저 도움이 되는 수준을 넘어 필수적이었다. 그러나 19세기에 이르러 사회와 경제의 확장이 지리적 확장을 통해 우선적으로 성취되는 경우는 더 이상 존재하지 않게 되었다. 제1차 세계대전 이후 설립된 지리학과의 성쇠가 말해주듯 지리적 확장에 종사하는 지리학은 더 이상 자본주의 확장의 첨단에 서 있을 수 없었다. 국가와 식민지의 절대적 확장은 1880년대 아프리카의 최종적 분할로 끝이 났다.[37] 물론 내부에 발전되지 않은 부분이 존재했고 도시규모에서도 그 과정이 실질적으로 완료된 것은 아니었지만, 이런 과정을 마무리 짓는 작업 자체로는 자본주의에 필수적인 경제 확장을 유지할 수 없었다. 그에 따라 지리학적 절대주의와 경제적 필요는 각자 다른 길을 걷게 되었다. 1916년 레닌은 현대 독일의 지리학자인 알렉산더 수판(Alexander Supan)의 결론을 요약하고,

---

[37] J. Scott-Keltie, *The Partitioning of Africa*(London, 1893); S. E. Crowe, *The Berlin West African Conference 1884-1885*(London, 1942).

그것을 제1차 세계대전에서 겪은 자신의 경험에 비추어 부연 설명하며 이렇게 말한다.

> 검토 중인 시기의 특징은 지구의 최종적 분할이다. 이때 최종이란 재분할이 불가능하다는 의미가 아니다. 반대로 재분할은 가능하고 불가피하다. 자본주의국가의 식민정책이 우리 행성에서 미점령된 영토의 장악을 완수했다는 의미에서의 최종이다. 역사상 최초로 세계는 완전히 분할되었다. 따라서 미래에는 오로지 재분할만이 가능하다. 즉, 미소유 영토가 어떤 "소유자"에게 귀속되는 것이 아니라, 어떤 "소유자"에게서 다른 소유자에게로 넘어가는 것이다.[38]

자본주의의 발전은 지난 수백 년에 걸쳐 전례 없는 규모로 공간을 생산해냈다. 그러나 이는 주어진 공간에서의 절대적 확장이 아닌 지구공간 내부의 차별화를 통해 이루어졌다. 즉, 상대공간이라는 좀 더 넓은 맥락에서 차별화된 절대공간들의 생산을 통해 성취되었다.

지난 세기에 발생한 지리공간의 차별화는 자본에 내재된, 경관에 자본을 고정시켜야 하는 필요의 직접적인 결과물이다. 5억 달러가 버튼 한 번으로 세계를 한 바퀴 돌 수는 있지만, 그만큼의 돈은 어딘가에서 와서 어딘가로 가야 한다. 이 '어디'가 바로 생산과정이다. 생산과정에서 잉여가치를 창출하려면 어마어마한 생산자본이 상대적으로 긴 기간에 걸쳐 공장, 기계, 운송 경로, 창고, 기타 시설 등의 형태로 공간적으로 고정/조정되어야 할 필요가 있다.[39] 공간적 조정(spatial fix, 'fix'에 담긴 고정과 조정 두 가지 의미를 모두 고려해야 한다 — 옮긴이)을 통해 혹은 국민국가의 경계로 인해 발이 묶인 국가자본으로서의 자본의 공간적

---

[38] Lenin, *Imperialism*, p. 90.
[39] 『사회 정의(Social Justice)』에서부터 하비는 자본의 공간적 고정(immobilization)의 중요성을 끊임없이 강조해왔다.

비이동화는 동시적으로 차별화된 지리공간을 생산한다. 이러한 비이동화 과정이 자본의 유동과 더불어 진행될 때, 서로 대립되는 두 경향은 무작위적이 아닌 패턴화된 세계공간의 내적 차별화를 만들어낸다. 공간의 생산이 자본주의의 발전과 더불어 진행될 때, 절대공간과 상대공간의 추상적 모순은 "자본주의의 공간 경제" 자체에 점차 내재된다. 자본의 절대적 지리적 확장이 지속되는 동안에는 자본의 사회조직에 구멍을 내는 이러한 모순이 비공간적으로 보일 수 있다. 이때 공간은 외부적인 것으로 간주된다. 그러나 경제 발전이 내부를 겨냥해 지리공간의 민감한 내적 차별화를 꾀하게 될 때, 모순이 가진 공간적 차원은 더욱 분명해질 뿐 아니라 더욱 실제적이 되어 공간은 자본의 핵심을 파고든다. 그에 따라 자본주의적 생산 체계 전반에서 위기들이 발생하게 되면, 이 위기들은 자본주의의 지리에서 더욱 직접적으로(그리고 가시적으로) 표현된다.

우리가 공간이 이전에 볼 수 없던 의제가 되었다고 주장하는 이유가 바로 여기에 있다. 추상적이기는 하지만, 사실 우리는 마르크스의 상대적 잉여가치 개념으로부터 이러한 결과를 짐작할 수 있다. 자본주의가 발전할수록 자본주의는 상대적 잉여가치의 전유에 더욱 의존하게 된다. 실제로 마르크스는 상대적 잉여가치의 추구를 산업자본주의의 전형이자 "자본을 토대로 한 생산양식을 구분하는 역사적 특징"이라고 칭했다. 역사적으로 "사회 노동생산성의 발전이 축적의 가장 강력한 지렛대가 되는 순간이 온다".[40] 여기서 몇 가지 논점이 도출되는데 마르크스는 이 중 일부를 분석했다. 『요강』의 유명한 구절에서 마르크스는 자본이 고정자본의 연속된 혁신을 유지하기 위해 과학의 성장을 권장하고 심지어 관리해야 할 필요에 대해 역설한다. 『자본』에서 그는 생산력이 증대되는 규모와 이 과정에서 수반되는 자본의 집적과 집중을 지적한다. 후자에서 나타나는 명백한 공간적 의의를 마르크스는 간단히 언급하고 말았지만, 더 일반적인

---

[40] *Grundrisse*, p. 769; *Capital*, 1, p. 621.

공간적 주장이 펼쳐질 수도 있었을 것이다. 마르크스의 비유를 확장해보자. 만약 상대적 잉여가치가 축적의 가장 강력한 지렛대라면, 고정자본은 이 지렛대가 힘을 얻는 중심축이다. 가치로서의 고정자본이 노동대상에 체화된 추상 노동을 그저 보존하기만 한다면, 사용가치로서의 고정자본은 구체적인 노동력을 상대적 잉여가치를 체화하는 새로운 상품으로 변환하는 과정으로 촉진한다. 고정자본의 사용가치는 대단히 중요하다. 고정자본이 상대적 잉여가치 생산의 중심축을 맡는 정도에 따라 고정자본의 공간적 속성의 중요도도 커진다. 고정자본은 그 정의상 '공간적으로' 고정되어 있을 필요는 없다. 그러나 실상 생산자본 중 공간적으로 제일 고정되어 있는 요소가 고정자본이다. 한 차례의 생산 주기보다 더 오래 생산과정에 남아 있기 때문이다. 상대적 잉여가치를 생산하는 촉매로서의 고정자본이 중심 무대로 나아감에 따라, 이에 딸려가는 지리공간은 자본주의의 존립을 보장하려는 자본가계급의 이해에 점차 더 얽매이게 된다.

새로 형성되는 지리공간의 중요성은 산업의 집중화와 이심화, 제3세계의 선택적 산업화, 탈주 기업(runaway shops), 지방의 쇠락, 탈산업화, 민족주의, 도시 재개발과 젠트리피케이션 등과 같은 논제들을 비롯해 위기 재구조화의 일반 논제들에 대한 관심의 증대를 반영한 것이다. 다만 이러한 문제들의 중요성에는 이견이 없을지라도, 그것들이 무엇을 의미하는지에 대한 합의를 도출하기란 쉽지 않다. 공간적 차이의 평준화를 강조하는 저자들이 제시하는 상이한 자료는 그들 간의 견해차를 더욱 두드러지게 한다.[41] 핵심은 이러한 지리적 패턴들이

---

41 도시공간과 관련해서 멜빈 웨버(Melvin Webber)는 "The Urban Place and the Non-Place Urban Realm," *Explorations into Urban Structure*(Philadelphia, 1944)에서 평준화의 과정을 다루었다. 이에 반해 하비는 "Class Structure in a Capitalist Society and the Theory of Residential Differentiation," in R. Peel, M. Chisholm and P. Haggett(eds.), *Processes in Physical and Human Geography*(Edinburgh, 1975)에서 도시공간의 차별화를 강조했다. 지역 개발과 관련해서 케네스 폭스(Kenneth Fox)는 "Uneven Regional Development in the United States," *Review of Radical Political Economics*, 10(3), 1978, pp. 68~86에서 수렴적 가설을 펼

서로 모순적인 경향들의 산물이라는 것이다. 첫째, 사회 발전이 사회로부터 공간을 해방시킬수록 공간적 고정성이 더 중요해진다. 둘째, 차별화와 보편화 내지는 균등화라 불리는 상반된 경향들은 자본주의의 중심부에서 동시적으로 유발된다. 이러한 모순적 역학이 현실에서 매우 특정한 패턴을 따르는 공간을 생산해낸다. 공간은 완전히 균등화되지도, 무한히 차별화되지도 않는다. 결과적으로 발생하는 패턴은 일반적 의미가 아닌 공간의 생산을 유도하는 모순적 역동성의 특정한 산물로서의 **불균등발전**이다. 불균등발전은 자본주의하의 공간 생산의 구체적 현상이다. 4장과 5장에서 이끌어내는 불균등발전의 과정을 이해하고 나면 지리공간의 생산이 자본주의의 진화와 생존에 더 중요한 역할을 하고 있음이 더욱 분명해질 것이다. 그러나 그 작업에 들어가기에 앞서 마르크스주의 전통의 맥락에서 현 시점에서의 "공간의 생산"을 분석하고, 이 장에 대한 결론을 내리도록 하자.

4. 공간의 생산 및 마르크스주의 이론

르페브르

공간의 생산은 새로운 개념이 아니다. 영미 마르크스주의에서는 데이비드 하비가 "지리적 구성의 최우선 원칙으로 … **창조된 공간**"에 대한 연구를 선도했

쳤다. 반대로 스튜어트 홀랜드(Stuart Holland)는 *Capital Versus the Regions*(London, 1976)에서 발산적 가설을 주장한다. 국제적인 스케일에서 빌 워런(Bill Warren)은 *Imperialism: Pioneer of Capitalism*(London, 1980)에서 수렴적 가설을 제시하는 한편, 사미르 아민(Samir Amin)은 *Unequal Development*(New York, 1976)에서 발산적 논지를 주장한다. 이것들은 모두 몇 가지 사례에 불과하며, 각각의 논점을 뒷받침하는 연구는 훨씬 많다.

으며, 프랑스 전통에서의 선구자는 마누엘 카스텔(Manuel Castells)이다.[42] 그러나 "공간의 생산"을 가장 창의적으로, 일관되게, 명시적으로 제안한 이는 앙리 르페브르이다. 내가 아는 한 "공간의 생산"이라는 용어를 만든 사람도 르페브르이다. 르페브르는 생산과정보다 생산의 사회적 관계의 재생산에 더 많은 관심을 두었다. 그는 생산의 사회적 관계의 재생산이 자본주의사회에서 "가장 중요함에도 숨겨져 있는 과정을 구성"하며 이 과정은 본질적으로 공간적이라고 주장한다. 르페브르에 따르면, 생산의 사회적 관계의 재생산은 공장을 넘어 사회 전반적으로 발생할 뿐만 아니라 "공간 전반적으로" 발생한다. 즉, "공간 전체가 생산관계의 재생산이 이루어지는 장소가 되었다". 공간 관계는 "논리적으로" 발생하지만 공간 내 혹은 공간 위에서의 인간 행위를 통해 "변증화"된다. "이렇게 변증화된 갈등적 공간이 … 수많은 모순을 들여와 재생산을 생산한다." 더불어 공간 문제의 등장은 자본주의 발전의 새로운 국면을 전개한다. "자본주의는 한 세기에 걸쳐 내부 모순을 (해소하지는 못했지만 적어도) 약화시킬 수 있었고, 결과적으로 『자본』이 쓰인 이래 수백 년간 '성장'을 이루는 데 성공했다. 그것이 어느 정도의 희생을 치러야 했는지 우리는 계산할 수 없다. 그러나 어떤 방식으로 이루어졌는지는 알고 있다. 바로 공간을 점유하고 공간을 생산해내는 것이었다." 르페브르에게 공간이란 자본주의라는 드라마의 마지막 에피소드가 전개되는 장소이다. "공간은 신자본주의에 점유되고 분할되며 균질화되지만 여전히 파편화된 채, 권력의 자리가 된다." 이는 "국가자본주의"와 "국가사회주의" 간의 "공간적 모순"이 자본주의의 완벽한 안정과 승리를 가로막는 자본주의 발전의 전환기, 즉 "신자본주의"를 만들어낸다. "모순의 방대한 치환"이 이루어졌다. 구체적으로 이는 "오늘날 사회적 필요는 무엇보다 도시의 필요"라는 뜻이며, 자본주의에 맞서는 사회혁명은 공간 혁명, 즉 도시 혁명이어야 함을 의미한다.[43]

---

[42] *Social Justice*, p. 309; Manuel Castells, *The Urban Question*(London, 1977), pp. 437~471.

르페브르는 참으로 독창적인 사유자인 까닭에 많은 논제를 제시한다. 그는 공간의 생산 개념만 창안한 것이 아니라, 본인이 창안한 개념에 독창적인 이론적 기반을 마련하기 위해 노력했다. 그는 자본주의의 역사적 발전과 공간-사회 이원론의 해결 모두에 매우 명백한 관심을 보인다. 이후 소자는 사회-공간 변증법을 제안하면서 르페브르의 비전이 제시한 기본적 아이디어들을 받아들이고, 정제하고, 발전시켰다. 또한 소자는 영미 전통에서의 르페브르에 대한 조직적 오해를 바로잡기 위해 노력했다. 이 과정에서 그는 이 두 전통을 잇는 귀중한 연결 고리를 발전시킨다.[44] 르페브르에 대한 면밀한 비판은 기한을 넘긴 오래된 과제이지만, 여기서는 다루지 않을 것이다. 나의 논지는 르페브르의 기본적 통찰이 서로 다른 방식으로 발전할 수 있으며, 그럼으로써 공간의 생산에 관계된 더욱 예리한 결론들을 도출할 수 있다는 것이다. 공간의 생산 개념으로 르페브르는 자본주의 공간의 실천적 이해를 향한 문을 열었다. 그는 "공간"에 대해 진지하게 사고했고, "이론을 신비주의로 이끄는 모든 신비는 인간의 실천과 그 실천의 이해를 통해 합리적 해결책을 얻는다"라고 한 『포이어바흐에 관한 테제(Theses on Feuerbach)』(1845)의 제8테제에 쓰인 마르크스의 경고를 "공간"에 적용했다. 르페브르는 공간이 인간 행위를 통해 생산되는 것으로 정의함으로써 지성의 도약을 이뤘지만, 절대공간을 폐기하거나 쓸모없는 것으로 간주하지는 않는다. 그는 절대공간 개념을 물리공간에서 분리된 사회공간, 절대공간, 이론공간 등 모든 방식으로 활용하는데, 용어들 간의 차이를 거의 혹은 전혀 구별하지 않는 것처럼 보인다. 은유와 현실이 마구잡이로 뒤섞여 있다. 이러한 개념적 불확실성은 특히 르페브르가 자신의 분석을 정치적으로 결론 내릴 때 문제가 된다. 공간이 전체 그림에서 완전히 제외된 것처럼 보이기 때문이다. 현 "재생산

---

43 Lefebvre, *Survival of Capitalism*; *La Revolution urbaine*(Paris, 1970).

44 Ed Soja, "The Socio-Spatial Dialectic," *Annals of the Association of American Geographers* 70(1980), pp. 207~225.

위기"의 세세한 정치가 공간과는 거의 또는 전혀 상관없게 되어버린다. 카스텔이 르페브르에 대해 언급한 것처럼 "공간이 전체적 최후 분석에서는 상대적으로 하찮고 부차적인 자리를 차지한다".[45] 개념적·이론적으로는 공간이 중심 무대에 있지만 실천적으로 게임이 시작되면 공간은 어디에도 보이지 않는다. 공간과 사회의 이원론은 여전히 남아 있다.

르페브르는 후기 자본주의 지리공간의 중요성을 이해하면서도, 이러한 통찰력으로부터 온전한 가치를 얻어내지 못한다. 이는 공간에 관한 개념적 불확실성 외에도, 공간의 중요성을 좀 더 광범위한 정치 프로젝트로 연결하려는 의도 때문인 것으로 보인다. 이러한 정치 프로젝트에 의해 재생산의 문제는 생산의 문제를 대체하게 된다. 재생산주의 테제는 전후 자본주의의 경험에 기인한다. 전후 자본주의사회는 상품 소비에서 실제로 괄목할 만한 확장을 이뤘고 재생산 과정을 더욱 온전하게 경제구조로 통합하는 데 성공했다. 1960년대의 투쟁은 일터에서의 파업보다는 지역사회를 중심으로 한 이슈들로 상당 부분 확대되었다. 그러나 이것이 과연 르페브르의 주장대로 생산관계의 재생산이 자본주의의 가장 결정적인 기능이 되었고, 따라서 계급투쟁이 본질적으로 전통적 일터의 문제에서 재생산의 문제로 옮겨갔음을 의미하는지 우리는 여전히 알지 못한다. 표면상으로 르페브르가 파악한 변화는 충분히 실재적일 수 있다. 그러나 르페브르가 제안한 바와 같이 그 변화가 좀 더 심층적인 구조적 변화에 해당하는지는 명확하지 않다. 어쩌면 1980년대가 순수 재생산주의 이론을 역사의 뒤안길로 사라지게 할 역사적인 리트머스 시험지가 될지도 모른다(본 저서는 1984년에 최초로 발간되었다 ― 옮긴이).

르페브르의 가장 귀중한 통찰은 공간의 중요성을 재인식하고, 공간의 생산 개념에 그 중요성을 담은 것이다. 다만 자신의 통찰을 재생산 이론에 결부시키

---

45 *Urban Question*, p. 92.

려던 고집 때문에, 그는 통찰의 온전한 가치와 그것을 더욱 발전시킬 수단을 실현하는 데 실패했다. 공간의 생산 이론은 고전 마르크스주의 전통으로부터의 급진적 단절을 의미하지 않는다. 자연의 생산이나 자연-공간 관계에 관한 우리의 생각이 옳다면 더욱 그러하다.⁴⁶ 공간의 생산은 대단히 독창적인 아이디어로 고전 마르크스주의 전통하에서 상상됐던 모든 것을 넘어서는 한편 마르크스, 룩셈부르크, 레닌의 저작에서 그 싹을 일부 발견할 수 있다. 특히 레닌은 상술한 차별화와 균등화 사이의 주요 모순을 암묵적으로 파악했다. 이 모순을 선택적으로 살펴보면서, 현재 우리가 관심을 갖는 사안들을 불러일으킨 선구적 연구들에 대해 파악해보자.

마르크스, 룩셈부르크, 레닌

마르크스는 정교한 구체적 공간 개념의 구상에 직접적인 관심을 두지 않았고, 지리공간을 추상적으로 다루는 편이었다. 다만 지리공간의 상대성은 인식하고 있었는데, 이는 "시간에 의한 공간의 절멸(annihilation of space by time)" 논의에 가장 명쾌하게 나타나 있다. 마르크스가 이 구절의 고유 저자는 아니지만, 그는 새로운 유물론적 시도를 통해 신비적 암시에 물든 이상주의적 용어를 예리한 비판적 도구로 바꾸어놓았다.⁴⁷ 자본에는 순환 시간과 순환 비용을 줄이려는

---

46 Lefebvre, *Survival of Capitalism*, p. 27. 참고로 르페브르는 자연에 대한 공간의 우위라는 전통적 가정을 고수한다. 따라서 그는 "환경문제"를 근본적으로 공간적 문제로 본다. 더욱 흥미로운 사실은 시간과 공간에 있어 르페브르의 관점은 마르크스의 관점과 상반되는 결론을 도출하게 된다는 점이다. 공간의 생산에 대한 재생산적 해석은 "시간에 의한 공간의 절멸"이 아닌 공간에 의한 시간의 절멸과 유사한 결론으로 흐르게 된다.

47 원저자는 알렉산더 포프(Alexander Pope)인 것 같다. 마르크스가 이 구절을 인용하기 한 세기 반 전에 쓴 시에서 그는 "하느님이시여! 공간과 시간을 제외한 모든 것을 소멸시키시고/ 두 연인을 행복하게 하옵소서"라고 썼다. 이 구절은 19세기 철도의 도입으로 극적인 변화를 이룬 미국의 경관을 묘사하는 데 사용되었다. 레오 마르크스에 따르면, 사실상 "발전을 뜻하는 어휘 중에

욕구가 내재된 까닭에, 확대된 자본은 생산 영역으로 더 빠르게 되돌아가고 축적 또한 더욱 빠르게 이루어진다. 그러나 가치의 순환에는 가치가 체화되거나 표출되는 물질적 대상의 물리적 순환도 필요하다. 생산자본, 상품자본, 화폐자본 등 모든 형태의 자본은 이동해야 한다. 생산력이 발달하면서 그 일부는 생산 영역의 내·외부에서 운송과 통신수단을 발전시키는 데 사용된다. 이는 모든 공간적 장벽을 극복하는 연속적 추진력으로 이어지며 시간에 의한 공간의 절멸로 귀결된다.

생산이 교환가치에 더 많이 의존할수록, 통신과 운송 수단과 같은 교환의 물리적 조건이 유통비용에서 더욱 중요해진다. 자본은 그 속성상 모든 공간적 장벽을 극복하려 한다. 따라서 통신과 운송 수단이라는 교환의 물리적 조건의 조성, 즉 시간에 의한 공간의 절멸은 자본을 위해 특히 필요하다. … 따라서 자본은 교류, 즉 교환에 방해되는 모든 공간적 장벽을 무너뜨리려 애쓰고 시장을 조성하기 위해 전 지구를 정복하는 한편, 시간을 이용해 공간을 절멸시키려고 노력한다. 즉, 한 곳에서 다른 곳으로 이동하는 데 드는 시간을 최소화하는 것이다. 자본이 발달할수록 자본은 유통되고, 유통의 공간 궤도를 형성하는 시장이 확대된다. 자본은 시장의 확대와 동시에 시간에 의한 공간의 절멸을 더욱 도모한다. … 여기서 자본의 보편화 경향이 나타나는데, 이 점이 바로 [자본주의를] 이전에 존재해온 모든 생산단계들과 구분 짓는 것이다.[48]

서 '공간과 시간의 절멸'보다 자주 눈에 띄는 것은 없다". 그는 이어서 이렇게 말한다. "이런 정서의 과도함은 분명 기술 발전의 웅장함에 어울리는 것처럼 느껴진다." Leo Marx, *The Machine in the Garden*(New York, 1964), p. 194. 1848년 중산층 교외화의 맥락에서 앤드루 다우닝(Andrew Jackson Downing)은 ≪원예(Horticulture)≫라는 잡지에 "시간과 공간이라는 오래된 개념의 절반의 절멸"에 대해 썼다. Andrew Jackson Downing, "Hints to Rural Improvers," *Horticulture*, July, 1848, reprinted in his *Rural Essays*(New York, 1857), p. 111. 카를 마르크스는 아마도 이 구절과 최초로 조우했을 것이다. 그러나 그는 "공간과 시간의 절멸" 대신 "시간에 의한 공간의 절멸" 개념을 제시함으로써 완전히 새로운 의미를 창조해냈다.

사회가 스스로를 공간으로부터 해방시키고자 하는 역사적 경향은 자본주의 하에서 가장 발달하며, 자본의 내재적 합리성을 표현하는 고유한 형태로서 절멸을 통한 해방을 취한다. 이러한 맥락에서 "자본의 보편화 경향"은 무공간성 (spacelessness), 다른 말로 생산 조건과 생산수준의 균등화를 향한 내재적 추진력을 뜻한다. 우리는 "축소되는 세상"에 살고 있다는 대중적 인상주의식 전망을 통해 본질적으로 동일한 현실을 인식한다. 마르크스는 지리적 축소의 필요에 대해 역사적으로 특정한 설명을 제시한다. 공간적 발전은 단순한 개별 효과가 아닌 사회 전반적인 발전에 통합적인 순간으로 다루어진다. 이른바 축소되는 세상이란 그저 근대화의 일반 과정에 수반되는 효과가 아닌 노동-자본 관계에 기초한 생산양식의 특정한 필수 요소이다.

마르크스는 자본의 "보편화 경향"이 지니는 구체적인 공간적 의의를 예리하게 인지하고 있었다. 그는 철도의 발달이나 그에 따른 개별 국가들의 공간-평준화를 넘어 세계경제에 관심을 가졌다. 그는 영국이 인도를 식민 통치한 결과 자본을 기반으로 인도 경제가 강요된 발전을 이룰 것이며, 이를 통해 인도 경제는 영국이 성취한 발전 단계만큼이나 빠르게 성장할 것이라고 예상했던 것 같다.[49] 동전의 양면처럼, 공간적 의의와 더불어 마르크스는 자본을 위한 공간 확장 기능에 대해서도 인지하고 있었다. 그는 『자본』 1부를 식민화에 대한 장으로 마무리하는데, 이는 단순히 식민지나 식민화를 표방하는 부르주아 이론에 착취의 실체가 적나라하게 드러나 있기 때문만은 아니다. 식민지가 자본을 위해 특별한 기능을 이행하기 때문이다. 자본의 핵심적 모순들은 대외무역과 경제적·지리적 확장을 통해 어느 정도 체계의 주변부로 옮겨질 수 있으며, 이에 따라 자본의 한계가 확장될 수 있다.[50]

---

48 *Grundrisse*, pp. 524, 539~540.
49 Karl Marx, "The Future Results of the British Rule in India," in *Surveys from Exile*(New York, 1974), pp. 319~325.

마르크스는 자본의 균등화 경향에 주목하면서, 균등화 경향을 확장하는 세계시장의 맥락에서 살펴보았다. 바로 이것이 무엇보다도 자본주의 공간에 관한 그의 개념이 가장 잘 빚어진 부분이다. 한편 지리공간의 차별화에 대한 상대적인 관심의 부족은 의심할 여지없이 그가 살았던 시대의 산물이다. 이 시기 공간 생산의 첨병은 철도의 발달 및 유럽의 세계 식민화였다. 『자본』에서 마르크스는 지리적 차별화를 야기하는 최소한 한 가지 원천으로부터 신중한 추상화를 시도한다. "우리의 연구 대상을 온전히 검토하려면, 우리는 방해가 되는 모든 부차적 상황에서 벗어나 전 세계를 하나의 국가처럼 다루어야 하고, 자본주의적 생산이 어디에나 확립되어 있으며 산업의 모든 분야를 장악하고 있다고 상정해야 한다."[51] 그런데 이는 단지 마르크스의 작업을 용이하게 만드는 임의의 가정이 아니다. 본 명제는 그의 논리-역사 방법론과 궤를 같이하며, 자본이 지리적 차별화를 점진적으로 평준화할 것이라는 그의 신념을 반영한다. 4장에서 다시 살펴보겠지만, 마르크스가 지리적 차별화를 인지하지 못한 것은 아니다. 자본의 "보편화 경향" 및 그 결과로 나타나는 균등화와 비교할 때, 차별화를 부차적으로 여겼을 뿐이다.

그로부터 반세기 후 로자 룩셈부르크(Rosa Luxemburg)는 자본주의적 생산의 보편적 지배를 가정한 마르크스를 비판함과 동시에 마르크스의 입장에 선 논리적 결론을 내린다. 룩셈부르크는 자본주의가 시장과 원자재의 원천으로 기능하는 비자본주의사회의 존재 없이는 살아남을 수 없다고 단언한다. "온전히 성숙한 자본주의마저도 그와 더불어 존재하는 비자본주의적 사회계층 및 사회조직의 모든 면면에 의존한다."[52] 룩셈부르크는 제국주의를 비자본주의사회를 포섭해가는 과정으로 보았고, 제국주의는 정의상 자본주의의 최종 단계에 해당했

---

50 Harvey, *Limits*, ch. 13.
51 *Capital*, 1, p. 581n.
52 Luxemburg, *Accumulation of Capital*, p. 365.

다. 자본의 절대적인 지리적 확장이 막을 내리면 자본주의 또한 필연적으로 끝을 보게 될 것이었다. 룩셈부르크는 마르크스보다도 더욱 마르크스의 분석을 발전시켜 지리적 차별화를 자본에 내재된 경향이라기보다는 자본이 진전하면서 가차 없이 파괴되어 과거로부터 남겨지는 유산으로 다루었다. 즉, 지리적 차별화는 생산양식의 발달에 따른 일시적 문제로 간주되었다.

레닌 역시 제국주의를 자본주의의 최고 단계로 보았는데, 그는 제국주의의 지리적 의의와 자본주의의 발전 일반을 더욱 날카롭게 통찰했다. 1899년 처음으로 발간된 초기작 『러시아의 자본주의 발전(The Development of Capitalism in Russia)』(1899)에서 레닌은 자본의 확장을 수반하는 공간의 내재적 차별화에 대해 예리하게 인지하고 있었다. 그는 산업의 특화에 따른 지역의 차별화, 그에 따른 노동의 영역적 구분을 논의했으며, 그 원인을 자본의 확장이 가져온 노동의 사회적 분업으로까지 추적했다. 더 근본적으로 이 저작에서 레닌의 관심을 상당 부분 차지한 것은 도시와 농촌의 영역적 차별화였다. 또한 그는 도시와 교외 공간의 차별화를 집중적으로 다루고 이를 노동의 사회적 분업과 연결시켰다.[53] 후기 저작들에서 레닌은 이러한 통찰을 더욱 발전시킨다. 그는 제국주의를 명백히 지리적인 현상으로 간주했으며, 지구가 이미 국가와 기업 신탁들로 나뉘어 있음에도 여전히 "후진" 국가들이 수출 자본에 수익을 가져다주는 종착지 역할을 한다고 주장했다. 마르크스와 룩셈부르크처럼 레닌도 제국주의의 지리를 자본주의의 존립과 동일시한다. 그러나 지리적 차별화의 근원을 자본 그 자체로 보기 때문에, 자본의 진보와 지리적 차이의 소멸을 동일시하지 않는다. 사실 레닌은 더 나아가 제국주의가 "후진"국과 선진국 간 차별화를 심화시킬 뿐 약화시키지 않는다고 주장했다. 그는 카를 카우츠키(Karl Kautsky)를 [그의 초제국주

---

53 Lenin, *Capitalism in Russia*. 또한 다음 글을 참조. "New Data on the Laws Governing the Development of Capitalism in U. S. Agriculture," *Collected Works*, 22, pp. 13~102.

의(ultra-imperialism) 개념을 고발하면서, "금융자본이 세계경제에 내재된 불균등성과 모순을 실제로 증대시키는 역할을 함에도, 이를 줄인다고 하여 제국주의 옹호자에게 먹잇감을 가져다주기만 하는 대단히 잘못된 인식"을 카우츠키가 장려한다고 비난했다.[54]

그러나 같은 책에서 레닌은 "산업의 장소성들(localities)과 분야들(branches) 간 자본 분배의 불균등성을 제거"하기 위해 애쓰는, 자본주의에 내재되어 있으며 특히 금융자본에 만연해 있는 실질적인 힘을 인정한다.[55] 우리가 상술한 논의에서 살펴본 것과 동일한 모순, 즉 한편으로는 증대되는 공간적 차별화와 다른 한편으로는 공간으로부터의 해방을 도모하는 자본의 균등화 경향 사이의 모순이 레닌의 제국주의 분석에 내포되어 있다. 그러나 이러한 모순이 공간의 독특한 자본주의적 생산을 실질적으로 이끌어낸다는 인식이 암묵적인 것처럼, 이 모순 자체도 암묵적인 채로 남는다. 레닌이 새롭게 인지한 지리공간의 중요성에는 명백한 한계가 있었으며, 이는 그의 철학적 저작에서 가장 분명하게 드러난다. 비록 마흐의 이상주의에 반해 "객관적 물리공간"을 옹호하기는 했지만, 레닌은 공간의 절대적 개념을 고수하면서 다른 저작들에서 몰두했던 자본주의의 구체적 공간 구조를 그의 추상적인 철학적 논의에 연결시키지 않는다.[56] 그

---

54 *Imperialism*, p. 113.
55 같은 책, p. 48, Jeidels에서 재인용.
56 "공간과 시간은 실제인가 이상인가, 우리의 상대적인 공간과 시간 개념은 객관적으로 실재하는 형태에 가까운가? 아니면 그저 발달하는, 체계화하는, 조화로워지고 있는 인간 사고의 산물에 불과한가?"라고 레닌은 물은 뒤에 명쾌하게 대답했다. "유물론은 반드시 … 필연적으로 시간과 공간의 객관적 실체를 인지할 수밖에 없다. 무엇보다도 이는 칸트 철학과 대비된다. 이러한 물음에 칸트 철학은 관념론과 궤를 같이하며 시간과 공간을 객관적 실체가 아닌 인간 이해의 형태로 간주한다. … 이 세상에 존재하는 것은 움직이는 물질뿐이며, 움직이는 물질은 공간과 시간 내에서가 아닌 다른 방식으로 움직일 수 없다." *Materialism and Empirio-Criticism*(New York, 1972 edn), pp. 176~189. 이 책에서 레닌은 공간과 그 밖의 주제를 다루면서 철학에 파고들었고 거기에서 빠져나오지 못했다. 그는 과학으로서의 마르크스주의가 아닌 철학으로서의 마르크스주의의 성장을 도모했다. 정작 마르크스는 과학으로부터 분리된 철학은 성립될 수 없는 추상

럼에도 레닌은 이러한 기본적인 모순의 양면을 최초로 파악한 인물이었으며, 그에게 남은 작업은 이러한 모순을 좀 더 명확히 드러내고 공간에 대한 이론적 이해를 발전시키는 것이었다.

그러나 이 작업은 완성되지 못했다. 같은 시대에 니콜라이 부하린(Nikolai Bukharin) 또한 이러한 모순을 이해했고, 자본의 국제화는 국가자본의 동시적 발전을 통해서만 이루어질 수 있다고 썼다.[57] 자본의 국제화는 오늘날 마르크스주의 경제학에서도 활발한 연구 주제이지만, 부하린이 제시한 수준의 지리적 모순의 예리함을 발견하기란 어렵다. 지역 및 도시 발전 일반에 관한 논제들로 실질적인, 점차 큰 관심을 끌고 있는 여타의 공간 규모 분석들도 마찬가지이다.[58] 공간의 생산이라는 철저히 현대적인 개념의 분석은 레닌의 제국주의 지리 분석과 동일한 방향으로 우리를 이끈다. 공간의 생산이 지닌 모순이라는 공통의 기반에서 우리는 불균등발전에 관한 분석을 시작한다. 우리가 찾으려는 것은 그저 자본주의 지리의 기원이나 패턴의 이해가 아니다. 우리는 르페브르의 질문처럼 공간의 생산이 정확히 어떻게 자본주의의 생존에 기여했는지에 대해 알아보고자 한다.

화일 뿐이라고 경고했는데도 말이다. Z. A. Jordan, *The Evolution of Dialectical Materialism* (London, 1967) 참조.

57 Nikolai Bukharin, *Imperialism and the World Economy*(London, 1972 edn).
58 최근 이러한 연구가 발달하면서 일반적 경향과 다른 예외가 늘고 있다. 공간적 차별화에 관한 분석에 관해서는 Richard Walker, "A Theory of Suburbanization: Capitalism and the Construction of Urban Space in the United States," in Michael Dear and Alien Scott(eds.), *Urbanization and Urban Planning in Capitalist Society*(London, 1981), pp. 383~429 참조. 또한 간결하고 혁신적이지만 그간 주목받지 못한 하비의 논문 "Geography" 참조.

제4장

불균등발전 I
지리적 차별화와 균등화의 변증법

최근 10년 동안 자본주의의 불균등발전은 대중적일 뿐 아니라 심지어 유행하는 연구 주제가 되었다. 이런 현상이 일어난 것은 1960년대 사회 봉기 이후 마르크스주의에 대한 관심이 부활했으며 오늘날 불균등발전의 과정 자체가 이전에 비해 모든 공간 규모에서 좀 더 명백하게 나타나기 때문이다. 최근 이러한 현상을 이해할 필요가 있다는 명목적 합의로 인해 이 주제를 다룬 문헌이 엄청나게 증가하고 있다. 그러나 이 새로운 연구들은 마르크스주의적 (혹은 비마르크스주의적) 분석 맥락에서 자본주의의 불균등발전을 이해하기 위한 이론적 틀을 제공하고 있지 못하다.[1] 이 장에서 하려는 과제가 바로 이것이다. 여기서는 앞 장의 논의에서 보여준 차별화와 균등화를 향한 모순적 경향이 자본주의적 공간의 생산을 결정한다는 것에서 시작하려고 한다. 실제 자본주의적 생산양식의 핵심에서 도출되는 이 모순은 불균등발전의 현존하는 패턴으로 경관에 각인된다.

본격적인 분석을 하기 전에 우리가 무엇을 논의할 것인지를 분명히 할 필요가 있다. "불균등발전"은 이 용어가 사용된 역사적 맥락에 따라 많은 사람에게 서로 다른 의미였다. 이 개념은 마르크스주의 전통에서 시작해 레닌에 이르기

---

1   이러한 일반적 규칙에 대한 유의미한 예외들은 다음과 같다. Enzo Mingione, *Social Conflict and the City*(Oxford, 1981); Harvey, *Limits*(Oxford, 1982); Michael Dunford and Diane Perrons, *The Arena of Capital*.

까지 경제적·정치적·철학적 의미에서 다양하게 적용되는데, 마르크스는 『요강』 서문에서 예술적 생산이 아닌 물질적 생산의 불균등발전, 법적 관계가 아닌 생산관계의 불균등발전을 언급했다. 마르크스가 근본적으로 말하려는 것은 이 주제가 "일반적 추상성(usual abstractness)"[2] 차원에서가 아니라 구체적으로 다루어져야 한다는 것이다. 다만 구체성을 강조한 마르크스의 의견은 의심의 여지없이 타당하지만, 그의 사례를 일반성으로 잘못 이해할 수도 있다. 이 주제를 좀 더 구체적으로 다루기 위해 먼저 자본주의 불균등발전의 경제적 토대, 더 정확히 말해 정치경제적 토대가 차별화와 균등화의 상호 대립적인 경향 속에서 구축됨을 분명히 할 필요가 있다. 따라서 이 장은 불균등발전의 정치경제적 토대를 구축하는 것에 한정해 논의를 전개할 것이다.[3]

앞 장을 통해 우리가 자본주의적 과정과 불균등발전의 패턴에 관해 구체적으로 논의하고 있음을 분명히 했다. 불균등발전은 마치 가장 빈틈없는 이론가

---

2 Grundrisse, p. 109.
3 물론 "불균등발전"과 연관된 정치적 전통이 있다. 이 전통은 가장 직접적으로는 영구 혁명 이론의 일부로, "불균등과 묶여 있는 발전의 법칙"을 얘기한 트로츠키에서 기인한다. 불균등발전은 "일국사회주의" 가능성에 대한 트로츠키와 스탈린 사이의 논쟁에서 격렬하게 드러났다. Leon Trotsky, *Permanent Revolution and Results and Prospects*(New York, 1969 edn), *The History of the Russian Revolution*(London, 1977 edn) and *The Third International After Lenin*(New York, 1970 edn); Joseph Stalin, *Dialectical and Historical Materialism*(New York, 1940 edn), *Economic Problems of Socialism in the USSR*(Peking, 1971 edn), *Works* (Moscow, 1954), 8, pp. 256~261, 326 and 9, pp. 110~111. 또한 Tony Cliff, "Permanent Revolution," *International Socialism*, 61(1973), pp. 18~29; Michael Lowy, *The Politics of Combined and Uneven Development*(London, 1981) 참조. 불균등발전에 대한 정치적 논의는 이 주제를 다룬 당대의 정치경제학적 접근법으로부터 전혀 분리되어 있지 않다. 사실 정치적 논쟁은 일반적으로 불균등발전의 기원에 대한 경제적 근거를 당연시한다. 예를 들어 트로츠키는 1905년 러시아의 혁명적 상황에서 불균등발전에 대해 심각하게 관심을 가지기 시작했는데, 모든 혁명적 상황과 같이 사회의 경제법칙은 역사의 직접적인 정치적 결정을 위해 유예되었다. 여기서는 본질적으로 불균등발전을 경제적 문제로 다루기 때문에, 나는 불균등발전의 정치적 중요성을 부정하는 입장은 아니지만, 정치적 전통에서 당연시하는 불균등발전에 대한 경제적 근거를 설명할 것이다.

들이 그 현상의 역사적이고 철학적인 보편성을 주장한 것처럼 자명하고 재론의 여지가 없는 것처럼 다뤄진다. 불균등발전은 "인간 역사의 보편적 법칙", 혹은 더 추상적으로는 "모순의 핵심"으로 주장된다.[4] 불균등발전에 대한 이러한 합의는 상당한 대가를 지불한다. 불균등발전을 보편적인 형이상학으로 치부함으로써 잠재적인 이론적 함의는 소멸되고, 그 의미도 가장 낮은 공통분모로 축소된다. 이런 철학적 접근은 이론적 연구의 가치를 부인할 뿐만 아니라 더 중요하게는 역사적으로도 오류이다. 마르크스는 인간존재의 자연적 속성으로 노동의 보편성을 인지했지만, 자본주의에 대한 그의 전체적 분석은 자본주의적 생산양식 하에서 노동의 자연적 경향을 사회적·역사적으로 결정된 노동과정의 형태로부터 분리하는 것이었다. 자본주의적 생산양식의 특정한 사회적 형태와 관계를 불변의 "자연적" 관계로 보편화하는 것이 바로 부르주아 이데올로기의 전형적 특징이다. 이것은 "불균등발전"에도 동일하다. (불균등발전을) 철학적 보편성으로 일반화하면서, 이의 비판적이고 인식론적인 날카로움을 무디게 할 뿐만 아니라, 마르크스주의 원전 자체에 도사리고 있으면서 반동적 이데올로기의 무기가 되어 불균등발전의 이용자들을 잠재적으로 배신한다. 어니스트 만델이 주장

---

[4] "불균등발전의 법칙은, 이 법칙이 자본주의 역사로만, 혹은 심지어 자본주의의 제국주의적 국면으로만 제한되길 희망하는, 인간 역사의 보편적 법칙이다." Mandel, *Marxist Economic Theory*, p. 91. 후기 저작에서 만델은 불균등발전의 보편성이라는 관점을 유지하는 동시에 구체적 통찰력을 가지고 자본주의하의 불균등발전을 고려했다. 실제로 그는 자신의 기념비적 업적인 『후기 자본주의(Late Capitalism)』(London, 1975)에서 자본주의적 발전 이론을 최근 역사에 통합한다는 약속을 끝까지 지키지 못했다. 부분적으로 불균등발전에 대한 그의 개념 자체가 인간 역사의 보편적 법칙이라는 주장으로 인해 개념의 통합력에서 제외되었기 때문이다. 또한 알튀세르와도 비교할 수 있는데 그는 다음과 같이 말했다. "불균등발전 법칙은 … 제국주의에만 관심 있는 것이 아니라 절대적으로 '이 세계의 모든 것'에 관심이 있다. … 불균등발전은 … 외적인 모순이 아닌, 가장 핵심을 구성한다." 이는 "모순 자체의 핵심으로 존재한다". Louis Althusser, "On the Materialist Dialectic: On the Unevenness of Origins," *For Marx* (London, 1977), pp. 200~213. 이 정식화는 Mao, "On Contradiction," *Selected Readings* (Peking, 1971), pp. 85~133에서 유래했다.

한 것처럼, "자본주의 세계 체계가 불균등하고, 결합된 발전 법칙의 보편타당한 함수"[5]는 아니다. 오히려 불균등발전이 현대 자본주의의 보편성의 함수이다.

이러한 논의가 전 자본주의적 발전이 어떤 면에서 불균등하다기보다 균등했다고 주장하는 것은 아니다. 여기서 말하려는 것은 전 자본주의적 발전의 불균등성의 이유가 무엇이든 간에, 자본주의와 관계된 불균등성은 이와 다르고 자본주의는 자신의 독특한 지리를 가진다는 점이다. 자본주의의 지리는 그 이전의 어떠한 생산양식보다도 더 체계적이고 완벽하게 자신의 생산양식의 일부로 통합되어 있다.

불균등발전에 대한 현재의 논쟁 과정이 단지 자명한 것만이 진술되는 "그래서 어떻다는 말인가"라는 막다른 길로 유도하는 것이 아니라, 자본주의의 지리 및 자본주의 일반의 구조와 발전에 관한 근본적인 통찰력을 밝히기 위한 것이라면, 이 과정은 초점의 날카로움을 유지해야 할 것이다. 이것이 우리가 불균등발전을 분석하기 전에 공간의 개념을 정리하는 데 많은 노력을 기울인 이유이다. 일반적으로 사용되는 것처럼, "불균등발전"은 단지 자본주의의 지리만 관련되는 것이 아니라 자본주의경제의 다른 영역들 사이의 불균등한 성장률과도 관련된다. 여기서 불균등발전을 특정한 지리적 표현과 동일하게 간주한다고 해서 다른 측면을 부인하는 것은 아니다. 이는 자본주의 발전의 공간적 측면이 철저히 무시되는 것을 바로잡고, 실제로는 공간적 불균등성이 좀 더 넓은 의미에서 자본주의의 모순적 발전의 일부로서만 의미를 가진다는 앞 장의 결론을 강조하기 위한 것이다. 어쩌면 이것이 휘어진 막대를 펴려다 거꾸로 지나치게 구부리는 위험을 초래할지도 모른다. 그러나 막대기를 거꾸로 구부리지 않으면 이 막대기가 어느 정도 휘었는지조차 말할 수 없다.

---

[5] *Late Capitalism*, p. 23.

1. 차별화를 향한 경향

차별화의 자연적 토대

노동의 사회적 분업은 공간적 차별화의 수준과 발전 조건을 결정짓는 역사적 토대이다. 공간적 또는 영역적 노동 분업은 별도의 과정이 아니라 노동 분업 개념에 처음부터 함의되어 있었다. 마르크스는 이것을 예민하게 자각하고 있었다. 이는 그가 자주 언급했지만 제대로 이해되지 못했던 논의, 즉 도시와 시골은 상품 교환에 바탕을 둔, 잘 발달한 모든 노동 분업의 기반이라는 것에서 알 수 있다. 가장 앞선 노동 분업인 남성과 여성 간의 성적 분업을 고찰하면, 이 또한 일반적으로 영역적 표현을 가진다고 생각되는데, 남성은 대체로 공간적으로 더 넓은 활동 영역을 개척하는 것으로 시작한다.[6]

대부분의 인간 역사에서 노동 분업은 자연적 조건의 차별화에 기초한다. 마르크스는 "잉여노동과 잉여가치의 가능성은 주어진 노동생산성으로부터 나오고", 이는 "자연의 선물로서, 자연의 생산력으로서" 처음에 등장한다고 서술했다.[7] 주어진 자연조건이 상이한 상황에서, 동일한 노동 지출은 주어진 상품의 양적 차이를 가져오고, 이는 다른 장소를 통해서가 아니라 그 장소에서 잉여가 생산될 가능성(그러나 오직 가능성)을 함축한다. 나아가 자연의 질적인 차별화는 주어진 지역에서 발생하는 생산과정에 특정한 한계를 설정한다. 따라서 면화는 자연적으로는 북극에서 자랄 수 없고, 석탄은 아무 지층에서나 채굴할 수 없다. 이것이 잉여 생산의 자연적 토대이다. 또한 이것은 잉여생산물의 생산에 철저히 의존하는 노동 분업의 자연적 토대이다. 더욱 선진화된 경제가 자연의 이점을 전유하는 것은 우연이 아니다. 실제로 자연적 차이는 노동과정의 체계적인

---

6 Rayna Reiter, "Men and Women in the South of France," in R. Reiter(ed.), *Toward an Anthropology of Women*(New York, 1975), pp. 273~275.

7 *Surplus Value*, 1, p. 49.

사회적 차별화를 위한 토대로 내부화되었다. 자연의 질적 차이는 사회조직 안에서 질적이고 양적인 차이로 전환되었다. 즉, 노동의 사회적 분업은 그 자체를 공간적으로 표현한다.

농업과 공업 사이의 보다 진전된 노동 분업도 마찬가지로 공간적 현상이다. 노동 분업 자체는 사회적 동학, 즉 잉여생산물의 생산적 소비와 생산력의 진보적 발전의 결과이지만, 여전히 노동 분업은 주어진 자연조건에 따라 스스로를 표현하고 있다. 실제로 농업과 공업 간 분업을 강요하지는 않지만 일단 사회적 분업이 출현하면 자연의 고유한 차별화는 어떤 활동이 어디서 발생하는지에 영향을 미친다. 동일한 원칙이 농업과 공업 간 일반적 분업뿐만 아니라 각 업종 내부의 하위 분업에도 적용된다. 서로 다른 농업 업종의 입지는 다른 자연조건과 연관되어 발생하고, 동일하게 다른 공업 업종의 입지도 원료의 입지적 차이에 영향을 받는 것이 사실이다.

자연의 차별화에 따라 사회적 활동의 지리적 입지를 설명하는 이런 종류의 설명은 전통적인 지리학의 상투적인 도구이다. 심지어 최근까지 지리학 연구는 자연과 자연 내부의 고유한 차별화가 우선한다고 말했다. 이런 설명은 특히 미국 지리학이 주도하는 환경결정론에서 두드러지는데, 이는 자연적 지리의 조건이 인간 활동의 입지와 유형을 결정한다고 설명한다. 연구 의제로서 환경결정론은 헤게모니를 완전히 잡지도 못한 채, 덜 독단적인 "지역의 차별화" 연구로 교체되었다. 알프레트 헤트너(Alfred Hettner)는 지표면의 혼합적인 지리적 편차를 자연적 편차의 결과로 설명하려고 했으며, 이렇게 독일 지리학에서 빌려온 "지역적 차별화(areal differentiation)" 개념은 1960년대까지 미국 지리학 전통의 중심을 차지했다. 이렇게 오랫동안 지역적 차별화 개념이 지배할 수 있었던 이유는 지리적 사고의 침체 때문이기도 하지만, 이 개념을 지지하는 두 학자의 위상 때문이기도 하다. 두 학자는 바로 1925년 "지역의 차별화"를 처음으로 논의하기 시작한 칼 사우어(Carl Sauer)와 이 개념의 가장 열렬한 지지자인 리처드 하트숀(Richard Hartshorne)이다. 1960년에는 헤트너에 기원을 둔 전통이 여전히 남아 있었지만 더 이상 지역적 차별화를 순수한 자연적 차이로 설명하지는 않았다. 그러나 여전히 부의 공간적 집적은 다른 무엇보다도 자연지리, 자원, 기후 등에서 기인한 자연적 차별화의 결과로 여겨진다.[8]

자본의 공간적 집적과 관련된 자연의 차별화에 대한 가장 명백하고도 정교한 시도는 상업지리학에서 비롯되었다. 주로 영국에서 기원한 상업지리학은 생산물의 차이가 서로 다른 국가와 지역에서 유래되었다고 서술하고, 농업과 공업 생산품은 서로 다른 자연조건에 기초한다고 설명한다. 이런 관점에 따라 국가와 지역의 수출과 수입을 설명하고, 특정 지역이 생산하는 생산품에 따라 해당 지역을 정의한다. 이렇게 우리에게 익숙한 지역 지리가 현재까지 고등학교 교과과정으로 이어진다. 농업의 집적은 토양, 기후, 자연지리의 특정한 특징의 결과로, 도시와 지역으로의 산업자본의 집적은 특정 원료, 자연적 경로 등의 접근성의 결과로 설명되었다. 피츠버그-영스타운-클리블랜드 지역은 석탄과 철광석의 접근성의 결과이고, 랭커셔 면화 지역은 적합한 기후, 항구와의 접근성, 인근의 양털 생산지 때문에 기존의 모직 산업이 존재한 결과이며, 뉴욕은 넓은 해안, 내륙으로 깊게 연결되는 허드슨-모호크강, 대공장을 건설할 수 있는 튼튼한 지반 등의 입지적 특성의 결과라고 설명한다. 또한 미국 농업지리학은 "면화지대", "축산 지대", "봄밀 지대", "목축 지대", 캘리포니아, 플로리다, 태평양 북서부의 과일 생산지 등이 용어로 설명된다. 이 지역 간의 교역은 자연스럽게 각 지역에서 생산된 특정 상품의 과잉에 따라 설명되었다.

---

8   환경결정론의 가장 재미있는 사례에 관해서는 Ellen Semple, *Influences of Geographic Environment*(New York, 1911) 참조. 또한 다음 글도 살펴보기 바란다. Carl Sauer, "The Morphology of Landscape," *University of California Publications in Geography*, 2(1925), pp. 19~53; Richard Hartshorne, *Perspective on the Nature of Geography*(London, 1959), *The Nature of Geography*(Lancaster, Pa., 1939).

이런 유형의 설명은 지역 간 경제적 차별화에서 한 단계 더 나아가 국가 간 정치적 차별화에도 적용되었다. 많은 지리학자와 역사학자가 19세기 영국 제국의 헤게모니를 바다를 향하는 것 외에는 다른 대안이 없는 섬나라에서 비롯된 막강한 해상력의 결과로 설명했다. 19세기 새로운 영국지리학파의 대부인 헬포드 매킨더 경은 1919년 다음과 같이 서술했다.

역사의 위대한 전쟁들은 … 직간접적으로 국가의 불균등한 성장의 결과이다. 이 불균등한 성장은 일부 국가가 다른 국가에 비해 더 천재적이고 에너지가 넘치기 때문만은 아니다. 넓은 의미에서 지표면 위의 비옥도와 이에 따른 전략적 기회가 불균등하게 분배된 결과이다. 달리 말해 국가를 위한 기회의 평등 같은 것은 조금도 없다. 내가 완전히 지리적 사실을 오독하지 않는다면 육지와 해양의 집단화, 비옥도와 자연적 통로의 집단화는 제국의 성장, 그리고 최종적으로 단일 세계 제국의 성장에 적합한 것이라고까지 말할 수 있다.[9]

이 모든 것이 자연 때문이다!

정치 지리가 기반을 두는 상업지리는 그 자체로 매우 명백한 원칙, 즉 자연적 장점이 영토적 노동 분업을 지배한다는 원칙에 근거한다. 조지 치숌(George Chisholm)은 1889년 처음 출간한 『상업지리학 편람(Handbook of Commercial Geography)』(1937)에서 이 원칙을 완벽하게 표현한다.

---

[9] Halford J. Mackinder, *Democratic Ideals and Reality* (New York, 1942 edn), pp. 1~2. 이는 히틀러에게 너무나 유용했던 "심장부(Heartland)"(동유럽)와 "세계의 도서(World Island)"(유럽/아시아 대륙)라고 명명했던 매킨더의 유명한 격언을 상기하게 한다. "동유럽을 통치하는 자가 심장부를 지배하고, 심장부를 통치하는 자가 세계-도서 지역을 지배한다. 세계-도서 지역을 통치하는 자가 세계를 지배한다." 19세기 "새로운 지리학"이 어떻게 대영제국의 이익에 봉사했는지 살펴보고 싶다면 다음 글을 참고하기 바란다. Brian Hudson, "The New Geography and the New Imperialism: 1870-1918," *Antipode*, 9(2)(1977), pp. 12~19.

상업이 의존하는 위대한 지리적 사실은 전 세계 서로 다른 지역에서 다른 생산물을 생산하거나 조건이 동일하지 않는데도 동일한 생산물을 공급한다는 것이다. … 만약 (급속한 경제 발전과 이에 수반되는 사회적 폐해로부터) 전체적으로 인류에게 영원한 이득이 있다면, 특정 시장에 공급되기 위해 모든 종류의 생산이 가장 뛰어난 자연적 이점을 가진 특정 장소에서 이루어질 때까지 자연의 완전한 이점이 수확되지는 않는다. 자연적 이점은 유리한 토양과 기후, 물리적 특징과 외부와 내부를 연결하는 통신 설비의 존재, 유리한 조건에서 가치 있는 광석의 존재, 특히 기계를 생산하고 운영하는 광석 등을 의미한다. 이러한 것들은 적어도 운송비를 부담할 수 있는 생산물이다. 이 모든 이점은 거의 영구적이다. … 역사적 이점을 자연적 이점과 비교해보면, 역사적 이점이 자연적 이점보다 종종 실제로 오래 지속적일지라도, 본성상 더 일시적이다. 아마도 가장 중요한 것은 산업에 적대적이지 않고 적절하면서 확고한 원칙에 근거한 강하고 안정적인 정부일 것이다. … 세계의 상업과 산업은 최근 100년간 과거 경험하지 못한 전환의 시기를 맞았다. 통신이 향상되고, 생산수단은 가속화되고 저렴해졌으며, 비경작 토지가 경작되고, 원시 부족민은 이전과 비교할 수 없는 속도로 백인의 발명품을 접하게 되었다 ― 그 부수적 결과가 바람직하지만은 않았다 ―. 그래서 상업과 산업은 지리적 조건에 더욱 지배되는 경향을 보인다. … 향상된 통신수단의 영향으로 전 세계가 열리자 자본가들은 발전이 가능한 모든 지역을 찾고 발전에 장애가 되는 모든 것을 제거했지만, 인간이 자연을 다루는 위대한 힘을 획득했다는 그 사실이 인간 원래의 조건을 변경해 통과할 수 없다는 한계를 분명하게 보여준다. … 우리가 지금 말하는 경향, 즉 상업과 산업의 분배를 결정하는 데 지리적 조건이 궁극적으로 우세하다는 경향은 정말로 궁극적인 결과(a remote result)를 향한 경향이다.[10]

---

10 George G. Chisholm, *Chisholm's Handbook of Commercial Geography*(London, 1937 edn), entirely rewritten by L. Dudley Stamp, pp. 1, 7~9. 또한 Cyrus C. Adams, *A Textbook of Commercial Geography*(New York, 1901), ch. 2~4 참조. 이 책은 상업지리학에 기반을 두

오늘날 지리학자들은 더 이상 그들의 분과 학문이나 결과물이 세계사적으로 중요하다는 식의 자신감을 보이지 않는다. 상업지리나 매킨더식의 정치지리학이 제국의 성장을 이해하고 촉진하는 수단인 것처럼, 그들의 운명 또한 제국의 운명을 따랐다. 대영제국의 종말이 이러한 지리학의 종말을 가져왔다. 상업 및 지역지리학이 더 이상 지리학의 중심 자리를 차지하지 않는다. 이는 공간에 관한 더욱 추상적인 개념으로 교체되고, 1960년대와 1970년대의 계량혁명으로 인도되었다. 그러면 상업과 산업의 분배를 결정하는 데 자연지리적 조건이 궁극적으로 우세한 경향이 있다는 주장은 어떻게 해야 할까?

전통적 상업과 지역지리학자들에 의해 고착된, 자연적 이점의 원칙은 실제보다 좀 더 강조되어 설명되었다. 결과적으로 경제활동의 집적과 집중에 대한 설명은 오직 반쪽짜리 진실이 되었다. 그들은 보통 특정 장소에서의 초기 발전에 대해서는 충분히 설명하지만 차후 따라오는 질적·양적 발전에 대해서는 설명할 수단이 없다. 놀라운 생산성의 상징인 뉴욕의 현실은 기반암이나 물리적 접근성에 기반을 둔 자연적 설명으로부터 멀리 나와 있다. 자본주의하에서 생산력이 발전하면서 지리적 입지의 배후 논리는 자연적 여건보다 더 중요하게 여겨진다. 이유는 이중적이다. 경제 발전이 자연적 조건과 연결된 것은 첫째, 거리를 극복하기 어려운 경우와, 둘째, 원료에 근접할 필요가 있는 경우이다. 운송수단의 발전으로 첫 번째 자연적 장애는 그 중요성이 사라졌다. 생산력의 일반적인 증가로 오늘날 원료는 전에 없이 증가한 이전 노동과정의 결과물이기 때문에 두 번째 또한 덜 중요해지기 시작했다. 광의의 생산과정에서 원료, 예를 들어 플라스틱 하나를 생각해보자. 궁극적으로 플라스틱은 석유에서 기원하지만, 파이프, 가구, 의류, 혹은 인조 잔디가 되기까지 수많은 서로 다른 노동과정을 거친다. 이러한 노동과정의 첫 원료뿐만 아니라 모든 원료가 산업의 생산물로서,

---

고 본질적인 원칙을 명백하게 설명한다.

생산력의 입지에 의해 결정되지 자연에 의해 결정되지 않는다. 따라서 세계의 석유정제 산업은 대부분 석유가 자연적으로 산출되는 위치에 입지한 반면, 세계의 석유화학 산업은 이와 비슷하게 제약되어 유전 지역에 밀집해 있지도 않다. 이는 대부분의 원료가 농업이나 광업의 직접적 생산품이었던 초기 자본주의 시기와는 완전히 다른 현상이다.

건조환경에서 자본의 집적과 집중은 자본축적 과정에 내재한 사회적 논리에 따라 진행된다. 우리가 앞서 본 것처럼 적어도 자연적 차이가 경제활동의 입지를 결정하는 한, 자본의 집적과 집중은 자연적 차이를 균등화하는 방향으로 이끈다. 혹은 엥겔스를 연상시키는 톤으로 부하린이 서술했듯이 "생산 조건에서 자연적 차이가 아무리 중요하더라도, 생산력의 불균등발전이 가져온 차이와 비교하면 점점 덜 중요해진다".[11]

상업지리는 상업자본 시대의 지리이다. 상업지리가 19세기 상업자본의 중심지인 영국에서 더 발달된 것은 우연이 아니다. 상업지리가 제공하는 설명은 그 시대 — 자본주의경제가 봉건제와 여타 전 자본주의적 생산양식에서 자연경제의 지리를 이어받는 전환의 시대 — 에는 적절했고 심지어 통찰력도 있었다. 노동의 영역적 분업은 실제로 지구의 자연적 차별화의 영향을 강하게 받았고 심지어 자연적 차별화에 뿌리를 두고 있었다. 그러나 자본주의의 출현으로 사회 자체는 물론 사회와 자연 간의 관계도 혁명적으로 변했다. 노동의 영역적 분업은 더 이상 자연조건에 구애받지 않고 새로운 물질적 토대를 제공받는다. 확실히 자본주의는 자연의 차별화에 뿌리를 둔 노동의 영역적 분업을 계승했고, 이 영역적 분업은 다소 생존했지만, 이는 발전의 정도와 조건을 차별화하는 새로운 힘의 조합인 새로운 사회의 명령에 종속된 유물로 살아남았다. 오래된 노동의 영역적 분업은 자본의 은총이 허용하는 만큼만 남아 있다.

---

11 Bukharin, *Imperialism*, p. 20.

전통적인 상업과 지역 지리에서 자연을 다루는 방식은 첫 장에서 논의했던 자연 이데올로기의 더 심도 깊은 사례를 보여준다. 이들에게 자연이란 사회의 외부에 있는, 기껏 할 수 있는 것이라고는 사회와 상호작용하는 것을 의미했다. 프레더릭 잭슨 터너(Frederick Jackson Turner)는 시적 관점으로 이런 개념화를 제시하는데, 이는 또한 신화와 현실에 대한 터너의 모호한 조합을 묘사한다.

> 미국에서 문명화는 지질학이 만든 동맥을 따랐다. 그 동맥을 통해 점점 더 풍부한 문물을 쏟아부었으며, 원주민과 교류하던 좁은 경로가 넓어져 근대 상업 노선들의 복잡한 미로들로 뒤얽히게 되었다. 황무지는 점점 더 많아지는 문명화의 노선들에 의해 관통되었다.[12]

이 관점의 이데올로기적 본질이 무엇이든 간에, 터너는 지질학에 비해 상업의 중요성이 증가하고 있음을 우리에게 알려준다. 자연으로부터의 해방 혹은 자연의 생산이라는 좀 더 강한 논제, 그리고 자연적 양상들이 상업 및 산업의 분포를 설명하는 데 점점 더 중요해졌다는 조지 치솜, 더들리 스탬프(Dudley Stamp), 그 외 학자들의 예견 간에는 직접적인 모순이 있다. 그럼에도 후자의 예견이 전적으로 현실적 기반이 없다고 할 수는 없다. 이는 지리학자들이 역사적으로 한 물간 지리학의 폐기된 인습으로부터 아직 벗어나지 못했기 때문이다. 우리가 앞 장에서 제안했듯이 자본주의 발전의 거침없는 과정에서 중요성이 증가한 것은 자연지리 자체가 아니라 순전히 지리의 공간적 측면이다. 이 공간적 지리는 더이상 자연적 유형으로 주어지는 것이 아니라 사회적으로 생산된 것이다. 따라서 계량/적실성 "혁명" 이후, 지리학이 인간과 환경 간의 관계에 관한 고찰에서 점

---

12 Frederick Jackson Turner, "The Significance of the Frontier in American History," *Frontier*, pp. 14~15.

점 더 분리된 환경에 관한 공간적 분석으로 이중성격을 띤 것, 즉 한편으로는 공간을, 다른 한편으로는 (자연적/인문적) 환경을 연구한 것은 우연이 아니다. 공간과 자연을 하나의 경관으로 묶어주는 것이 바로 사회의 생산양식이다.

차별화와 노동 분업

우리가 여태까지 노동의 영역적 분업이라 명명한 지리공간의 차별화는 좀 더 일반적인 노동의 사회적 분업으로부터 나온다. 그런데 의문은 노동 분업이 무시된 것만큼이나 복잡하다는 점에 관한 것인데, 노동의 영역적 분업을 더 일반적인 틀로 이해하려고 하면 복잡성은 배가된다. 여러 단계를 따라 분리된 매듭을 풀어가보자. 마르크스는 노동의 영역적 분업에 대해서는 대충 언급하고 지나갔지만 노동의 사회적 분업에 대해서는 더 체계적인 논의를 시도했다. 그래서 우리는 사회적 분업에 관한 논의부터 시작한다.

마르크스는 그의 초기 저작에서 분업의 발전을 자연에 있는 뿌리로부터 자본주의하에서 경험하는 복잡한 분업으로 추적해갔다. 『자본』에서 그는 노동 분업이 발생하는 세 개의 분리된 규모(scale)를 구별했다. 일반적(general) 노동 분업(제조업과 농업처럼 주된 활동 간의 분업), 특정한(particular) 노동 분업(일반적 분업 안에서 서로 다른 업종 간의 다양한 하위 분업), 노동 현장에서 발생하는 잘게 나뉜 작업 과정 사이의 세분화된 노동 분업으로 구분했다. 노동 분업이 발생하는 규모의 구분은 단지 철학적 필요에 의해서가 아니라, 제조업의 구체적인 자본주의적 형태가 발전하면서 존재하게 된 것이다. 구체적으로 더 높은 규모에서의 노동 분업과 구별된, 노동 현장에서 체계적으로 세분화된 노동 분업은 자본주의의 배타적인 산물이다.[13]

---

13 *Capital*, 1, p. 351. 또한 다음 문헌도 참고하기 바란다. Harry Braverman, *Labour and Monopoly Capital*(New York, 1975), pp. 70~84.

그러나 노동 분업만이 마르크스가 정의한 사회적 차별화의 유일한 원천은 아니다. 그가 논의한 내용 중에 여기서 가장 중요한 것은 자본 분화(division of capital)와 관계된 것들이다. 그는 자본의 재생산을 조사하기 위해 경제를 두 부분으로 나누었다. 하나는 생산수단을 생산하는 것이고, 다른 하나는 자급 수단을 생산하는 것이다. 나아가 개별 자본 사이에도 구분을 만들었는데, 이런 구분 없이는 자본주의적 경쟁을 이해할 수 없기 때문이었다. 차별화의 원천은 얼마나 중요하고, 이것들이 노동 분업과는 어떻게 관련되어 있을까?

최근 진전된 세분화된 노동 분업, 잉여가치의 생산과 노동력의 재생산 사이의 노동 분업에 대한 관심이 증가하는데도 자본 분화와 노동 분업 간 관계에 대한 연구는 사실상 없는 상태이다. 여기서 명백하게 정당성을 밝힐 수는 없지만 마르크스가 자본을 세 부분으로 분화해 설명했듯, 나 또한 경제를 세 개의 규모, 즉 부문(department)으로의 자본 분화, 업종(sectors)으로의 자본 분화, 자본으로서 재산권을 행하는 개별(individual) 단위로의 자본 분화로 나누어보려 한다.

1. 경제의 부문들은 마르크스가 정의한 일반적 노동 분업 규모에서 서로 차별화된다. 마르크스 스스로는 이 관계를 명백하게 설명하지 않았지만, 이 관계는 일반적 노동 분업을 규명하려는 그의 관심에 부합한다. 부문은 생산물의 사용가치에 따라, 특히 자본의 재생산 과정에서의 사용가치에 따라 서로를 차별화한다. 즉, 마르크스는 생산수단(고정자본과 유동자본)을 생산하는 부문 I과 개별 소비 항목(필수재와 사치재)을 생산하는 부문 II를 구분한다. 마르크스는 이 구분을 경제의 확정적인 분업을 위해서가 아니라 지속 가능한 자본 재생산의 가능성을 보여주기 위해 차용했다. 나아가 다른 부문, 특히 공동의 비생산적 소비 항목(군사 장비 같은)을 생산하는 부문 III을 추가했다.[14] 경제를 부문으로 명확하

---

14 Mike Kidron, "permanent arms economy," *Western Capitalism Since the War* (Harmondsworth, 1970), ch. 3; Chris Harman, "Marx's Theory of Crisis and its Critics," *International Socialism* 2(11)(1981), pp. 48~55.

게 분류하는 것이 목적이라면 다른 분업이 가능할지도 모른다. 그러나 그것은 마르크스의 목적이 아니었고 여기서 우리의 목적도 아니다. 지금은 경제를 부문들로 나누는 수준이면 충분하다.

   2. 경제의 다른 업종들은 전통적으로 생산물(예를 들어 자동차·건설·철강·전자·교육 등)의 즉각적인 사용가치에 따라 정의되었다. 업종 간 구분은 마르크스의 특정한 노동 분업에 전적으로 일치한다. 생산물의 사용가치가 서로 다른 업종을 나누는 기준으로 보이지만 이는 부분적으로만 진실이다. 업종 자체는 하나의 특정 업종의 내적 일관성과 다른 업종에서의 생산 활동과 비교해 내부적으로 이윤율이 균등화되는 범위에 따라 정의된다. 이는 직접적인 시장 경쟁을 통해 나타난다. 시장 경쟁은 경쟁하는 사용가치가 비교 가능한 정도까지만 발생하기 때문에, 자신이 생산하는 사용가치의 유사성에 따라 업종이 정의된다는 피상적인 관찰이 신빙성 있게 느껴진다. 업종 간의 차별화는 결코 완결되지 않고 오히려 중첩되어 발생한다. 이는 강철이나 항공 같은 거대 복합 생산품의 생산에서 특히 확인 가능하다. 자동화되고 컴퓨터 프로그램화된 용광로나 보잉 747기가 건축이나 항공 업종보다 상대적으로 전자나 컴퓨터 업종에 어느 정도까지 연관되어 작동한다고 할 수 있을까? 업종들은 쉽고 명확하게 하나의 부문으로 딱 들어맞지 않으며 외적인 중첩도 있다. 예를 들어 자동차 산업은 세 가지 부문에서 생산한다. 생산적 소비를 위해 트럭을, 개별 소비를 위해 자가용을, 전쟁을 위해 탱크를 생산한다.

   3. 비록 세분화된 노동 분업이 개별 자본 수준에서 매일같이 작동하더라도 사회적자본을 개별 단위로 차별화하는 것은 노동 분업의 기능이 아니다. 오히려 축적 중인 사회적자본을 개별 자본으로 차별화시키는 것은 현존하는 법체계를 통해 표현되고 구성된 소유관계 체계이다. 자본주의의 기원에서부터 개별 자본은 노동과정의 세분화된 분업과 같아지고 있다. 개별 자본가는 농민, 목수, 섬유 공장 사장일 수 있다. 그러나 자본의 집적과 집중이 필연적으로 축적 과정

에 적용되면서, 개별 자본 규모는 엄청나게 성장한다. 오늘날 많은 소자본이 특정한 노동 분업 과정에 국한되어 남아 있으며, 투자 포트폴리오 시대답게 전체 사회자본에서의 지분은 점점 줄어드는 게 사실이다. 이제 듀폰사가 단순히 화학만 생산하지 않는다. 즉, 이 회사는 석탄과 석유를 채굴하고 호텔을 운영하며 소매 체인점을 운영하는 주택 시장에서의 판매자이자 구매자이다. 자본의 다양한 업종 규모처럼 개별 자본의 규모도 상당하게 중첩된다. 그러나 이는 뒤섞인 서로 다른 활동에 따라서가 아니라 상호 뒤섞인 주식 소유권에 따라 법적 통제의 중첩을 통해 드러난다.[15]

노동 분업과 자본 분화를 함께 포개면, 우리는 사회적 차별화 과정이 발생하는 네 개의 규모를 정의할 수 있다.

(a) 서로 다른 부문으로 나뉘는 노동의 (그리고 자본의) 일반적인 사회적 분업
(b) 특정한(particular) 업종에서 노동 (그리고 자본의) 분업
(c) 서로 다른 개별(individual) 자본 간의 사회적자본의 분화
(d) 노동 현장 내에서 세분화된 노동 분업

서로 다른 노동 분업은 지리적 경관을 차별화하는데 그 중요성이 같지 않기 때문에 지금부터 그들의 중요성을 평가하려 한다. 우리는 세분화된 노동 분업에서 시작한다.

세분화된 노동 분업은 초기에는 독립적인 사회적 힘으로 존재했던 제조업의 수작업 조직으로 등장했다. 마르크스는 다음과 같이 서술했다.

---

[15] 부문과 업종으로의 자본 분화에 대한 유사한 접근을 확인하려면 다음 문헌을 참조. Christian Palloix, *L'Internationalisation du capital*(Paris, 1975). 이 글의 일부가 다음 글로 번역되어 있다. "The Self-Expansion of Capital on a World-Scale," *Review of Radical Political Economy* 9(2)(1977), pp. 1~28, 특히 pp. 25~27 참조.

기계 시스템이 가장 처음 도입되는 부문에서는 대체로 매뉴팩처 자체가 생산과정의 분할(또는 조직)에 자연적 기초를 제공한다. … 매뉴팩처에서 세분화된 과정의 분리가 노동 분업의 성질이 요구하는 조건이라면, 이와는 반대로 아주 발달된 대공업에서는 각 부분 과정의 연속이 지배한다. … 현대의 대공장은 전적으로 객체적인 생산 유기체를 가지고, 이 유기체 안에서 노동자는 이미 존재하는 물질적 생산 조건의 단순한 부속물이 된다.

따라서 세분화된 노동 분업은 "노동수단 자체의 성질에 의해 강요되는 기술적 필연성"이 되었다.[16] 세분화된 노동 분업의 발전은 이른바 노동과정 차별화의 핵심적 결정 요인으로 치환되었다. 이 규모에서 차별화는 생산수단 자체의 기술적 발전에 따른 급격한 생산이다.

다른 의미에서 근본적임에도 세분화된 노동 분업은 결국 불균등발전을 가져오는 사회적 차별화에 기여한 바가 거의 없다. 이는 특히 공간 규모의 문제이다. 세분화된 노동 분업은 개별 공장 규모에서 발생하고 대부분의 지리적 차별화는 도시 간 규모에 영향을 미친다. 간혹 간접적으로 세분화된 노동 분업의 진전이 더 넓게 영향을 끼치기도 한다. 적어도 새로운 기술의 도입은 도시 간, 지역적·국제적 규모에서 공간 차별화에 부분적인 책임이 있다. 미국의 선벨트 지역, 캘리포니아의 실리콘밸리, 타이베이의 신추 지역의 발전에서 항공 산업이나 현대 군사기술의 중요성을 생각해볼 수 있다. 그러나 비록 새로운 기술이 확실하게 관련되어 있을지라도, 결과적으로 이들 사례에서 공간적 차별화에 대한 책임은 기계의 발전이 아니라 넓은 규모(특정한 혹은 일반적 노동 분업)의 영향이다. 세분화된 노동 분업은 특정한 혹은 일반적인 노동 분업의 발전과 연관되어 공간적 차별화를 가져온다.

16 *Capital*, 1, pp. 379, 381, 386.

일반적인 노동 분업 규모에서 자본주의는 역사적으로 제조업과 농업 간 분업에 근거한다. 비록 자본주의 발전으로 대체되었지만, 이 분업은 역사적으로 중요하며 농촌과 도시의 분리라는 직접적인 공간적 표현을 얻었다. "이미 발전해 상품 교환에 의해 매개되는 모든 분업의 기초는 농촌과 도시의 분리이다. 사회의 경제사 전체는 이 안티테제(antithesis) 운동으로 요약된다."[17] 그래서 마르크스는 통찰력 있게 노동 분업의 필수적인 공간적 내용물에 대해 서술했다. 지리학자들은 종종 공간이 마르크스의 이론적 분석에 어떻게 잘 들어맞는지 탐색할 때, 이 문장을 광범하게 때로는 무차별적으로 인용한다. 그러나 비판적으로 이해하지 않으면, 이 문장은 곡해될 수 있다. 농촌과 도시의 분리가 노동의 사회적 분업에 따른 논리적이고 역사적인 기초라는 의미는 다음과 같다. 즉, 프롤레타리아가 실제 그랬던 것처럼 자신의 생존 수단을 생산할 필요와 책임에서 해방될 때만이 노동의 사회적 분업은 진전될 수 있었다. 도시와 농촌의 분리는 자본주의에서 기원한 것이 아니라 초기 자본주의에 의해 계승되었다. 그러나 토지로부터 자유로워진 농노가 도시로 이주하자 농촌과 도시는 최종적으로 분리되었다. 도시와 농촌의 분리는 그 자체가 노동의 사회적 분업의 결과물이며, 마르크스가 언급한 대로 이것이 다시 추가적인 노동 분업의 기반이 되었다.

따라서 추가적인 노동 분업이 도시와 농촌의 분리라는 스스로의 기반을 침식한다는 것은 놀랄 일이 아니다. 산업화를 통한 농촌의 도시화는 마르크스의 예견대로 오늘날의 압도적인 현실이다. "고대사는 도시의 역사이지만, 부동산과 농업에 기반을 둔 도시의 역사이다. … 중세(게르만 시기)는 토지를 역사의 자리에 앉히기 시작했고, 그 발전은 도시와 농촌 간 모순을 향해 나아갔다. 근대는 고대처럼 도시의 농촌화가 아니라 농촌의 도시화이다."[18] 오늘날 도시와 농촌의

---

17 *Capital*, 1, p. 352.
18 *Grundrisse*, p. 479.

분리는 여전히 특정 형태로 발생하지만 이를 자본주의의 기원에서 나온 유물로 보아서는 안 된다. 이 분리가 오늘날 일반적인 노동 분업을 결정하는 데 여전히 핵심적이라고 말하는 것은, 너무 상식적으로 행해지지만, 마르크스를 무비판적으로 읽는 것이고 농촌-도시 모순을 화석화하는 것이다. 엄격하게 변호한다면, 이 모순은 자연 대 사회 ― 기계 대 정원 ― 라는 더 큰 이데올로기적 이분법의 파생물이다.[19]

농촌의 도시화가 마르크스의 주장 ― 사회의 역사는 도시와 농촌 간의 대립 운동 속에서 "요약"된다 ― 이 틀렸음을 입증하는 것은 아니다. 오히려 이것이 사실임을 확증한다. 그러나 우리는 이 역사적 대립 운동을 추적하면서 이 운동의 유예나 파기(Aufhebung)를 깨닫는 지점까지 도달할 준비를 해야 한다. 자본에 내재한 균등화 경향이 공간의 차별화를 넘어 승리하는 경우가 바로 그것이다. 이후에 살펴보겠지만 이 과정에서 자본주의는 자신의 무덤을 판다. 자본주의적 발전이 도시-농촌의 이분법을 만들고 그로 인해 자신의 경제사적 기반을 파괴할 정도에 이르면, 자본주의적 발전은 자신을 파괴할 뿐만 아니라 완전히 새로운 경제를 새로운 기반 위에 건설할 수 있는 발전의 길도 준비한다. (따라서) 이 대립 운동은 사회의 경제사를 너무나 정확하게 요약한다.

세분화된 노동 분업처럼 일반적인 노동 분업도 공간 차별화 유형의 근본적인 결정 요인은 아니다. 우리는 이를 도시와 농촌의 분리에서 확인했다. 여기서는 공업과 농업 간 분업이 경제의 각 부문 간 분업으로 대체되는 것 역시 동일하

---

19 사회과학에서 도시-농촌 이분법의 탈피는 1960년대 초반 사회학 내에서의 논쟁을 통해 공표되었다. 다음을 참고하기 바란다. F. Benet, "Sociology Uncertain: The Ideology of the Rural-Urban Continuum," *Comparative Studies in Society and History* 6(1963), pp. 1~23; P. M. Hauser, "Observations on the Urban-Folk and Urban-Rural Dichotomies as Forms of Western Ethnocentrism," in P. M. Hauser and L. Schnore, *The Study of Urbanization* (London, 1965), pp. 503~518; Ray Pahl, "The Rural-Urban Continuum," in *Readings in Urban Sociology* (Oxford, 1968), pp. 263~297.

다는 것을 확인하는 게 필요하다. 앞서 확인한 세 가지 부문 사이의 구분은 경제적으로 큰 규모에서 발생하기 때문에 공적 상관도 그와 유사하게 큰 규모에서 일어난다고 우리를 기대하게 만든다. 부문 사이의 차별화는 체계적 방식이 아닌 우연적 방식으로 도시 간 규모에서 공간적 차별화를 발생시킨다.[20] 세계경제 규모에서 부문의 선택적 집적은 중요하게 고려해야 한다. 가장 명백한 사례는 유럽의 식민 지배자를 위해 원료를 생산하는 것이 주된 기능이었던 초기 식민지 경제의 특화이다. 아프리카, 아시아, 남미의 저개발은 서유럽과 북미로 원료를 수출하면서 구축되었다. 마르크스는 이 과정을 선명하게 기술했으며, 유럽 경제의 산업화에서 이 과정이 기계의 발전과 어떻게 필수적으로 연관되는지를 서술했다.

예를 들어 면화에서 솜과 씨를 분리하는 기계가 면화의 생산을 증폭시킨 것처럼, 기계는 한편으로는 원료의 공급 증대를 직접 촉진한다. 다른 한편으로는 기계에 의해 생산되는 값싼 물품과 운수 교통수단의 변혁이 외국시장을 정복하는 무기가 된다. 기계를 이용한 생산은 타국의 수공업적 생산을 파멸시켜 타국을 강제적으로 자기의 원료 공급지로 만든다. 이런 방식으로 동인도는 영국을 위해 면화, 양모, 대마, 황마, 인디고를 강제적으로 생산했다. 대공업이 확립된 모든 나라는 노동자를 끊임없이 "과잉인구"로 전환시킴으로써 해외이민을 강화해 타국 영토를 식민지화하는데, 이 식민지들은 종주국을 위한 원료 생산지로 전환된다. 예를 들어 호주가 양모를 재배하는 식민지로 전환된 것처럼, 주요 공업국의 필요에 적합한 새로운 국제적 분업이 생겨나며, 이에 따라 지구의 어떤 부분은 (공업 위주인 지구의 다른 부분을 위해) 농업 위주의 지역으로 전환된다.[21]

20　그러나 카스텔은 도시-지역의 구분이 재생산과 생산의 상관관계라는 것을 증명하려 했다. 처음에는 타당해 보이겠지만, 다음에 우리가 살펴보게 될 것처럼 카스텔의 공식은 지나치게 단순화되었고 너무 형식적이다. Manuel Castells, *Urban Question*, pp. 437~471.

부문 I 활동에서 지구적 특화의 추동력은 사회적이다. 경쟁하는 기계의 파괴에 관한 한 "자연적"인 것은 없다. 하지만 작동 중인 이 사회적 특화는 지표면의 자연적 차별화에 토대 자체를 두고 있다. 저개발국이 선진국에 원료를 공급한다는 식의 선진국과 저개발국 사이의 조야한 분업은 더 이상 정확하지 않다. 사회적 생산이 자연의 명령에서 지속적으로 해방될수록, 차별화의 자연적 유형들은 생산의 다른 부문의 공간적 차별화를 방향 짓는 데 점점 무력해진다. 플라스틱 사례와 같이 원료가 이전 노동과정의 생산물이 되기 시작하면, 저개발국은 원료의 독점적 생산에 점점 덜 묶이게 되고, 이로 인해 일부 지역은 상당한 산업 발전을 경험하게 된다.[22] 그러므로 세계경제 부문 사이의 차별화는 선진국과 저개발국 사이의 분업으로는 충분히 설명되지 않는다.

오늘날 저발전 이론에서 사미르 아민(Samir Amin)은 부문 간 차별화에 따라 선진국으로부터 저개발국이 차별화된다고 이해하는 대표적 학자이다. 아민에게 주변부 자본주의는 중심부 자본주의와는 아주 다른 구조를 가지고 있다. 중심부 자본주의가 자기중심적인 축적을 경험하는 반면에, 주변부 "사회 구성체들"은 내재적으로 불균형한 발전 구조를 경험한다. 중심부에서의 발전은 "자본재"의 생산과 대량소비의 촉진을 중심으로 진전한다. 반면 주변부는 수출을 위한 생산과 사치재의 소비가 경제의 토대를 형성하고 있어서 내재적으로 불균형적인 구조이다(위 모델을 참조).[23] 아민이 부문 간 구분을 부분적으로 고려했음에도 이러한 구분들이 저발전에 대한 그의 설명에 지속적인 토대가 되지는 못했

---

21 *Capital*, 1, p. 451.
22 Mandel, *Late Capitalism*, pp. 63, 370; 개발도상국의 산업화에 관해서는 다음을 참조. Nigel Harris, "The Asian Boom Economies and the 'Impossibility' of National Economic Development," *International Socialism* 2(3)(1979), pp. 1~16; Bill Warren, "Imperialism and Capitalist Industralization," *New Left Review* 81(1973), pp. 105~115.
23 Samir Amin, "Accumulation and Development: A Theoretical Model," *Review of African Political Economy* 1(1)(1974), pp. 9~26; *Unequal Development*(New York, 1976).

아민의 중심부와 주변부 발전 모델

	중심부로서 결정하는 관계		
수출	2 '대량' 소비	사치재 소비	4 자본재
1		3	
	주요 주변부의 의존적 관계		

다. 그는 저개발국이 단지 원료 수출지로만 정의될 수 없고, 저개발국에서 상당한 산업화가 발생했음을 잘 알고 있었다. 그러나 이는 수출을 위한 공업 생산이기 때문에 주변부 자본주의의 불균형한 경제구조는 하나도 변화되지 않았다.

즉, 어떤 부문에서 생산이 이루어지는지와 상관없이, 수출을 위한 생산은 아민의 분석에서 핵심적으로 중요하다. 결과적으로 아민에게도 선진국과 저개발국 간의 차별화의 뿌리는 부문 간의 차별화가 아니다. 오히려 부문 간의 차별화가 공간적 측면을 갖는 정도인데 아민이 사용한 네 가지 부문 모두에서 생산적 활동은 선진국에 집적되었음을 알 수 있다. 이런 유형은 이미 이전에 존재한 공간적 차별화의 산물이다. 이에 대한 설명은 다른 곳에서 찾아야 한다.

아직 우리에게는 사회적 차별화가 발생하는 두 개의 규모가 남아 있는데, 이것은 자본주의 세계의 지리적 차별화에 우선적인 책임이 있다. 개별 자본의 규모에서 차별화 과정은 직접적이다. 자본은 다른 장소를 희생시키면서 일부 장소에 집적되고 집중된다. **특정한 노동 분업 규모에서** — 특수한 업종으로 경제를 분화하는 — 지리적 공간의 차별화는 덜 직접적이다. 차별화는 업종 안에서의 이윤율의 균등화에 따라, 그리고 이윤율이 낮은 업종에서 높은 업종으로의 업종 간 자본의 이동 결과에 따라 주기적으로 발생한다. 업종 간 자본의 이러한 운동은 그 시점 때문에 공간적 측면을 띤다. 자본을 끌어들이는 업종이 상대적으로 신생 업종인 경우, 이 업종의 급속한 팽창은 (급증하는 생산 시설을 위한 공간을 공급하기 위해서) 일종의 지리적 팽창 또는 재입지화와 동시에 발생한다. 그리고 앞의 명제가 참이라면 다음 명제도 성립한다. 체계적으로 자본의 상당한 양을 잃어버리는 업종이 기존 업종이거나 심지어 시대에 뒤처진 경우, 그래서 상대적으로 가까이 집적되어온 경향이 있다면, 전체 지역은 이곳에 입지한 고정자본의 체계적이고 보상되지 않는 가치절하를 경험하게 될 것이다. 자본의 가치절하(devalorization)는 궁극적으로 일반적 감가(devaluation)이며, 장소-특정적이다.[24]

3절과 4절에서 우리는 특정한 노동 분업과 개별 자본 사이의 분업이 공간적으로 번역되는 것을 세세하게 조사할 것이다. 이제 반대 경향, 즉 균등화를 향한 경향을 살펴보자.

2. 균등화를 향한 경향

앞 장에서 "자본의 보편화(universalizing) 경향"을 살펴보고 이 과정에서 모순되는 지리적 결과를 정리했다. 지리적 공간은 한편으로는 상대적 공간으로서 세계규모에서 생산되고, 다른 한편으로는 상이한 규모에서 독특한 절대적 공간으로 내적 차별화된다. 앞에서는 차별화를 향한 경향의 기원을 살펴보았지만, 여기서는 더 구체적으로 지구적 공간이 상대적 공간으로 생산된다는 의미를 살펴볼 필요가 있다. 마르크스는 전형적으로 유통 과정의 맥락에서 이 주제를 다룬다. 마르크스는 생산보다는 "시공간에서의 유통 과정"을 더 강조했다. 실제로 그는 이 주제를 『요강』의 짧은 장에서 다루었다. 『공산당 선언』에서도 그와 엥겔스는 "생산물을 위해 지속적으로 시장을 확장시킬 필요성이 부르주아를 지표면의 모든 부문으로 내몬다. 시장은 모든 곳에 침투하고, 모든 곳에서 안정되고, 모든 곳에서 연계를 형성해야 한다"라고 선언한다.[25] 그러나 『자본』에서 마르

---

[24] Harvey, *Limits*, pp. 425~446.
[25] *Grundrisse*, p. 533; *Communist Manifesto*, p. 13.

크스는 더 일반적으로, 다소 애매하게, "자본은 본래 자기들끼리는 평등주의자이다"라고 서술했다. 이러한 일반화는 "자본은 모든 생산 분야에서 노동 착취 조건의 균등성을 요구한다"²⁶라는 관찰에 따른 것이다.

그러므로 생산 조건의 균등화와 생산력 발전 수준의 균등화 경향은 상대적 공간의 지구적 생산에 내재되어 있다. 시간에 의한 공간의 절멸은 결코 완전히 실현될 수 없는 균등화 경향의 궁극적 결과이다. 차별화 경향에 항상적으로 반대되는 균등화 경향과 그 결과로 발생하는 모순은 불균등발전을 더 구체적으로 결정한다. 이 모순은 역사적으로 불균등발전의 구체적 패턴에 녹아 있지만, 우리는 이 주제를 다루기 전에 사회적 생산 영역에서 균등화 경향의 원천을 조사할 것이다.

우리는 도시-농촌이라는 이분법을 없애고 자연을 보편적 생산수단으로 전환시키는 균등화 경향의 일부 지리적 표현을 이미 알고 있다. 가장 일반적인 생산 조건의 균등화는 — 교환가치의 특징들뿐만 아니라 사용가치 측면도 의미하는 — 가치형태의 하나인 추상 노동의 보편화에서 비롯된다. 균등화의 기원은 차별화의 기원과 정확히 일치한다. 자본축적은 단순히 노동 분업의 발전을 통해 이루어질 뿐만 아니라 전 자본주의적 생산양식을 자본의 영역으로 끌어들인다. 진전된 노동 분업은 자본이 생산양식을 정복할 수 있을 정도까지만 가능하다.²⁷ 임금-노동 관계의 보편화는 한편으로 노동자에게 자유를 — 자신의 노동력을 사고팔 수 있는 자유 — 주지만 다른 한편으로 그것을 제거함을 예고한다. 마르크스가 관찰했듯이, 그리고 앞에서 자연의 생산에서 논의했듯이 개별 노동자는 "불

---

26 *Capital*, 1, p. 397.
27 이것이 전 자본주의사회에 남아 있지 않다고 말하는 것은 아니다. 명백히 그들은 남아 있지만, 자본주의적 세계시장에 통합된 일부로 전환되어 고착되었고, 직접적인 생산관계가 임금노동 이외의 것이라면 노동 분업은 진보한 것이 아니다. Ernesto Laclau, "Feudalism and Capitalism in Latin America," *New Left Review* 67(1971), pp. 19~38[reprinted in his *Politics and Ideology in Marxist Theory*(London, 1977), pp. 15~40] 참조.

구자"로 바뀐다. 마르크스의 말에 따르면 "자본이라는 거대한 괴물(Juggernaut)"은 노동자를 혼해빠진 수준으로 끌어내리고, 개인을 "어떠한 발전성도 가지고 있지 않은 전문가(미숙련 노동도 전문성으로 여기는 전문가 — 옮긴이)"로 만들어버린다. 인간의 본성은 하향 평균화된다.

이와 유사한 퇴락은 원료 확보를 위한 자본주의적 추구에서도 발생했다. 양적인 측면에서 균등화 과정은 노동대상의 희소성으로 표현된다. 목재부터 고래나 석유에 이르기까지 재료들의 추정된 희소성은 사회적 창조물이지 자연적인 것은 아니다. 하비에 따르면, "이런 희소성은 시장이 기능할 수 있도록 사회적으로 조직되었다".[28] 질적인 측면에서 자본은 축적 과정을 부채질하는 오래된 또는 새로운 원료의 광적인 탐사에 간여한다. 이러한 점에서 마르크스는 다음과 같이 결론지었다.

> 자본주의적 농업의 진보는 모두 노동자를 약탈하는 기술의 진보일 뿐만 아니라 토지를 약탈하는 기술의 진보이다. 일정한 기간에 토지의 비옥도를 높이는 진보는 모두 이 비옥도의 항구적 원천을 파괴하는 진보이다. … 따라서 자본주의적 생산은 모든 부의 원천인 토지와 노동력을 파멸시킴으로써만 … 발전한다.[29]

이는 토지뿐 아니라 광물, 동물, 식물 자원에도 적용된다. 이 주제는 이미 2장에서 자세히 논의했다. 두 가지 일반적인 의미에서 자연의 생산은 자연과의 관계에서 균등화를 야기한다. 첫째, 자연은 자본의 보편적 부속물이 된다. 둘째, 자연의 질은 자본의 작용으로 하향 평균화된다. 여기서는 이런 일반적 사항을 탐구하지 않고 균등화 경향과 관련해 특히 중요한 고정자본 주제를 살펴볼 것이다.

---

28 *Social Justice*, p. 114.
29 *Capital*, 1, pp. 506~507.

자본축적이 상대적 잉여가치의 생산과 재투자에 의존하는 만큼 "기술"의 발전과 향상은 필수적이다. 생산과정의 고정자본처럼 기술은 자본 확장의 수단인 동시에 발전의 추동력이다. 경쟁은 경제에서 혁신해야 할 필요를 일반화하면서 사회적으로 끊임없이 유동한다. 동일한 노동조건에서 하나의 자본에 의해 도입된 새로운 기술은 시장에서 생존하려는 동일 업종 내 다른 자본으로 인해 평준화되거나 향상될 수밖에 없다. 나아가 한 업종에서 증가된 노동생산성은 다른 업종의 생산성을 증가시킬 필요성이나 가능성을 창출한다. 한 업종에서의 진보가 이와 연관된 다른 업종에서의 진보를 요구하기 때문에 그 필요성이 발생한다. 마르크스는 방적기를 사례로 들었다. 방적기는 "기계에 의한 직조를 반드시 필요한 과정으로 만들었고, 마찬가지로 표백, 날염, 염색에서도 기계적·화학적 혁명을 필수적인 일로 만들었다".[30] 좀 더 최근 사례로 급속히 성장하는 업종의 원료를 공급하기 위한 농업의 산업화나, 전자 산업에서 다양한 혁명을 낳고 있는 컴퓨터 산업의 발전을 들 수 있다. 통신과 교통수단의 발전은 신기술을 지리적으로 일반화하는 데 방해되는 장벽을 제거했다. 이런 일반화를 획득할 때까지 생산 조건과 생산수준에서는 균등화 경향이 실현된다.

자본은 특히 과학이 지원하는 신기술의 발전과 도입을 촉진하도록 거대한 자원을 할당한다. 마르크스에 따르면, "자본의 완전한 발전은 … 전체 생산과정이 노동자의 숙련에 직접적으로 포괄되지 않고 과학기술에 적용되는 것으로 드러날 때 발생한다". 고정자본이 강화되면서 거대한 신생 업종에서는 연구와 디자인, 적절한 생산수단의 개발이 필수적이다. 과학 자체가 고정자본의 필수적 형태를 발전시키는 사업이 되었다.

지식과 기술의 축적, 사회적 두뇌의 일반적 생산력의 축적은 노동에 흡수되지 않

---

[30] 같은 책, 1, p. 383.

고 자본에 흡수되며, 자본의 특성상 구체적인 고정자본으로 나타난다. … 기계는 고정자본의 가장 적절한 형태이고, 자본이 스스로와 맺는 관계로 말하자면, 고정자본은 자본 그 자체의 가장 적절한 형태이다.[31]

고정자본이 중심 무대로 이동하면서, 고정자본에 대한 투자의 지리적 패턴이 공간의 상대성을 더욱 결정짓는다. 이로 인해 신기술의 일반화와 균등화 경향 사이의 관계가 강화되었다. 경제적 형태는 더 직접적인 지리적 형태로 옮겨졌다. 이제 균등화 과정의 배후 추동력이 생산 영역에서 직접적으로 나타날 때도 연구, 디자인, 개발의 새 업종들이 발전의 수준과 조건을 균등화할 수 있도록 독립적으로 작동하기 시작했다. 이는 과학의 경우에 특히 명백하다. "고정자본의 발전은 일반적 사회 지식이 어느 정도 직접적인 생산력으로 기능했는지, 그래서 사회적 삶의 조건들이 어느 정도 일반적인 지적 능력의 통제하에 놓여 있었는지, 그 조건이 어떻게 일반적인 지적 능력에 부합해 전환되었는지를 보여준다."[32]

마르크스는 과학과 고정자본에 관한 그의 주장을 논리적인 결론으로 이끌었다. 결론은 완전히 다른 종류의 균등화였다. 고정자본의 중심성이 증가할수록 본질적으로 모순에 직면한다. 자본은 가치의 유일한 원천으로 노동을 상정하는데, 고정자본에 대한 의존성이 증가하면 자본 자체가 자신의 생존의 기초를 고갈시킨다. 마르크스는 "생산적 노동력의 증가와 필요노동을 최대한 부정하는 것이 자본의 필수적 경향이다"라고 말했다.

직접적인 형태의 노동이 부의 위대한 원천이 되는 것을 중단하자마자, 노동시간은

---

31 *Grundrisse*, p. 694.
32 같은 책, p. 706.

부의 척도이기를 멈출 것이며 또 그래야만 한다. 교환가치 또한 사용가치의 척도이기를 중단해야 한다. 대량의 잉여노동이 일반적인 부의 조건이 되는 것도 중단된다. … 그래서 교환가치에 기반을 둔 생산은 붕괴되고, 직접적인 물질적 생산과정에서 극빈과 대립의 형태를 없앤다.[33]

자본의 확장 논리는 모든 인간 사회와 지구 전체를 자본의 지배하에 보편적으로 예속시키는 게 아니다. 자본 내에서 고정자본의 절대적인 지배를 일반화하는 범위 내에서만 그렇다.

극빈과 대립의 추방이 최대로 현실화되면 지리적으로 불균등발전의 충동과 공간적 차이는 완전히 평균화된다. 『요강』의 구절에 따르면, 프랑크푸르트학파의 이론가들은 마르크스의 다음 논리를 더욱 세밀하게 파고들었다. "사회적 삶의 조건들은 어느 정도 일반적인 지적 능력의 통제하에 놓여 있었고 지적 능력에 부합해 전환되어왔다." 프랑크푸르트학파로 잘 알려진 헤르베르트 마르쿠제는 생산뿐만 아니라 사회 전체 ─ 문화적·심리적·철학적·정치적 영역에서 ─ 를 통해 (거침없는 기술과 연결된) 과학의 헤게모니가 사회통제의 새로운 준-보편적 구조가 되었음을 보여주려 했다. 그 결과는 그의 이론을 설파한 책의 제목인 『일차원적 인간(One Dimensional Man)』(1964)에서 잘 드러난다. 그는 과학적 담론의 과정과 구조에 의해 인간 경험의 모든 영역에서 최소공통분모로 퇴락(degradation)과 균등화가 동시에 구축됨을 보여주었다. 공간적 상관관계에 관해 마르쿠제는 단지 넌지시 비치는 정도였지만, 사회과학 문헌에서는 더 명시적으로 논의된다. 신문의 여행 칼럼에서 유감스럽게 서술된 공간적 상관관계는 일차원적 지리이다. 지리적 차이의 균등화와 세계공간의 축소는 함께 이루어진다. 해외 지역에 접근하기 쉬워질수록 해외 지역도 본국과 유사해진다. 이러한 주장은 익숙한 것

---

[33] 같은 책, pp. 705~706.

은 소중히 여기지 않게 된다는 상투적인 문구 같은 게 아닙니다. 사회적 표현에 관계없이 지리적 일차원성이 생산의 수준과 조건을 균등화하는 데 실질적인 역사적 기초를 가진다. 지리적 의미에서 최소공통분모는 임금이나 가격의 등가가 적용되는 무장소성(spacelessness)이 아니라, 경관의 유비쿼터스적인 퇴락이다.[34] 여기서 무장소성은 유토피아의 다른 면이다.

마르쿠제는 마르크스가 묘사한 바와 같이 고정자본과 이에 따른 과학의 중심성이 증가한다는 사실을 훌륭하게 파악했다. 또한 과학이 자신의 범위를 생산과정에서 외부로 넓히는 경향이 있음을 이해했다. 최소한 그는 자본의 확장으로 유발된 사회적 조건의 균등화 경향의 한 측면을 이해했다. 그러나 일차원성에 관해 내린 회의적 결론은 다소 성급했다. 마르크스가 자동화와 기술적 지배의 승리를 논한 것은 기존 현실이나 자본주의하에서 획득되는 현실을 묘사하려는 것이 아니었다. 그러나 마르쿠제는 마르크스를 정확히 이렇게 독해한 것처럼 보인다. 마르크스의 시대에는 완성되지 않았지만, 마르쿠제에게는 경제뿐만 아니라 마음의 자동화, 계급투쟁의 비상관성의 증가, 노동가치설의 소멸이 오늘날 현실로 완성된 것처럼 보였다. 그러나 심지어 같은 구절에서 마르크스는 자본주의의 실제 조건하에서 "고정자본을 가치의 독립된 원천, 노동시간의 독립으로 여기는 것은 터무니없다"라는 점을 명백히 했다.[35] 사실상 마르크스는 『요강』의 잘 알려진 문구에서 현실 자체를 서술하지 않고 오히려 고정자본 발전의 논리적 결말을 쭉 보여주었다. 야만적이고 난공불락인 자본주의하에서 마르크스의 목적지가 "일차원적 인간"이 아니라 오히려 "사회주의"라는 것은 놀라

---

34 일례로 다음 문헌을 참고하기 바란다. Pierce Lewis, David Lowenthal and Yi-Fu Tuan, *Visual Blight in America*(Washington, D.C., 1973); Edward Relph, *Place and Placelessness* (London, 1976). 마르쿠제에 관해서는 Marcuse, *One Dimensional Man*(London, 1964), ch. 2 참조. 하버마스에 관해서는 Habermas, *Rational Society*, 6 참조.

35 *Grundrisse*, pp. 701~702. 마르쿠제는 노동가치설을 거부하고 기술 가치설을 선호했다. 하버마스는 더 명료하다.

운 일이 아니다. 가치의 척도가 더 이상 노동시간이 아닐 때, 사회적 부의 발전 조건이 더 이상 대중의 잉여노동이 아닐 때, 지식인의 직접적 통제하에 사회적 삶이 놓일 때, 생산과정이 극빈과 대립의 형태에서 벗어날 때 등, 이 모든 것은 마르크스 사회주의의 비전이며, 그 비전을 가장 명백히 드러낸 상태들이다. 실제로 그는 자본의 한 형태의 발전을 통해 자본주의 내에 배태된 사회주의의 씨앗을 심는 방식을 보여주려 했다. 균등화 과정은 새로운 고지에 도달한다.

차별화 경향처럼 균등화 경향도 자본에 내재한다. 교환의 개별 활동이 사회적 등가를 창조하기 때문에 세계시장과 유통 과정에서 균등화의 경향이 가장 명백히 드러난다. 유통 영역은 시간에 의한 공간의 절멸을 실현하려고 분투한다. 그러나 유통에서 실현되는 것은 생산에서 나오고, 이것이 바로 균등화 경향의 사례가 된다. 생산 조건과 수준의 균등화는 차별화 경향과 마찬가지로 추상적 노동이 보편화한 산물이다. 마르쿠제는 균등화에 눈이 멀어 차별화를 제대로 평가하지 못했다. 그러나 이 상반된 경향이 역사적으로 특정한 지리를 함께 생산한다.

3. 자본의 축적, 집적, 집중

생산자본이 이끄는 자본축적의 필요성이 자본주의사회의 광풍적인 지리적 팽창을 이끌고 있음을 우리는 알고 있다. 생산을 위한 건조환경을 창조하기 위해서는 자본의 지속적인 투자가 요구된다. 도로·철도·공장·공방·경지·창고·항만·운하·하수관·발전소·산업폐기물 처리장 등 목록은 끝이 없다. 이런 무수한 설비들은 지리적으로 이동이 불가능한 고정자본이며 축적 과정의 중심이다. 고정자본의 입지를 결정하는 일은 복잡한 고려가 필요하다. 여러 사안과 경제적 관련성은 우리가 개별 자본에 관심이 있는지, 또는 총체적으로 축적 과정에 관심이 있는지에 따라 중요성을 달리한다. 기업에 대한 미시경제학 이론에 근거한 부르주아 입지 이론은 개별적 결정에서 출발해 전반적 경제공간 수준까지 일반화를 시도한다. 그러나 마르크스 이론은 미시와 거시 규모를 통합해 시작한다. 개별 자본은 더 큰 경제의 발전과 구조에 따라 설정된 제약, 한계, 조건의 조합에 직면하지만, 더 큰 경제의 규칙은 모든 개별 자본의 수준과 관계된 경쟁적 관계와 계급의 결과물이다. 따라서 마르크스의 "자본축적의 일반적 법칙"에서 도출되는 강력한 지리적 결론이 개별 자본의 규모에서 공간의 차별화와 직접석으로 연결되는 것은 놀라운 일이 아니다. 자본의 집적과 집중이 공통된 맥락이므로 우리는 여기서 시작한다.

먼저 우리는 자본의 사회적 집적·집중과 지리적 집적·집중을 구별해야 한다. 이는 마르크스에게 일반적으로 자본의 개별 단위가 점점 더 많은 양의 자본을 통제해가는 사회적 과정을 의미했다. 공간적 집적·집중 과정은 자본의 물리적 입지를 나타내기 때문에 사회적 집적·집중과는 다르다. 우리는 집적과 집중의 차이를 설명하는 과정에서 사회적인 것에서 공간적인 것으로 나아갈 수 있다.

시원적 축적은 이미 개별 자본가의 손에 있는 자본의 (사회적) 집적이다. 이는 사실상 (상업자본에 반대되는 것으로) 생산자본의 가장 초기적 집적이다. 마르크스는 "한 자본가의 지도하에, 동일한 종류의 상품을 생산하기 위해, 동시에 한 장소에서 더 많은 노동자가 함께 일하는 것이 역사적으로나 논리적으로 자본주의적 생산의 시작점이 된다"라고 말했다.[36] 몇몇 자본가의 수중에서 발생한 자본의 초기 집적은 각 자본가들에게 더 진전된 노동 분업 수단, 더 많은 잉여생산, 결과적으로 축적을 통한 더 많은 자본의 집적을 제공한다. 이것이 증가하는 잉여가치의 양을 재투자함으로써 개별 자본이 성장하는 집적의 적절성이다.

실제로 자본의 사회적 집적은 축적의 전제이자 축적의 필수 요건이다. 상대

---

[36] *Capital*, 1, p. 322.

적 잉여가치를 얻기 위해 개별 자본은 증가한 잉여가치를 더 큰 규모의 기계와 생산수단을 구매하는 데 재투자하도록 강요받고, 생산 규모의 확장을 도모하는 자본은 지속적 집적을 요구한다. 이제 자본의 집적이 노동 분업의 진전을 촉진한 만큼, 자본은 분화된 노동을 다시 묶어낼 수단을 찾아야만 한다. 언제나처럼 자본은 필수 요건을 이점으로 전환시킨다. 즉, 자본은 노동자에게 내재한 협업이라는 사회적 힘을 이용해 작업장에서 노동의 기술적 재조합을 실행했고, 생산비를 줄였으며 협업이 없었다면 불가능했을 다양한 생산과정을 가능하게 만들었다. 자본의 집적과 협업에 기반을 둔 노동력의 전유로 인해 많은 노동자가 나란히 일할 수 있는 곳에서, 자본가는 더 이상 단순히 무수한 개별 노동자가 아니라 개별 노동자의 총합을 초과하는 생산력을 가진 **집합적**(collective) 노동자로 작업을 조직한다. 마르크스는 철도의 건설이 근본적으로 서로 다른 곳에 입지한 수많은 노동자의 협업에 의존한다고 말했다.[37] 오늘날의 전자·정보 통신과 컴퓨터 기술을 고려하면, 공간을 가로지른 협업과 지리적으로 분산된 집합적 노동자의 구성체는 필수적으로 중요해졌다.

협업은 "노동의 사회적 속성으로부터 기원했지만" 자본 아래서는 그 반대로 나타난다. 사회적 노동력은 (상징적일 뿐만 아니라 글자 그대로도) 자본력이다. 자본의 집중과 그에 따른 생산력의 발전이 높아질수록, 이러한 외피는 점점 더 현실적인 것처럼 보인다. 따라서 제조업 시기에 이르면 생산수단의 형태를 결정하는 데 세분화된 노동 분업의 영향력은 감소한다. 오히려 생산 체계의 기술적 디자인이 작업장에서 세분화된 노동 분업을 결정한다. 이것이 노동 결합이 완성되는 방식에 변화를 이끌어낸다. 기계가 기계를 생산하고 노동자는 한낱 생

---

37 같은 책, 1, pp. 322~327. 협업에 대한 마르크스의 일반적 지적은 중요한데, 예를 들어 한 개인의 "동물적 영혼이 … 각 개별 노동자의 효율성을 높인다"라거나 집합적 노동은 "어느 정도는 어디에나 있다"라는 등 그의 일부 사고방식은 상당히 의심스럽다. 이것들은 19세기에 남아 있었어야 한다.

산력의 부속물로 완전히 변신함 — 즉, 자본에 대한 노동의 형식적 포섭이 아닌 실질적 포섭 — 으로 인해 단순협업은 더욱 발전된 형태의 협업으로 대체된다. "단순협업에서 … 결합된(사회화된) 노동자가 고립된(개별화된) 노동자를 몰아내는 것은 아직까지도 어느 정도는 우연한 현상이다. 그런데 [다른 한편] 기계는 오직 결합 노동에 의해서만 기능을 수행한다. 따라서 노동과정의 협업적 성격은 노동수단 자체에 의해 강요되는 기술적 필연성이다." 기술적으로 기계가 강요하는 협업에서 자본은 상대적 잉여가치의 공짜 원천을 찾는다. 이런 의미에서 "협업으로부터 생기는 생산력은" 자본이 무료로 전유하는 "사회적 노동이 만들어내는 자연력"이다.[38]

자본축적은 직접적으로는 현재 단위에 자본집적으로 이어지고, 간접적으로는 거침없이 훨씬 강력한 과정, 즉 자본의 집중으로 이어진다. 자본의 집중은 둘 혹은 더 많은 독립적 자본가들이 하나의 자본으로 묶일 때마다 발생한다. 이는 대개 직접적으로는 합병이나 인수를 통해, 간접적으로는 신용 체계를 통해 발생한다. 자본의 집중은 현존하는 단위에서 단순 집적으로 얻을 수 있는 것보다 급속한 생산 규모의 팽창을 (그 결과 잠재적으로 노동생산성의 급속한 증가를) 허용한다.

> 만약 소수의 개별 자본들이 철도 부설을 할 수 있을 정도로 충분히 축적이 이루어질 때까지 기다렸다면 아직도 세계에 철도는 없었을 것이다. 그러나 집중은 주식회사를 통해 순식간에 이것을 수행했다. … 한 사람의 수중에 자본이 거대한 양으로 증대될 수 있는 이유는 많은 사람의 수중에서 자본을 박탈하기 때문이다.

따라서 자본의 집중은 "어느 경우에도 사회적 자본 규모의 적극적 증대에 의

---

[38] *Capital*, 1, pp. 384~386; *Capital*, 3, p. 79.

존하는 것이 아니다".³⁹ 실제로 집중은 종종 경제적 위기와 연관되어 더 빠르게 진행되는데, 이때 사회적자본은 축소된다. 따라서 집중은 한 자본을 파괴하면서 동시에 다른 자본의 가치를 급등시킨다.

"집중은 축적 작업을 완성한다." 이 문장은 자본집중의 효과와 목적을 과장한다. "자본은 단지 자본이 구할 수 있는 도구와 많은 일손을 집결시킬 뿐이다. 자본은 도구와 일손을 자신의 명령하에 합친다. 이것이 바로 진정한 비축이다. 특정 지점에 도구와 함께 노동자를 비축하는 것이다." 집중 과정은 이러한 비축을 가져오는 가장 효과적인 수단이며, 생산력의 지속적인 발전과 더불어 자본의 집중은 지속적으로 중요성이 증가하고 있다. 마르크스는 "오늘날 자본집중의 경향과 (개인을 끌어당기는) 매력은 심지어 강해지고 있다"라고 언급했다. 마르크스가 언급한 시기는 거의 상업이나 은행 업무에서만 "다국적 기업"이 있던 시기였음을 기억하자.⁴⁰ 지금은 어떤 산업 업종에서조차도 집중 과정이 모든 분리된 자본을 하나로 묶을 때까지 진행된다. 기존 경제에서 집중이 도달할 한계는 총사회적자본이 자본가 단 한 명의 외피 아래 묶일 때까지이다. 그러나 마르크스가 지적한 것처럼 이 단계까지는 결코 도달할 수 없다. 그 이유는 다음과 같다. 첫째,

---

39 같은 책, 1, pp. 626~628.
40 같은 책, 1, p. 687; *Grundrisse*, p. 508. 다음 표는 현 세기의 특징을 보여준다.

상위 100개 기업과 200개 기업이 미국 경제에서 차지하는 자산 비중

	상위 100개	상위 200개
1925년	34.5%	-
1929년	38.2%	45.8%
1933년	42.5%	49.5%
1939년	41.9%	48.7%
1947년	37.5%	45.0%
1954년	41.9%	50.4%
1958년	46.0%	55.2%
1962년	45.5%	55.1%
1965년	45.9%	55.9%
1968년	48.4%	60.4%

"원래 자본에서 스스로를 분리한 부분은 새로운 독립 자본으로서 기능한다". 둘째, 이것은 마르크스 시기 이래로 훨씬 중요해지기 시작한 과정인데, 경제적으로 동일한 통제 아래 남아 있음에도 거대 집중된 자본은 스스로를 내적으로 나눈다. 그리하여 하나의 기업 구조 안에 있지만 경제의 서로 다른 업종을 생산하는 준-자율적 부문으로 기능한다. 결국 집중의 수준이 축적의 진전으로 증가했음에도 자본의 사회적 집중과 탈집중 간의 지속적인 모순의 맥락에서만 기능한다. 그러나 마르크스는 자본주의가 자본의 총집중을 이룩하는 것이 불가능하다고 결론지을 때 너 야심찬 생각을 품었다. 다른 해결책은 생산의 사회적 관계가 탈집중을 충분히 방지할 때 발생한다. "생산수단의 집중과 노동의 사회화는 마침내 자본주의적 외피와 양립할 수 없는 지점에 도달한다. 자본주의적 외피는 파열된다. 자본주의적 사적 소유의 조종이 울린다. 수탈자가 수탈당한다."[41]

교환가치가 점점 더 소수의 수중으로 집중되는 것이 사회적 집중이라면, 공간적 집중은 사용가치가 물리적으로 집중되는 것이다. 자본의 사회적 집중은 특정한 공간적 집중을 동시에 생산하고 요구하며, 개별 자본 규모에서 생산수준과 조건의 지리적 차별화를 향한 가장 중요한 추동력을 제공한다. 사회적 집중에서 공간적 집중으로 일대일로 지도화하거나 자동 변환할 수는 없다. 사회적 집중이 공간적 집중을 필연화하는 만큼 자본의 사회적 집중을 재촉하는 긴급함은 생산의 특정 중심지에서 자본의 집중과 연관된 지리적 차별화로 그 모습을 표출한다. 공간적 집중으로의 이러한 변환은 어떻게 발생할까?

자본의 공간적 집중은 주요하게 집적된 생산자본의 문제이다. 확실히 화폐자본의 공간적 집중은 전체 사회자본의 집중에 의해 상당히 강화될 수 있지만, 화폐자본의 공간적 집중 자체로는 거의 의미가 없다. 세계 금융 체계의 중심지를 통해 유통되는 지폐, 수표, 예금증서, 금, 차용증서, 전자 문서 등은 극소수의

---

41 *Capital*, 1, pp. 625, 763.

은행과 일부 건물에 모여 있다. 이 빌딩과 기관은 일반적으로 새로운 중심지를 창조하지 않고, 오히려 기존에 존재하는 중심지에 덧붙는다. 자본의 집중과 관련해 화폐자본은 공간적 측면보다는 사회적 측면에서 훨씬 중요하다. 그러나 이것이 공간적 측면이 중요하지 않다는 의미는 아니다. 자본의 가장 유동적 형태로서, 가치의 사회적 화신으로서, 화폐자본의 지리적 이동은 축적 과정에서 토해내는 경향(균등화든 차별화든)이 무엇이든 간에 윤활유를 칠 수 있다. 상품자본 역시 중요하지만 그 자체가 집중의 새로운 패턴을 명령하지는 않는다. 첫째, 경관 속에 투자된 상품자본은, 심지어 이 소비가 사회적 생산의 요소가 아니어도, 대개 생산자본으로서 투자되었다. 이는 주택이나 사무용 건물에 적용된다. 둘째, 그러나 경관 속에 건조된 많은 상품자본은 오로지 생산 단지 주변에 밀집하는 경향이 있다. 자본주의하에서 도시 발전은 고정자본 투자가 집중되어 다수의 서비스업과 부가 활동을 끌어오는 곳에서 이루어진다. 이 규칙의 일부 예외는 '행정도시'라는 별도의 이름으로 부를 정도로 드물다. 고정자본과 관련한 이런 이유 때문에 공간적 집중의 문제는 특히 생산자본과 관련해서 접근하는 것이 합당하다. 이 규칙의 주요한 예외 하나를 아래에서 구체적으로 다룰 것이다.

우선 우리는 생산력의 발전이 생산과정의 규모 자체를 증가시킨다는 것을 알고 있다. "동시에, 한 장소에서, 많은 노동자가 함께 일하는" 상황이 증가할수록 잉여가치의 생산에서 기구와 재료의 투입은 증가하고, 생산과정의 공간적 규모도 더 커진다. 지속적인 노동 분업으로 더 많은 작업 과정이 밀집하고(cluster), 전 업종의 생산과정이 공간적으로 분리될 때조차 ─ 예를 들어 기본 생산에서 자동-조립 단위가 분리되는 것 ─ 공장은 점점 커지는 경향을 보인다. 한 개별 자본의 내부뿐만 아니라 외부에서도 활동의 밀집이 발생한다. 노동 분업이 진전될수록 생산과정에서 요구되는 부가 서비스와 활동의 수는 늘어나고, 공동으로 사용 가능해서 지리적 협업의 힘을 징발할 수 있는 생산자본의 범위는 더 커진다. 그러므로 자본은 구축된 생산 장소에 공간적으로 밀집하는 경향이 있다. 여기에 의문은 없다. 우리가 부르주아 문헌에서 "규모의 경제"와 "집적 경제"로 알고 있는 내적·외적 클러스팅의 결과이다.[42] 규모의 경제와 집적 경제는 모두 협업의 사회적 힘을 잘 길들임으로써, 그리고 동시에 유통의 시간과 비용을 절감함으로써 가능한데, 이 중 집적 경제는 살아 있는 노동과 지리적 구조에 고착된 죽은 노동으로부터 증여된 부분을 통해 작동한다.

노동수단 및 대상과 마찬가지로 축적 과정은 노동 주체의 전례 없는 공간적 집중을 가져온다. 마르크스는 다음과 같이 말했다. "대다수 노동이 개별 자본가의 통제 아래 집중되는 원인은 고정자본과 보조 및 원료에 막대한 투자가 이루어지는 것과 동일하다." 노동자가 집중하는 곳에서 노동력의 재생산 비용은 감소하는데 이는 수많은 필수품을 공동으로 구매할 수 있기 때문이다. 구체적으로 필요 통근이 최소로 유지되면 임금도 유지되고, 사회적 필요노동을 최소로 유지해서 잉여노동분을 최대화한다. 마르크스가 말했듯이 자본축적은 단순히 프롤레타리아의 축적이 아니라 특정 생산지에 프롤레타리아를 축적하는 것이다. 이러한 전 과정을 요약해서 마르크스는 다음과 같이 서술했다. "만약 우리가 **축적의 물질적 요소**를 고려한다면, 노동 분업이란 이전에 분산되어 있던 최저 생활 수단과 노동수단을 특정 지점에 집중시킬 것을 요구하는 것 이상의 의미는 아니다."[43] 따라서 자본의 효과는 이전에 차별화되지 않은 지리적 공간을 차별화하는 것이다.

개별 자본 수준에서 자본의 집적과 집중은 지리적 차별화를 향한 중심 추진력을 제공한다. 이 과정은 서로 다른 공간적 규모에서 서로 다른 방식으로 작동하는데, 우리는 다음 장에서 이를 살펴볼 것이다. 지금은 구체적 노동 분업 수준

42　Walter Isard, *Location and Space Economy* (Cambridge, Mass., 1956) 참조.
43　*Capital*, 2, p. 219; *Surplus Value*, 3, p. 271.

에서, 혹은 업종으로의 경제 분업에서, (2장에서 확인된) 차별화의 두 번째 잠재적 원천을 살펴보는 것이 필요하다. 이 질문은 축적의 역사적 리듬의 맥락에서 살펴보아야 한다.

4. 축적의 리듬

건조환경에 대한 자본 투자는 더 일반적인 자본축적의 유통 리듬에 동기화된다. 우리는 동기화가 세분된 모든 자본에서 거의 사실이라고 생각하지만, 건조환경에 투자된 자본과 관련해서는 특히 중요하다. 고정자본은 장기간에 걸쳐 경관에 고착되어 있기 때문이다. 주어진 어떤 시점에서도 지리적 경관에 붙박이로 들어가는 개별 자본이 존재하는데 이 자본은 단계마다 가치절하된 자본(생산에서 고정자본이 자신의 가치를 조금씩 양도하는 정상적 과정)이고, 고정자본의 일반적 감가 요소이고, 가치가 없어진 자본의 폐기된 잔존물이다.[44] 이런 각기 다른 상태에서의 역사적인 자본의 발생은 우연적인 것도 아니고, 지리적인 발생도 아니다. 건조환경에 대한 투자의 역사적 리듬은 특정한 지리적 패턴을 만들어내며, 이는 역으로 자본축적의 의제에 강한 영향을 미친다. 시몬 쿠즈네츠(Simon Kuznets), 모지스 애브라모비츠(Moses Abramowitz), 패리 루이스(Parry Lewis), 브린리 토머스(Brinley Thomas) 등[45] 다수의 학자가 이 연관에 대해 서술

---

44 가치절하(devalorization)와 일반적 감가(devaluation)를 구별하는 중요성에 관해서는 다음을 참조하기 바란다. Neil Smith, "The Concepts of Devaluation, Valorization, and Depreciation in Marx: Toward a Clarification," unpublished, Department of Geography and Environmental Engineering, The Johns Hopkins University, 1981.

45 Simon Kuznets, *Capital in the American Economy*(Princeton, 1960); Moses Abramowitz, "On the Nature and Significance of Building Cycles," *Economic Development and Cultural Change* 9(1961), pp. 225~248; Brinley Thomas, *Migration and Economic Growth*(London,

했지만, 축적 이론과 자본주의의 특정한 지리와의 연관에 대해 가장 체계적으로 연구한 사람은 하비였다.

하비는 역사적 증거와 자본주의 위기에 대한 마르크스의 이론에 기초해 "건조환경에 대한 투자의 순환적 '모델'"을 발달시켰다. 나는 이 이론을 개관하면서 하비 이론의 복잡성과 경고를 제외한 가장 단출한 뼈대만 제공하고자 한다.[46] 가장 일반적인 수준에서 생산을 위한 건조환경의 건설은 자본의 전반적 확장에서 "장기파동"의 주기성이나 쿠즈네츠 주기와 밀접하게 연관된다. 쉽게 관찰할 수 있는 결과로 이를 설명하기 위해 하비는 1차·2차·3차 경제순환을 구별할 것을 제안한다. 1차 순환은 노동력을 재생산할 뿐만 아니라 잉여가치를 생산하고 소비가 발생하는 장소(locus)이다. 2차 순환은 건조환경을 구성하는 부분, 특히 고정자본에 대한 투자나 소비 기금과 연관된다. 3차 순환은 과학·교육·기술·사회적 지출 등과 같은 투자 영역이다. 이런 순환은 통합되어 있어서 확실하게 구별하기 어렵다. 실제로 하비가 『자본의 한계』를 완성했을 때, 그는 과정의 통합성을 강조하기 위해 이러한 순환 사이의 구별을 포기했다. 그러나 중심 논리는 동일하다. 마르크스는 자본축적의 핵심에서 위기의 필연성을 도출했는데, 이는 다른 어떤 것들보다도 위기의 조건이자 결과로서 과잉 축적의 시작을 의미한다. 그러나 1차 순환의 위기는 적어도 자본 투자를 2차와 3차 업종으로 바꿈으로써 일시적으로 피할 수 있다. 하비는 2차 업종, 즉 건조환경은 투자 규모의 거대함, 긴 회수 기간, 집합적 소비 경향 때문에 과소 출자된 경향이 있다고 보았다. 이런 이유로 개별 자본가는 마지못해 투자하고 건조환경에 대한 자본의 투자 전환은 많은 기관, 특히 신용 체계와 국가에 의해 촉진된다. 하비는 1969~1973년의 광범한 주택 붐과 같은 역사적 사례를 통해 위기 직전에 건조환경에 투자되는 자

1973); Parry Lewis, *Building Cycles and Britain's Growth*(London, 1965); Ernest Mandel, *Long Waves of Capitalist Development*(Cambridge, 1980).
46 Harvey, "Geography"; "Urban Process"; *Limits*, ch. 12, 13.

본의 흐름을 묘사했다.

그러나 이는 단지 일시적인 해결책일 뿐이고 곧바로 건조환경에서 과잉-축적에 이르게 된다. 아니면 새로운 지리적 패턴들이 생겨난 다음에야 가능하다. 그렇다고 해도 과잉-축적은 자본의 막대한 일반적 감가를 가져오고, 긴 회전 기간 탓에 고정자본이 특히 취약하다. 생산과정에서 발생하는 고정자본의 정상적인 가치절하와는 판이하게, 이 일반적 감가는 가치의 완전한 파괴를 표상한다. 하비가 강조했듯이 일반적 감가는 장소-특수하다(place-specific). 이는 건조환경 전체가 급속하고 폭넓은 일반적 감가를 겪을 가능성을 초래한다. 종국적으로 발생하는 위기 가운데 하비는 세 가지 종류의 위기를 구분했다. 위기의 영향이 (업종이나 지역으로) 지역화된 **부분**(partial) 위기, 자본이 다른 부분에 유리하도록 전체 업종이나 지역을 비우는 **교체**(switching) 위기, 전체 자본주의 체계에 어느 정도 영향을 받는 **지구적**(global) 위기가 그것이다. 1973년부터 부상한 위기들은 명백하게 지구적 위기이다.

이 모델은 건조환경의 발달을 축적 리듬에 연결하려는 시도의 첫 단계일 뿐이다. 그럼에도 도시 발전에 이를 적용할 가능성은 이미 확인되고 있다. 앞에서 언급한 저자들의 연구 외에도, 월터 아이사드(Walter Isard)는 교통수단에 대한 투자의 주기적 측면을 기록했다. 화이트핸드는 글래스고를 예로 들어 경제순환의 각기 다른 시기에 발생한 건조환경에 대한 민관 투자가 결과적으로 사적·공적 발전의 동심원이 교차하는 결과를 가져왔음을 보여주었다. 아이사드는 교외화 과정에서 성장의 동일한 주기적 패턴을 보여주었다.[47] 이 연구들은 공통적으로 자본

---

47 Walter Isard, "A Neglected Cycle: The Transport Building Cycle," *Review of Economics and Statistics* 24(1942), pp. 149~158; J. W. R. Whitehand, "Building Cycles and the Spatial Form of Urban Growth," *Transactions of the Institute of British Geographers* 56(1972), pp. 39~55; Whitehand, "Fluctuations in the Land-Use Composition of Urban Development During the Industrial Era," *Erdkunde* 35(1981), pp. 129~140; R. Walker, "The Transformation of Urban Structure in the Nineteenth Century and the Beginnings of Suburbanization," in K. Cox(ed.),

주의경제의 축적과 위기의 리듬에서 건조환경의 통합된 역할을 보여주고 있다.

위기에 대한 마르크스의 가장 완벽한 분석은 『자본』 3권에 있다.[48] 축적의 지렛대가 되는 생산력의 동일한 역사적 발전은 "가변자본과 관련한 불변자본의 점진적 성장" — 노동력과 연관되어 자본이 원료·기계 등에 투자하는 것 — 에서 이윤이 생산되는 상대적 기반을 축소시키기 때문에, "이윤율의 점진적 저하는 필연적이다". 이런 필연과 조우하는 것은 그 발전에 내재하기 때문이다. 예를 들어 잉여가치율의 증가처럼 마르크스는 이윤율의 하락이 자본주의의 유일한 경향이라고 강조했다. 축적의 즉각적인 추동력을 넘어 이윤율의 하락은 나아가 "소규모 자본가의 수용을 통해 자본의 집적과 집중을 재촉한다". 이는 궁극적으로 자본의 과잉-축적에 도달하는 축적 과정에 또 다른 추진력을 부여한다. 따라서 "이윤율의 저하와 자본의 과잉-생산은 동일한 조건에서 기원하며" 이는 반대로 "폭력과 급격한 경제 위기로, 급격하고 강제적인 일반적 감가로, 실질적인 경기 침체와 재생산 과정의 붕괴로, 그리하여 재생산의 실재적인 감소로 이어진다".[49]

Urbanization and Conflict in Market Societies(Chicago, 1978), pp. 165~211; Walker, "Suburbanization."

[48] 여기서 마르크스주의 위기론을 자세히 설명할 수는 없다. 이 주제를 연구한 글은 많지만, 다음 글들을 참고하기 바란다. Chris Harman, "Theories of the Crisis," *International Socialism* 2(9)(1980), pp. 45~80; "Marx's Theory of Crisis"; "The Crisis Last Time," *International Socialism* 2(13)(1981), pp. 1~28; "State Capitalism, Armaments, and the General Form of the Current Crisis," *International Socialism* 2(16)(1982), pp. 37~88; Anwar Shaikh, "An Introduction to the History of Crisis Theories," in the Union of Radical Political Economics, *U. S. Capitalism in Crisis*(New York, 1978). 추가로 J. Weeks, "The Process of Accumulation and the 'Profit-Squeeze' Hypothesis," *Science and Society* 43(1979), pp. 259~280. 『자본의 한계』에서 하비는 건조환경과 관련해 유용한 논의를 했다. 그는 공황론을 제1차 국면(first-cut)에서 제2차 국면(second-cut), 그리고 제3차 국면(third-cut)으로 구성했는데, 각 국면은 갈수록 복잡해지면서 3차 국면에 이르러서는 확연하게 지리적이게 된다.

[49] *Capital*, 3, pp. 212, 241, 254.

여기서는 위기와 관련된 논의를 매우 단선적으로 정리했다. 위기는 생산력을 발전시킬 필요와 (생산력의 기원뿐 아니라) 구체적 발전이 일어나는 조건 사이의 내재적 모순의 산물이며, 경제 위기 또한 내적으로 모순적이다. 우리는 위기의 모순적 결과를 일부 검토할 필요가 있다. 위기가 얼마나 파괴적이고 자본을 제대로 기능하지 못하게 하는지와 무관하게, 위기는 또한 자본을 위해 예리하게 기능할 수 있다. (상품·노동력·기계·화폐의) 일반적 감가뿐만 아니라 합병, 인수, 파산, 그리고 위기에 수반되는 (불변뿐만 아니라 가변) 자본의 파괴는 자본주의적 발전의 새로운 국면을 위한 토대를 마련한다. 궁극적으로 마르크스는 "불변자본 요소의 일반적 감가는 그 자체로 이윤율을 높이는 경향이 있다. 불변자본을 구성하는 대부분은 가변자본과 연관되어 증가하지만, 그 가치는 절하될 수 있다. 뒤이은 경제침체는 — 자본가들의 한계 안에서 — 차후의 생산 확장을 준비한다"라고 언급했다. 또 다른 곳에서는 "연속적인 불경기, 중간 활동, 경거망동, 위기가 있다. … 그러나 하나의 위기는 언제나 새로운 투자의 시작점을 형성한다".[50] 즉, 이런 맥락에서 위기를 통해 확장의 새로운 국면을 준비하는 경제의 재구조화와 관련한 특정한 노동 분업은 가장 확연하게 드러나는 지리적 표현이다. 『자본』 1권에서 마르크스는 전 자본주의적 수공업과 초기 제조업에서 자본주의적 산업의 새로운 업종이 어떻게 출현하는지 서술했다.

기계가 처음으로 그 활동 범위를 정복하는 이 첫 시기는 기계의 도움으로 생산되는 엄청난 이윤 때문에 결정적 의의를 가진다. 이러한 이윤은 그 자체로서 자본의 가속적인 축적의 원천이 될 뿐만 아니라, 끊임없이 창조되고 새로운 투자 분야를 찾는 추가적 사회자본의 현저한 부분을 이 유리한 생산 부문으로 끌어들인다.[51]

---

50 *Capital*, 3, p. 255; *Capital*, 2, p. 186.
51 *Capital*, 1, p. 450.

이 묘사는 산업의 새로운 업종의 발전에도 동일하게 적용된다. 예를 들어 만델은 위기 직후에 오는 자본축적의 새 국면은 기본적으로 위기에는 도입되지 않았던 기술적 혁신을 통해 선도된다고 제안한다. 확장의 초기 국면에서 이윤율이 매우 높고 급속히 성장하는 많은 새로운 산업 업종이 그 결과이다. 비록 만델의 주장이 다소 비약적이고 경제순환에 관한 기술 결정주의적인 설명 또한 논쟁거리지만, 일반적 요점은 기초가 튼튼해서 여러 방면에서 지지를 받고 있다.[52] 마르크스는 고정자본 논의에서 생산의 새로운 업종과 위기 사이의 관계를 설명했다. 각각의 자본이 다른 회수 기간을 가지고 다른 시점에 투자되어도 "몇 년이나 되는 상호 연결된 회수 기간의 주기는, 자본이 고정 부분들로 굳게 묶여 있는 기간에, 주기적 위기를 위한 물질적 기초를 제공한다." 마르크스에 따르면 위기가 항상 새로운 투자의 시작점을 형성하기 때문이다.[53] 마르크스는 이 점을 더 발전시키지 않았고 엄격한 사례 검증도 하지 않았지만, 직관적으로 이는 상당히 합당한 주장으로 보인다. 기계 형태의 고정자본은 회수 기간이 짧아서 5~10년 주기의 물질적 기초가 된다. 반면 건물, 교통수단, 다른 주요한 "토목 개량" 같은 거대한 투자의 회수 기간은 길어서 18~25년의 "쿠즈네츠 주기"의 물질적 기초로 볼 수 있다.

위기 경로에서 생산자본의 일반적 감가와 뒤따르는 급속한 팽창은 하비의 용어를 빌리자면 장소-특정적이다. 그들은 (고정자본의 특정 아이템의 일반적 감가나 가치화가 분리된 입지에서 일어나는) 개별 자본 수준에서뿐만 아니라, 더욱 중요하게는 경제의 전 업종 수준에서도 장소-특정적이다. 이 관계는 고정자본의

---

52 Mandel, *Late Capitalism*, ch.8; Doreen Massey, "The U.K. Electrical and Electronics Industry," *Review of Radical Political Economics* 10(3)(1978), pp. 39~54; Richard Walker and Michael Storper, "Capital and Industrial Location," *Progress in Human Geography* 5 (1981), pp. 473~509.

53 *Capital*, 2, p. 186.

회수와 위기의 주기성을 연결시켰던 마르크스의 관찰에서도 제시되었고, 자본 스스로가 야기한 위기 경로에서 실제로 현실화되었다. 심지어 위기가 간헐적으로 출현할 때조차도 – 여기는 은행, 저기는 철강 회사, 저 어딘가에 내구소비재의 생산자, 일군의 소자본가들과 함께 – 위기는 자본이 최초에 전 자본주의경제를, 즉 업종 하나하나를 장악했던 것과 같은 방식으로 전개된다. 이는 단지 경쟁 기능을 통해 작동하는 것이다. 일반적 감가가 처음으로 견고해지는 곳에서 자본은 희생자들을 가장 쉬운 방향으로 밀어내려고 시도하는데, 이는 그들의 가장 직접적인 경쟁자를 밀어내는 것을 의미한다. 이것은 하비가 부분적 위기와 업종 위기를 구별하는 데 중요했다. 따라서 경제의 업종들이 공간적으로 집중하는 한, 일반적 감가의 장소-특정적인 특징은 업종의 위기를 직접적으로 (전체 지역에 영향을 끼치는) 지리적 위기로 전환한다. 낡은 기술의 노후화와 새로운 것의 출현은 이렇게 자본주의에 활력을 주는 동시에 오래된 공간 구조를 새로운 것으로 전환시킨다.

심지어 경제가 깊은 지구적 위기 속에 있을 때에도 – 이윤율이 절하되는 방향으로 거의 획일적으로 균등화할 때에도 – 위기의 영향(사회적 일반적 감가의 분배)은 불균등하게 남아 있다. 마르크스는 "잘 굴러갈 때 경쟁은 자본가계급 협회를 작동하게 한다"라고 언급했다. 자본가들은 세계를 제국과 대자본 대 소자본으로 사이좋게 구분하고 대단한 열정으로 사업에 착수한다. 사소한 접전 중에는 "각각은 각자의 상대적 투자 규모의 비중에 따라 공동으로 전리품을 공유한다". 그러나 위기 국면에서는 이윤의 공유가 손실의 공유를 견디지 못해 자본가들은 자신의 개별 손해를 최소화하려고 노력한다. "개별 자본가가 감내해야 하는 손실 정도, 즉 이를 공유해야만 하는 범위는 강점과 교활함에 따라 결정된다. 그래서 경쟁은 적대적인 형제들 사이의 싸움이 되기 시작했다."[54] 형제들 중 일부는 그

---

54   Ernest Mandel, *The Second Slump* (London, 1978); *Capital*, 3, p. 253.

들의 제국을 위해 싸움을 지속하고 나머지는 제거되었지만, 결과는 동일하다. 전체로서 자본가계급은 일부 소자본 형제와 그들의 제국을 단념함으로써 위기를 국지화하는데, 이러한 장소는 가장 급격한 일반적 감가를 경험한다. 마르크스가 언급했듯이 "만약 생산의 개별 지부가 가진 비례성이 반복적으로 불비례성으로 나타난다면"[55] 이러한 불비례성의 지리적 표현은 위기에서 가장 첨예한 부분이 된다.

마르크스에 따르면, 자본주의적 생산양식이 "생산의 조건을 정복해온" 수준은 "자본이 이동 불가능한 재산으로 전환하는 것에서 나타난다". 즉, 공간의 구체적 생산 정도가 자본의 보편성의 척도가 된다. 이것이 마르크스가 고정자본이 "자본의 가장 적절한 형태로서 등장한다"라고 말한 이유이다.[56] 그러나 위기의 맥락에서는 바로 그 이동 불가능성 때문에, 고정자본이 전적으로 자본의 부적합한 형태임이 명백해졌다. 오히려 자본가계급의 생존을 용이하게 하는 것은 바로 유동자본이다. 비록 유동자본이 "제 살을 깎아 먹을지라도 말이다".[57] 한차례의 급속한 일반적 감가 기간에 유동자본의 이동성은 지리적 균등화가 아니라 차별화(이 차별화를 기초로 어떤 자본이 생존될지가 예측되는)를 향한 수단이 된다. 따라서 마르크스는 유동자본 역시 자본의 가장 적절한 형태로 바로 추가했어야 한다. 이 모순의 해결책은 역사적 문제이다.

위기 이후에는 위기를 통해 아주 차별화된 지리적 공간이 남겨진다. 부르주아 입지 이론의 유효성은 이 시기를 살아남은 앙숙지간의 형제들이 고향으로 돌아오고, 다시 아늑한 협회를 만드는 다소 목가적인 확장 기간으로 한정된다. 입지 이론은 차별화된 경관이 주어져 있다는 가정에서 시작해 개별 기업의 입지 결정을 조사한다. 입지 구조 — 자본주의 지리 — 가 역사적으로 변화될 것으로

---

55 *Capital*, 3, p. 257.
56 *Grundrisse*, pp. 694, 740.
57 Harvey, *Limits*, p. 438.

보일 때까지, 입지 구조의 변화는 개별 기업이 내린 입지 결정의 산술적 합산으로 취급된다. 확장의 시기에 유동자본은 축적의 지렛대로서 이제 역사적 사명을 가진 고정자본의 투자를 거의 촉진하지 않는다. 오히려 생산을 위한 조화로운 경관이 새롭게 창조된다. 그러나 자본을 위한(입지 이론을 위한) 이런 목가적 조건은 무척 일시적이다. 자본과 입지 이론 양자는 그들이 설명할 수 없는 역사적이고 지리적인 흐름에 휘말린다. 그러나 주의 깊게 살펴볼 필요가 있는, 입지 이론에서 유래하는, 또 다른 가정이 있다. 개인의 입지 결정의 총합이 지리적 균형 상태, 즉 입지의 균형 잡힌 집합(balanced set of location)으로 가는 경향이 있다는 가정이다. 근본적으로 이 균형은 공간적으로 경제적 차이를 균등화하는 것이다. 역설적으로 이 전통의 연구자들은 자본주의 안에서 균형을 향한 실재적 경향이 있을 때 자신의 연구 결과의 현실성을 쉽게 포기하고, 균형은 오직 이상적 구조물이라고 선언한다.

지리뿐만 아니라 정치적 용어에서도 균형의 문제는 핵심적이다. 여기에 함축된 것은 궁극적으로 자본주의적 생산양식이 일종의 공간적 해결, 즉 "공간적 조정(spatial fix)"을 통해 내재한 모순을 해결하거나 대체하는지에 대한 질문이다. 역으로 이것은 규모(scale)의 문제를 의미한다. 이 두 가지 주제를 고찰함으로써 우리는 불균등발전의 일반 이론을 도출할 마지막 접근 방식을 취할 것이다.

차별화와 균등화에 대한 이러한 논의가 추상적으로 마르크스의 상이한 언급과 생각을 해석하고 추정하는 것에서 시작한다면, 축적의 리듬과 위기에 대한 강조에서 이런 논의를 더 구체화할 필요가 있다. 위기 가운데 발생하는 자본의 업종별 일반적 감가는 확실히 즉각적인 경고를 울린다. 예를 들어 탈산업화 과정은 가치절하의 과정일 뿐만 아니라 특정 업종이나 지역에 특수적인 것으로도 이해할 수 있다. 우리는 노동 분업과 지리적 차별화, 균등화로의 근본적 경향을 자본축적의 시기적 리듬과 통합하려는 작업의 중간 지점까지 왔다. 다음 장에서 우리는 이 여행을 완수할 것이다.

제5장

불균등발전 II
공간 규모와 자본의 시소운동

지리적 차별화와 균등화의 변증법이 궁극적으로 불균등발전 패턴의 원인이라고 해도, 그 자체로 완벽하게 불균등발전 과정을 속속들이 장악하지는 않는다. 여기서 두 가지 문제가 발생한다. 첫째, 이 변증법은 왜 단순히 발전 수준의 정적인 차이로 귀결되지 않고 불균등발전의 역동적 패턴으로 귀결되는가? 둘째, 이 변증법은 어떤 규모에서 작동하고, 이 규모는 어떻게 도출되는가? 우리는 이 두 가지 질문을 차례로 살펴볼 것이다. 먼저 하비의 분석으로 돌아가 공간적 균형 상태 문제부터 살펴보도록 하겠다.

1. 공간적 균형의 가능성

하비에 따르면, 입지상의 우위는 기술혁신과 마찬가지로 상대적인 잉여가치의 원천으로 간주해야 한다. 개별 자본가는 항상 가장 유리한 입지를 취하려는 유인에 노출되어 있다. 생산자가 원하는 대로 입지를 바꿀 수 있는 한 이들의 "초과이윤"은 순간적일 수밖에 없다. 반대로 생산자가 한곳에 오래 머물러 있을 경우 초과이윤은 지대의 형태로 사라지게 된다. 따라서 기술에 대한 접근이 동일하고, "공간적 경쟁"이 일어난다고 가정할 때, "자본주의 생산자에게 이윤율은 지대의 전유를 통해서든, 생산자본의 지리적 이동성을 통해서든 입지 전체적으로 균등화하는 경향을 보일 것이다". 여기서 하비는 다음과 같은 결론을 도출한다.

폐쇄된 평지에 장기적으로 나타나는 종합적인 영향은, 입지에서 개별적인 초과이윤을 찾다가 결국 평균적인 이윤율이 점점 제로에 가깝게 된다. 이는 기이한 결과다. 축적의 조건 아래 폐쇄된 평지에서 상대적인 입지상의 우위를 얻기 위한 경쟁은 더 심화된 축적에 걸림돌이 되는 생산의 경관을 만들어내는 경향이 있다. 고유의 자기 이익에 따라 행동하고 경쟁의 강압적인 압박하에서 이윤을 극대화하려고 노력하는 개별 자본가들은 더 많은 잉여가치를 생산할 수 있는 역량이 사라지는 지점까지 입지를 이동시키고 생산을 확대하는 경향이 있다. 마르크스의 이윤율 하락 법칙에 공간 버전이 있는 것 같다.[1]

하비의 모델은 의도적으로 단순화해서 표현되었다. 다만 여기서 어떤 형태의 균형은 가능할 수도 있지만, 균등화된 경관이라는 의미의 균형은 결코 존재하지 않는다는 결론을 도출해도 큰 무리는 없다. 이윤율 균등화의 경향이 자본 순환의 이동성을 통해 자본을 공간화하려고 아무리 밀어붙여도 실패할 수밖에 없기 때문이다. 따라서 하비는 아우구스트 뢰슈(August Lösch)의 육각형 시장 네트워크로 구성된 공간적 균형을 두고 이는 "자본주의 생산양식에는 절대 부합하지 않는, 제로 축적의 경관"이라고 꼬집는다. 따라서 "부르주아적 의미에서 '공간적 균형'(균등화)은 심원한 구조적 이유 때문에 자본주의적 사회관계하에서는 불가능하다". "생산이 어떤 공간적 균형 조건에 가까워질수록(예를 들어 입지 전체적으로 이윤율의 균등화), 개별 자본가가 기술 변화를 통해 이런 균형의 기초

---

1 Harvey, *The Limits to Capital*(Oxford, 1982), pp. 388~390.

를 방해할 경쟁의 인센티브가 더 커지게 된다." 이는 "앞선 공간적 균형이 … 달성되었던 조건"을 방해하고 변화시킨다.[2]

하비의 일반적인 요점은 분명 (균등화라는 의미에서) 공간적 균형을 지향하는 경향은 존재하지만, 이는 자본의 심장부에서 지리적 불균형을 지향하는 똑같이 막강한 힘(예를 들어 기술적 역동성) 때문에 꾸준히 좌절된다는 것이다. 하지만 우리가 앞 장에서 살펴본 바와 같이 특히 레닌과 룩셈부르크의 주장을 염두에 두었을 때, 공간적 균형 상태에는 이보다 심오한 의미가 있다. 자본이 스스로의 지리적 거울상으로서 공간적 균형 상태를 창출하려는 경향이 있다는 수준의 의미뿐만 아니라, 지리적 공간의 생산은 그 자체로 사회적·경제적 균형 상태를 보호하고 위기를 물리치는 주요 수단으로 작동하게 되었다는 것이다. 마르크스는 이런 입장에서 해외무역·수출·시초 축적을 다루었고, 절대적인 공간과 관련된 간단한 버전에서 룩셈부르크 역시 이 개념을 사용했다. 레닌의 개념은 공간의 상대성을 암묵적으로 인정하는 좀 더 복잡한 버전이었다. 하비는 과잉 축적과의 연계 속에서 이 사고를 포착해 자본주의의 내적모순에 "공간적 조정"이 존재하는지를 묻는다. 전반적인 자본순환과 자본축적에서 "공간은 적극적인 계기"라고 강조할 때는 이 점을 염두에 둔 것이다. "공간적 균형"은 단순히 자본주의 발전에 따르는 흥미로운 부작용이 아니라 자본의 한계를 나타내는 척도이자 반드시 있어야 하는 필수품이다.

첫째, "외적인" 해법은 없다. 상품과 생산자본, 노동자, 정화(正貨), 심지어 실업과 자본의 일반적 감가의 수출은 단기적으로는 효과가 있을지 몰라도 장기적으로는 문제를 더욱 악화시키는 일시적인 해법에 불과하다. 위기가 일반화될수록 위기를 수출하는 것은 점점 더 어려워진다. 이 해법은 성공적으로 이루어질수록 점점 더 자신의 무덤을 파게 된다. 자본이 전 자본주의적 부문과 지역에 침

---

2 같은 책, pp. 390, 393, 396. 이윤율 균등화에 관해서는 *Capital*, 3, ch. 10 참조.

투하하려면, 먼저 이를 자본화하고 이에 따라 새로운 경쟁자를 창출해야만 한다. 이를테면 식민주의의 정치적 메커니즘에 의해 자본화가 막히게 될 경우, 이 식민지는 과잉자본을 위한 유의미한 저장고로 전환되지 못한다. (덧붙이자면 영국 식민제국이 몰락한 것은 영국의 자비심 때문이라기보다는 바로 이 문제 때문이었는지도 모른다.) 이미 자본주의화된 영역 안에서 자본의 수출은 이윤율의 급속한 하락을 강제하고, 이에 따라 위기를 일반화시키는 수단이 된다. 그렇다면 '내적인' 공간적 조성은 존재하는가?

여기서 상황은 훨씬 복잡하다. 하비는 『자본의 한계』 마지막 장의 많은 부분을 이 문제의 복잡한 특징 중 몇 가지를 곱씹는 데 할애하고 있다. 하비는 확대와 자본축적의 가능성을 열어주고, 이를 통해 애초 자본을 위기로 끌어들인 수단들이 이제는 위기에 대한 그 어떤 내적인 공간적 해법도 찾기 어렵게 만든다고 결론지었다. 자본의 합리적인 감가와 통제된 재투자 등 생산과정을 완전히 재구조화해야 하지만, 이는 불가능하다. 기존의 공간-경제는 부분적으로만 가치절하되었고, 자본이 사적으로 소유되는 한 합리적으로 감가할 수 없기 때문이다. 경쟁이라는 무정부 상태는 자본의 아킬레스건임이 확인된다. 한때 확대의 최첨단에서 생산을 위해 역동적으로 기능했던 건조환경은 이제 무력함을 드러낼 뿐이다. 건조환경이 합리적으로 관리되지 못하는 곳에서는 때로 야만적인 감가가 산발적으로 일어난다. 따라서 공간적 조정이라는 "간편한 마법" 같은 것, "장기적으로 자본주의의 모순을 담아둘 수 있는 '공간적 조정' 같은 것은" 결코 존재하지 않는다. 합리적인 축적의 논리는 노동자와 자본이 똑같이 무참하게 감가되는 철저한 비합리와 전쟁으로 이어진다. "위기가 전 지구적인 지형 속에서 심화·확대되면 자본주의의 야만성은 무수한 상호확증파괴 양식으로 탈바꿈된다."[3] 자본이 물러나야 할 때 궁극적으로 의지하는 공간적 조정이란 바로

---

3   *The Limits to Capital*, pp. 390, 426~445. 또한 하비의 다음 글을 참고하기 바란다. "The Spatial

이것이다.

하비는 『자본의 한계』 마지막 몇 개의 장에서 지리적 공간이 자본의 중심으로 얼마나 가차 없이 끌려 들어가는지 힘주어 설명한다. 불가항력의 바퀴 속으로 빨려 들어간다기보다는 과열된 엔진실에서 작동하는 상황에 놓이는 것이다. 실패할 경우 자본의 복수는 소름이 끼칠 정도이다. 이 지점에서 하비의 분석은 르페브르와 유사하지만 공간의 생산 이면에 있는 물질적인 힘에 대한 좀 더 구체적인 이해를 보여준다. 또한 하비는 공간의 생산 중심에 있는 지리적 균등화와 차별화 간의 변증법을 함축적으로 보여준다. 맨체스터 노동계급에 대한 엥겔스의 설명에서 그렇듯 이 관계는 전쟁의 기능에 대한 하비의 논의에서 분명하게 드러난다.

엥겔스는 맨체스터 노동계급 거주 지역에 대해 이렇게 기록했다.

> 손바닥만 한 빈 공간이라도 있으면 급조된 집이 들어섰다. 통로가 불필요하게 남아 있던 곳에도 집이 들어섰다. 제조업이 만개하면서 토지의 가치가 올라갔고, 땅값이 오를수록 집 짓는 일은 더욱 미친 듯이 진행되었다. 거주자의 건강이나 안락은 안중에도 없이, 아무리 열악해도 더 나은 집에서 살 능력이 없는 가난한 종자들은 이 집에서 살 수밖에 없다는 신조하에 가능한 한 최고의 이윤에만 관심을 가졌다.[4]

공간에 대한 우리의 관심과 관련해서 마르크스는 엥겔스보다 훨씬 명시적이었다. 마르크스는 "공정한 관찰자라면 생산수단이 더 많이 집중될수록 주어진 공간에 더 많은 노동자가 몰려들고, 자본축적은 더 신속해지며, 노동자의 주거지는 더욱 비참해진다는 점을 인정한다"라고 지적한다.[5] 3장의 주장과 관련해

Fix-Hegel, Von Thunen and Marx," *Antipode* 13(3)(1981), pp. 1~12.
4 Engels, *The Condition of the Working Class in England* (Moscow, 1973 edn), p. 93.
5 *Capital*, 1, p. 657.

자본은 중앙 집중적인 생산의 절대공간을 제공한다. 그뿐만 아니라 프롤레타리아트의 이동성을 제한할 때 자연, 여기서는 인간 본성의 하향 평준화를 초래하는 똑같이 절대적이고 더 끔찍한 공간을 제공하는 도시공간을 특히 차별화시키는 듯하다. 전시(戰時) 자본의 감가가 바로 그 예이다. 전자가 체제 전반적이고 일상적이라면 후자는 변덕스럽고 단속적이라는 차이가 있지만, 둘 다 자본주의를 위해 기능한다는 점에서는 다를 바 없다. 전쟁을 거치며 자본이 파괴되면 모든 자연이나 인간 본성이 평준화된 대대적인 절대공간이 탄생하게 된다.

이런 변증법은 지리적 규모의 문제를 다시 불러낸다. 앞 장에서 나는 자본주의의 불균등발전을 제대로 이해하려면 지리적 규모의 기원을 이해할 필요가 있다고 지적했다. 우리는 이 세상이 도시규모와 광역규모, 국가규모와 국제규모의 조합으로 나뉜 것을 당연시하면서, 각각의 규모가 어떻게 나타나게 되었는지에 대해서는 거의 설명하려 들지 않는다. 지리적 규모를 분명히 이해하기 어렵다는 점에서, 규모에 대한 이해는 우리에게 자본의 불균등발전을 바라보는 중요하고 결정적인 창을 제공한다. 또한 규모에 대한 이해는 지리적 균형 상태와 이의 궁극적인 좌절의 경향을 이해하는 데 더 날카로운 초점을 제공한다. 공간적 균형 상태(또는 균형의 결여 상태)는 일정한 규모에서 절대공간의 생산을 의미하기 때문이다. 규모에 관한 논제는 하비의 설명에서 거의 아무런 역할도 하지 못한다. 본연적으로 모순적이면서도 체계적인 논리가 자본주의적 공간 생산을 유도하지만, 그 산물은 이 과정의 구조를 반영하지 않는다는 듯한 잘못된 인상을 주고 있다. 그 결과로 나타나는 불균등발전의 패턴은 워커의 표현을 빌리자면 "모자이크"와 같다.[6]

전 자본주의적인 지리적 공간은 모자이크, 예를 들어 잘 발달된 시장 시스템으로 구성된 교환공간(중심지와 배후지)의 모자이크라고 묘사해도 무리가 없다.

---

6 Walker, "Suburbanization"; "Transformation of Urban Structure."

하지만 자본주의가 발달하고, 자본주의의 생존을 위한 공간의 생산이 점점 더 중요해지면서, 그 과정과 산물은 훨씬 체계화되고 있다. 나는 차별화와 균등화의 변증법을 사용해 자본이 생산한 실제 공간적 규모를 추론할 수 있으며, 불균등발전의 결과물은 모자이크보다 더 복잡하면서 동시에 더 단순하다는 것을 보여줄 수 있다고 생각한다. 자본의 내적모순은 공간적 조정이 불가능하다는 점에는 의심의 여지가 거의 없다. 하지만 이런 공간적 조정을 실현하려는 불운한 시도에서 자본은 식별 가능할 정도로 독립적인 사회 활동의 규모로 조직된 어느 정도의 공간적 고정성(fixity)을 획득한다.

2. 자본의 공간적 규모

자본은 이미 복잡한 공간적 패턴으로 차별화된 지리적 세상을 물려받는다. 경관이 자본의 수중에 들어가면 (그리고 앞 절에서 언급한 의미대로 점점 자본을 위해 기능하게 되면) 공간적 패턴은 공간적 규모의 체계적인 위계질서로 분류된다. 자본주의하에서는 공간의 생산과 함께 도시공간 규모, 국민국가 규모, 지구적 규모라는 세 가지 주요한 규모가 나타난다.[7] 자본주의로 이행하기 전에 이 세 가

---

[7] 피터 테일러(Peter Taylor)의 통찰력 있는 관찰이 보여주듯 이 삼분법의 타당성에 관해 폭넓은 연구자가 암묵적으로 동의하고는 있지만, 사실상 세 가지 규모의 기원과 기능을 이해하려는 시도는 전혀 없다. 테일러는 "규모의 정치·경제"가 필요함을 주장하면서 이 공간적 규모를 현실의 규모(지구적 규모), 이데올로기의 규모(국가), 경험의 규모(도시)로 규정한다. 테일러는 이런 방식으로 공간적 규모를 규정하면서 이매뉴얼 월러스틴(Immanuel Wallerstein)의 연구에 의지한다. 월러스틴의 세계 체제 분석은 국가공간과 국민국가의 우선성을 전제하는 전통적인 부르주아적 가정에 비해 세계공간의 구분을 이해하는 데 더 우수한 토대를 제공한다. 테일러는 규모에 관해 이미 오래전에 나왔어야 할 질문들을 던지고 있지만, 나는 지구적 규모를 이해하기 위해 (생산보다는) 월러스틴의 "교환공간" 관점에 의지하거나, 사회적 과정에서 공간적 규모의 뿌리를 찾아내기 위해 현실과 이데올로기, 경험을 다소 추상적으로 구분할 필

지 규모는 역사적으로 다양하게 등장한다. 하지만 자본의 수중에서 세 규모는 정도와 내용에서 완전히 탈바꿈된다. 공간적 통합이 가치의 형태에서 추상 노동의 보편화를 위해 없어서는 안 되듯, 추상공간을 사회 활동의 특수한 규모로 차별화하는 것은 자본을 위한 내적 필수 요건이다. 자본의 순환 및 축적과 관련된 다양한 과정을 조직하고 통합하는 수단으로서, 추상공간은 상대적 공간의 더 넓은 흐름 속에 고정되고, 가치의 전체적인 순환과 확장을 위한 지리적 토대가 된다. 따라서 가치의 결정에는 이런 규모에 통합적으로 조직된 공간-경제의 창출이 내재한다. 이는 역동적인 과정이다. 이런 규모가 얼마나 고정화되든, 규모는 변화에 종속되어 자본주의의 불균등발전이 조직되는 공간 규모의 꾸준한 확인과 내적인 차별화를 거치게 된다. 여기서 핵심은 이런 공간 규모가 아무리 자명해 보여도 이를 주어진 것으로 그냥 받아들이는 것이 아니라, 자본의 구조 속에 이미 들어가 있는 세 가지 규모의 기원과 결정, 내적 일관성과 차별화를 이해하는 것이다.

도시규모

자본의 집중은 도시의 발전에서 가장 완성된 지리적 표현을 찾아낸다. 도시공간은 자본의 집중을 통해 생산의 절대공간으로 자본화된다(capitalized). 자본의 집중으로 인한 지리적 차별화는 다른 공간 규모에서도 나타나지만, 차별의 결과물은 그렇게 직접적인 혹은 전적인 집중의 산물로 볼 수 없다. 여기에는 더 복잡한 힘의 조합이 관련되어 있고, 최종적인 패턴도 도시규모만큼 "깔끔하지"

요는 없다고 생각한다. 테일러의 연구 정신에는 자본주의하에 놓인 이런 특징적인 공간적 규모의 생산을 이해하기 위한 좀 더 직접적인 "유물론적인 골자"가 있다. 다음을 참조. Taylor, "Materialist Framework"; "Geographical Scales Within the World Economy Approach," *Review* 5(1981), pp. 3~11. 월러스틴에 대한 비판에 관해서는 Robert Brenner, "The Origins of Capitalist Development: A Critique of Neo-Smithian Marxism," *New Left Review* 104 (1977), pp. 25~92 참조.

않다. 도시공간과 관련해 자본주의는 분명 도시와 시골의 이분법을 물려받았지만, 전 자본주의적 도시의 상징인 집중화된 경제적 부와 활동은 주로 조직화된 시장 교환 시스템, 종교적 기능, 방위상 기능의 필요에서 기인한다. 산업자본의 발전과 성장이 있어야만 생산적인 활동이 집중되어 시장 기능 대신 도시 발전의 결정 요인으로 역할을 할 수 있게 된다. 만일 이런 도시규모가 생산적인 자본의 집중이 표현되는 필연적인 현상이라면, 도시규모의 지리적 한계(이를 도시의 행정적인 경계와 혼동해서는 안 된다)는 주로 지역 노동시장과 일일 통근 범위에 따라 결정된다. 자본주의 도시가 발전하면서 노동의 장소, 주거의 장소, 생산의 장소와 재생산의 장소 사이에 체계적인 차별화가 존재하게 된다. 부르주아 사회과학, 특히 지리학과 경제학은 노동시장의 중요성을 도시성(urbanism)의 한계에 대한 경험적인 정의로 잘 이해하고 있다.[8] 하지만 부르주아 사회과학은 이런 공간적 관계의 함의를 진전시키지 못했다. 카스텔은 바로 이 공백을 메우기 위한 시도를 하고 있다. 그의 정확한 지적대로 "도시 단위"는 본질적으로 "한정된 일부 노동력의 일상적인 공간"이다. 하지만 카스텔은 여기서 더 나아가 "도시의 특수성"을 "집합적인 소비"의 장으로 정의한다. 그는 "도시는 재생산의 영역"이고 광역규모는 생산의 공간이라고 말한다.[9] 하지만 도시와 광역을 재생산과 생산으로 서로 등치한 것은 도시규모의 지리적 한계와, 일차적으로 생산자본을 도시로 집중시키는 힘과 그 과정을 다소 단순화된 방식으로 혼동하고 있기 때문이다.

---

8   이에 관한 문헌은 방대하고 다양하지만 특히 다음을 참고하기 바란다. Edward Taaffe, Howard Gauthier and Thomas Maraffa, "Extended Commuting and the Intermetropolitan Periphery," *Annals of the Association of American Geographers* 70(1980), pp. 313~339; B. J. L. Berry, "Commuting Patterns, Labour Market Participation, and Regional Potential," *Growth and Change* 1(1970), pp. 1~10; B. J. L. Berry and Q. Gillard, *The Changing Shape of Metropolitan America*(Cambridge, Mass., 1977).

9   Castells, *The Urban Question*(London, 1977), pp. 439~452 참조.

일터까지의 이동과 노동력의 대대적인 통근의 한계가 갖는 중요성은 단순히 물리적인 문제가 아니다. 일터까지의 이동 비용은 노동력 가치의 구성 요소이고, 이 구성 요소는 노동력 가치의 지리적 표현에서 중요한 의미를 갖는다. 일상적인 노동시장에 대한 지리적 한계는 도시규모에서 공간적 통합의 한계를 나타낸다. 도시의 한계가 지리적으로 지나치게 연장된 곳에서는 추상적 노동의 보편화가 파편화되고 불균형해질 위험이 있다. 반면 도시의 한계가 지리적으로 지나치게 제한적인 곳에서는 도시 노동력도 상대적으로 제한적이고, 생산력이 발달하지 못해 정상보다 빠른 침체의 가능성이 나타난다. 그러므로 도시공간의 확대는 단순히 생산력의 집중이 증대되는 문제나 구체적인 노동의 일상적인 시스템이 나타나는 규모의 확대와 같은 문제가 아니다. 그보다는 추상 노동의 일상적인 지리적 범위의 확대로 해석해야 한다.

도시공간의 균등화는 노동시장의 지리적 통합 속에서 완성된다. 이 통합이 붕괴되고 균등화의 경향이 좌절되면 그만큼 도시공간-경제에서 위기가 나타날 가능성도 커진다. 이것은 그다음 조건으로 이어진다. 즉, 도시공간의 절대적인 지리적 확대는 축적에 따른 가치의 확대와 동시에 이루어져야 한다. 결국 자본은 새로운 혹은 확대된 생산 활동과 부속 기능의 지리적 입지와 관련해 대단히 제한적인 선택이지만 어쨌든 선택에 직면하게 된다. 발전이 절대적인 도시 확대를 수반하는 것은 당연하지만, 제자리 확대(in situ expansion)를 통해서도 똑같은 발전을 이룰 수 있다. 즉, 기존 공간을 더욱 밀도 있게 소비하거나, 기존 공간의 일부를 재생산·재구조화해 새로운 필요를 충족시키는 것이다. 이제 도시공간의 내적 차별화는 도시의 확대가 발 딛고 선 구체적인 조건을 결정한다. 가장 기초적인 수준에서 도시공간은 생산의 공간과 재생산의 공간으로 나뉘며, 특수한 활동과 토지 사용(산업·운송·주거·오락·소매·상업·금융 등)이 지역적으로 집중되는 결과로 이어진다.

앞서 우리는 생산자본이 지리적 공간의 구조화와 재구조화 과정을 이끈다고 가정했지만, 이제 이 가정에 한계가 있음을 확인할 수 있다. 생산자본은 여전히 중요하지만 이는 단지 산업의 입지 때문만이 아니라, 당면한 건설 과정에서 이용되는 자본이 항상 생산자본이기 때문이다. 물론 건조된 상품의 소비에는 산업적인 토지 사용이 아닌 다른 토지 사용이 다수 관련되어 있을 수 있다. 도시규모에서 그 밖의 나머지를 쥐락펴락하는 것은 일반적으로 산업투자의 패턴이 아니다. 주거용·산업용·오락용, 그 외 여러 토지 용도가 도시 내부 수준에서 차별화되고 조정되는 만큼, 도시공간의 일관성은 자본이 가진 다른 기능의 작동에서 기인한다. 도시 발전이라는 사건이 생산자본의 집중에서 얼마나 많이 비롯되든지 간에, 그 내적 차별화는 이것과 다른 토지 용도 사이의 구분에서 비롯되며 지대 시스템을 통해 관리된다. 도시의 형태와 과정의 정확한 특징과 관련해 어떤 논쟁과 이견이 있든 간에, 도시공간의 지리적 차별화를 중재하는 데 지대가 근본적인 역할을 한다는 것에 대해 부르주아 문헌과 마르크스주의 문헌은 본질적으로 입장이 일치한다.[10] 지대가 작동한 직접적인 결과, 좀 더 복잡한 도시 차별화의 패턴을 통해 이원적인 축(주변은 지대가 낮고 중심은 지대가 높은)이 짜여진다.

도시공간의 기본적인 구성 요소는 사유재산이라는 개별적인 절대공간이며, 각각의 공간은 지대라는 형태로 가격이 매겨진다. 특정한 공간의 지대는 그 속성(크기·표면형태·현재 용도 등), 다른 시설과 장소(도심, 운송, 하수 등)와의 관계 등 무수한 조건에 따라 정해진다. 지대 시스템은 도시공간을 교환가치의 측면만 남기고 모두 균질화시키지만, 이를 위해 전체로서의 도시공간 내에서 개별

---

10 William Alonso, *Location and Land Use*(Cambridge, Mass., 1964); "A Theory of the Urban Land Market," *Proceedings of the Regional Science Association* 6(1960), pp. 149~158; David Harvey and Lata Chaterjee, "Absolute Rent and the Structuring of Space by Financial Institutions," *Antipode* 6(1)(1974), pp. 22~36; Neil Smith, "Toward a Theory of Gentrification: A Back to the City Movement by Capital not People," *Journal of the American Planning Association* 45(1979), pp. 538~548.

공간의 사용을 조정하고 통합한다. 지대 구조에서 도시공간의 균등화는 차별화의 수단이 된다. 경쟁 관계에 있는 용도는 지대 시스템을 통해 일단 지리적으로 분류된다. 물론 효과적인 통합은 결코 장담하지 못한다. 공동으로 소비되는 시설이 존재하고, 이 시설이 생산과 재생산수단으로 동시에 기능할 경우, 이를 제공할 능력이나 의향을 갖춘 개별 자본은 존재하지 않을 것이다. 도시공간의 질서 있는 발전의 조건을 유지하기 위해 일반적으로 국가(지역과 전국 수준에서)가 개입한다. 국가는 토지 시장을 우회할 수 있기 때문이나. 토지 시장의 합리성은 도시계획의 직접적인 정치 논리로 교체된다. 수송 시설은 집합적으로 소비된다는 점과 통근의 중요성을 감안했을 때, 이런 정치 논리는 교통수단의 건설이라는 측면에서 중요하지만, 이는 상하수도나 전기 등에도 똑같이 적용된다. 국가는 자본을 위한 집단적인 질서라는 이름으로 토지 시장의 질서를 우회하지만, 실제로 나타나는 결과는 무질서일 수밖에 없다.[11]

하지만 경쟁적인 토지 시장 자체 혹은 토지 시장의 더 넓은 경제로의 통합 역시 스스로 무질서로 이어지기는 마찬가지이다. 자본의 역사적인 발달과 함께 지대가 이윤율의 표현이 되었기 때문에[12] 지대 구조는 전체 시스템에서 가치의 결정에 묶여 있다. 그럼에도 토지 자체는 투기적인 교환과 개발의 대상이 되었기 때문에 지대의 통합적인 기능은 붕괴된다. 투기의 조짐이 나타날 경우 지대는 절대 노동의 보편화 요건에 부합하는 방식으로 도시 발전을 통합하고 조정하지 못하도록 체계적으로 저지된다. 모순은 위로, 그리고 바깥으로 위치가 바뀐다.

지구적 규모

사유재산이라는 절대공간은 더 낮은 지리적 경계의 지구적 공간을 나타낸

---

11 미국 도시에서 나타나는 질서와 무질서의 병치에 관해서는 Sam Bass Warner, *The Urban Wilderness*(New York, 1972), ch. 2 참조.
12 *The Limits to Capital*, ch. 9, 11.

다. 만일 우리가 비영토적 공간의 문제를 잠시 미뤄둘 경우 지구적 공간의 지리적 한계는 이미 주어진다. 절대공간으로서의 지구적 공간은 인간 활동에 대단히 효율적인 용기(用器)이다. 우리는 모순에 대한 두려움 없이 이것이 자연[본성] 때문이라고 말할 수 있다. 하지만 우리는 이 공간을 완전히 다르게 이해한다. 자본주의는 세계시장의 형태로 지구적 규모를 물려받는다. 사실 이런 규모의 생산은 처음부터 완벽하지는 않지만, 자본주의의 발달을 가능하게 만드는 조건 중 하나이다. 하지만 항상 그렇듯, 자본이 어떤 형태로 물려받은 것은 시간이 지날수록 점점 다른 형태로 재생산된다. 시골에서 시작된, 공간(예를 들어 사유재산이나 토지 구획)의 시원적 축적은[13] 봉건제의 지리를 자본주의의 지리로 탈바꿈시키기 위한 본질적인 조건을 제공한다. 교환을 토대로 한 세계시장은 생산과 임금노동의 보편성을 토대로 한 세계경제로 탈바꿈된다. (아무리 좋게 평가해도 양적으로나 질적으로 부족한) 상업 시장의 가격 메커니즘을 통한 공간적 통합은 좀 더 근본적인 차원에서 가치법칙을 통한 공간적 통합에 의해 갈수록 잠식당하고 대체된다.

도시규모가 자본의 집중을 통해 수행되는 차별화 과정의 산물이라면, 국제 규모는 균등화를 향한 경향의 산물에 불과하다. 여기에는 특별히 독창적인 것이 없다. 보편화를 향한 자본의 추동력에서 가장 결정적인 요소는 세계의 노동력을 상품의 지위로 평평하게 균질화하려는 시도이다. 자본은 협박하고, 묵인하고, 환심을 사서 임금노동 관계를 자본이 마주하는 전 자본주의적 시스템의 사실상 모든 틈새로 밀어 넣는다. 예외를 용인하거나 심지어 권장하는 경우가 있다면 이는 안 그러면 임금노동 관계로 인해 세계경제가 보편적으로 식민화되기 때문이다. 축적이 불가피하다는 것은 곧 자본의 집중을 통해 분명한 도시규

---

13 John Merrington, "Town and Country in the Transition to Capitalism," *New Left Review* 93 (1975)[reprinted in R. Hilton(ed.), *The Transition From Feudalism to Capitalism*(London, 1976), pp. 170~195].

모를 형성한다는 뜻인 것처럼, 이와 동일한 불가피성은 생산을 지구적 규모로 균등화하는 것으로 이어진다. 이 규모는 임금노동 관계의 보편화를 통해 생산관계의 수준에서 정의된다. 이는 우리가 예상했던 대로이다. 자본주의는 자신의 상(象) 속에서 정확하게 지구적인 지리적 규모를 정의한다. 그것을 구성하는 데 도움을 주는 경제적 힘과 과정이 있음에도 불구하고, 지구적 규모의 정의는 철저하게 정치적이다. 이는 자본주의 계급 관계의 산물이다.

자본 확대는 가치법칙의 보편화를 위한 수단으로서 자본이 물려받은 절대공간의 정치적·경제적 내용을 채워나간다. 이 절대적인 확대가 지구적 규모의 한계에 다가갈수록 시장을 통한 공간적 통합의 형식적 측면은 점점 실질적인 공간적 통합을 향한 경향에 포섭된다. 이론적으로 이는 마르크스의 생각(자본에 의한 노동의 형식적 포섭은 실질적 포섭으로 이행된다)과 정확하게 맞아떨어진다.[14] 역사적으로, 지구적 규모에서 이루어지는 실질적인 공간적 통합이라는 헤게모니의 진화는 (협소한 식민주의와는 다른) 레닌이 논의했던 제국주의의 등장, 그리고 제1차 세계대전의 기원과 연관된다. 앞 장에서 지적했던 것처럼 자본의 절대적인 지리적 확대에서 내적인 공간적 차별화를 통해 공간의 생산으로 넘어가는 이행의 이면에는 형식적인 공간적 통합에서 실질적인 공간적 통합으로 넘어가는 역사적인 이행이 정확하게 존재한다. 식민주의는 일시적이긴 해도 "외적인" 공간적 조정의 일환으로 기능했다. 하지만 동일한 척도에서 지구적 규모의 공간적 통합이 단순히 형식적이 아닌 실질적인 성격을 띠게 되면서, 외적인 지리적 공간은 그 외부성을 부정당했다. 일차적 자연이 이차적 자연 안에서 이차적 자연의 일부로 생산되면서 "외적인" 공간 역시 **자본주의의 지구적 지리의 일부로**

---

14 노동의 형식적 포섭과 실질적 포섭에 관해서는 *Capital*, 1, p. 510; "Results of the Immediate Production Process," in the Vintage edition of *Capital*(New York, 1977), 1, pp. 1019~1038 참조. 미국 경제의 불균등발전과 이 문제에 관한 논의에 대해서는 Aglietta, *Capital Regulation* (London, 1979) 참조.

생산되고 내부화되었다. 이것이 바로 불균등발전의 핵심에 있는 "저발전의 발전(development of undevelopment)"이다.

지구적 공간의 균등화가 임금노동 관계의 보편적인 경향에서 기인한다면, 이 규모에서 지리적 차별화의 중심축은 노동력 가치의 차별화된 결정과 그로 인해 영향을 받는 임금의 지리적 패턴이다. 이 과정의 역사적 뿌리에는 시초 축적이 있지만, 발전 수준과 조건의 타고난 차이가 자동적으로 현대의 차별화 패턴으로 변형되진 않는다. 그보다 축적 과정의 핵심에는 모순이 존재하며, 그 역사적 발전은 지구적 공간의 차별화를 결정해왔다. 우리는 공간적 조정에 대한 논의에서 이런 내용을 암시했다. 자본은 전 자본주의사회로 확장해 들어갈지 여부에 대해서는 선택의 여지가 전혀 없지만, 이를 어떻게 할 것인가에 대해서는 "선택권"이 있다. 한편으로, 발전되고 대단히 집중된 자본은 생산의 물리적 요소(필요한 사용가치)뿐만 아니라 더 싼 원료의 공급원, 특히 새로운 원료와 노동력 역시 꾸준히 물색해야 한다. 상대적 잉여가치에 대한 모색을 확대할 때 자본은 상대적으로 저개발된 외부적인 공간을 생산과 축적의 장소로 전환시킬 동력을 얻게 된다. 다른 한편으로 과잉 축적의 꾸준한 위협에 떠밀린 자본은 이런 장소를 과잉 축적된 상품을 위한 시장, 즉 소비의 장소로 전환시키고자 한다. 하지만 자본은 저발전된 사회를 개발하고 임금을 올려 소비를 활성화시켜야만 그 사회를 소비의 장소로 전환시킬 수 있기 때문에 이 두 가지를 모두 할 수는 없다. 축적의 수단과 축적이 진전되도록 하는 데 필요한 조건 간에는 모순이 존재하며,[15] 여기에는 뚜렷한 지리적 형태가 있다.

마르크스는 이런 모순을 이해했지만, "후진적인" 국가들의 시장으로서의 기능을 강조하는 경향이 있었다. 이는 인도의 경제 발전에 대한 그의 조심스러운 낙관론과 발전 수준의 균등화 경향에 대한 그의 강조와 일치한다. 하지만 역사

---

15 *Limits*, p. 429.

적으로 자본 자체는 임금격차를 유지하고 발전된 세계의 국내시장에 기대 소비를 가속화시키며, 이런 영역에서의 소비보다는 축적의 가능성을 강조해온 듯하다. 그 결과 노동력 가치에 따른 전 세계의 지리적 차별화는 확연한 국제분업이나 개발 지역과 저개발지역 간의 유기적인 자본구성의 체계적인 차별화같이 좀 더 고정된 일련의 공간적 특성 안에서 복제되어 나타난다.[16] 하지만 축적과 과잉 소비에 대한 강조는 그저 강조에 불과하다. 새롭게 산업화가 진행 중인 경제 지역조차 국제분업 내에서 자신이 맡고 있는 기능과 자본의 국제적 통제에 의해 심각하게 제한 받는다.[17] 결국에는 축적 수단과 축적에 필요한 조건 간의 모순이 남기 때문이다. 그것이 시초 축적에서, 그리고 전 자본주의사회에 대한 자본의 반대에서 출발하는 한 양분된 형태를 유지하게 된다. 하지만 오늘날 그것은 "생산의 다양한 양식의 절합(articulation)"의 문제라기보다는 [안드레 프랑크(Andre Frank)의 통찰력 있는 표현에 따르면] 이쪽의 발전과 저쪽의 저발전의 발전 문제에 가깝다.[18] 생산의 전 자본주의적 양식은 세계 자본주의 시스템 안에서 "내부화된 외부"로 통합되었다. 이런 식으로 생산의 전 자본주의적 양식은 형식적인 통합에서 실질적인 통합으로 완전히 이행하지 않았다. 지구적 공간-경제의 실질적인 통합은 필연적으로 불완전하다. 더 많은 노동력이 세계경제에서 상업화될수록 노동력의 가치는 공간적 통합으로의 경향을 방해하는 지렛대로 작용하게 된다. 따라서 처음에는 세계 자본의 정치적 토대였던 것이 더 심화된 사회 발전의 주요 걸림돌임이 갈수록 분명해진다.

---

16 이 문제에 대해서는 상당한 토론과 논쟁이 벌어졌지만 임금률의 중요성에 대해서는 거의 이견이 없다. Amin, *Unequal Development*; Mandel, *Late Capitalism*, ch. 11 참조.
17 Harris, "Asian Boom Economies." 따라서 나는 워런이『제국주의(Imperialism)』에서 제기한 분석에 강력하게 반대한다.
18 Andre Gunder Frank, *Capitalism and Underdevelopment in Latin America*(New York, 1967).

국민국가 규모

만일 도시규모와 지구적 규모가 각각 차별화와 균등화를 향한 모순적인 경향의 완벽한 지리적 표현이라면, 국민국가 규모는 이런 모순의 좀 더 간접적인 산물이다. 국민국가 규모의 생산을 위한 추동력은 자본의 순환에서, 좀 더 구체적으로는 세계시장에 있는 다양한 자본 간의 경쟁이 요구하는 것에서 비롯된다. 부하린은 자본주의국가는 사회의 경제적 토대에서 성장하고, 자본의 국제화는 동시에 자본의 국유화(국가 경제와 국가자본이 발전한다는 의미에서)이며, 이는 자본주의 국민국가에 특수한 경제적 토대를 제공한다는 일반적인 주장을 펼쳤다. 자본의 국제화는 더 큰 국제적인 가치법칙 안에 어느 정도 통합된, 국가적인 토대 위에 놓인 가치법칙의 위계질서로 이어진다. 이는 "불평등한 교환"으로 이어진다는 점에서 자본주의의 불균등발전이 불평등한 교환을 낳는 것이지 불평등한 교환이 불균등발전을 낳는 것은 아니다.[19] 문제는 이런 규모에서 자본 조직이 왜 그렇게 엄격하게 고정된 공간적 형태를 취하느냐 하는 것이다.

우리는 이미 경관에서 생산자본의 비이동성(immobility)을 언급한 적이 있다. 마르크스는 생산자본의 부동성은 "국가 경제에서 고유의 역할"을 수행한다고 지적하면서 그 불가피성을 이야기한다. 이 자본은 "해외로 보내질 수도, 세계시장에서 상품으로 순환될 수도 없다". 우리가 "국가자본"으로 다루게 될 이 고정화된 자본의 기이함이란, 국가자본이 상대적인 잉여가치의 생산에서 작동하려면 다른 자본으로부터 방어되어야 한다는 데 있다. 이는 다양한 인프라의 지원과 무역법의 제공, 노동력 재생산의 규율, 지역 화폐에 대한 지원을 의미하는데, 이 모든 것은 개별 자본가 수준에서보다는 집합적인 자본가 수준에서 필수적이다. 국가는 필요한 곳에서는 자본을 군사적으로 방어할 뿐만 아니라 이

---

19 Bukharin, *Imperialism*. 또한 다음 글도 참고하기 바란다. Colin Barker, "The State as Capital"; Arghiri Emmanuel, *Unequal Exchange*(New York, 1972); Anwar Shaikh, "Foreign Trade and the Law of Value: Part II," *Science and Society* 44(1980), pp. 27~57.

런 과제들을 수행하기 위해서 성장한다. 게다가 자본은 영구적인 반란의 위협을 내장한 노동계급으로부터 스스로를 방어해야 한다. "부르주아 발달의 각 단계에는 그에 상응하는 정치적 진전이 동반되었다." "부르주아는 현대적인 산업의 확립과 세계시장의 확립 이후, 결국 스스로를 위해 현대적인 대의 국가 안에서 배타적인 정치적 영향력을 탈취했다."[20]

자본주의는 (전 자본주의국가의 통제하에서 국지화된 절대공간인) 도시국가·공국·왕국 등과 같은 지리적 구조를 물려받았지만, 언제나 그렇듯 자신이 물려받은 것을 탈바꿈시킨다. 생산력의 규모가 증대되고 자본이 국제화되면서 자본주의국가는 일반적으로 이런 수많은 작은 국가(state)를 하나의 국민국가로 결합시킨다. 축적에 불을 지필 수 있을 정도로 충분히 큰 (노동과 상품) 시장을 통제할 필요성이 국민국가의 지리적 규모가 어느 정도 이하로 내려가지 않게 억제한다. [반면] 규모의 최고선에 있는 지나치게 비대한 국민국가는 영토 전체에 대한 정치적 통제력을 유지하기가 어렵다.[21] 균등화와 차별화의 변증법은 이 같은 관계에 의해 자극을 받긴 하지만, 현실에서 이런 규모의 한도를 직접 결정하지는 않는다. 그보다 이런 규모의 한도는 일련의 역사적 거래·타협·전쟁에 의해 정치적으로 결정된다. 정확하게는 철조망·통관소·울타리·국경 수비대로 이루어진 경관 속에 자리한 영토적 관할구역이 결정된다. 그 결과 지구는 160여 개의 차별화된 절대공간으로 나뉘어졌다.

자본축적이라는 불안정하고 역동적인 세상에서 지구가 이렇게 정치적으로 나뉜 것은 자본의 확대와 축적을 조직하려는 대단히 안정적인 질서 때문이었다. 두 번에 걸친 세계 전쟁과 저개발 국가의 탈식민화로 국가공간은 상당한 재

---

20 *Capital*, 2, p. 162; Marx, *The Revolutions of 1848* (Harmondsworth, 1973), p. 69.
21 한편에서는 토머스 제퍼슨(Thomas Jefferson)이, 다른 편에서는 알렉산더 해밀턴(Alexander Hamilton)과 제임스 매디슨(James Madison)이 벌인 연방제 논쟁의 사안 중에 바로 이 문제가 있었다.

구조화를 겪었지만, 1980년의 세계지도와 1900년의 세계지도는 자본주의 역사에서 그 이전 어느 80년보다 더 유사하다. 노동계급의 국가 단위로의 구분과 국민주의 이데올로기의 번창은 이런 안정성을 창출하는 데 분명 중요한 역할을 했다. 세계경제가 꾸준히 확대되고 지구적 규모의 축적이 직접적인 식민지 침략의 형태가 아니라 (모든 형태의) 자본수출이라는 경제적 메커니즘을 통해 달성되는 한, 일반적인 의미에서 말하는 국가가 팽창할 필요는 없었던 것이다. 감가와 위기기 시작될 때 세계가 국민국가로 쪼개져 있는 것은 개별 기업의 경제적 수준에서 비롯되는 경쟁의 좀 더 파괴적인 영향을 국가의 정치적인 영역으로 대체하기 위한 유능한 메커니즘임이 입증되었다. 국가자본의 개별적인 구성 요소는 분명 감가를 한바탕 경험하지만, 국가자본 전체는 세계경제 속에서 위협받기 때문에, 국가는 관세, 무역 금수 조치, 감세 조치부터 (해외에서뿐만 아니라 자국 내에서) 탱크에 이르기까지 모든 수단을 동원해 국가자본 전체를 방어한다. 이 때문에 레닌은 제국주의 전쟁이 경제적 경쟁의 논리적인 확장일 뿐이라는 말을 남긴 것이다.

이런 식으로 생각하면 또 다른 중요한 문제가 발생한다. 경제적 경쟁은 감가를 가져오기 때문에 일반적으로 자본이 급속하게 집중된다. 그렇다면 어째서 군사적·정치적 수단으로 감가를 이행한 뒤에 경제적 집중화를 심화하기 위한 수단으로서 이와 유사한 정치적 집중이 나타나지 않은 걸까? 다시 말해서 어째서 도시는 유동적으로 확장하는데 국가규모는 지리적으로 견고한 걸까? 한편으로 저개발 국가의 탈식민화로 인해 세계경제에서 영구적이고 직접적인 정치적 통제는 국가자본의 지리적 확대와 필수적인 상관관계가 없음이 분명해졌다. 자본이 국제화되면서 국제통화기금, 세계은행, 유엔 같은 무수한 국제기관이 생겨나 국제적인 정부의 기능을 일부 충족시켰지만, 국민국가 자체가 국제화되지는 않았다. 따라서 국민국가가 지금의 규모로 유지되는 것 자체가 집중화를 억제하는 역할을 한다고 볼 수 있다. 이는 이윤율 하락을 억제하는 데 중요한 영향을 미친다. 다만 국민국가가 이윤율 하락을 억제하는 결과를 초래한다고 해서 국가규모의 역사적 안정성을 모두 설명하지는 못한다. 이를 설명하려면 노동계급에 대한 정치적 통제의 문제를 더 파고들어가야 한다. 국민국가가 경제적으로는 쓸모없을지라도 정치적으로는 대단히 유용하다. 제1차 세계대전 이후 영국 자본이 런던에서 독일 노동자들을 통제하거나, 제2차 세계대전 이후 유럽 노동자들이 워싱턴 D.C.의 통제를 받는 상황은 상상하기 어렵다.

노동자들에게는, 그리고 전 인류에게는 이 모든 것에 끔찍한 아이러니가 있다. 국가의 정치적 억압을 묵인해준 보상으로 노동자계급은 국가와 국가자본, "국익"을 수호하기 위해 무기를 들고 싸울 특권을 얻게 된다.[22] 세계경제가 국가자본 규모로 나뉘어 있는 것은, 자본이 보편화의 포부를 진수(進修)하는 데 필요한 토대와 같다. 하지만 세계경제가 국가자본 규모로 나뉘어 있으면 제국 간 전쟁으로 번질 수도 있다는 점에서 세계경제의 국민국가로의 이런 차별화는 자본주의뿐만 아니라 인류 자체의 근간을 위협한다.

이렇게 개별 국민국가의 규모에서 지역적인 발전과 차별화는 중요하다. 확인 가능한 지역으로 국가 영토가 내적으로 차별화되는 것은 개별 자본 수준과 (부문 간의) 특수한 분업 수준에서의 분업을 지리적으로 표현한 것이다. 자본의 광역적인 집중은 공간 집중화 경향의 직접적인 결과이지만, 이는 도시규모에서 별도로 정의된 과정이 아니다. 여기에는 훨씬 많은 것이 관련되어 있다. 국가 및 국제경제의 다양한 부문은 일부 지역에 밀도 있게 집중된다. 우리는 일반적으로 이를 영토적 분업이라고 부른다. 영토적 분업은 단일한 지리적 노동시장인

---

22 이러한 통제가 국민주의 이데올로기와 관련 있는 한 테일러가 국민국가와 이데올로기의 규모를 등치시킨 물질적 토대가 분명해진다. Taylor, "Geographical Scales Within the World Economy Approach," fn. 64. 다음 하비의 문헌과 비교해서 참고할 만하다. Harvey, *The Limits to Capital*, p. 442. "그렇다면 불균등한 지리적 발전의 진화하는 기틀 안에 자리한 지역적·국가적인 경쟁, 그리고 여기에 관련된 전통적인 편견들이 영속되고 재구성되는 데는 물질적인 토대가 있다."

도시규모보다 더 큰 규모에서 작동하지만, 노동의 국민국가 간 이동이 심각하게 제약을 받는 국제적인 분업보다는 하위에 있다. 국제분업과 영토적 분업은 이런 차이가 있긴 하지만, 국가규모 내에서 분명한 지리적 지역들이 만들어지는 것은 지구적 규모에서 선진국과 저개발국이 구분되는 것과 동일한 역할을 한다. 양자는 모두 지리적으로 (상대적으로) 고정된 임금노동의 원천을 제공하는데, 하나는 국제적인 규모이고, 다른 하나는 국가자본의 좀 더 직접적인 통제하에 놓여 있다는 차이가 있을 뿐이다.

영토적 분업의 초기 패턴은 핵심적인 원재료를 얻을 수 있는 지리적 차이에 크게 영향을 받았다. 경제의 일부 부문과 특정한 기술을 가진 노동자 집단은 이런 타고난 특성을 중심으로 지역에 배치되었다. 하지만 마르크스에 따르면, 자본주의가 발달하면서 "생산의 특정 부문을 한 국가의 특정 지역으로 한정 짓는 영토적인 분업은 모든 특수한 이익을 활용하는 제조 시스템에서 신선한 자극을 얻게 된다". 영토적 분업이 이런 식으로 격화될 수는 있지만, 이는 오직 자본주의 제조업의 초기 단계에 한정된다. 생산력이 자연의 구속에서 점점 해방되면서 제조업 시스템 혹은 (마르크스의 표현을 빌리자면) 현대적인 산업은 더 이상 주어진 지역적으로 특화된 전 자본주의적 패턴에 "신선한 자극"을 제공하지 못한다. 반대로 이는 자본주의 고유의 영토적 분업을 발전시키고, 이로써 주어진 지역의 모자이크는 파괴된다. 지역 경제는 새로운 공간적 배열의 일환으로 국가 및 국제경제에 통합된다. 마르크스는 "오래된 중심지의 악화와 새로운 생산 중심지의 등장"의 원인인 새로운 교통수단의 발전과의 관계에서 이 과정을 관찰한다. 결과는 "교통 시설의 변모로 상대적인 지위가 변화된 결과로서 나타난 생산지와 시장의 이전 및 재입지"이다. 마르크스는 이렇게 말한다.

> 한때 어떤 고속도로나 운하에 입지함으로써 특수한 이익을 누렸던 생산의 장소는 이제 상대적으로 긴 배차 간격을 두고 기차가 다니는 지선으로 자신이 좌천되었음

을 깨닫는다. 반면 과거에는 주요 도로에서 멀리 떨어졌던 다른 장소에는 이제 여러 철로가 만나는 교차로가 입지하게 될 수도 있다. 두 번째 지역이 오르막길에 있다면, 첫 번째 지역은 내리막길에 있다. 따라서 교통수단의 변화는 상품 순환의 시기에 사고파는 등의 기회에서 지역적인 차이를 발생시키며, 혹은 이미 존재하는 지역적인 특수성을 차별적으로 분배한다.[23]

여기서 강조해야 할 지점은 상대적인 공간에서의 이런 변화와 진전은 우연적이거나 임의적이지 않으며, 국가규모를 생산하고 국가규모의 차별화를 통해 지역이 부흥하고 쇠락하는 데 반드시 필요하다는 점이다.

생산력이 발전하고, 자본의 생산 안팎으로의 이동성이 증대되며, 산업이 자연적인 제약에서 꾸준히 해방되면서, 자본이 흘러들어가고 집중되는 실제 무대를 결정하는 것은 이제 임금률의 차이, 그리고 그보다는 정도가 덜하지만 노동숙련도의 현존 패턴이 되었다. 자본이 집중될수록 이 수준의 지리적 차별화는 더욱 중요해진다. 크고 많은 자본이 지역규모보다는 국가와 국제규모에서 운용되어 이런 규모의 차별화를 이용할 수 (그리고 이를 만들어내는 데 도움을 줄 수) 있기 때문이다. 게다가 단일한 자본이 여러 기업으로 조직적으로 분화하는 것은 이런 영토적인 구분을 더욱 두드러지게 한다. 노동과정이 다양한 노동조건으로 조직적으로 구분되면서 이런 지리적 분리가 활성화되기 때문이다. 가령 연구개발은 대학 교육을 받은 전문적인 노동력이 많이 공급되는 지역에 집중될 수 있고, 대량생산은 미숙련 노동자들이 많은 지역에 집중될 수 있다.[24]

영토적 분업에 따른 국가공간의 차별화는 확장과 위기의 리듬에 특히 민감하다. 생산 활동의 전문화가 도시규모에서 발생하기도 하지만, 이런 전문화는

---

23 *Capital*, 1, p. 353; *Capital*, 2, pp. 249~251.
24 Doreen Massey, "In What Sense a Regional Problem?" *Regional Studies* 13(1979), pp. 233~243; "The U.K. Electrical Engineering and Electronics Industry," pp. 39~54.

부분적으로 특수한 분업의 수준으로 규정되는 지역적인 차별화의 수준에서보다는 제한적이다. 특수한 부문의 등장, 쇠락을 동반하는 급속한 성장과 급속한 감가는 지역적인 차별화의 수준에서 지리적으로 국지화된다. 자본의 이동성 증대는 국경에 의해 제한되기 때문에, 지역 안팎을 드나드는 자본의 움직임은 국제적인 규모에서보다 지역적인 차별화의 수준에서 더 빠르고 완전할 수 있다. 축적과 감가가 고정자본에 미치는 영향은 국민국가의 지역적인 구획 수준에서 공간적인 발전과 쇠락으로 가장 극명하게 변형되어 나타난다. 현재의 지구적 위기라는 맥락에서 이는 아마도 이른바 지역 문제에 대한 관심의 증가와 국가공간의 지역적인 구획이 생산적인 활동의 확실한 규모라는 것을 설명하는 데 도움이 될 것이다.

이제까지 우리는 지역을 차별화된 국가공간의 산물로 바라보았지만, 초국가적인 지역이 나타나지 말라는 법도 없다. 실제로 국경이 경제적인 방식보다는 정치적인 방식에 따라 설정되고 몇몇 작은 국민국가가 생기기도 했다는 점을 고려했을 때, 우리는 초국가적인 지역의 성장을 기대해볼 수 있다. 생산력의 규모가 확대되고 자본이 꾸준히 국제화되며 국민국가의 경계가 정치적 통제의 수단으로 굳어진 것을 감안할 때, 초국가적인 지역의 성장은 크기가 가장 큰 국민국가를 제외한 모든 국가의 경제적 필수 요건이 될 수 있다. 그리고 이는 정확히 유럽에서 벌어지고 있는 일이기도 하다. 오늘날 유럽에서는 생산과정이 국제화되면서 북부는 탈산업화되고 남부는 확대되고 있는데, 이로 인해 지역 간에 완전히 초국가적인 경계선이 나타나고 있다. 고트만이 1960년에 "이런 유럽 지역들은 공간을 완전히 벗어나는 심각한 위험에 직면할 수 있다"라고 했던 예언이 완전히 실현되지는 않았다. 사실 지역규모의 경제적 결정과 국경의 정치적 결정 간의 모순을 이해한다면 "공간을 완전히 벗어난" 지역이라는 생각은 이치에 어긋난다. 유럽의 경험에 비추었을 때 진짜 중요한 문제는 개별 지역 수준에서 지리적 공간의 차별화가 국가규모의 부분집합으로 남아 있을지, 아니면 (나는 이쪽에 더 가능성이 있다고 생각하는데) 지구적 공간의 지역으로의 구분이 국제규모에서 새로운 국제분업의 일환으로 좀 더 직접적으로 결정될지 여부이다.[25]

자본은 스스로 지리적 장벽(이 경우에는 지역적 팽창을 저해하는 국경)을 설치해놓고 있으면서도 꾸준히 공간적 통합을 강화하려고 한다. 그리고 이 지점에서 모순이 넘쳐흐른다. 첫째, 자본은 일단의 공간적 장벽에서 빠져나오는 만큼 다른 규모에서 공간적 장벽을 다시 설치한다. 새로운 초국가적 지역은 그에 걸맞은 정치적 기관을 필요로 하는데, 특히 유럽경제공동체(EEC)의 경우 성장의 많은 부분이 바로 이 과정 덕분이다. 새로운 공간적 고정성은 공간적 통합에 낡은 모순을 다시 끌어들인다는 점에서 결코 공간적인 조정이라고 할 수는 없다. 하지만 이보다 더 중요한 것은 자본의 국제화를 향한 경향이 정치적 통제의 수단으로서 국민국가가 갖는 필요성에 따라 심각하게 저해된다는 점이다. 이 역시 유럽경제공동체의 경험으로 볼 때 확실하게 드러난다. 따라서 이 규모에서도 우리는 자본축적의 수단이 불가피하게 축적 조건과의 모순으로 치닫는다는 마르크스 진단의 지리적인 버전을 확인하게 된다. 즉, 자본의 정치적 기초(임금노동 관계)를 규율하고 통제하는 데 필요한 수단이 자본의 확장 능력과 모순되는 것이다.

요컨대 자본주의하에서 보편성을 향한 추동력은 발전 수준과 조건의 제한된 균등화만을 가져올 뿐이다. 자본은 균등화를 향한 추동력이 집중되는 독특한 공간적 규모(절대공간)를 생산한다. 그러나 이는 오직 규모들 간에, 그리고 규모 내에서 상대공간의 극명한 차별화와 꾸준한 재차별화에 의해서만 가능하다. 규모 자체는 고정되어 있지 않으며 자본 자체의 발달과 함께 성장한다(이와 함께 고통도 성장한다). 규모는 진공상태에 있지 않다. 도시규모와 국가 규모는 세계

---

25 Gottmann, *Megalopolis*, p. 218; J. Carney, R. Hudson and J. Lewis(eds.), *Regions in Crisis*; Frank Moulaert and Patricia Wilson Salinas(eds.), *Regional Analysis and the New International Division of Labour*(Boston, 1983).

자본의 산물이며, 세계 자본에 의해 꾸준히 그 형태가 결정된다. 하지만 분리된 규모의 필요성과, 내적 차별화의 필요성은 고정적이다. 불균등발전의 토대 중 마지막 요소는 바로 이 규모와 관련되어 있다.

3. 불균등발전의 시소이론

마르크스는 『자본』 3권의 주목할 만한 단락에서 자신의 자본주의 분석의 핵심인 수많은 주제를 통합한다. 마르크스는 이윤의 덩어리가 커지면 이윤율이 줄어들지만 동시에 자본의 대대적인 집중이 일어난다고 말한다. "다시 말해 거대 자본가가 소자본가를 집어삼켜 자본을 박탈한다"는 것이다.

그것은 소자본가가 여전히 소속된 생산자 무리에서 생산의 조건을 (그 두 번째 힘에 이끌려) 분리시키는 하나의 사례일 뿐이다. 그들의 경우, 자신들의 노동은 지속적으로 어떤 역할을 수행하기 때문이다. 한 자본가의 노동은 그가 가진 자본의 크기, 즉 그가 자본가인 정도에 완전히 반비례한다. 자본이라는 개념을 만드는 것은 바로 동일한 생산자로부터의 생산 조건이 단절되는 것이다. 이는 시초 축적과 함께 시작되고 … 자본의 축적과 집중에서 영구적인 과정으로 나타나며, 최종적으로 기존 자본이 몇몇의 수중에 집중되고 이들의 많은 자본이 박탈됨(징발이 이제는 박탈로 바뀌게 된다)으로써 스스로를 드러낸다. 구심력 옆에서 꾸준한 분산 효과를 일으키는 반경향이 없다면, 이 과정은 곧 자본주의적 생산의 몰락을 야기할 것이다.[26]

---

26 *Capital*, 1, p. 246.

좀 더 지리적인 맥락에서 마르크스는 "자본이 한 장소에서 거대한 덩어리로 성장하는 것은 다른 장소에서 많은 이가 자본을 상실했기 때문"이라고 지적했다.[27] 균형 상태와 공간 규모에 대한 앞선 논의의 관점에서 균형 상태에 대한 설명을 공간 규모에 대한 지리적 관점으로 대체해보면, 불균등발전론의 맹아를 얻을 수 있다.

현존하는 불균등발전의 패턴 이면에는 우리가 앞으로 자본의 "시소"운동이라고 부를 움직임에 관한 자본의 논리와 경향이 있다. 자본축적이 지리적 발전을 수반하고 이 발전의 방향이 이윤율에 따라 정해진다면, 우리는 이 세상을 별개의 세 가지 규모에서 자본 스스로에 의해 생산된 "이윤 표면"이라고 생각할 수 있다. 자본은 이윤율이 가장 높(거나 최소한 그냥 높)은 곳으로 이동하는데, 이 이동은 축적과 위기의 리듬에 맞춰 일어난다. 자본의 이동성은 이윤율이 높은 지역의 발전과 이윤율이 낮은 지역의 저발전을 초래한다. 하지만 이런 발전 과정 자체는 이윤율이 더 높은 지역의 이윤율 감소로 이어진다. 우리는 이를 이윤율 균등화 경향이 존재한다는 마르크스의 결론에 의지해 확인할 수도 있지만(이는 분명하게 지리적으로 표현되긴 하지만) 각각의 공간적 규모에서 구체적으로 확인할 수 있다. 국제규모와 국가규모에서, 주어진 장소에서의 생산력의 발전은 실업 감소와 임금률의 상승, 노조의 성장 등으로 이어지고 이윤율을 저하시켜 결국은 성장의 발판을 제거해버린다. 마찬가지로 도시규모에서 저발전된 지역의 발전은 급속한 지대 상승으로 일정한 지점 이후부터는 심화된 발전의 좌절로 이어지게 된다.

반대로 저발전의 발전과 자본의 부족 혹은 꾸준한 유출은 높은 실업률과 낮은 임금, 노동자 조직 수준의 저하로 이어진다. 따라서 특정 지역의 저발전이 어떤 지역에서는 대단히 수익성이 높아서 급속한 발전을 경험할 가능성이 높은 조

---

27 같은 책, 1, p. 626.

건으로 이어진다. 발전과 마찬가지로 저발전은 모든 공간 규모에서 진행되며, 자본은 저발전의 경제적 비용을 힘들게 짊어지지 않고 발전의 기회를 지속적으로 이용할 수 있도록 지리적 이동을 시도한다. 즉, 자본은 발전된 지역에서 저발전된 지역으로, 그리고 시간이 지나면 다시 저발전된 처음의 지역으로 돌아가려는 시소운동을 하려 한다. 자본은 고정된 생산 환경의 생산에서 공간적인 조정을 찾아내지 못하기 때문에, 완벽한 이동성을 공간적 조정 수단으로 삼아 의지한다. 여기서 공간적 고정성과 무장소성은 같은 줄기에서 갈라진 지류일 뿐이다. 자본은 경관에 붙박인 균형 상태를 추구하는 것이 아니라, 체계적으로 경관을 넘나들 수 있는 자본의 능력 내에서 생존 가능한 균형 상태를 추구한다. 이것이 바로 불균등발전이라는 더 큰 과정의 이면에 있는 자본의 시소운동이다.

『공산당 선언』에서 마르크스와 엥겔스는 지리적 팽창의 맥락에서 자본은 "스스로의 이미지를 따라 세상을 창조한다"고 지적한다.[28] 이는 한 축에서 진행되는 자본의 과잉 축적이 다른 한 축에서 이루어지는 노동의 과잉 축적과 짝을 이루는 발전과 저발전의 지리적 모순에서 가장 극명하게 나타난다. 만델은 "마르크스주의의 관점에서 보았을 때 … 저발전은 결국 양적인 측면(대량 실업)에서나 질적인 측면(낮은 노동생산성)에서 항상 불완전한 고용상태"[29]라는 말로 이를 간결하게 표현한다. 1장에서 다뤘던 자연의 이데올로기 논의로 다시 돌아가면, 우리는 레텔과 함께 다음과 같이 일반적으로 수사적인 질문을 던질 수 있다. "부르주아 세상의 진리를 이원론이 아닌 방식으로 어떻게 드러낼 수 있을까?"[30] 발전된 공간과 저발전된 공간이 지리적 대립 쌍으로 생산되는 불균등발전의 맥락에서 이 질문은 좀 더 구체적이고 심오한 의미를 지닌다.

여기서 핵심은 자본이 자신의 이미지를 따라 고정된 지리적 세계를 창출하

---

28 *The Communist Manifesto*, p. 14.
29 Mandel, *Late Capitalism*, pp. 60~61.
30 Sohn-Rethel, *Intellectual and Manual Labour*, p. 15.

는 과정에서 발전과 저발전은 자본-노동관계를 비춰주는 지리적 거울일 뿐만 아니라, 지리적 공간의 역동성 역시 자본의 이미지를 표현한다는 점이다. 발전된 공간에서 저발전된 공간으로, 그리고 다시 발전된 공간으로 되돌아오는 시소운동은 고정자본에서 유동자본으로, 그리고 다시 고정자본으로 끊임없이 움직여야 하는 필요성의 지리적 표현일 따름이다. 그보다 훨씬 근본적 차원에서 이는 사용가치에서 교환가치로, 그리고 다시 사용가치로 똑같이 끊임없이 움직여야 하는 필요성의 지리적 구현이다.

자본은 동원할 수 있는 모든 것을 동원해 이를 이루어내고자 한다. 자본은 발전된 공간에서 저발전된 공간으로, 그리고 지금은 일시적인 자본 박탈 때문에 저발전되어 있지만 곧 발전하게 될 공간으로 되돌아가고자 한다. 자본이 충분히 민첩하게 움직일 수만 있다면 떨어지는 이윤율보다 한발 앞서갈 수도 있다. 자본은 이런 지리적인 시소운동을 실현할 수 있는 만큼, 이런 종류의 지리적 조정을 실제로 이루어낼 수 있다. 하지만 자본은 결코 전능하지 않으며, 자본이 현실에서 할 수 있는 일은 (아무리 스스로 만들어낸 현실이라고 해도) 훨씬 제한적이다.

자본의 시소운동에서 비롯된 불균등발전이 이미 준비된 자본의 이동성에 좌우되는 한, 우리는 자본의 이동성이 가장 높은 곳에서 이런 패턴이 가장 심하게 발달하리라고 예상할 수 있다. 그것이 바로 도시규모이다. 실제로 불균등발전의 가장 발달된 패턴은 도시규모에서 나타난다. 교외의 형성 과정에서 나타난 자본의 지리적 분산은 내부 도심(inner city) 지역의 저발전으로 이어졌다. 자본은 교외의 성장으로 지대가 급상승하자 교외에 집중했고, 이미 지대가 높아서 수익률이 낮았던 도심 지역은 조직적으로 자본에 거부당했다. 이는 낡은 항만, 상업지역, 창고 용지, 주거지역 등 도심 지역 전체에서 꾸준한 가치절하라는 결과로 이어졌다. 어떤 지점에서 자본의 감가가 지대의 수준을 충분히 억제해 실제 실현된 지대와 잠재적 지대('더 나은' 이용이 가능할 때) 간의 '지대격차(rent gap)'가 충분히 커지면, 재개발과 젠트리피케이션이 가능해진다. 자본의 교외화로 저발전된 도심 지역은 이제 발전(또는 재발전)의 새로운 장소가 된다.[31] 북미 도시와 정도는 덜하지만 유럽 도시에서 진행 중인 재구조화는 레크리에이션과 중상 계급의 주거용 토지 이용, 그리고 전문직과 행정직은 도심 지역에 집중되고, 산업 활동과 일상적인 사무 활동은 점점 교외에 집중되는 현상과 관련 있다.

자본의 시소운동이 도시규모에서는 상당히 확연한 반면 국민국가 규모에서는 그보다 덜하다. 지금의 위기가 지리적 지역의 재구조화를 불러온다는 점에는 의문의 여지가 거의 없지만,[32] 이것이 자본의 시소운동으로 귀결될지는 결코 분명하지 않다. 가령 중부 스코틀랜드와 뉴잉글랜드같이 저발전된 지역은 분명 새로운 발전의 힘을 끌어모으기 시작했지만, 지금까지 자본 회귀의 결과로 나타난 이런 지역의 발전은 규모나 형태 면에서 제한적이다. 시소가 얼마나 멀리 갈 것인가라는 질문에 대한 답은 본질적으로 경험적일 수밖에 없다. 하지만 여기에는 지금 논의의 맥락에서 다듬을 수 있는 더욱 심화된 질문, 즉 이런 차이가 벌어지고 있는가 아니면 수렴되고 있는가라는 문제가 있으며, 이는 다시 지역적인 차이가 무의미해진 것은 아닌가라는 좀 더 근본적인 질문을 촉발시킨다. 대도시의 성장은 지역규모에서 추진되기 때문에, 실제로 지역적인 차이는 다양한 도시 중심지 간의 차이로 표현된다. 그리고 생산 조건과 생산수준의 균등화가 실제로 일어나기 때문에, 지역적인 차별화의 수준은 희석된다. 하지만 초국가적인 지역의 성장은 정반대 방향, 즉 지역으로의 좀 더 확연한 구분을 향한다. 이 질문에 대한 답은 관련된 국민국가의 규모와 자본의 국제화 수준 간의 관계에 있을 가능성이 높다. 어떤 경우든 불균등발전론의 관점에서, 수많은 저자가

---

31 Smith, "Theory of Gentrification," fn. 10; "Gentrification and Uneven Development," *Economic Geography* 58(1982), pp. 139~155. 다른 규모와 비교했을 때 도시규모가 기이한 이유 가운데 하나는 분산이 도시규모 자체의 확장이며, 결코 그 너머에 있는 다른 어디를 향한 활동의 재집중이 아니기 때문이다.

32 J. Carney, R. Hudson and J. Lewis, *Regions in Crisis*.

암시한 바와 같이[33] 상이한 지역들의 뚜렷한 수렴은 다양한 용어로 설명할 수 있다. 가령 선벨트의 발전과 미국 북동부의 저발전은 발전의 수렴 현상을 설명할 수는 없지만 지리적 시소운동의 첫 번째 단계를 설명할 수는 있다. 이런 지역은 수렴 이론이 암시하듯 어떤 공동의 평원에서 서로 만나기보다는 캄캄한 어둠 속에서 서로를 지나친다고 보는 편이 낫다.

국제적인 규모에서는 지리적 시소운동이 작동한다는 낌새를 찾기가 거의 어렵다. 자본주의적 부와 성장은 몇몇 잘사는 나라에 집중되고, 자본주의적 빈곤 역시 세계규모이긴 하지만 특정 국가에 한정되어 나타난다. 자본의 이동성과 특히 노동의 이동성은 국민국가의 견고한 국경 및 발전과 저발전의 견고한 정반대 조건에 따라 제약을 받는다. 멕시코, 베네수엘라, 쿠웨이트, 사우디아라비아, 그리고 급성장 중인 동아시아 경제국 같은 이른바 신흥 산업국가도 분명 한 줌 정도는 존재한다. 가장 대표적으로는 영국 같은 핵심국가가 회복 불가능한 수준의 급격한 감가를 경험하기도 한다. 하지만 이는 예외일 뿐이다. 신흥 산업국가는 대단히 분명한 분업을 기초로 세계경제에 부분적으로만 통합되어 있다.[34] 그리고 여러 가지 문제에도 불구하고 영국은 금융과 군사 측면에서 여전히 세계 자본주의 질서의 핵심으로 미국과 함께 위용을 떨치고 있다.

자본의 시소운동이 도시규모에서는 분명하지만 국제적인 규모에서는 잘 나타나지 않는다는 점은 불균등발전론의 한계를 시사한다. 사실 자본은 이윤율 저하를 반등하는 수단으로 시소운동을 실현하려고 애쓰지만, 자본축적이 촉진되면서 감가를 국지화하기 위해 창출해야 하는 지리적 공간이 절대적일수록 자본의 시소운동을 실현하기 위해 필요한 이동성에 대한 장애는 더 커진다. 자본

---

33 일례로 다음을 참조. Brian Berry, "Inner City Futures: An American Dilemma Revisited," *Transactions of the Institute of British Geographers* NS 5(1)(1980), pp. 1~28.

34 Harris, "Asian Boom Economies," fn. 17. 또한 Alain Lipietz, "Towards Global Fordism?" *New Left Review* 132(1982), pp. 33~47 참조.

은 미래를 응시하고 과거에서 멀어지려고 하기 때문에 공간적 조정의 대안적인 버전으로서 이동성이나 고정성을 포용해야 한다는 유혹을 꾸준히 받는다. 이 중 어떤 것도 작동되지는 않지만 각각이 지리적 경관의 균등화와 차별화 경향을 불러오는 한, 지구적 규모의 좀 더 안정된 불균등성과, 도시규모의 좀 더 유동적인 불균등성이 다양하게 펼쳐지는 자본주의의 불균등한 발전이 나타나게 된다. 그 한계로 인해 어떤 일이 발생하든 간에 자본주의의 불균등한 발전은 균등화와 차별화라는 상반된 경향과 그 때문에 나타나는 시소운동에 의해 꾸준히 지속될 것이다.

4. 결론

나이절 해리스(Nigel Harris)의 이미지를 빌리자면, 자본은 메뚜기 떼와 같다. 한 장소에 자리를 잡고 그곳을 게걸스럽게 먹어치운 뒤, 다음 장소로 넘어가 다시 그곳을 초토화시킨다.[35] 한차례 습격을 받고 난 뒤 스스로를 복원하는 과정에서 그 지역은 다시 한번 습격받기 좋은 상태가 된다. 최소한 불균등발전은 자본의 모순이 지리적으로 표현된 것이다. 사용가치의 지리적 고착성과 교환가치의 유동성은 차별화와 균등화의 경향으로 탈바꿈한다. 마르크스가 자본의 전체 구조와 발전을 분석하기 위해 살피는 차이와 불비례, 불균형 상태는 자본의 보편화 경향에 있는 지리적 차별화의 수많은 근원으로 탈바꿈한다. 자본의 역사적 사명은 생산 조건과 생산수준의 지리적 균등화를 가능하게 만드는 생산력의 발전이다. 자연의 생산은 균등화의 기본적인 조건이지만, 균등화는 지리적 공간의 차별화에 의해 꾸준히 좌절된다. 공간적 조정 수단으로서의 차별화는 그

---

[35] Nigel Harris, *Of Bread and Guns*.

자체가 조정해야 할 문제가 된다.

지리적 공간의 차별화는 수많은 형태를 띠지만, 근본적으로는 자본 자체의 정의인 사회적 차별화, 즉 자본과 임금노동 관계로 표출된다. 불균등발전이 위기를 회피하기 위해 점점 없어서는 안 되는 필수 요건이 될수록 지리적 차별화는 자본의 부산물이 아니라 자본을 위한 내적 필수 요건이 되어간다. 자본주의의 역사는 단순히 순환적이지 않고 대단히 진취적이며, 이는 경관 내에 새겨져 있다. 순환적인 위기가 그 모순된 시스템을 제거하지 못하고 이윤율의 하락이 누그러지지 않으면 축적 과정 자체가 격화되고, 이에 따라 자본주의의 불균등발전이 심화되어 차별화와 균등화를 향한 경향도 심해진다. 지리적 공간을 재구조화해야 할 심각한 필요가 기존의 불균등발전 패턴에 의해 가로막힐 때 불균등발전의 이면에 있는 경제적 논리의 취약함은 위기 속에서 생생하게 드러난다. 위기의 초기에는 국가적·정치적 쇼비니즘이 일반적으로 강화되지만, 부분적인 위기가 지구적 위기로 발전하면서 정치적 투쟁의 국지화는 유지하기가 훨씬 어려워진다. 계급투쟁은 오직 노동계급이 대면해야 하는 규모를 확대함으로써만 억제할 수 있다.

자본에 내재한 전 지구적인 균등화 경향을 고려했을 때 자본은 경제적 생존뿐만 아니라 정치적 통제의 수단으로서 지구적 규모 아래로 공간을 차별화하고자 한다는 점을 우리는 확인했다. 노동계급의 시도는 그 정반대가 되어야 한다. 구분된 하나의 계급으로서 노동계급은 지구적 규모에서 균등화를 향해 노력해야 한다. 노동계급의 정치적 미래는 바로 생산 조건과 생산수준의 균등화 속에, 자본주의 내에서 꾸준히 좌절되는 과정 속에 있다. 이는 균등화와 차별화 간의 모순에 대한 실제 역사적인 해결책이다. 노동계급 간의 공간적 협력이 하나의 정치적 힘으로 성장할 때, 노동계급이 자본에 따른 저발전 상태에서 스스로의 인간 본성을 되찾겠다고 선언할 때, 이 해법은 이루어질 수 있다.

고정자본과 과학에 대한 분석에서 우리는 균등화 경향이 실현되면 자본주의의 기초 자체가 전복됨을 살펴보았다. 고정자본의 경우 가장 극명하게 공간적으로 나타나긴 하지만, 이는 자본이 일반적으로 겪는 결과이다. 훨씬 넓은 의미에서 발전 조건과 발전 수준의 균등화는 사회주의의 발전을 위한 토대를 마련한다. 마르크스는 자본주의의 진취적인 성격을 잘 이해했다. 자본주의하에서, 그리고 자본주의하에서만, 사회가 진정한 부를 달성하고 인구 전체를 지탱하는 데 필요한 사회적 사용가치를 생산해낼 수 있을 정도까지 생산력이 발달할 수 있다. 하지만 자본주의가 잠재력을 성장시키는 경우에도 생산양식이 딛고 서 있는 계급 기초 때문에 이런 잠재력을 결코 실현하지는 못한다. 그럼에도 자본주의는 사회적 부의 평등한 생산과 분배에 필요한 생산력을 성장시킨다. 사회주의는 빈곤이 아닌 부가 분배되는 역사의 단계이다. 따라서 자본의 역사적 사명은 균등화가 가능한 조건을 성장시키는 것이다. 공간적 가치가 극복되는 만큼 가치의 내적 경향은 지리적으로 실현된다. 하지만 이 경향을 완전히 실현시키기 위해서는 자본 자체와, 자본이 발 딛고 선 정치적 계급분화를 철폐해야 한다. 계급 관계를 균등화하려는 투쟁은 사회주의 역사의 중심에 놓이게 될 것이며, 이는 지리적 기획이 될 것이다. 농촌과 도시에 대한 마르크스의 관찰을 달리 표현하면 불균등발전의 철폐는 코뮌적 삶의 첫 번째 조건 중 하나이다. 계급투쟁은 이를 성취하기 위한 수단이며, 자본의 경제적 규칙들은 역사의 직접적인 정치적 결정에 우호적인 방향으로 유예된다.

마지막으로 부르주아 이데올로기가 평등을 향한 이런 투쟁을 왜곡시키는 방식에 주목하는 것도 흥미롭다. 일반적인 부르주아적 응수로서 사회주의는 모든 사람과 사물을 동질성으로 환원시키는 가장 저차원적인 공통분모이다. 모든 것이 똑같고 다양성이 말살되니 사회주의는 지루하다는 식이다. 실제로 마르쿠제의 일차원적인 인간은 현실보다는 어떤 경향에 더 가깝다. 하지만 우리는 모든 것을 같은 것으로 환원시키고 그 과정에서 모든 것을 균등화시키는 것이 자본주의라는 것을 확인했다. 사회주의가 동질성을 초래한다는 생각은 사회주의 운동에 대한 이해에서 비롯된 것이 아니라 자본주의의 현실 예측에서 비롯된 것이다. 근본적으로 이 생각은 사용가치와 교환가치 간의 차이에 대한 천박하고 예측 가능한 무지에서 비롯된다. 예측 가능하다고 말한 이유는 이 무지가 많은 부르주아 이데올로기에 뿌리를 두고 있기 때문이다. 자본주의하에서 균등화 경향은 사용가치에 대한 가치의 승리를 상징한다. 이는 가치의 지시에 따라 사용가치의 측면에서 균등화하는 것이다. 사회주의의 도래는 단순히 부르주아시의 마음에서가 아닌 현실에서 사용가치가 가치로부터 해방될 수 있는 토대를 놓을 것이다.

제6장

결론
자본의 재구조화?

불균등발전은 자본주의적 발전의 산물이자 지리적 전제이다. 자본주의 발전의 산물로서 불균등발전의 패턴은 다양한 규모에서, 발전된 공간과 저발전된 공간 간의 차이로 자본주의 경관에 뚜렷하게 나타난다. 발전된 세계와 저발전된 세계, 발전된 지역과 쇠락해가는 지역, 교외와 도심 지역 간의 차이가 바로 그것이다. 더욱 심화된 자본주의적 팽창의 전제인 불균등발전은 자연과 공간의 자본주의적 생산을 이론적으로 분석하는 수단으로만 이해 가능하다. 불균등발전은 지리적 경관에 새겨진 사회적 불평등이며, 동시에 사회적으로 결정된 어떤 목적을 위해 지리적 불균등성을 이용하는 것이기도 하다. 이 책에서 나는 자본주의가 거머쥐고 있고 부분적으로는 만들어내기도 하는 경험적으로 까다로운 역사적인 조건에서 몇 가지를 추린 뒤, 자본주의적 발전을 지배하는 조직적인 불균등성을 향한 경향을 검토하고자 했다. 이 분석에는 강점과 약점이 공존한다.

　지리적 전통과 정치적 전통을 연결시키는 데 성공하고, 두 전통을 연결하는 기존의 밧줄 몇 개를 엮어 비록 헐거울지라도 밧줄로 된 다리 같은 것을 만드는 데 성공할 경우, 이 책은 그 목적에 기여할 수 있을 것이다. 그 과정에서 지금까지 존재한다고 생각했던 것보다 더 큰 간극이 만들어지면 금상첨화이다. 하지만 한계 역시 분명하다. 먼저 분석은 본질적으로 마르크스가 말한 그 과정의 "이상적인 순간"을 다루는 데 한정된다. 그러므로 지금의 분석이 불균등발전의 논리와 실제적인 역사적 진척의 가장 개략적인 개요를 스케치해서 보여주긴 하지만, 결코 불균등발전의 복잡성을 역사적으로 정확하게 설명해낸다고 주장할 수는 없다. 분석의 의도는 현실을 하나의 단순한 개념으로 축소시키려는 것이 아니라 이론적 개념을 개발함으로써 불균등발전의 현실을 보여주려는 것이다. 경험적인 연구가 불균등발전을 더 발전된 지역과 덜 발전된 지역 간의 "격차"나 보편적인 현상으로 다루기보다는, 이전의 자본주의적 발전의 체계적인 산물이자 자본주의 미래의 근본적인 전제로 다루는 순간 이 분석은 그 추상성 때문에 순식간에 퇴물 취급을 받을 수 있다.

나는 이른바 "생산양식의 절합"과 관련된 사안의 다중성은 다루지 않았다. 이 문제가 자본주의하에서 불균등발전의 문제보다 역사적으로 앞서 있고, 절합의 문제가 불균등발전에 대한 역사적 연구의 초점으로 상당히 부상하고 있다는 점에는 의문의 여지가 없다. 다만 불균등발전의 논리가 생산양식의 절합 문제보다 이론적으로 앞선다는 점 역시 마찬가지로 의문의 여지가 거의 없다. 어쨌든 상업자본은 산업자본보다 역사적으로 앞서지만, 마르크스가 자본주의 생산양식을 이해하기 위해 분석했던 것은 상업자본이 아닌 산업자본이었다. 핵심은 오늘날 "생산양식의 절합"이 자본의 성장과 그에 따른 한계의 산물이지, 그 역이 아니라는 데 있다.

따라서 불균등발전에 대한 이론적 이해는 자본주의적 생산양식과 전 자본주의적 생산양식의 특정한 절합을 이해하는 데는 상당히 기여할 수 있지만, 절합의 특정한 사례가 불균등발전론의 일반적인 개요를 규명하는 데는 거의 기여할 수 없다. 이런 경우 자본의 시소운동이 발생하지 않을 때 현실적으로 할 수 있는 질문은 "어째서 그런가?"이다. 만일 다른 규모와 다른 맥락에서 자본이 "영구운동 기계"를 복제해 마치 메뚜기 떼처럼 지구 이곳저곳을 끊임없이 돌아다닌다면, 어째서 어떤 장소에서는 더 큰 제국주의의 일부로서 자본과 그에 수반되는 사회적 관계가 완고하게 고정된 채 유지되는가? 이에 대한 답을 얻기 위해서는 분명 구체적인 역사적 분석이 필요하지만, 불균등발전론은 분석 대상과 발견을 해석하는 방식에 대한 중요한 길잡이를 제공한다.

나는 세계 자본주의 체제의 현 위기가 훨씬 긴박한 중요성이 있는 문제라고 생각한다. 전쟁이 일어나는 동안 지리학의 운이 트인다는 사실은 21세기 지리학의 특징을 꼬집는 소름 끼치는 촌철살인이다. 이는 의심의 여지없는 사실이지만, 지리적 공간을 의제로 삼는 것은 단지 전쟁만이 아닐 수 있다. 몇 차례에 걸친 투기의 물결이 휩쓸고 난 뒤 위기가 엄습해오면서 사람들은 일반적으로 지폐(모든 인식 가능한 종류의 부채)가, 실제적인 생산능력이나 상품 속의 어떤 유형으로 스스로를 고정시키기 위해 필사적으로 노력한다고 생각한다. 좀 더 일반적으로 위기가 진행되면, 위기는 갈수록 공간적인 측면들을 취하게 된다. 따라서 크라이슬러는 재정적 붕괴로 인해 공장 문을 닫고 자동차 산업 전반의 재구조화라는 흐름에 몸을 실을 수밖에 없었다. 자본주의의 불균등발전은 불균등한 팽창의 수단이라기보다는 불균등한 몰락의 수단이다.

여기서 핵심은 위기의 시기가 곧 극적인 재구조화의 시기라는 점이다. 자본주의는 항상 자신의 이미지 속에서 공간을 탈바꿈하지만, 팽창의 시기에는 이전 시기에 어느 정도 정해진 패턴을 따른다. 새로운 패턴이 지리적 공간의 전례 없는 재구조화 속에 자리 잡는 것은 바로 위기가 진행되는 동안이다. 그리고 이는 우리가 오늘날 진입한 국면이다. 국제적으로 1920년대와 1930년대에 지속된 자본의 꾸준한 감가와 뒤이은 제2차 세계대전의 대대적이고 난폭한 감가가 약 30년에 걸친 전후(戰後) 팽창의 무대와 기회를 마련했다면, 오늘날 이 기회는 모두 소진되었다. 1973년 이후 우리는 높은 실업률과 평균이윤율의 하락, 노동계급에 대한 고용주의 공세, 공장 폐쇄, 자본 도피 등 탈산업화를 특징으로 하는 지속적이면서도 불균등한 감가의 새로운 국면에 접어들었다. 지리적 공간의 재구조화는 위기에 대한 대응이자 부분적인 해법을 찾기 위한 헛된 노력의 일환인 동시에 최소한 앞선 모든 위기에서 자본이 의식하지 못하고 만들어낸 장기적인 해법의 기초이기도 했다.

도시규모에서 재개발, 젠트리피케이션, 비(非)대도시 성장을 통한 공간의 재구조화가 이 과정을 가장 완성도 높고 분명하게 보여주긴 하지만, 이는 장기적으로는 크게 의미가 없다. 현 위기는 주로 국제규모에서 해결될 것이며, 심원한 재구조화가 일어나야 하는 곳도 바로 국제규모이다. 이는 과거에 막혀 있었던 어떤 종류의 개발이 자본주의 위기의 부분적인 해법으로 등장할 가능성을 제기한다. 우리는 앞서 마르크스는 식민 세계가 빠르게 국제시장에 편입될 것으로 예상했지만, 이 같은 통합은 일어나지 않았음을 지적했다. 자본은 저발전된 세계를 시장의 공급처로 사용하기보다는 제3세계를 값싼 노동력의 공급처로 삼아왔고, 이를 통해 제3세계가 세계시장에 완전히 통합되지 못하도록 막았다. 전후 시기를 포드주의라는 이름의 집약적인 축적 체제로 바라보는 사람들은 발전된 세계를 위해 "시장의 문제는 1945년 이후 대도시의 대량소비가 발전함으로써 내적인 토대 위에서 해결되었다"[1]라고 생각한다.

여러 가지 이유로 오늘날에는 이 해법이 더 이상 작동하지 않는다. 특히 1973년 이후부터는 극적인 제3세계 산업화라는 유령이 현 경제 위기의 해법으로 제시되었다. 자본이 제3세계로 대대적으로 이전하는 것이 부분적인 공간적 조정으로나마 기능할 수 있을까? 물론 레닌은 (틀리긴 했지만) 20세기 초에 바로 이런 일이 일어나리라고 생각했다. 그리고 다른 모든 조건이 같을 경우 우리는 불균등발전론에 따라 이런 자본의 움직임을 예상할 수도 있다. 물론 레닌식으로 말해서 값싼 노동력의 저장소 전체가 시장에서 제거되면 발전 수준의 부분적인 균등화로 인해 잠시 동안 위기의 효과를 진정시킬 수도 있지만, 결국 이는 자본의 모순을 다른 곳으로 이동시켜 격화시킬 수도 있다. 일부 엄선된 제3세계 경제가

---

1 Alain Lipietz, "Towards Global Fordism?" 또한 Michel Aglietta, *A Theory of Capitalist Regulation*(London, 1979) 참조.

1970년대에 극적인 산업화를 경험하긴 했지만 전반적이고 지속적인 산업화는 불가능해 보인다.[2] 지금까지 이런 종류의 재구조화는 자본축적의 선천적인 패턴에 따라 저지되었다. 지속적인 제3세계 산업화의 가능성에 대한 좀 더 정교한 평가는 자본의 이동성에 대한 장벽을 규명하는 것, 특히 국제규모에서는 현저한 자본의 시소운동을 가로막는 장벽을 규명하는 것과 관련될 것이다.

가능한 해법을 찾아보려 해도 현실은 그렇게 녹록치 않다. 사민주의 계열에서는 마일 우리가 정말로 재구조화를 한바탕 겪게 된다면, 이는 자본의 기준이 아닌 노동의 필요에 따른 "급진적인 재산업화"여야 한다고 결론 내리는 것이 갈수록 유행처럼 번지고 있다. 그 결과 "지속적인 대중 동원"에 의해 경제의 "민주화"가 이행될 수도 있다.[3] 포퓰리즘을 가장한 이런 개혁주의는 재산업화에 대한 자유주의적인 시도나, 심지어는 공급 중심의 시도와 마찬가지로 위기의 본성을 잘못 이해하고 있는 것이다. 분명 재구조화는 진행 중이지만 아직 초기 단계이며, 도시규모에서 국제규모에 이르기까지 이 같은 재산업화는 기존 자본의 대대적인 감가에 따른 왜소함을 아직 면치 못하고 있다. 아무리 불균등해도 위기는 세계 시스템을 통해 여전히 확산되고 있다. 이는 부드러운 전향과 대대적인 재투자의 가벼운 시작으로는 해결되지 않을 것이다. 그보다는 항상 마르크스가 말한 "폭력적이고 고통스러운 위기", "급작스럽고 강제적인 감가", 자본의 "재생산 과정의 교란"과 관련 있었다. 1984년 중반까지도 우리는 아직 이런 격변을 일으킬 만한 감가를 경험하지 못했다. 급작스럽고 강제적인 감가보다는 느리고 꾸준한 단계에 머무르는 것이다.

---

2 Lipietz, "Towards Global Fordism?"; Nigel Harris, *Of Bread and Guns*. 반대되는 견해로는 다음 문헌을 참조. Warren, *Imperialism*.
3 Barry Bluestone and Bennett Harrison, *The Deindustrialization of America* (New York, 1982); Samuel Bowles, David Gordon and Thomas Weisskopf, *Beyond the Wasteland* (New York, 1983).

자본주의의 체계적인 불균등발전이 시작되던 시기에 레닌은 경제적 경쟁은 위기를 통해 군사적 경쟁과 전쟁으로 이어진다고 주장했다. 그로부터 한참 지난 오늘날의 현실은 그를 실망시키지 않았다. 불균등발전, 그것의 또 다른 이름은 전쟁이기 때문이다. 전쟁의 핵심은 우리가 이 책에서 그렇게 관심을 기울였던 경제적 논리가 역사의 군사적 결정을 위해 유예된다는 데 있다. 전시에 일어나는 자본의 대대적인 감가는 경제적으로는 횡재이다. 하지만 이는 군사적 갈등의 산물이기도 하다. 따라서 우리가 만일 불균등발전의 경제적 논리에 지나치게 초점을 맞추었다고 해도 결코 경제학의 보편적인 우위를 철학적으로 신봉하기 때문은 아니다. 그보다는 1945년 이후 자본주의의 역사에 대해 좀 더 솔직하게 평가했기 때문이다. 이 기간 동안 시스템의 핵심에서 우리는 자본이 경제적 영향력을 사용해 주도권을 행사해왔음을 알 수 있다. 이윤 논리에 따른 자본의 투자는 자본이 계급투쟁에서 보유한 주된 수단이다. 계급투쟁에서도 불균등발전의 순수한 경제적 논리는 다른 것과의 경쟁에서 궁극적으로 유예되기 때문이다.

패배가 폭넓게 확산된 와중에도 불균등발전 패턴의 종식을 원한다면 노동계급의 운동에 관심을 쏟아야 한다. 그것은 실제 보이는 것보다 훨씬 많은 것을 의미하는 패턴이자 과정이기 때문이다. 우리는 여기서 불균등발전의 정치적 처리에 다시 직접적으로 연결된다. 우리의 목표가 고지식한 "균등발전"이라서가 아니다. 이는 허무맹랑한 소리일 수 있다. 그보다 우리의 목표는 자본의 논리를 따르지 않고 진정한 사회적 선택을 동력으로 하는, 사회적으로 결정된 차별화와 균등화의 패턴을 만드는 것이다. 사회의 자연적인 역사를 넘어서려고 노력할 때, 그리고 실제 사회의 역사를 만들어갈 때 자연 안에 깃든 사회와 역사를 우리가 완벽하게 지워버리지 않기를 바란다. 진정한 사회 지리를 생성하기 위해 우리는 자본뿐만 아니라 사회의 정치적 기초 역시 재구조화해야 한다.

제2판 후기

지리학의 시작

1. 심층적 공간과 사악한 지리학

지리적 시대의 "발견"의 역사에서, 스티븐 제이 굴드(Stephen Jay Gould)는 제임스 허턴(James Hutton)의 유명한 결론, "시작의 흔적도 없이, 끝의 전망도 없이"라는 문구를 참고했다. 굴드는 존 맥피(John McPhee)가 "육중한 문제"로 "심층적 시간"이라고 쓴 것을 가장 유의하고 유일한 표현이라고 이해했다. 17세기에 발견된 시간은 과거로 단지 6000년 정도 뻗쳐 있었던 반면, 19세기 초 시간에 관한 과학적 의식은 수백만 년에 걸쳐 있었다. "심층적 시간은 매우 낯설기 때문에 우리는 실제로 이를 단지 메타포로만 이해할 수 있다"라고 굴드는 말한다. 그는 인간 역사가 단지 몇 인치 정도만 점하고 있는 '지리적 마일'의 메타포를 자세히 열거했다. 여기에는 지질학적 시간을 캄브리아기의 남극에서 시작해 말뫼(Malmö)에 이르게 된 애완 달팽이의 흔적으로 묘사하는 스웨덴의 사례와 지구의 역사가 과거 영국의 야드나 자로 측정할 수 있는 거리, 즉 왕의 코에서 펼친 손의 끝에 이르는 거리라는 맥피 자신의 메타포, 그리고 왕의 가운뎃손가락 끝에 걸쳐 있는 손톱 다듬는 줄을 단 한 번 휘두르면 모든 인간의 역사가 지워진다는 메타포 등을 포함한다.[1] "시간을 지리로 가시화"함으로써 공간은 시간 척도의 메타포적 담지자가 되었다. 이것은 시간의 가장 추상적인 묘사, 즉 시계의 시간과 같은 것이다. 시간은 시계 침의 공간적 편성에 따라 측정이 가능하고 의미가 주어진다.

20세기는 심층적 공간(deep space)의 발견, 최소한 심층적 공간의 사회적 고안에서 예고되었지만, 20세기가 끝날 무렵에야 이런 근본적 발견이 명백해졌다. 심층적 공간이라는 용어가 절대적 공간의 순수한 무한 광대성, 즉 빛의 연도로 (직질하게) 측징되는 거의 무한대인 우주의 물리적 확장을 의미하지는 않는다. 이러한 공간 개념화는 아주 분명하게 뉴턴에 기인하며 물리학, 천문학, 공간과학, 그리고 우주학에서 탐구되고 규명되며 세련된다. 도린 매시(Doreen Massey)의 메타포를 사용하면 심층적 공간은 생활의 상이한 층위와 사회적 경관에서 한 층위에 다른 층위가 침전되는 것처럼, 지구적인 것에서 국지적이고 건축적인 것에 이르는 모든 규모에서의 일상생활이 영위되는 공간을 의미한다.[2] 심층적 공간은 전형적으로 사회적 공간이다. 이는 사회적 의향(intent)과 혼합된 물리적 의향이며, 르페브르의 "공간의 생산"에서 가장 풍부한 의미를 가진다. 사회이론에서 새롭게 떠오르는 공간적 언어로, 지리적 시간은 공간의 유동적 측도를 표현하는 더욱 적절한 메타포이며, 그 역도 성립한다.

심층적 공간 및 이러한 공간의 생산은 압도적으로 실질적이다. 뒤에서 제시될 개념적 논의를 뒷받침하는 수단으로, 나는 1980년대에 발생한 두 가지 사건

---

[1] Stephen Jay Gould, *Time's Arrow Time's Cycle: Myth and Metaphor in the Discovery of Geological Time*(Cambridge, Mass., 1987), pp. 2~3; John McPhee, *Basin and Range*(New York, 1980); James Hutton, *Theory of the Earth: Transactions of the Royal Society of Edinburgh* I(Edinburgh, 1788), p. 304.

[2] Doreen Massey, *Spatial Divisions of Labour*(London, 1984). 물론 매시의 지질학적 메타포는 지나치게 기계론적이라고 비판을 받았다. 이러한 비판을 잘 받아들인다면 이 개념은 일반적 의미에서 사회적 과정에 따른, 그리고 이러한 과정 내에서 공간과 공간들의 역사적 상호 중첩을 잘 표현하고 있다.

을 논의함으로써 "심층적 공간"의 의미와 무한 광대성에 어떤 느낌을 부여하고자 한다. 첫째는 경제 위기에 관한 의문이다. 1987년 10월 주식시장이 붕괴하기 1년 전, 레이건 행정부가 1980년대 중반의 경제적 호황을 계속 누리고자 했던 이 시기를 두고 한 은행가는 어렴풋이 나타나는 금융 붕괴의 잠재된 근본적 결과를 일종의 지리적 홀로코스트로 묘사했다. 뉴욕 케미컬은행의 회장, 토머스 존슨(Thomas S. Johnson)은 은행의 "과다한" 작동으로 엄청난 양의 악성 부채를 지게 된 사람들, 그리고 점점 더 심각하게 증가하는 실질 가치와 명목 가치 간의 간극 등으로 인해 폭풍우가 닥치리라고 예고했다. 그는 "모든 채권자가 자신의 담보물을 어디서 찾아야 할 것인지를 알아보기 위해 지구를 샅샅이 돌아다니게 됨에 따라 악몽과 같은 도미노 효과가 발생할 가능성이 있다"라고 진지하게 예측했다.[3] 이러한 지구적 날뛰기는 1년 이상 진행되지 않았고, 금융 체계가 "금융적 용해[뉴욕주식거래소 회장 존 펠란(John Phelan)의 표현처럼]"의 봉쇄 수단으로 효과적으로 작동했지만, 그렇다고 이 점이 앞으로 이러한 시나리오가 불가능하거나 있을 것 같지 않음을 의미하는 것은 아니다. 존슨이 지구적 자본주의의 경제적 중심부에서 위기를 인식한 것보다 더 중요하게, 잊히지 않는 악몽 속에서, 우리 은행가는 지구적 자본의 근본적인 공간적 구축, 그리고 최소한 현재와 같은 사적 소유의 경제법칙하에 위기를 "해결하기 위한" 노력으로 이루어지는 지리적 파괴를 인식하고 있다. 월스트리트에 관한 책들이 더 이상 추가되지 않는다는 점에서, 지구가 냉혹한 경제적 힘에 의해 샅샅이 약탈될 것임을 알 수 있다. 또한 경제체계가 더 이상 상식적으로 작동하지 않게 되었다는 점에서, [지구적 자본주의의 경제 중심부에서] 가장 멀리 떨어진 마을까지 수탈되었음을 알 수 있다.

1989년 동유럽 전반에 걸쳐 아래로부터 진행된 대체로 평화로운 혁명은 심

---

3 Nathanial C. Nash, "Mending Financial Safety Net," *New York Times*, October 7, 1986.

층적 공간의 사고에 풍부한 의미를 더했다. 1989년 11월 9일 동독에 의해 베를린장벽이 붕괴된 경사스러운 사건은 동구에서 철의 장막을 거두고 새로운 정치를 열어가는 것을 상징하게 되었다. 서구에 있는 많은 사람이 베를린장벽의 붕괴를 두고 자본주의적 민주주의의 오랫동안 지연된 포용이 열광적으로 실현된 것으로 즐겁게 해석한 것처럼, 이 사건의 공간적 의미는 다중적 층위를 가진다. 이러한 조용한 혁명은 동유럽에서 진정 새로운 정치적 공간을 열었지만, 구소련의 정치적 공간은 지금까지 그다지 크게 열리지 않았고 동유럽에서 열린 정치적 공간도 제한적인 편이었다. 동구로부터 장벽을 무너뜨린 폴란드를 제외하면 명목상 모든 곳에서 상당히 미발달된 조직이 벌인 대중투쟁이었다. 이런 점에서 새로운 정치공간의 한계는 새로운 민주적 거버넌스 형태의 상상력, 조직적 효율성, 지속적인 투쟁에 따라 그 외연이 정해질 것이다. 그러나 동유럽의 혁명이 부분적으로 바르샤바조약과 다양한 국가 군대의 개입 없이(또는 사실 그 반대를 위한 이들의 적극적인 개입으로) 가능했다는 점에서, 새로운 정치적 공간의 한계는 또한 부분적으로 군사적 계층성이 재구성되는(또는 그렇게 되지 않는) 방식, 사회 재구성에 참여하는 것이 허용되는(또는 그렇게 되지 않는) 방식, 또는 사실상 자신들을 위해 핵심적 역할을 강행하는 방식 등에 따라 설정되었다.

사실 1990년 초 동유럽의 대부분에 걸쳐 혁명이 때 이르게 종결되면서 대중적 상상력뿐만 아니라 군사적 개입의 제한이 최소한 단기적으로 결정적인 제약이 될 수 없음을 보여주었다. 체코슬로바키아는 사회민주주의적 성향으로 전환한 반면, 헝가리와 동독에서는 실업과 노숙이 자본주의 시장과 더불어 도래하고 있다는 광범위한 징조에도 불구하고 좀 더 보수적인 정파가 선출되었다. 폴란드의 경우 예전의 노동조합, 즉 폴란드 연대(Solidarity)가 가장 노골적으로 자본을 포용하려 한 것처럼, 정권 또한 가장 공격적으로 보수주의적이었다. 얼마 되지 않아 "이게 다야?"라는 말이 대부분의 동유럽에서 공통된 푸념이 되었다.

1989년 혁명의 정치적 결과는 단순히 지역적인 것이 아니었다. 이들은 동유럽의 모든 가정, 공장, 거리에서 영위되는 일상생활의 모든 측면에 잠재적으로 영향을 미쳤는데 동시에 그 결과는 철저하게 지구적이었다. 베를린으로부터 놀라운 영상 필름이 방송된 지 몇 시간 만에 부시 행정부와 국방부는 3000억 달러에 달하는 엄청난 방어 예산을 상당히 삭감하라고 요구하는 의회의 아우성에 직면했다. 미국 전역에 걸쳐 군수공장에 종사하는 노동자가 맞닥뜨린 일자리 위험이 제일 먼저 냉소적인, 그다지 지속되기 어려운 이데올로기적 방어선을 구축했다. 이전과 마찬가지로 "미국 노동자를 위한 일자리"는 "미국 기업을 위한 이윤"으로 해석되어야 했다. 놀란 워싱턴 행정부가 새로운 지구적 적을 찾아 파나마를 전격 공격한 것처럼, 지정학적 의미에서 냉전의 종식은 세계 곳곳에 영향을 미쳤다. 패배한 공식적 공산주의 체제에 우호적이지 않던 마거릿 대처(Magaret Thatcher)는 구소련 공산당의 총서기 미하일 고르바초프(Mikhail Gorbachev, 자신의 국가에서 그동안 금지되었던 '민주화'의 창시자로 서구 지도자들이 칭송했던 인물)가 의외의 환호성으로 감탄할 만한 그녀의 계급적 색깔을 드러냈으며, 동시에 동유럽의 대중을 향해 "제발 천천히 민주화를 진행하라", 그렇지 않으면 "국가적·지구적 안정성이 무너질 것"이라고 충고했다. 통일된 독일의 전망은 독일 내에서뿐만 아니라 프랑스, 영국, 특히 미국의 지배계급에 폐물이 된 국가적·지정학적 본질주의를 부활시켰다. 그러나 실제 오늘날 독일 통일은 지정학과는 거의 관계가 없다. 단순한 공간적 근접성은 IBM과 ICBM(대륙간탄도미사일)의 시대에 제한적 결과를 가진다. 이것은 경제적 문제이다. 헨리 루스(Henry Luce)가 1941년 사용한 (지금 생각하면 다소 낙관적이었던 것으로 보이는) 용어인 '미국의 세기'의 쇠퇴는 통일된 독일로 인해 훨씬 더 빠르게 진행될 것이고(연합된 유럽 내에서), 이미 일본의 우세한 경쟁으로 인해 배가되고 있다. 그리고 생산, 자본, 노동과 상품 시장, 금융자본의 지구화를 배경으로 개방된 동유럽은 위기-담지적 자본을 기꺼이 흡수할 수 있는 사실상의 진공상태가 되었다. 자본의 시소운동은 동구에서 결정적인 파행을 걷고 있다. 많은 낙관주의적 사업가의 눈에 동유럽의 개방은 지구적 자본에 경제적 아드레날린(adrenalin) 주사가 될 수 있었다. 동유럽은 정복될 새로운 세계, 또 한 번의 공간적 조정, 이전에는 지구적 자본의 지경제학적 저항 경계의 바깥에 있었던 때 묻지 않은 새롭고 텅 빈 경제공간이었다. 저임금과 시장 확장으로, 특히 헝가리는 '금광'과 같은 곳으로 널리 알려지게 되었다. 그리고 지금이 그 시점이다. 자본가들은 동유럽을 위한 실질적인 투자가 뉴욕 케미컬은행의 존슨이 그렇게 예민하게 우려했던 과잉 축적의 위기와 금융부채 문제를 해결하거나 최소한 경감시키는 충분한 기회를 제공할 것이라고 희망했다.

그러나 다른 시나리오도 많이 있다. 비경화(nonhard currency), 상이한 임금률, 시장가격, 노동조건 등을 유럽과 지구 정치경제에 통합시키는 기법들은 매우 어려운 문제들이다. 이런 편제가 어떻게 작동하든 간에, 특정 국가가 비교적 폐쇄적인 경제적·정치적 국경을 재건한다고 해도 동유럽이 지구적 시장에 더 긴밀하게 통합될 것이라는 점은 논란의 여지가 없다. 이러한 점에서 동유럽과 구소련 사회, 그리고 전통적으로 이들의 역사를 국가자본주의로의 이행으로 진단했던 마르크스주의적 분석은 예언적이었음이 입증된다. 그렇지만 1989년 이후 이러한 예언은 회의적인 주장인 것처럼 보인다. 풀뿌리 노동계급과 대중적 저항은 분명히 억압적 국가와 경제에 정치적·경제적 대안을 기대하는 동유럽 혁명의 진정한 근원일 수 있다. 그러나 에드워드 톰프슨(Edward Palmer Thompson)이 매우 강력하게 주장한 바와 같이, 동베를린 주민들은 영국이나 미국식의 사유주택이나 사적 보건 의료를 부추기기 위해 베를린장벽을 무너뜨린 것이 아니다.[4] 따라서 동유럽의 현재 사태에서 공간의 생산을 지휘하는 것은 경제적 논리가 아니라 평범한 정치적 투쟁들이다. 이러한 정치적 투쟁들은 분리된 동시에

---

4 Edward P. Thompson, "Beyond the Cold War," *Raoul Wallenberg Lecture,* November 15(Rutgers University, New Brunswick, N.J., 1989).

점점 더 가깝게 연계되고 있다. 이러한 투쟁에는 계급·인종·젠더·민족의 관점에서 정치적 권리를 둘러싼 투쟁, 고용·주거·소비에 관한 경제적 권리를 둘러싼 투쟁, 환경적 조건과 사회적 서비스를 둘러싼 투쟁, 그리고 농촌 개발을 둘러싼 투쟁 등이 포함된다. 동유럽에서 발생한 1989년 혁명의 세계사적 중요성은 궁극적으로 상호 연계된 정치적·문화적·경제적 투쟁(유럽 블록 내에서의 투쟁, 그리고 이러한 사회가 이미 불안정한 지구적 자본주의로의 통합과 관련된 투쟁들)이 어떻게 이들의 일부를 이루는 국지적·국가적·지구적 공간을 재구성하는지에 따라 측정될 것이다.

스티븐 컨(Stephen Kern)은 공간과 시간에 관한 우리 경험의 근본적 기반이 19세기 말경 극적으로 재구성되었다고 강력히 주장했다.[5] 거의 100년이 지난 오늘날 우리는 이와 유사한 또 다른 이행을 겪고 있다. 그 속에서 공간의 의미는 사회적 구성 속에서 더욱 철저하게 중첩되었다고 주장함이 합당하다. 이는 단순한 지구적 사건이 아니다. 젠트리피케이션과 노숙은 서구 전반에 걸친 도시 중심지의 재구성에서 심층적 공간의 지구적인 동시에 국지적인 윤곽을 점점 더 선명하게 부각시키고 있다. 마찬가지로 생산의 지역적 규모도 실리콘밸리에서 타이베이에 이르기까지 새로운 산업공간에서 탈산업화와 재투자를 통해 재구조화되고 있다. 미국 대평원의 농업 지역은 자연의 생산 공간에서 밀려나 경제적·금융적·환경적·기후적 위기의 한가운데로 내몰려 파편화되고 있으며, 이는 일부 학자에게 대평원을 버펄로의 공유지로 되돌려 보내야 한다고 주창하도록 유도했다. 또한 유럽에서 1992년 도래한 새 시대는 사회적 조직의 국가적 규모를 해체시킬 것처럼 위협하고 있다.[6]

---

5   Stephen Kern, *The Culture of Time and Space 1880-1918*(London, 1983).
6   첨단기술산업 투자의 새로운 지리적 유형에 관해서는 Allen J. Scott, *New Industrial Spaces* (London, 1988) 참조. 탈산업화가 이전의 지역적 편제에 미치는 분산적 효과에 관해서는 Neil Smith and Ward Dennis, "The Restructuring of Geographical Scale: Coalescence and

그러나 이러한 공간의 재편성은 지구적 규모에서 가장 소란스러운 것처럼 보인다. 그리고 다른 곳보다 이른바 제3세계에서 이 같은 집약적인 공간의 생산이 매우 파괴적으로 진행되고 있다. 사실 1970년대와 1980년대에는 여러 제3세계 경제의 강한 국가들(신흥공업국들)이 지구적 자본주의에 부분적으로 통합되었고, 이는 다른 곳에서의 전례 없는 일상생활의 파괴를 가져왔다. 1968~1974년 사헬(Sahel, 사하라사막 주변 지대 — 옮긴이) 기근, 1980년대 전반에 걸친 수단과 에티오피아의 만성적 기근, 남아프리카, 중앙아프리카, 에리트레아(Eritrea), 앙골라에서 탈식민주의적 경관을 파괴했던 국지적·국가적·국제적 전쟁, 그리고 남아프리카 정부의 인종격리(apartheid) 정책에 의해 아프리카 대륙 전반에 걸쳐 자행된 군사적 억압은 재구조화되는 지구적 공간 내의 서브-사하라 아프리카에서 진행된 잔혹한 게토화의 가장 명백한 징후들이었다. 공통적으로 잘 알려지지 않았지만 이런 지역에서는 지구적 자본이 철저한 경계 지역을 설정하기 때문에 필요한 자본이 체계적으로 거부된다는 점에서 좀 더 의미 있다. 1980년대 초중반에 제3세계의 부채가 경제 위기의 목록을 작성하도록 유도했을 때도 서브-사하라 아프리카는 전적으로 조용했는데, 그 이유는 너무 가난해서 부채에 의한 사치조차 할 수 없었기 때문이다. 아프리카로의 민간투자는 1980년대에 25% 줄었고, 자본이 동유럽으로 재진출하게 되면서 더 줄어들 테지만, 서브-사하라 아프리카의 14개 국가는 미국에 48억 달러의 부채만 지고 있었을 뿐이다. 이런 장소들에서 유엔, 세계보건기구, 국제통화기금, 세계은행 같은 국제기구와 평화봉사단, 국제개발기구 같은 국가기관들은 서구 자본주의 모델을 따

Fragmentation of the Northern Core Region," *Economic Geography* 63(1987), pp. 160~182 참조. 젠트리피케이션과 노숙에 관해서는 Peter Marcuse, "Neutralizing Homelessness," *Socialist Review* 18(1)(1988); Rosalyn Deutsche, "Uneven Development: Public Art in New York City," *October* 47(1988), pp. 3~52 참조. 대평원에 관해서는 Frank Popper and Deborah Popper, "The Great Plains: From Dust to Dust," *Planning* 53(12)(1987), pp. 12~18 참조.

르기만 하면 진보, 근대화, 자본의 유입, 안정성, 생활조건의 개선이 이루어질 것이라고 약속했다. 이러한 거시적 실행에서 아프리카 농부의 일상적 실천으로 관심을 돌리면, 진보에 관한 성서(聖書)는 서브-사하라 아프리카에 걸쳐 있는 일단의 사악한(satanic) 지리에 불과할 따름이다. 이론과 실천 사이를 매개하는 메시지는 수백만 명의 삶을 대가로 근대화 이론에 통합되고자 하는 불가피한 '오역'을 겪게 된다. 바로 이 점이 불균등발전의 이데올로기가 가지는 힘이다.

2. 물질적 공간과 메타포적 공간

지리적 공간의 물질적 재편과 동시에 "비판사회이론에서 공간에 관한 재천명"이 이루어지게 되었다.[7] 예술사학자 존 버거(John Berger)는 사건들의 공간적 "동시성과 확장"이 오늘날 우리의 관심을 지배하고 있다고 주장함으로써 이를 잘 표현했다.

근대적 통신수단의 범위, 근대적 권력의 규모, 세계 전반에 걸친 사건으로 받아들여야 할 개인의 정치적 책임성의 정도, 세계는 분할할 수 없게 되었다는 사실, 이러한 세계 내에서 발생하는 경제 발전의 불균등성, 착취의 규모 등 이들 모두는 나름대로의 역할을 담당한다. 이제 예언은 역사적 프로젝트라기보다 지리적 프로젝트를 포함하게 되었다. 시간이 아니라 공간이 우리에게 결과를 감추고 있다. 오늘날 예언을 위해 인간이 전 세계에 걸쳐 불균등하게 존재한다는 점에서 인간에 대해 아는 것이 절대적으로 필요하게 되었다.

---

7   이 문구는 Ed Soja, *Postmodern Geographies: The Reassertion of Space in Critical Society Theory*(London, 1989)의 부제목이다.

『포스트모던 지리학』에서 소자는 미셸 푸코(Michel Foucault), 니코스 플란차스(Nicos Poulantzas), 장 폴 사르트르(Jean Paul Sartre), 알튀세르, 앤서니 기든스(Anthony Giddens), 하버마스 등 여러 사람의 이름을 들면서 공간의 재발견을 예리하게 예시했다. 푸코와 더불어 소자는 다음과 같은 의문을 제기한다. "베르그송(Bergson) 또는 그 이전부터 시작되었는가? 공간은 죽은 것, 고정된 것, 비변증법적인 것, 비이동적인 것으로 다뤄져왔다. 반면 시간은 풍부하고 비옥하고 생동적이고 변증법적인 것이었다." 그는 푸코의 공간 인식을 따른다. "현 시대는 아마 무엇보다도 공간의 시대일 것이다. 우리는 동시성의 시대에 있다. 우리는 병렬의 시대, 가까운 것과 먼 것의 시대, 병존적 시대, 산개된 것들의 시대에 있다." 소자는 한편으로는 사회이론의 뿌리 깊은 역사주의를 지적하면서, 다른 한편으로는 20세기 대부분의 지리학이 내향적으로 고립되었다고 비판했다. 그러나 지난 15년 동안 소자는 이 둘 사이에 긴밀한 화해가 있었음을 간파한다. 사회이론이 '심층적 공간'의 심원함을 파악하려 할수록 점점 더 많은 지리학자가 공간적 담론을 사회적 담론과 다시 연계하기 위한 노력으로 사회이론을 향해 나아가게 되었다. 소자에 따르면, 이러한 재연계는 근본적으로 '공간화된 존재론'을 포함한다. 공간화된 존재론이란 역사주의에서 벗어나, 새로운 철학적 기반에서 사회변동에 관한 공간화된 담론을 지향해 불균형을 시정하는 것이다.[8]

지리학 담론 밖에서 공간에 관한 관심의 가장 극적인 재집중은 아마도 프레더릭 제임슨(Frederic Jameson)에 의해 이루어졌다고 할 수 있다. 그는 1984년 "우리의 상황에 적합한 정치적 문화 모형은 근본적인 조직적 관심으로서 공간적 논제를 필수적으로 제기해야 할 것"이라고 주장했다. 이어서 그는 케빈 린치

---

8 John Berger, *The Look of Things*(New York, 1974), p. 40; Soja, *Postmodern Geographies*. 또한 Sharon Zukin, *Landscapes of Economic Power*(Berkeley, 1991) 참조. 여기서는 "경관"을 "우리 시대의 주요한 문화적 생산물"로 인식하고 있다. 그리고 Kristen Ross, *The Emergence of Social Space: Rimbaud and the Paris Commune*(Minneapolis, 1988) 참조.

(Kevin Lynch)의 믿기 어려운 연구를 신뢰하면서 "인식적 지도 그리기의 미학"은 이러한 문화정치에 적합한 핵심이라고 제안한다. 지리학 내에서 하비의 연구는 의심할 바 없이 가장 큰 영향을 미쳤다. 1980년대를 거치며 하비는 '지리적 역사유물론'을 수립하고자 했다. 제임슨이 제시한 바와 같이 "포스트모던에 새로운 공간성이 함의되어" 있다면, 이 점은 하비의 『포스트모더니티의 조건』이 왜 그렇게 폭넓은 흥분을 유발했는가를 설명해줄 수 있다. 하비는 이 저서에서 포스트모더니즘이 연출했던 문화적 어휘를 후기 자본주의의 재구조화를 동반했던 정치적·경제적·사회적 전환과 연계시켰다.[9] 공간에 관한 재천명의 서로 다른 측면에서 제시된 제임슨과 하비의 주장이 유사하다는 것은 틀림없다.

그러나 이런 진술 가운데 일부의 완전한 취지는 우리들의 생각을 벗어나지 않는다는 점을 잠시 논해보자.

"현 시대는 아마 무엇보다도 공간의 시대일 것이다." _ 푸코
"오늘날 예언은 역사적 프로젝트라기보다 지리적 프로젝트를 포함한다." _ 버거
"우리의 상황에 적합한 정치적 문화 모형은 근본적인 조직적 관심으로서 공간적 논제를 필수적으로 제기해야 한다." _ 제임슨

만약 역사주의의 지배성을 지적한 소자가 옳다면, 그리고 그렇게 많은 사람이 자신의 입장에서 이 점이 논란의 여지가 없음을 (상이한 맥락에서) 지적했다면, 앞서 열거한 저자들과 다른 여러 사람에 의해 주창된 공간과 지리를 향한 전환은 결코 사소한 사건이 아니다. 공간에 관한 이러한 주장이 실제 무엇을 의미

---

9 Frederic Jameson, "Postmodernism, or the Cultural Logic of Late Capitalism," *New Left Review* 146(1984), pp. 53~92; Davis Harvey, "On the History and Present Condition of Geography: An Historical Materialist Manifesto," *Professional Geographer* 36(1984), pp. 11~18; Harvey, *The Condition of Postmodernity*(Oxford, 1989).

하는가? 그리고 이렇게 심오한 역사적이고 지적인 깨달음을 얻었음에도 그동안 우리는 비교적 조용한 침묵으로 대체 무엇을 이루었는가? 누가 푸코가 한 말의 의미를 취해 우리에게 현재가 공간의 시대라는 것을 설명할 수 있는가? 버거가 요청했던 지리적 예언은 어디에 있는가? 그리고 누가 계급·인종·젠더에 기반을 둔 정치적 투쟁을 위해 근본적으로 공간적인 전략을 개발했는가? "인식적 지도 그리기"에 관한 공간적·정치적 본질을 논하거나 지리적 역사유물론을 다룬 놀랄 만한 논문은 어디에 있는가?

심층적 시간에 관한 입문적 논의에서 우리는 "시간을 지리로 가시화"시킨 굴드와 여타 사람들을 찾아볼 수 있다. 공간은 시간에 의미를 불어넣는 메타포적 거울이다. 그리고 나는 여기에 공간에 관한 재천명이 침묵으로 환영받는 단초가 있다고 생각한다. 사회이론적 논의에서 공간이 정치적·지적으로 재천명되는 현실에서도 아직도 많은 사람이 공간에 관해 매우 상이하게 이해하고 있다. 우리 가운데, 지리학을 공부한 사람들에게, 공간의 물질성(물리적으로뿐만 아니라 사회적으로도 구성된)은 핵심적 가정(이 책 전반에 걸쳐 제시된 가정)이기 때문에 사실상 별 이의 없이 받아들여졌다. 이 점은 결코 공간에 관한 대안적 이해를 배제하는 것이 아니며, 오히려 물질적 공간에 부여된 우선성을 두드러지게 한다. 그러나 사회이론과 특히 문예이론을 공부한 사람들에게, 공간은 대체로 메타포로서 개입한다. 이 점은 물질적 공간이 이런 담론에 존재하지 않는다는 의미가 아니다. 그들에게 오히려 공간의 물질성(절대적 공간)은 당연히 아무런 문제가 없기 때문에 이 점은 어떤 의미 있는 의문을 거의 제기하지 않는다. 대신 그 속에서 인간적 사고의 드라마와 사람들 간의 관계가 연출되는 온갖 개인적·심리적·사회적·개념적 '공간들(무대, 영역, 배경, 장, 추론)'에서 흥미로운 의문이 떠오른다.

분명 "주체의 지위", "개념적 공간", "이론적 공간", "경합적 공간", "타협의 공간", "유의미의 공간", "이데올로기적 공간(들)" 등은 순전히 메타포적 음조로 공간에 관한 유익한 준거를 만든다. "지도 그리기"는 한 텍스트에서 다른 텍스트로 명목상 모든 종류의 그럴듯한 번역을 포괄한다. 이 점이 왜 문제가 되는가? 여기서 제임슨은 자신의 공간적 메타포를 인정하면서 이에 대한 어떤 해답과 관련된 힌트를 무심코 제시한다. "인식적 지도 그리기는 현실에서 어떤 다른 것이라기보다 '계급의식'을 위한 암호이다." 그렇다면 공간화된 정치에 헌신하는 것은 실제 단순히 메타포적인 것인가? 그리고 이 점이 제임슨과 같은 명시적인 정치적 시상가에게 가능하다면, 문예적·문화적 담론에서 공간의 재천명으로 인해 유발되리라고 주장할 수 있는 위험이 얼마나 크든 간에, 그리고 명시적으로는 대립적 정치에서 철수한다는 점에서 이러한 담론을 열렬히 채택하고자 하는 일부 사회적·공간적 이론가로 인한 위험이 얼마나 크든 간에, 공간은 메타포로 한정될 것이고, 공간의 물질성은 여전히 실현되지 않을 것이다.[10]

사실 나는 이 프로젝트가 일관성 있으면서(즉, 단순히 메타포적이지 않으며), 지적·정치적 의제에 관련된 지리적 공간을 알리는 박식한 메타포임에도, 여전히 풍부한 가능성 때문에 우리를 헛갈리게 할 것이라고 생각한다. 사실 공간화된 정치에 대한 미숙한 집착이지만, 대체로 공간에 관한 담론의 상실 때문에 공간적 메타포의 강력한 가면(mask)을 통해서는 물질적 공간과 메타포적 공간의 상호성을 명확히 이해하기 어려운 것이다. 부분적으로 나는 이 점을 제임슨의 연구에 근거해 확신한다. 나에게 제임슨의 분석(그리고 나는 공간에 관한 지리학적 개념화에 뿌리를 둔 다른 많은 학자들을 생각한다)이 주는 통찰력과 전율은 "후기자본주의"의 문화적·사회적·정치적·경제적 격변에 관한 표현으로서 도시의 공간적 전망을 광범위하게 해독했다는 데 있다. 이는 점점 더 많은 지리학자가

---

10 Frederic Jameson, "Marxism and Postmodernism," *New Left Review* 176(1989), pp. 44~45. 문화의 활용을 정치의 은폐로 간주하게 됨에 따라, 말할 필요도 없지만 어떤 오해를 피하기 위해, 이는 특정한 담론의 특수한 활용이라는 점을 강조할 필요가 있다. 문화적 분석이 내재적으로 탈정치화한다거나 보수적이라고 제시하는 것은 어리석다.

1960년대 말에서 1970년대 초에 들어가기 시작한 프로젝트의 전형이 되었다. 제임슨이 사회적 건조환경으로서 도시경관의 재구성을 흐릿하게 이해했다고 해도, 그는 아직 실현되지 않은 도시 전망에 대한 완벽함을 제공하는 예리한 연계를 다수 만들어냈다. 메타포의 사용은 이와 같은 그의 성공에 핵심적인 것이었다. 제임슨이 접하게 된 비평의 비대칭성은 동시에 어떤 것을 밝히고 있다. 정치학과 지리학의 측면에서 비평가들은 문화와 경제에 관한 그의 혼돈, 도시 재구조화를 다룬 문헌에 관한 비친숙성, 후기자본주의의 도래 시기에 관한 오류 등을 애석해한다. 그러나 사실 제임슨이 메타포로서 "인식적 지도 그리기"를 설명하며 인정한 것처럼, 좀 더 문화적인 집단들로부터 받는 지배적인 비판은 그의 복원된 정통성(resilient orthodoxy) 때문인 것으로 보인다.[11]

공간에 관한 순전한 메타포적 개념화는 어떤 위험이 있는가? 우선 물질적 공간에 관한 우리의 개념화가 메타포에 의해 향상되는 것처럼, 메타포적 공간 이용은 불가피하게 물질적 공간을 준거한다. 하나는 다른 하나 내에서 구축되므로 우리는 이를 유치한 이원론으로 다룰 수 없다. 전통적 사회이론에서 공간은 보통 역사를 움직이도록 하는 장소, 기반, 안정된 바탕과 같이 자명한 것으로 들어온다. 공간은 역사적 변화를 일관되게 만드는 일단의 고정된 좌표를 규정한다. 이에 따른 관계성은 비대칭적이다. 역사는 독립변수이고, 지리는 종속변수이다. 공간적 메타포가 항상 호소하는 것은 이와 같은 기반(또는 분리된 기반의 조합)으로서 공간의 개념화이다. 공간은 시간이 살아 있도록 하는데, 시간에 생명을 불어넣어 공간의 비생명성과 대립되게 평가, 측정, 이해될 수 있도록 하는 데 기여한다. 공간적 메타포가 현대 세계의 파편화된 통합성을 특히 드러내는 데 얼마나 힘을 가지든 간에 이러한 메타포의 작동은 공간의 비생명성을 재강화

---

11 Mike Davis, "Urban Renaissance and the Spirit of Postmodernism," *New Left Review* 151 (1985), pp. 106~113; Douglas Kellner(ed.), *Postmodernism/Jameson/Critique* (Washington D.C., 1989).

하고, 이에 따라 우리가 이 세계를 분석하기 적합한 공간적 개념을 가질 수 없도록 한다. 메타포는 본연적으로 병렬적이다. 이는 어떤 것을 다른 어떤 것으로 천명함으로써 진실을 밝히고자 한다. 만약 우리가 공간의 재천명을 넘어서고자 한다면, 공간적인 것과 사회적인 것 간의 친화에 대한 연구에서 메타포적 공간과 물질적 공간 간의 개념적 심연을 메우는 것이 필수적이다.

이러한 관점에서 심층적 공간이란 공간의 내재적인 사회적 과정, 그리고 이를 통해 생산된 구조를 어떤 주어진 고정된 형태에서 매우 피상적으로 굴절된 공간과 함께 결합시키는 것으로 인식할 수 있다. 이에 따라 심층적 공간에서 메타포적인 것과 물질적인 것은 분리될 수 없지만, 독자적인 것으로 남게 된다. 메타포가 우리의 공간 개념화를 지배하는 정도에 따라, 후자의 고정된 형태의 굴절이 우리에게 정보를 제공한다. 공간의 메타포적 활용은 충분히 '실질적'이지만, 이러한 활용은 거울이 그 이면에 세계를 숨기고 있는 것만큼 효과적으로 심층 공간의 생명을 감추고 있다. 그렇다면 우리가 봉착하는 의문은 다음과 같다. 공간의 물질적 의미와 메타포적 의미 간의 번역 규칙은 무엇이며, 우리는 어떻게 공간화된 정치의 발전을 촉진하는 방식으로 이들을 발굴할 수 있는가?

3. 규모의 생산

르페브르는 그의 결정적이고 매우 독창적인 연구, 『공간의 생산』에서 이러한 의문의 일부를 다루고 있다. 이 저작은 공간의 개념에 관한 우리의 지식과 이해에 관한 매우 정교한 탐구를 제공한다. 앞선 그의 연구에서는 공간에 관한 메타포적 개념화와 물질적 개념화가 때로 무의식적으로 혼합되어 있었다. 하지만 『공간의 생산』에서는 좀 더 명시적인 노력으로 세 가지 종류의 공간, 즉 실질적 또는 사회적 공간, 이념적 또는 지적 공간, 그리고 메타포적 공간으로 분리하고

자 한다. 그는 푸코와 여타 학자들이 이론적 공간과 실천적 공간, 지적 공간과 실질적 공간을 빠뜨렸다고 꾸짖는다. 그는 이념적 공간과 실질적 공간을 상호 전제하는 것으로 설정할 경우에는 지적 공간을 옹호하지만, 동시에 "지적 공간"이 빠질 수 있는 자기 명분(self-flattery)을 예리하게 인식한다.

모두가 아니라고 해도 대부분 저자는 지적(신칸트적 또는 신데카르트적) 공간의 용어들 내에 편안히 안주하면서, 이를 통해 "이론적 실천"은 특수화된 서구적 지식인의 자기중심적 사유에 불과하다는 점, 그리고 사실 차라리 전적으로 분리된 정신분열적 의식일 따름이라는 점을 주장한다.

마찬가지로 공간적 메타포는 물질적 공간의 개념화 내에 상호적으로 함의된다. 이들은 의미를 구성하는 불가피한 수단이지만, 이들은 단지 "공간을 사물과 융화시키고 이에 따라 공간 개념을 추상의 영역에 속하도록" 할 경우에만 성공하게 된다. 공간적 메타포는 마르크스의 의미에서 물신성을 번성케 하고, "추상적 공간"을 재확인한다.[12]

르페브르에 따르면, 현대 자본주의 공간은 메타포라는 의미가 있다. 하버마스가 모더니즘을 서술한 문장을 빌리자면 20세기 자본주의의 도래로 공간은 "지배적이지만 죽은" 것이 되었다. 공간의 죽음은 자본주의의 손에 의해 추상화됨에 따라 유발된다. 상품생산과 교환의 세계, 축적의 논리와 전략, 국가의 억압

---

12 Henri Lefebvre, *The Production of Space*(Oxford, 1991), translated by Donald Nicholson-Smith; originally published as *La Production de l'espace*(Paris, 1974). 최근 르페브르의 연구에 관해서는 Soja, *Postmodern Geographies*, M. Gottdiener, *The Production of Urban Space*(Austin, 1985) 참조. 잠재적으로 "분리되고 정신분열적인 의식"에 관해서는 마르크스의 통찰력을 상기하라. 그에 따르면, 추상적 사고 그리고 개념화의 발달로 의식은 처음으로 "의식이 기존 실천에서의 의식과는 다른 어떤 것이라고 크게 기뻐한다". Marx and Engels, *German Ideology*, p. 52.

적 통치, 교통 및 통신 네트워크의 확충, 이들 모두는 일상생활의 경관으로부터 단절될 뿐만 아니라 동시에 기존의 차이와 차이들을 짓뭉개버리는 추상적 공간을 초래했다. 공간은 "평평하게 되었다", "국가는 차이를 반복 또는 순환성으로 환원시킴으로써 시간을 압착시켰다. … 헤겔적[변증법적] 형태의 공간은 그 자체 [평평한] 공간으로 되돌아왔다". 공간이 국가에 의해 순전한 개념적 부과물이 되는 한, 헤겔적 공간은 사실 죽은 것이지만, 동일한 의미에서 이는 지배적이다. 공간은 이중적 의미에서 지배적이다. 즉, 공간은 사회적 관계의 우선적인 생산자·재생산자이고, 동시에 억압적 폭력의 근원이다. "추상적 공간의 생산"의 한 측면은 "일반적 메타포화"로, "일반적 메타포화가 역사적, 누적적 영역들에 응용될 경우, 이는 이 영역들을 어떤 공간, 즉 폭력이 합리성 속에 감춰지고, 통합의 합리성이 폭력을 정당화하기 위해 사용되는 공간으로 전환시키게 된다".[13] 르페브르에 따르면, 토지, 노동, 자본의 자본주의적 "3원소"는 "세 가지 측면을 가진 제도적 공간"에서 구체적으로 만들어진다. 공간이란,

지구적이다: 공간은 주권, 동질성, 물신성, 차이의 환원 공간이다.
파편화된다: 공간은 통제와 중재를 촉진하기 위해 로컬리티들을 분리하고, 해체하고, 설립한다.
계층적이다: 권력과 상징성이라는 점에서 그러하다.

르페브르에게 추상적 공간의 강제적 동질성과 폭력이 전부인 것은 결코 아니다. 만약 공간이 절대주의에서 추상화로의 일종의 거대한 폭포를 통과했다면, 역사적 공간은 사라진 것이 아니라 지속적으로 재순환된다. 항상적인 투쟁

---

13   *The Production of Space*, I, ff. 30, 35; II, f. 129; IV, f. 93; Jürgen Habermas, "Modernity: An Incomplete Project," in Hal Foster(ed.), *The Anti-Aesthetic, Essays in Postmodern Culture* (Port Townsend Wash., 1983), p. 6.

이 공간의 생산을 모양지우고, 이런 투쟁의 목적(르페브르가 지칭한 바와 같이 "전략적 가설")은 추상적 공간을 장려하는 이데올로기를 물리치고, 공간의 추상화를 드러내고, 파편화되지 않는 동시에 공간적 차이를 만들어낸다.

과거 어느 때보다 오늘날 계급투쟁은 공간에 더 각인된다. 사실 계급투쟁만이 추상공간이 전체 지구를 장악하고 모든 차이를 도배하는 것을 막을 수 있다. 단지 계급투쟁만이 차이화할 수 있는 능력, 전략, "논리" 또는 "시스템"으로서 경제성장에 내재되지 아니한 차이들, 말하자면 이러한 성장에 의해 유도되지 않을 뿐만 아니라 이러한 성장에 받아들여지지도 않을 차이를 창출할 수 있는 능력을 가진다. 계급투쟁의 형태는 오늘날 공식적인 것보다 훨씬 더 다양하다. 당연히 이들은 소수자의 정치적 행동을 포함한다. … 공간에 바탕을 둔 전략적 가설은 이른바 "저발전 국가"의 역할을 배제하지 않을 뿐만 아니라 산업화된 국가의 역할과 이들의 노동계급을 배제하지도 않는다. 반대로 계급투쟁의 기본 원리와 목적은 해체된 측면을 함께 가져오는 것, 산재한 경향과 요인을 통일하는 것이다. … 이는 단일한 모멘트에서 차이(이에 관한 생태학이 각각을 분리해 강조하는 경향이 있는 자연적 기원의 차이를 포함해)를 동원함을 의미한다. 이는 정치체제, 국가, 입지, 인종집단, 자연자원 등의 차이를 말한다.

정치적 실천과 연계되면서도 동시에 이와 구분되는 지식의 체계로서 대립적 차이를 재구성하고 조합할 수 있는 새로운 이론적 규칙이 요청된다.[14] 공간이 상이하게 생산될 수 있기 전까지는, 차이가 해방적인 공간 생산을 유도하는 신중한 전략으로서 공간에서 작동하기 전까지는 대안적 공간 개념은 완전하지 못할 것이다.

---

14 *The Production of Space*, I, ff. 82, 95.

거의 20년 전에 처음 쓰였지만 르페브르가 정치적 전략(비록 계급투쟁의 규정 내에서지만)의 핵심으로서 차이에 초점을 두었고, 우리가 오늘날 주체의 상이한 지위(성적 지향처럼, 성적 차이도 분명 포함될 필요가 있다)라고 부를 수 있는 것을 포함하고 긍정했다는 점은 차이의 사회적 구축을 둘러싸고 설정된 현대 정치 이론으로부터 광범위한 공감을 얻고 있다. 특히 이러한 연구의 많은 부분은 르페브르가 분명 유지했던 마르크스주의적 틀을 폐기하고, 포스트-마르크스주의, 포스트-구조주의, 포스트-모더니즘을 선호함에도 그러하다.

이러한 최근 연구의 핵심적 주장이 계급·인종·젠더의 통합, 주체의 상이한 지위와 타협, 병행하는 상대주의를 피할 수 있는 다지위성(multipositionality)의 이론화를 둘러싸고 전개되고 있다면, 공간의 생산에 관한 르페브르의 개념화는 어떤 가능한 이정표를 제공한 것이 분명하다. 이들 모두는 핵심적 논제로 설정될 경우 개방적인 분석적 틀을 유지하면서, 개입의 "공간들"을 제공하고, 총체화를 피하며, 정치적 역량 강화를 북돋는다. 공간은 분리시킬 뿐만 아니라 묶어주는 수단이고 배제할 뿐만 아니라 포섭하는 수단이다. 르페브르는 공간에 관한 비판적 개념화에 생명을 불어넣어 상이한 '지위들'을 통합하고, 중재하고 이론화하기 위한 우리의 노력을 "필기하는" 공간적 메타포를 해독하는 데 필요한 여러 도구를 제공한다. 이 점은 "공간의 생산"의 탁월함이다. 이는 메타포의 비판을 요구하지만, 동시에 메타포를 통해 부분적으로 이해되는 매우 상이한 경험으로 연계하는 기반을 제공한다.

보다 구체적으로 오늘날 많은 사람이 착취를 직접적으로 경험한다는 점에서 노동계급에 특권을 부여하는 마르크스의 주장을 폐기하는 것은 마르크스를 향한 비판의 오류 가운데 가장 심각한 것이라고 할 수 있다. 다른 주체의 지위(어떻게 규정되거나 제한된다고 할지라도)는 독특하며, 이러한 의미에서 특권적임을 인정할 수 있지만 이들은 각기 상이한 방식으로 특권화된다. 노동계급의 특정한 특권은 "양 측면에서" 착취를 이해할 수 있도록 하는 것이라고 마르크스는 말한다. 이를 확대해보면 예컨대 인종과 젠더에 따른 억압의 또 다른 형태는 그들의 주체 지위에 통합된 것이며 이를 통해 그들의 특권이 영위된다고 주장할 수 있다. 그렇다면 대립적인 특권들 간 타협이 가능하며, 이는 부분적으로 상호 비판을 통해 수행될 수 있다. 그러나 르페브르는 이들을 사회적 공간의 폭넓은 영역에서 타협된 것이자 결과적으로 이 공간을 구성하는 것으로 이해할 수 있는 기회를 제안한다.

하지만 공간의 생산이 정치적 전략을 위해 무엇을 함의하는가는 즉각적으로 명확하지 않다. 이러한 번역은 수행되어야 할 과제로 남아 있다. 이는 부분적으로 르페브르가 철학적 비판의 영역을 결코 벗어나지 않았기 때문이며, 또한 부분적으로 공간에 관한 르페브르 자신의 역사에서 서로 다른 사회적 공간과 이를 동반하는 것으로 간주되는 개념적 공간 사이를 뜻밖에도 오락가락했기 때문이다. 철학적 비판을 주어진 것으로 간주하고 이를 지리적 공간의 생산과 연계하는 번역 작업이 여전히 필요하다. 이는 3장에서 주장한 것처럼 공간의 사회적 구축과 공간의 물리적 구축을 통합시키는 것이다. 나는 불균등발전 이론에 관한 앞선 논의를 추진하는 한편으로 공간의 생산에 대한 사고를 발전시키는 일련의 주장을 제안하고자 한다.

5장에서 불균등발전 이론을 끌어내는 중요한 항목으로서 균등화와 차별화의 대립적 경향이 형성되고 자리를 잡게 되는 지리적 틀을 설정하는 것이 필수라는 점을 밝혔다. 자본주의적 공간 생산에서 세 가지 우선된 규모, 즉 도시적·[15]국가적·지구적 규모가 발생한다고 주장하고, 이러한 규모가 내적으로 세

---

[15] 나는 처음에는 지리적 공간의 스펙트럼이 가장 낮은 단계로 도시적 규모를 생각했지만, 이제 수정하려 한다. 첫째, 나는 "도시적"이라기보다 "국지적"이라고 논하려 하는데, 이는 공간의 농촌적 생산을 포함한다는 명백한 이유에서 그러하다. 둘째, 나는 이러한 규모들에 '가정'의 규모를 더하고자 하는데, 이는 사회적 재생산의 관계와 젠더 구성이 그 경계와 내적 차이를 결정하기 때문이다.

분되는 상이한 수단을 논의했다. 일반적으로 지리적 규모는 경쟁과 협력 간 변증법의 계기(契機)적인 지리적 응고의 일종으로 인식될 수 있지만, 이러한 변증법은 사실상 자본에 내재하는 것으로 이론화될 수 있다. 그리고 이러한 주장은 아마도 여전히 적합한 추상화의 수준에서 이루어지지만, 규모의 생산과 규모의 정치는 그와 같은 이론화가 제시하는 것보다 더 복잡하다. 왜냐하면 규모는 자본의 프로젝트인 만큼 반대의 프로젝트이기 때문이다. 상이한 사회는 공간의 생산에 통합된 지리적 규모를 생산한다.[16] 우리는 역사적 차이를 논의하기에 적합한 일단의 언어를 가지고 있는 반면, 지리적 차이에 관한 논의에서는 개념적 빈곤에 처하게 된다. 사실 규모는 가정의 구획에서 지구의 구획에 이르기까지 공간적 차이화의 가장 근본적인 요소이다. 한편으로 지구적 공간이 시장의 경제적 관계와 시장을 배제·완화시키거나 또는 고무하기 위한 정치적 투쟁의 산물이라면, 가정의 공간은 성적 차이와 젠더에 기반을 둔 투쟁과 탁월한 사회적 관계의 재생산이 우선적으로 각인된 공간이다. 사실 직접적 의미에서 인식적 지도 그리기가 심각한 정치적 전략으로 간주됨에 따라 우리의 첫 번째 과제는 아마도 장소들을 서로 다르게 만드는 경계를 설정하는 일이 될 것이다. 그렇지 않고서는 우리가 무엇을 지도화해야 할 것인지를 알 수 있겠는가? 만약 이 점이 임의적으로 수행되지 않도록 하려면 규모의 이론, 즉 규모의 사회적 생산에 관한 이론이 필수적이다.

지리적 규모는 정치적이다. 왜냐하면 기술에 따라서 사건과 사람은 말 그대로 "공간에 담기기" 때문이다. 달리 말해 규모는 공간을 구획하고, 사람은 자신을 위해 [공간을] "차지하거나" 만들도록 공간화한다. 따라서 규모에서는 공간의 억압적·해방적 가능성들, 공간의 죽음과 생명이 순화된다. 마찬가지로 규모는

---

16 규모의 생산에 관한 좀 더 정교한 연구로는 Neil Smith, "Geography, Difference and the Politics of Scale," in J. Doherty, E. Graham and M. Malek(eds.), *Postmodernism and the Social Sciences*(Houndmills, 1992) 참조.

민족주의, 지방주의, 지역주의, 그리고 어떤 형태의 인종주의와 외국인 혐오주의 등과 같이 순화된 공간적 이데올로기의 표현을 제시한다. 따라서 비록 많은 정치적 담론에서 공간적 투쟁은 경계분쟁에서 드러난 것만큼이나 흔히 장소의 명칭, 즉 이름 정하기를 둘러싼 주장에 함의되기도 하지만, 규모의 생산과 재현은 공간화된 정치의 핵심을 차지한다. 도시 내 불균등발전을 포함하는 간략한 사례를 제안해보자.

다른 곳에서처럼 뉴욕시의 센트리피케이션도 처음에는 중심부에 가까이 위치한 근린 지역에 초점을 두었다. 맨해튼의 로어 이스트사이드(Lower East Side)는 1974~1975년 경기후퇴가 끝을 보이고 1977년의 재정 위기가 완화되면서, 그리고 주택에 대한 금융 압박이 1980년대 심화됨에 따라 심각한 공격을 받았다. 레이건 행정부가 신규 주택을 위한 연방기금 지원을 사실상 중단하면서 도시 정부는 기본적으로 젠트리피케이션을 뉴욕의 주택정책으로 채택했다. 주거 재활성화를 직접적인 목적으로 하는 프로그램과 달리, 뉴욕시는 부재지주 제도, 거대한 투자 이탈, 그리고 사회적 서비스의 중단으로 인해 황폐화된 근린 지구인 로어 이스트사이드를 "되찾기" 위한 두 가지 전략을 채택했다. 전략의 한 측면은 근린 지구 규모로 진행된 마약 단속 조치를 포함했는데, 이는 근린 지구를 백인 중간계급에게 다시 안전하도록 만들려는 장기적 목적에 따른 것이었다. 다른 한 측면은 다양하게 뒤얽힌 지구 주민뿐만 아니라 도시에서 증가하는 노숙인구가 점점 많이 이용하는, 특히 마약 거래를 위한 장소로 이용되는 공원의 "정비"를 포함했다. 뉴욕시는 이런 공간들, 특히 톰킨스 스퀘어 파크(Tompkins Square Park)에 대한 통제력을 상실했음을 느낀다고 노골적으로 밝혔다.

공원을 탈환하기 위해, 즉 르페브르의 용어로 국가 통제의 추상공간으로 복귀하기 위해 설계된 위협적인 경찰의 통행금지에 반대해 다양한 근린단체가 조직되었다. 이 투쟁은 400명의 경찰력이 시위자들에게 저항해 난동을 부렸던 1988년 8월에 정점을 이루었다. "누구의 공원인가? 젠장, 이것은 우리의 공원이다!"라고 시위자들은 연호했다. 경찰은 기마병과 지휘봉을 이용해 여러 시간 단속한 이후에야 공원을 양보했으며, 이 공간은 즉각적으로 도시에 조직된 세입자, 주거인, 노숙자의 중심이 되었다. 처음에 시장은 공원을 "시궁창"으로 묘사했고, 폭동을 "아나키스트, 사회적 기생충, 마약중독자, 스킨헤드, 그리고 공산주의자들" 탓으로 비난하는 순찰자봉사협회(Patrolmen's Benevolent Association)의 대표와 협력했다. 그러는 사이 ≪뉴욕타임스≫는 일반적으로 알려지지 않은 마르크스주의적 언어로 폭동을 "애비뉴 B에서의 계급투쟁"이라고 기재했다. 공원에 기반을 둔 사실상 비조직적인 노숙 인구들 내에서, 그리고 신규 및 기존 세입자 내에서, 무허가주택 집단과 조직 내에서, 수일 동안 수많은 조직적 연계가 만들어졌다. 무허가 점유의 새로운 판이 시작되어, 공원에서부터 로어 이스트사이드 전역으로 확산되었다. "모든 곳에 톰킨스 스퀘어"는 새로운 슬로건 중 하나였다. 처음에 뉴욕시는 무허가 점유자와 주거 시위자들에 대해 매우 조심스럽게 움직였지만 시장에 대한 신랄한 비난은 확산되어 공원뿐만 아니라 로어 이스트사이드 전체로 퍼지게 되었다. 새로운 차별적 공원 규칙이 채택되었지만 시행은 다급하게 보류되었고, 방어를 위해 경찰이 16개월 동안 애쓴 뒤에야 공원은 200명에서 300명에 달하는, 거의 대부분 아프리카-미국인과 라틴아메리카 출신인 노숙자들의 판잣집 주거지가 되었다. 1989년 12월에는 한 자릿수의 낮은 온도와 노숙자의 출현이 다른 사람의 공원 이용을 방해할 것이라는 핑계로, 진압 장비를 완전히 갖춘 경찰이 들어왔다. 그들은 공원에서 노숙 주거자들을 해산시켰으며, 압류될 수 없는 사적 소유물과 함께 사람들의 판잣집을 철거했고, 10대의 청소트럭에 많은 것을 부려놓았다. 주변 불법 점유지에 대한 공격도 강화되었다.

이 사례의 요지는 공간을 통제하기 위한 투쟁에서 규모의 역할을 부각했다는 점이다. 이 사건은 공원을 둘러싼 투쟁으로 시작했지만 그 규모는 지리적으로 확장되어, 투쟁 과정에서 전체 근린 지구가 정치적으로 확장된 부분으로 규정됨으로써 다른 입지, 다른 집단, 다른 유형의 조직을 포함하게 되었다. 이 사례는 사건들이 "자리를 잡게 되는" 메타포를 공간적 정치가 실천에 옮기도록 할 뿐만 아니라, 진짜 경합은 투쟁의 규모를 결정하기 위한 권력의 장소에 관한 것임을 제시한다. 점유할 장소[르페브르의 용어로 파편(fragment)]와 경계를 누가 규정하는가의 문제이다. 이는 또한 추상적 공간에 대항하는 성공적 투쟁이 "규모의 도약(jumping scale)"으로 진행됨을 제시한다. 한 규모에서 파편화된 공간을 일관적이고 연계된 장소로 조직함으로써, 투쟁은 계층상의 다음 규모로 상승하게 된다. 따라서 공간의 생산을 지구적 규모로 규모들이 중첩된 계층의 생산으로 이해하고 이 계층이 어떻게 구축되는가를 이해하는 것이 중요하다. 다른 의문들도 있다. 특히 이런 사건이 일단 정치적 투쟁의 일부로 "자리 잡게 되면", 장소 만들기를 위한 좀 더 구성적 과정으로의 전환이 어떻게 조직되는가? 이 과정은 톰킨스 스퀘어 파크에서 지속적인 외부 공격의 위협, 정치적 조직의 내적 파편화, 그리고 자원의 전반적인 부족 때문에 매우 초보적인 수준에서 이루어졌다.[17]

    영국 노동당의 좌파는 1980년대 초 런던광역위원회에서 다수를 점함으로써 의회적 수단을 통해 런던의 통제권을 장악했으며, 공간 만들기를 위한 넓은 장을 향유하게 되었다. 노동당은 도시공간으로서 런던을 재생산하는 데 필요한 제도의 상당 부분을 활기차게 개혁했다. 흩어진 아동보호시설의 공급을 중대하고, 아프로-캐리비언과 흑인-영국인 가정의 근린 지구에 대한 서비스와 접근성을 중대하고, 교통비를 삭감하는 정책 등을 추진했다. 이는 영국 대처 정부의 계급 전략에 반하는 매우 위협적인 시도로 간주되어, 영국 의회는 추상공간의 규모 전체(즉, 런던광역위원회 규모)를 폐지했다.

---

17 이 이야기의 좀 더 긴 버전에 관해서는 Neil Smith, "Tompkins Square Park: Rents, Riots and Redskins," *Portable Lower East Side* 6(1989), pp. 1~36 참조.

4. 역사의 종말 또는 지리의 시작?

대통령과 수상, 그리고 축구 코치들은 인류 전체 또는 최소한 국민들에게 역사의 이런저런 영역에서 새로운 무대가 임박했음을 알리기 위해 기자회견을 매번 이용하는 것처럼 보인다. 하지만 1989년의 소란스러운 와중에 국무부 관리가 실제 역사는 끝났다고 발표한 것은 흥미로웠다. 프랜시스 후쿠야마(Francis Fukuyama)에 따르면, 동유럽의 공식 공산주의의 해체와 이에 따른 동구와 서구 간의 이데올로기 투쟁의 종식은 "서구 자유민주주의의 보편화"와 그 자신의 부정 속에 있는 역사라는 헤겔 개념의 성과를 나타냈다. 투쟁은 의심할 바 없이 지속되겠지만, 국지화되고 주변화될 것이다. 미래는 거의 아무것도 약속하지 않은 채 지루할 것이고, 역사는 현명할 것이다.[18]

헤겔에 대한 신뢰로 모든 사람이 이 철학자의 정치적 기회주의를 이해할 수 있도록 밝혔던 논문 자체보다 더 흥미로운 점은 아마도 "역사의 종말"이라는 문구가 얻게 된 놀라운 평판일 것이다. 공간의 재천명이라는 관점에서, 후쿠야마가 동유럽을 설명하려는 노력의 중심에 놓았던 명백한 자포자기의 이면에 있는 근본 이유를 밝히는 것은 어렵지 않다.

역사의 종말이라는 주장은 외관상 어리석은 것이다. 동독의 반스탈린주의적 농담에 따르면, 역사는 결코 조용하게 멈춰 서 있지 않을 것이다. 누구나 다 미래의 역사가 설정되어 있다고 알고 있다. 변화를 지속하도록 하는 것은 과거의 역사이다. 달리 말해 1989년의 혁명은 최소한 지난 40년 동안 처음으로 역사가 인민에 의해 만들어질 수 있다는 가능성을 열어놓았다. 이는 수백만 명의 동유럽인에게 다시 역사가 시작됨을 의미한다. 이러한 주장의 오만한 인종중심주의는 분명 모든 사람의 주목을 피해갈 수 없을 것이다. 미국과 소련의 지도자들이

---

18 Francis Fukuyama, "The End of History?" *The National Interest* 16(1989), pp. 3~18.

서로를 향한 메가톤급 핵 위협을 누그러뜨린 것은 사실이다. 하지만 이것으로 짐바브웨의 소농, 팔레스타인의 인티파다(Intifada) 운동가, 또는 뉴욕의 노숙자에게서 역사를 박탈하는 것을 정당화할 수는 없다. 이들은 모두 자신의 역사적 운명에 관해 매우 단순하게 말할 수 있는 기회를 갖기 위해 각기 매우 상이한 방식으로 투쟁하고 있다. 어쨌든 역사의 종말은 양측의 전쟁경제가 철회되는 한, 사악한 지리의 생산을 해체하기보다 오히려 강화시킬 것이다.

그렇지만 반동적 관념주의에도 불구하고 사람들은 제안의 논리를 어렴풋이 알 수 있을 것이다. 헤겔이 (국민)국가의 등장과 연계시켜 시간에 대한 공간의 어떤 우월성을 감지했다는 점에서, 마르크스는 "혁명적 시간으로서 역사적 시기"를 재천명했다.[19] 만약 동유럽에서 공식적 공산주의의 패배가 혁명적 시간의 종말을 나타내는 것으로 이해된다면(동유럽 어디에도 공산주의적 혁명은 없었다는 눈부신 역사적 사실에도 불구하고), 실제 역사적 시간은 끝난 것처럼 보일 수 있을 것이다. 사실 마르크스 자신도 이러한 논리를 부분적으로는 따랐지만, 많은 부분에서 헤겔처럼 이 논리의 방향을 전환시켰다. 마르크스에게 자본주의의 종말은 시민에 의한 사회적 변화가 아니라 자연법칙과 닮은 추상적 사회법칙, 예를 들어 자본주의 경제법칙들에 의해 유도되는 전(前)역사의 종말을 의미한다. 달성된 역사의 사회적·정치적 결정은 단지 자본주의의 전복에서 시작한다. 사실 『공간의 생산』보다 4년 앞서 저술한 『역사의 종말』에서 르페브르는 "헤겔에 따르면, 공간은 역사적 시간에 종말을 가져다주었고, 공간의 주인은 국가이다"라고 결론짓는다.[20]

그러나 오늘날 공간의 재천명은 후쿠야마의 교조적 관념주의의 형태이든 르페브르의 좀 더 비판적인 개입이든 간에 헤겔적 정당화에 의존하지 않는다. 이

---

[19] *The Production of Space*, I, ff. 28~29.
[20] 같은 책. IV, f. 87.

는 훨씬 더 실천적인 사항이며 그 자체가 더욱 직접적으로 정치적이다. 20세기 중반 지리의 죽음은 사실 소자가 주장한 것처럼 스스로 자초한 상처였지만, 이는 실제 사건에 대한 반응, 즉 시간에 의한 공간 절멸의 가속화를 나타낸다. 전후(특히 미국적) 자본주의의 관점에서 이해된 바와 같이 지구적·지역적·도시적/도시 내부적 영역에서 공간적 조건의 균등화 경향은 그동안 제대로 발전하지 못한 지리적 지식을 현대적 상황에서 점점 더 주변적인 것으로 만들었다. 버먼이 (메타포를 담고 있으며 또한 자본주의 지리를 훌륭하게 드러내고 있는 다른 저서에서) 우리에게 말한 것처럼 근대 자본주의는 공간의 파괴뿐만 아니라 공간의 생산에서 지리적 허무주의를 반영하는 "수지 타산의 허무주의(nihilism of the bottom line)"를 수반한다.[21]

따라서 사회이론에서 공간에 대한 현대적 재천명이 역사적으로 전후 세계의 지리적 공간의 재편 또는 재문제화와 일치한다는 점은 결코 우연이 아니다. 이는 또한 단지 일부 사회이론가의 내밀한 인식이 아니다. 1987년 미국 의회는 경제적·군사적 이해관계에 중대한 것으로 간주되는 지리교육을 국민에게 고무하기 위해 오늘날 연례행사가 된 "지리적 의식 주간(Geographical Awareness Week)"을 기념하기로 결정했다. 덜 명목적이면서 잠재적으로 훨씬 더 영향력 있는 전 국방부 장관 캐스퍼 와인버거(Casper Weinberger)가 ≪포브스(Forbes)≫지의 10년을 끝내며 남긴 편집의 글("자본가의 도구")을 예로 들 수 있다. 캐스퍼는 이 글에서 지구적 상황에서 이루어지는 "놀라운 변화로부터 우리[미국인]는 말 그대로 이익을 얻을 수 있다"라는 점에 근거해 하버드 대학교와 미국의 다른 대학교들이 "지리학을 복원해야 한다"라고 주장했다. "이러한 모든 것은 지리에서

---

21 Marshal Berman, *All That is Solid Melts into Air: The Experience of Modernity*(New York, 1982), p. 123; Soja, *Postmodern Geographies,* pp. 35~37; Neil Smith, "Geography as Museum: Conservative Idealism and Private History in the 'Nature of Geography'," *Annals of the Association of American Geographers, Occasional Papers* I(1989), pp. 91~120.

시작한다."²²

 그렇다고 사회이론에서 공간의 부활이 문제가 없는 것은 아니다. 이는 누가 지리적 지식을 통제할 것인가, 누가 이것을 어떻게 사용할 것인가, 이것이 누구를 위해서 어떻게 생산될 것인가의 문제를 둘러싼 기본적인 정치적 대립을 포함한다. 공간의 부활을 지지하는 입장에 있는 사람들은 공간화된 정치의 전복성(subversiveness)을 쉽게 이해하지 못할 것이다. 그러나 또한 부분적으로, 모든 것이 유동하는 헤라클레이토스적 세계를 선호해 백인 남성, 노동계급, 경제학을 영구히 극복하고 다양한 "주체의 지위들"의 보편성을 열어가고자 결심한 사람들 가운데 좀 더 진보적인 집단이 반대하는 경우도 예상해볼 수 있다. 이런 입장이 머지않아 헤라클레이토스적 딜레마에서 단테적 지옥(주체가 출발지의 표식도 없고 목적지의 전망도 없이 영원히 이행하면서 궁극적으로 도달 불가능한 지위성을 추구하도록 운명된 상황)으로 빠지는 것을 막기 위한 유일한 방법은 공간적 메타포의 풍부한 상상력으로 보장된 기반을 가지는 것이다.²³ 어쨌든 헤라클레이토스는 유동의 한가운데에서 "서 있을 수 있는 장소"를 요청한다. 그러나 만약 여기서 주장된 것처럼 공간적 메타포를 더는 순수하게 사용할 수 없다면, 만약 공간이 더 이상 문제가 없지 않다면, 서 있을 수 있도록 주어진 공간적 기반, 주체의 지위를 정착시키거나 번창시킬 수 있는 자율적인 지리적 자원은 존재하지 않는다. 지리 역시 유동한다. 공간의 전복성(subversiveness)은 매우 소중하기 때문에 이러한 방식으로 맹목적으로 희생될 수는 없다. 다지위성으로의 분해는 죽은 것들 사이에 검토되지 않은 메타포로서 몰래 들여올 것이 아니라 좀 더 직접적인 정치적 방식으로 추구되어야 한다.

 그렇다면 가장 대중적인 담론에서부터 가장 철학적인 담론에 이르기까지,

---

22 Casper W. Weinberger, "Bring Back Geography," *Forbes*, December, 25, 1989, p. 31.
23 일례로 다음 문헌을 참고하기 바란다. James Clifford, *The Predicament of Culture* (Cambridge, Mass., 1988).

공간을 위한 투쟁은 첨예하게 정치적이다. 방식은 학술적인 것은 제외하고 모든 것이 될 수 있다. 세기의 전환기에 페루와 브라질을 배경으로 제작된 대작 영화 〈피츠카랄도(Fitzcarraldo)〉에서, 베르너 헤어초크(Werner Herzog) 감독은 아마존 유역을 개척해 자원(특히 고무)을 추출하고, 유럽적 상위 계급사회의 이미지로 오지에 정착하고자 하는 초기 유럽인의 노력을 묘사하기 위해 실제 사건을 일으켰다. 자연의 문화적 생산은 대단했다. 영화는 아마존 정글 속으로 100마일 들어간 마나우스(Manaus)에 1896년 오페라 하우스, 테아트로 아마조나스(Teatro Amazonas)를 개원하는 것으로 시작한다. 엔리코 카루소(Enrico Caruso)와 사라 베르나르(Sarah Bernhardt)가 개원 연주를 위해 초대된다. 강물이 "불결하기" 때문에, 마나우스의 신사들은 셔츠와 목 칼라를 풀을 먹여 세탁하기 위해 리스본으로 보낸다. 오페라에서 그들의 말은 "최고의 샴페인으로" 물을 마신다. 주인공 피츠카랄도[클라우스 킨스키(Klaus Kinski)가 배역을 맡았던]는 피츠제럴드(Fitzgerald)의 지방 발음에서 이름을 딴 난폭한 아일랜드 출신 모험가이다. 그는 오페라 광이며, 카루소를 보기 위해 페루의 이키토스(Iquitos)에서 아마존 강을 1200마일이나 노를 저어 내려갔다. "이 오페라는 정글에서 최고의 오페라일 것이다." 피츠카랄도는 자연의 문화적 생산뿐만 아니라 물리적 생산에 의해서 추동되었다. 그가 소유하게 된 진귀한 지도에서, 그는 아마존의 북부를 흐르는 두 개의 지류, 우카얄리(Ucayali)와 파치티(Pachitea)가 매우 가깝게 흐르기 때문에 단지 육지의 좁은 목이 이들을 갈라놓을 뿐 거의 합쳐질 것이라는 점에 주목했다. 우카얄리 강은 남쪽으로 페루의 알려지지 않은 아마존 정글에 도달하지만, 일련의 급류[풍고 데스 모르치스(Pongo des Mortes)] 때문에 뚫고 들어갈 수 없어 탐험되지 않은 수천 평방 마일의 땅은 버려두고 있다. 그러나 파치티 강은 항해할 수 있다.

"안데스 횡단 철도"를 포함해 이미 실패를 겪었던 피츠카랄도는 고무를 수탈하기 위해 육지의 목을 가로질러 페루의 아마존 유역에 이르는 하천 경로를 개척할 야심에 사로잡혔다. 그는 "산을 움직일"것이라고 약속한다. 그는 많은 승무원과 함께 철제로 만든 하천 선박으로 파치티 강을 거슬러 출발해, 곧 식인종으로 잘 알려진 히바로인과 마주쳤다. 정글 속 하천 제방에서 이들의 알 수 없는 출현은 점점 더 성가시고 위협적이게 되었다. 피츠카랄도는 이들을 "벌거숭이"라고 불렀다. 공격이 임박해지자 그는 뱃머리에서 축음기로 카루소 오페라를 틀었고, 이에 히바로인들은 진정되었다. 이들은 진정되었을 뿐만 아니라, 배를 저어 조심스럽게 피츠카랄도의 프로젝트에 참여했으며, 위대한 백인 신을 위해 산을 옮기는 데 도움을 주겠다는 몸짓을 보였다. 이는 배를 발판으로 끌어올려 유역을 연계하기 위한 대단히 기술적인 묘법이지만, 피츠카랄도는 엄청난 행운을 기대했다. 유럽인들의 탐험이 가장 멀리 간 지점에서 그는 두 명의 전도사를 만났는데, 이들은 더 많은 모험을 감행했던 상당수 유럽인들의 운명을 얘기했다. 전도사들은 피츠카랄도에게 여행의 목적을 물었지만 그는 특별한 것을 찾아서라고 둘러댔다. 그는 어두운 정글을 주시하면서 조용히 말했다. "나는 지리적으로 중요한 어떤 것을 계획하고 있어."

자본주의는 언제나 근본적으로 지리적 프로젝트이다. 자본주의에 반하는 혁명이 "지리적으로 중요한 어떤 것을 계획하는" 것이라는 주장은 결코 빠른 것이 아니며, 또한 나는 이 주장이 너무 늦지 않았기를 희망한다.

1990년 뉴저지 주 뉴브런즈윅에서

닐 스미스

제3판 후기

『불균등발전』이 저술된 후 사반세기 동안 지리는 극적으로 변했다. 지구화, 일상생활의 컴퓨터화, 소련과 동유럽에서 발생한 국가 사회주의의 붕괴, 세계 정치에서 종교의 재천명, 동아시아의 예상치 못한 산업혁명과 이에 동반된 중국의 자본주의화, 반지구화 및 세계적 사회정의 운동, 지구온난화, 지구적 도시정책으로서 젠트리피케이션의 일반화, 생명기술의 등장, 신자유주의적 국가, 지구적 헤게모니를 위해 테러와의 전쟁을 가장한 미국 주도의 전쟁 등. 이 모두와 다른 많은 발전이 21세기 자본주의의 면모를 근본적으로 변화시키고 있다. 다른 무엇보다도 전후 상당히 안정적이던 제1세계, 제2세계, 제3세계 간의 현대적 구분은 1980년대에 이미 의문시되었으며, 오늘날에는 어떤 일관성도 없을 뿐만 아니라, 1970년대가 그러했던 것처럼 심지어 기묘하게 보인다. 같은 맥락으로 오늘날 전 세계 50%가 도시화된 상황에서 농촌과 도시 간 구분은 의심스러우며, 젠트리피케이션이 진행된 중심지와 교외, 그리고 집단적인 교외 도시(edge city) 주변부가 만연한 시대에 도심부와 교외 간의 차이 역시 의심스럽다. 다중적인 전선에서 자본주의적 발전의 불균등성은 어느 때보다 명확해 보인다.

지금까지 열거한 중대한 변화에 많은 사람들은 2001년 미국 국방부와 세계무역센터에 가해졌던 공격을 덧붙일 수 있을 것이다. 이 사건은 역사 속으로 걸러질 것이다. 20세기의 세계대전과 아주 흡사하게 이 사건도 여러 종류의 지구적 정치 분수령처럼 사실 이미 그렇게 역사적으로 걸러지고 있다. 미국 대통령이 아무리 강력히 주장해도 2001년 9월 11일의 사건이 세계를 바꾼 것은 아니다. 분명 이 사건은 야만적으로 계산되었고 상징적 의미도 엄청나지만, 인류가 인류에 행한 폭력의 연대기에서는 상대적으로 작은 사건이다. 오히려 이를 분수령이라고 한다면, 이 분수령으로 기록될 것은 이 사건에 대해 훨씬 더 잔인하고 넓은 규모로 계산된 미국의 반응이다. 미국은 미국 중심적 지배계급의 입장에서 이런 사건을 오랫동안 원했고, 궁극적으로 망상적인 지구적 헤게모니를 굳건히 하려는 목적에서 이 우연한 사건을 냉혹하게 활용했다. 다른 규모와 영역에서 발생했던 전환을 어떻게 해서든 부정하거나 평가절하하지 않으려면, 국제적이지만 미국 중심적인 지배계급을 위한 제국적 권력의 프로젝트와 이 프로젝트에 대한 반응(9·11 테러를 포함해)이 지난 사반세기의 중대한 정치적·문화적·경제적 현실로 이해되어야 한다. 가계에서 전 지구에 이르기까지의 모든 규모에서 오늘날 불균등발전은 하향적인 만큼 상향적이기도 하다. 하지만 이러한 지구적 야심에 관한 분석적 이해는 상이한 규모의 과정이 어디서 어떻게 만나게 되는가를 이해하기 위해서 필수적이다.

21세기의 첫 10년간 야수(beast)의 심장부[지리적으로 유럽, 북미, 일본, 오세아니아로 규정되지만, 뉴욕의 할렘과 파리의 교외는 제외하며, 멕시코시티, 뭄바이, 상하이, 카이로에 있는 계급 권력의 "서발턴"(subaltern, 그람시가 처음 사용한 용어로 하층민, 하위주체, 종속계급 등 다양하게 번역된다 — 옮긴이) 중심지들을 분명 포함한다]에 있는 우리 가운데 많은 사람은 정치적 상상력, 기억, 심지어 감동마저 심각하게 부족한 상태이다. 우리는 사실 대처의 유명한 선언, 즉 자본주의에는 "대안이 없다"라는 주장의 의식적·무의식적 옹호자가 되었다. 1980년대 대처와 그녀의 선언을 혐오했던 주류 좌파의 많은 사람이 21세기에는 입장을 바꿔 자본주의를 일관된 범주로 인식하는 것조차 관념주의적으로 거부하며 "대안이 없다"라는 선언의 가장 재빠른 옹호자가 되었다. 지배계급이 자본주의를 좀 더 광범위하고 다양하면서도 순수한 형태로 설정함에 따라 오늘날 국가는 수지타산적 기업가로 전환되었고, 경제학자들은 점점 더 환경적·사회적·문화적 공학자의 특권을 주장하게 되었다. 이러한 전향자는 자본주의의 존재 자체를 부정한다. 자본주의를 부정하는 사람에게는 정치적 반대의 일관된 목표가 없으며, 단지 독실하고 절충적인 자유주의적 도덕성이라는 진통제만 있을 뿐이다. 대안의 비가시성은 목표의 비가시성에 따라 조정된다.

사실 1970년대에 니카라과, 앙골라, 엘살바도르 등 여러 곳에서 일어났던 민족해방투쟁은 대체로 쇠퇴했거나 패배했다. 중앙아프리카 및 서부 아프리카의 탈식민지적 정권들 가운데 많은 경우는 힘들게 싸워 얻은 주권이 자신에게 전수되기도 전에 분할되고 정복되었다. 이들은 그들의 이전 식민지배자의 은밀한 야만을 따라하며, 나라의 가장 빈곤한 구석에 이르기까지 자본주의의 새로운 탐욕으로 전환시켰다. 환경주의와 다문화주의는 좌파뿐만 아니라 우파에게도 새로운 정치이다. 유럽의 사회주의자들은 자본주의를 포용함으로써 이를 자극하는 중도적 신자유주의의 선구자가 되었다. 그렇지만 풀뿌리 사회주의 운동은 라틴아메리카의 많은 부분에서 권력을 갖게 되었다. 서구에서 인권과 여성 권리는 비록 가정에서는 무시되었지만, 훨씬 더 기본적인 정치적·경제적 이해관계에 따라 추동된 다툼의 신호가 되었다. 기본권, 적정 임금, 깨끗한 물, 존엄, 인종주의의 종결, 적절한 노동조건, 노동조합 등을 위해 세계 도처에서 여전히 여러 투쟁이 분출하고 있다.

1980년대에 대처, 레이건, 헬무트 콜(Helmut Kohl), 덩샤오핑(鄧小平) 등이 지구화되도록 촉진했던 신자유주의적 자부심은 이들의 다양한 계승자, 예를 들어 빌 클린턴(Bill Clinton), 토니 블레어(Tony Blair), 인도 수상 아탈 비하리 바즈파이(Atal Bihari Vajpayee), 그 밖의 세계 곳곳의 수도에서 다양한 이데올로기적 의견을 가진 많은 사람에 의해 계승되었다. 18세기 계몽주의에 기원을 둔 자유주의에서 규정된 것처럼, 경제적 상품은 보편적 "선"이라는 근거로 국민경제의 작업장 및 금융, 환경, 무역 부문에서 규제완화를 당하게 되었다. 또한 이들의 운동을 외형적으로 통제하는 시장의 논리는 개인적 선호에서 사회적 선택에 이르는 모든 것에 적합한 논리로 대중심리 속으로 끼어들고 있다. 국민국가도 마찬가지로 자본주의적 자유시장과 서로 뒤얽힌 "자유와 민주주의"로 나아가도록 강제되고 있다. 그러나 세계의 많은 사람에게, 분명 조지 부시가 우스꽝스럽고 어울리지 않게 (그리고 무능력하게) 악의 축(이라크, 북한, 이란)이라고 지목한 지역의 사람들과 이들의 그늘 속(팔레스타인, 시리아, 쿠바, 베네수엘라 등)에서 불길하게 살아가는 것처럼 보이는 사람들에게, 자유는 18세기의 약속에서 21세기의 위협으로, 기회의 횃불에서 위협적인 죽음의 장으로 전환되었다. 지구화된 경제는 강화된 지구적 거버넌스의 정체(polity), 그리고 이에 부수된 소비와 사회적 재생산의 지구화된 문화로 흥분하고 있다. 조지 부시는 2005년 3월 "자유가 만연할 것이다"라고 억양을 높여 말했다. "자유는 역사의 방향이다." 당분간 미군은 역사가 자유를 올바르게 수립하도록 보장하기 위해 책임을 질 것이다.

그렇지만 그렇게 많은 방법으로도 상황이 바뀐 것은 아니다. 계급 불평등, 환경 파괴, 빈곤과 인종적 불평등, 제국주의와 대량학살이라는 현실은 25년 전에 비해 오늘날 오히려 더 악화되었다고 주장된다. 심원하게 지구화된 자본주의의 약속에 의해 해결되기는커녕, 이러한 분열은 심지어 비평가들이 예상한 수준보다 더욱 심화되었다. 물론 나의 본래 분석에 많은 약점이 있으며, 이런 약점들이 오늘날 매우 명백하게 드러나지만, 나는 성급하게 소급해 수정하거나 업데이트하지는 않으려 한다. 그러나 분석의 강점들 가운데 하나는 지리적 불균등발전을 사회공간적 균등화 경향과 이에 정반대되는 차별화 경향 간의 영구히 풀리지 않는 경합으로 이해한다는 점이다. 사회적 과정으로부터 철학적인 이원론적 표류에 빠지지 않고 존재론적 필연성(결국 동일한 결과가 되는)에도 빠지지 않는다면 균등화와 차별화를 향한 대립적 경향 간의 모순은 마르크스가 분명하게 인지했던 것처럼 자본주의적 생산양식하에서 상품 형태에 내재된 사회적 관계와 이의 일반화까지도 소급될 수 있다. 이는 명백히 실질적이다. 불균등발전을 이해하기 위한 이러한 방법은 한편으로 상이한 규모에서 오늘날 세계를 만들어내는 엄청나게 변한 경관을 위치 지우고 설명하는 데 도움을 준다. 다른 한편으로 이는 우리에게 불균등발전을 아주 특이한 지리의 배열, 달리 말해 필수적인 것은 아니지만 상이하게 만들어질 수 있는 창조된(자연력의 힘이 얼마나 엄청나는지 간에) 세계로 이해하도록 강제한다.

가장 심층적인 단계에서 『불균등발전』의 목적은 다중적 규모에서 관찰 가능한 경관 만들기에서 자연·공간·사회적 과정을 융합하고, 그 결과로 형성된 경관이 사회적 불평등을 향한 해법을 외치는 방법을 밝혀내는 것이었다. 이에 따라 자연과 역사적 사회 변화에 관한 마르크스주의적 의미 간 연계는 나 자신을 포함해 많은 사람에게 "자연의 생산"의 규정하에서 약간 강제된 것처럼 보일 것이다. 오늘날의 우월한 관점에서 자연의 생산은 거의 명백한 것처럼 보이며, 핵심적인 정치적 이슈가 되고 있다. 이 책의 원본을 착수시켰던 이 주제가 명백한 출발점이다.

자연 세탁과 자연의 생산

1980년대 초반, 환경운동이 한창 전개되었지만 "자연의 생산"이라는 테제(우리가 어떤 용어를 사용하든지 간에)가 급진적 정설이 되거나 앞에 나온 장의제목으로 쓸 정도로 광범위하게 수용되리라고 기대하기는 어려웠다. 지구온난화와 인간에 의해 유발된 기후변화는 이제 더 이상 환경적 좌파의 표제가 아니라 월스트리트 중역회의실의 빵과 버터, 마티니 점심처럼 일상적인 것이 되었다. 그래놀라(납작귀리에 건포도나 설탕을 섞은 아침 식사용 건강식품 ― 옮긴이)의 녹색은 달러의 녹색으로 대체되었다. 사실 자연의 생산은 어떤 측면에서 자본주의적 정설이 되었다. 기후변화는 이윤에 대한 위협에서 자본주의적 이윤가능성의 새로운 부문으로 전환되었다. 이에 따라 2003년 미 국방부는 미국에 기반을 둔 글로벌 비즈니스 네트워크(Global Business Network)와 협력해 기후변화가 "미국의 안보"에 미치는 영향에 관해 경고하면서 기후 안보를 위해 수십억 달러의 프로그램을 제안했다.

그러나 논제는 이처럼 단순하지 않다. 지구온난화가 진행되고 있으며 생산, 재생산, 소비의 사회적 경제를 강화하는 것이 지구온난화를 심화시킬 수 있다는 사실을 부정할 만한 합리적인 과학적 기반은 없는 것처럼 보인다. 그러나 기후변화에 대한 지구적 규모의 사회적 기여가 어느 정도인지는 전혀 명확하지 않으며 아마도 계산 불가능할 것이다. 문제는 지구온난화의 책임성을 계산하기 위해서는 지구온난화를 한정적으로 측정할 수 있는 정태적 자연을 가정하거나 (명백히 비현실적인 과학적 가정) 그렇지 않으면 어떤 인간적 성분을 측정할 수 있는 "자연적" 변화의 궤적을 가정할 (그렇지만 그러한 미래 예측을 어떻게 가정할 수 있겠는가?) 필요가 있다는 점이다. 물론 19세기까지 (아무리 지리적으로 선별한다고 해도) 소급될 수 있는 자료에 기반을 두고 주기적인 지구 온도를 추적할 수 있는 정교한 모델이 있지만, 과거를 서술하는 정확성이 미래의 예측을 결코 보장하지는 않는다. 결국 기후변화에 대한 사회적 기여와 자연적 기여를 구분하려는 시도는 어리석은 논쟁이자 어리석은 철학이다. 이는 자연과 사회 간의 분열을 신성불가침한 것으로 만들어서, 한편에 자연을 다른 한편에 사회를 버려두는 것이다. 이것이 바로 "자연의 생산" 테제가 파고들고자 하는 근대 서구 사상의 표어이다.

우리가 "지구온난화의 부정자", 즉 그 자체에 흥미를 가진 서술자일 필요는 없다. 우리는 지구적 대중이 전 지구적 규모에서 즉각적 존립을 위해 필수적인 것으로 규정된 기술적·경제적·사회적 변화의 거듭된 물결을 받아들이려고 우르르 몰려가는 방식에 관해 회의적일 필요는 없다. 파산한 지리적 결정론의 전면적인 부활의 일부로서, 지구온난화는 수많은 사회적 죄악의 관례적인 변명이 되었다. 극 빙하의 용해, 해수면의 상승, 기후대와 식생대의 변화, 도시 홍수 등의 명백한 함의를 넘어서 지구온난화는 많은 사회적 죄악의 책임을 면제시켜주도록 활용될 수 있다. 뜨거운 도시에서 증가하는 하계 범죄, 작물 실패, 새로운 이주 패턴, 남부 유럽의 기록적인 여름 더위, 북서부 유럽의 기록적인 폭우와 추위, 2050년 무렵 종 다양성의 35% 감소, 토론토에서 고양이 개체 수의 예측하지 못했던 증가 등…. 질빅한 환경적 숙명의 계시적 음성이 현재와 미래 일상생활의 모든 측면에 사실상 만연해 있다.

1990년대 기업의 "녹색 세탁"이 녹색 정치를 흡수해 환경론을 자본주의적 이윤의 목적으로 해석한 것과 매우 흡사하게, 오늘날 "자연 세탁(nature-washing)"을 위해 지구온난화와 기후변화의 유령이 돌아다니고 있다. 이 점은 역설적인 것처럼 보인다. 자연 세탁은 자연의 사회적 전환이 아주 잘 인식되는 과정이지만, 이 과정에서 사회적으로 변화한 자연은 우리의 사회적 운명을 결정하는 새로운 초(super)결정자가 되었다. 자연을 변화시킨 것은 사회의 잘못이 분명하지만, 바로 이러한 결과로 초래된 자연의 힘이 계시를 불러오고 있다. 자연의 인과력은 비타협적이며, 자연에 대한 사회적 개입에 따라 점증하는 것처럼 보인다. 자연과 사회의 이분법은 약화되지 않고 오히려 유지된다. "자연 세탁"은 자연의 인과적 쓰레기통에 사회적 효과의 산더미를 누적시키고 있다. 자연은 여전히 사회적 원인과 결과에서 멀리 떨어진 판디멘(Van Diemen, 오스트레일리아 남동쪽에 있는 태즈메이니아 섬의 옛 이름 — 옮긴이)의 땅이다.

만약 오늘날 기후변화가 환경 뉴스를 지배했다면, 자연 세탁은 더 넓은 영역을 가질 것이다. 무엇이 도래할지 거의 모르는 상태에서 『불균등발전』의 초판은 그 당시 불렸던 "온실가스 효과"에 관해 매우 간단히 언급했으며, 자연의 생산에 관한 주장은 더욱 넓게 뿌리내리고 있었다. 하지만 이러한 주장은 새로운 자연 세탁을 재촉하는 지리적 결정론의 부활 과정에서 사라질 뻔했다. 오늘날 우리는 항상적으로 여러 환경적 긴급사항이 지구와 그 위에서 살아가는 생명체를 위협하고 있다는 경고를 받는다. 이러한 생물리적·생화학적 지문을 가진 긴급사항은 에볼라 바이러스, 광우병, 중증급성호흡기증후군(SARS), 다중적 형태의 암, 조류 인플루엔자(avian flu) 등을 포함한다. 냉혹한 자연의 계시록 같은 것이 선호되면서 질병의 사회적 공동생산(coproduction)(이러한 사회적 공동생산이 광범위하게 인정되든 그렇지 않든 간에)이 관심 밖으로 밀려남에 따라, 여기서도 역시 자연 세탁이 이루어진다. 이는 자연 세탁이 자연에 대한 사회적 개입을 부인한다는 것은 아니다. 오히려 이를 인정함으로써 자연 세탁은 사회적인 것을 둘러싸고, 그리고 이를 넘어서 자연적 행위자의 명백히 부정할 수 없는 힘을 재구성하는 것이다.

"자연의 생산" 테제는 분명 자연에서 작동하는 사회적 행위의 성향을 강조하지만, 1980년대 이후 유행하게 된 구성주의적 패러다임과 유사한 것이 결코 아니며 따라서 이와 혼동해서도 안 된다. 일부 이론가는 사회적 생산에 초점을 두는 접근의 정치적 함의에 흔들리면서도, 이런 종류의 많은 사회적 이행에 그럴듯하게 대응하기 위해 담론의 특권화에 기반을 둔 사회적 구성주의를 채택한다. 이러한 접근은 자연의 힘이 담론적으로 세탁되거나 최소한 주변화되도록 씻겨나가게 되는 그 자신의 자연 세탁을 창출한다. 이 점은 1995년 《소셜 텍스트(Social Text)》의 큰 실책, 한 과학자가 현대물리학에 전적으로 고안된 "구성주의적" 독해로 이 문화정치적 학술지를 골탕 먹였던 사건보다 더 분명하게 드러나기 어려울 것이다. 세계에 관한 과학적 개념화를 비판하는 일이 아무리 필요하다고 할지라도, 그리고 젊은 과학자들은 멀리 떨어져서 얼버무리는 과학자에 비해 이 점에서 훨씬 더 빈틈없다고 할지라도, 담론적 구성주의는 그렇게 멀리 나아가지 못한다. 물론 이 주제에 관해 많은 논란이 있지만, 자연-사회의 관계를 어떻게 개념화할 것인가에 관한 의문은 이론적으로 쉽게 풀리지 않으며 앞으로도 그러할 것이다. 나는 자연과 사회에 관한 우리의 이해를 어떻게 재조합할 것인가가 중대한 의문은 아니라고 확신한다. 오히려 이런 의문은 기껏해야 탐욕스러운 자본주의를 개조하기 위한 시도에 적합한 프로젝트일 뿐이라고 주장한다. 중대한 의문은 오히려 그 반대로, 자연-사회의 관계, 과정, 사건의 통합된 장, 특히 내적으로 분화된 장이 어떻게 그처럼 경직된 이원성으로 우선 인식되었는가 하는 것이다. 이 프로젝트는 지난 몇 세기에 걸친 자연의 다채로운 실천적 생산의 역사를 자연에 관한 서구적 개념화의 진화를 통해 독해할 것을 요구한다. 우선 자연의 생신이라는 사고는 가장 광의적 의미에서 전환적 힘을 가진 인간 노동을 [자연과 사회의] 균등화의 중심에 두고자 한다. 이는 사회적·자연적 과정과 관계의 공동생산에 관한 해러웨이의 사고와 공감적으로 적절하게 작동한다고 나는 생각한다. 대조적으로 자연 세탁은 책임을 다시 자연에 맡기는 것이다.

요점은 자본주의적으로 탐욕스럽게 지구 자원을 소비한 결과로 창출된 환경위기의 정도를 경감하는 것이 아니며, 더욱이 환경적 논제가 어떤 의미에서 부차적이라고 주장하거나 또는 이들이 약간 또는 제한된 주목만 받는다고 주장하는 것도 아니다. 정확히 말해 그 반대이다. 오히려 요점은 환경위기가 정밀하게 평가되는 정도에 따라 이에 대한 대응들은 아마도 더 성공적이리라는 점을 주장하는 것이다. 여기서 좌파 계시주의는 목표를 심각하게 놓치게 된다. 어떤 과정으로서 지구온난화가 단독으로 중심적 환경 딜레마로 치부되는 한, 그리고 이로 인해 기후변화를 유의하게 촉진하는 자본축적 과정과 사회적 생산관계로부터 단절되는 한 지구온난화를 유발하는 역동성은 초점에서 벗어나게 된다. "탄소발자국을 줄이기 위한 모든 당직자들"은 자유주의적 양심을 달래겠지만, 사용가치의 협의적 의미로 자연을 잘못 인식하는 한 이들의 움직임은 지구온난화에 특별히 진보적인 정치적 대응을 하는 것이라고 볼 수 없다. 이는 작업장으로 운전하는 것을 상쇄하기 위해 오늘 나무를 심었는가를 질문하는 것처럼, 산만한 자발주의적 해법을 제시함으로써 문제에 대한 산만한 책임성과 인과성을 암묵적으로 가정한다. 이는 오직 지구온난화의 원인에 관한 이해로 나아갈 때만 우리를 감동시킬 수 있다. 우리 대부분은 여행, 난방, 취사, 전기 등을 위해 상당량의 화석연료를 소비하는 것 외에 다른 선택지가 없다. 이는 우리가 선택하기 때문이 아니라 대안들이 엄청나게 비싸거나 또는 단지 불가능하기 때문이다. 대안의 부재는 대신 경쟁적 이윤 가능성의 계산에 따라 추동되는 자발주의적인 것을 유도한다. 계시주의는 가치와 교환가치의 모든 영역이 고려되지 않는 자유주의와 만나게 된다. 이에 따라 매우 실질적인 문제에 대한 결과적인 해법은 무엇보다도 지구온난화와 더 광범위한 환경위기의 사용가치 경관을 생산하는 데 책임 있는 자본축적의 추동력과 맞서 싸우는 데는 완전히 실패한다.

기후변화에 대한 대응에서 자연의 생산은 1980년대 초에는 예측 불가능했던 방식으로 심화되고 있다. 당시 "유기 농산물" 산업과 재활용 산업이 등장한 것은 1960년대와 1970년대에 인식된 환경문제에 대한 대중적 대응을 기업화한 것이었고, 뒤따라 환경 산업 부문이 창출되었다는 점은 이미 잘 알려져 있다. 실제 좋은 사례로 소비자의 자유노동과 정부의 보조금으로 적극적으로 후원되었던 재활용 산업은 단지 범법적 산업에 값싼 재활용 원료를 공급하고 더 많은 양의 잡동사니를 생산하는 데 인센티브를 주는 꼴이 되었다. 그러나 이러한 산업에 논쟁적으로 동의하든 반대하든 간에, 기후변화에 대한 대응 역시 동일한 궤적을 따른다는 점은 수십 년 뒤에도 명백할 것이다. 기후변화에 관한 관심은 다양한 방법으로 기업화된다. 세계 각지에서 황무지, 사막, 해양에 과감하게 천공을 뚫는 석유 회사는 자신을 "녹색"이라고 홍보한다. 이윤을 올릴 수 있는 연료 절감기술을 채택한 항공사는 자신을 "탄소 친화적"이라고 지칭한다. 원자력발전은 "청정한 대안"이라는 의제에 편승한다. 탄소 상쇄가 자체적으로 상품이 되는 탄소격리(carbon sequestration) 세계시장이 1990년대에 개설되어 2007년 무렵에는 수십억 달러짜리 사업에 이르게 되었다. 이에 기반을 두고 환경 전체에 관한 미래, 안전, 그리고 파생 시장이 폭발적으로 성장하고 있다. 여기서 자연은 자신을 구하기 위해 상품화될 뿐만 아니라 금융화된다. 자연에 있는 어떤 것도 이런 구원을 위해 사용되지 않는다. 예를 들어 제지 회사는 벌채되지 않은 땅에 부여된 "딱따구리의 미래"를 만들어냄으로써 벌목에 대한 대가를 "지불하고", 이러한 미래 가격이 상승할 경우 상당한 이윤을 얻게 된다. 또 다른 예로 수도, 전기, 가스 회사는 자신들을 위해 (그리고 다른 모든 회사를 위해) 기본적으로 기후에 관한 내기 도박이라고 할 수 있는 기후선물(weather futures, 반대되는 기후 변동과 관련된 리스크를 이체할 수 있는 도구를 제공하는 금융 수단들 – 옮긴이)을 구입한다. 현저하게 추운(또는 따뜻한) 겨울 또는 현저하게 더운(또는 서늘한) 여름에 대비해 어떤 경우에도 손해 보지 않도록 양쪽에 내기를 걸 수 있는 시장을 구축했다. 놀랍게도 기후 자체의 미래를 예측하기 위해 기후선물 시장에서 구매와 판매의 패턴을 이용하려는 시도도 있었다. 사회 구성주의의 이상주의에 관해 논하라!

시장-기반 기후 예측의 이면에 있는 역행적 논리가 신뢰할 만한지 모르겠지만, 탄소 격리 시장이 탄소 산출을 줄이지 않을 것이라는 점, 탄소 절감 기술이 실제로는 전반적으로 탄소 배출의 증가를 유도할 것이라는 점은 사실 놀라운 일이 아니다. (웃고 넘기긴 했지만 2004년 이와 유사한 시장, 즉 대중이 다음 "테러주의자들의 공격"의 장소와 시기에 관해 내기를 거는 "안보선물" 시장이 미국 국방부에 의해 잠깐 논의되었다는 점이 지적될 수 있다. 국방부 관리가 서술한 바와 같이, 대중은 시장의 큰 손이 계획한 공격의 실제 지식을 반영하는 내기의 구실에 관한 정보를 "거두어들일" 것이다.) 이처럼 자연의 시장화에 관한 깊이와 함의를 파악하지 못하는 환경정치는 과거 시대에 갇혀 있는 것이다. 이러한 자연의 시장화는 기업적 자본주의가 탄소배출 감축처럼 진정한 사용가치에 관한 관심을 본래의 관심과는 전적으로 대립되는 경제적 가치의 문제로 재규정하는 극히 창조적인 방법으로 이루어진다. 솔직하게 말하면 오늘날 자연은 20~30년 전에는 생각할 수 없었던 방법인 축적 전략의 일환으로 분주하게 거론되고 있다.

자연의 생산에 관한 주장은 분명 르페브르의 제안, 즉 우리가 "공간의 생산"이라는 면에서 생각하기 시작한다는 데서 이론적 영감을 얻은 것이다. 오늘날 잘 알려진 바와 같이 공간의 생산을 통해서 공간을 추상적 관념(뉴턴의 절대적 공간 또는 데카르트의 장)이 아닌 유순한 인공물로 몰고 감으로써 르페브르는 지난 200~300년간의 서구 사상을 재치 있게 전복시켰다. 이 점은 하비가 지적한 것처럼 최소한 뉴턴과 고트프리트 라이프니츠(Gottfried Leibniz) 간 논쟁으로 소급하지만, 또한 앞에서 지적된 것처럼 17세기 이후 자연(그리고 공간)의 역사와 자연(그리고 공간) 개념의 역사 간 연계를 탐구할 수 있는 전망에 초점을 맞추게 한다. 여기서 "공간"에 괄호를 친 것은 심사숙고한 것이고 또한 미심쩍기 때문이지만, 이 또한 르페브르의 어떤 주장을 나타내는 것이다. 르페브르는 공간을 고찰하면서 과거와 결별하고자 했지만, 이상하게도 자연을 고찰하면서는 전통적인 것에 머물러 있었다. 그는 근대적 개념화와 짝을 이룬 공간의 역사를 분석하는 데 훌륭한 출발의 발판을 제공한 반면, 자연을 다루는 방법에서는 말 그대로 완전히 실패했다. 르페브르에게 공간은 자본주의적 생산과정에서 경향적으로 추상화되지만 결코 완전히 추상화되지 않고 살아남아 있다. 사실 이에 관한 연구에서 그의 요지는 진정한 혁명의 정치는 필연적으로 공간의 정치라는 점이다. 대조적으로 르페브르에게 자연의 정치는 비참한 패배의 정치이다. 자연은 "죽어가고 있고", "사라지고 있으며", 자본의 손에 의해 말살되고 있다. "자연은 반자연(anti-nature)에 의해, 추상화에 의해, 기호와 이미지에 의해, 담론에 의해, 노동과 노동의 산물에 의해 학살되고 있다. 신과 함께, 자연이 죽어가고 있다. 인간성은 신과 자연을 죽이고 있을 뿐 아니라 스스로 자해하고 있는 것이다."

이러한 인식에 바탕을 두고 많은 논의가 전개되고 있지만, 최소한 한 측면에서 르페브르는 자신의 시대로 되돌아가는 것 같다고 합리적으로 결론 내릴 수 있을 것이다. 그는 자연의 점진적 식민화에 관한 19세기 진화적 관점을 1960년대 환경운동이 그 치명적 결과에 대해 보여준 분노와 결합시키고 있다. 공간에 관한 뉴턴적 절대주의는 오래전에 극복되었지만(모든 정치는 공간의 정치가 된다는 점에서 아직 완전히 극복되지 않았지만), 자연에 대한 공간의 존재론적 우월성은 온전히 남아 있을 정도로, 칸트[의 영향력은 오랫동안 살아 있다. 자연은 여전히 공간 속에 "자리를 잡고 있다". 하지만 그러면서 자연은 실패한 전쟁과 싸워야 했고, 자연 스스로의 권위는 나락으로 떨어졌다. 그러나 만약 우리가 이러한 측면에서 칸트를 완전히 타도해 특권을 역전시키고, 공간(그리고 시간)이 아닌 자연을 선험적인 것으로 이해한다면 어떻게 될까? 만약 우리가 공간을 자연의 산물로 이해한다면, 즉 그 자체로 점점 더 집약적으로 생산되고 여전히 매우 생동적인 자연, 인간과 비인간에 의해 이루어지는 사건들과 과정들의 연속체로서의 자연으로 이해한다면 어떻게 될까? 비록 정확히 이런 방식으로 표현되지는 않겠지만, 이 점이 '자연의 생산' 테제 이면에 있는 추동력이었다.

르페브르는 이러한 움직임에 반대하지 않았을 것이다. 이는 공간 죽이기를 함의하는 것이 결코 아니다. 공간은 말할 나위 없이 계속 진행되어야 한다. 오히려 이는 르페브르가 공간에 수여한 수준으로 자연을 승화시키는 것이다. 이는 우리에게 자연과 공간의 공동생산 간 지리역사적 변증법을 더욱 엄격하게 검토하도록 요구한다. 이 점은 공간의 정치와 뒤얽힌 자연의 정치를 전환을 위한 정치적 의제의 핵심에 놓으며, 동시에 어떤 간단한 구성주의도 피하는 효과를 가진다. 르페브르가 공간의 생산에 처음 응용했던 삼원론을 통해 자연의 생산을 재사유하는 것에서 시작하는 것도 나쁘지 않다. 이 프로젝트는 르페브르가 물리적·지적·사회적 공간으로 확인했던 것, 즉 사회적 생산의 옹호 아래 재통합하고자 하는 야심에 따라 많이 유도되었다. 이와 같은 프로젝트가 자연을 위해서는 어떻게 될 것인가? 우리는 물리적 자연, 지적 자연, 사회적 자연의 연계성을 어떻게 재사유할 수 있을까? 그리고 이 점은 우리에게 공간과 자연 간의 보다 완전한 개념적 접합을 어떻게 가져다줄 수 있을까? 이러한 의문은 개념적 의문 이상의 의미가 있다. 기후변화에 관한 증거가 누적됨에 따라, 그 효과는 공간적으로 매우 불균등할 것이라는 점이 점점 명백해지고 있다. 한 장소에서의 높은 온도는 다른 장소에서의 낮은 온도와, 여기서의 가뭄은 저기서의 대홍수와, 한 환경에서의 종의 쇠퇴는 다른 환경에서의 종의 폭발적 증가와 비교될 것이다. 우리는 어떻게 자연 변화의 불균등성을 공간적 불균등발전에 통합된 것으로 개념화할 수 있을까?

불균등발전: 평평한 세계, 불가능한 세계

퓰리처상 수상자 토머스 프리드먼(Thomas L. Friedman)은 2005년 베스트셀러, 『세계는 평평하다(The World Is Flat)』에서 "인도의 실리콘밸리"라고 불리는 벵갈루루의 도심에 있는 카르나타카 골프협회 링크의 첫 번째 타석에서 그가 겪은 비밀을 폭로했다. 그는 뉴욕에서 루프트한자 비즈니스 클래스 비행기를 타고 인도에 도착했는데, 그곳의 골프장은 기업적 지구주의(예를 들어 골드만삭스, 피자헛, 휴렛패커드와 텍사스인스트루먼츠, 마이크로소프트와 아이비엠 등)를 반영하는 고층 건물, 기호, 로고의 경관으로 둘러싸여 있었으며 인도의 골프 파트너들에 대해서는 자신과 마찬가지로 미국인이라고 느꼈다. 그때 《뉴욕타임스》의 이 칼럼리스트는 갑자기 깨달은 바가 있었다. 그는 뒤에 아내에게 "여보, 나는 세계가 평평하다고 생각하오"라고 설명했다. 《뉴욕타임스》의 베스트셀러 목록에 2년 넘게 올라와 있었고 300만 부나 판매된 프리드먼의 책은 이미 달성된 사실인 자유무역의 지구화에 관한 약속을 생생하게 묘사한다. 자본가와 경제학자의 표현에 따르면 이 약속은 지구화가 "공평한 경쟁의 장(level playing field)"을 가져온다는 것이었다. 이제 프리드먼의 친근한 분석과 지구를 둘러본 그의 관찰들은 "근거를 둔 사실"로 이 약속을 논증하는 데 모아졌다. 가족과 함께한 또는 가족 없이 혼자 한 비즈니스 클래스 여행의 개인적인 다양한 경로에 따라 짜여진 이 책은 새로운 지구주의의 수많은 인간적·비인간적 암호를 만들어내는 세계로 우리를 산책하게 하며, 소프트웨어에서 아웃소싱, 공급사슬에서 월마트에 이르기까지 여행의 과정에서 마주치는 모든 것을 설명하고 있다. 이 책은 용감하면서 새로운 평평한 세계에서 미국 경제의 창출적인 신자유주의적 힘을 떠벌리고 있으며, 항상적인 경쟁적 경각심의 필요에 관해 낭랑한 경고를 발하고 있다. 프리드먼에 따르면, "지구화 3.0"은 다른 무엇이 아닌 지리의 종말을 약속하며, 이미 상당한 결실을 맺었다.

프리드먼은 자본주의 내에서 사회적 생산·재생산의 조건과 수준이 균등화되는 경향을 생생하게 표현한다. 마르크스가 했던 유명한 말과 같이 "자본은 수준기(leveler)이다". 마르크스와 엥겔스는 프리드먼보다 먼저 『공산당 선언』에서 다음과 같이 표현한 바 있다.

> 부르주아들은 생산물 시장을 끊임없이 확장시켜야 할 필요 때문에 지표면 전체를 쫓아다니도록 내몰리고 있다. 모든 곳으로 나아가서, 모든 곳에 정착하고, 모든 곳에서 연계를 갖추어야 한다. 부르주아들은 세계시장의 착취를 통해 각 나라의 생산과 소비에 세계시민주의적 성격을 부여해왔다. … 낡은 국지적·국가적 고립과 자급자족 대신, 모든 방면에서 상호 교류와 국민들 간의 보편적 상호 의존성이 나타난다. 이는 물질적 생산만이 아니라 정신적 생산에서도 마찬가지이다. 개별 국민의 지적 창조물은 공통의 재산이 된다. 국민적 편향성과 편협성은 점차 불가능해지고 있으며, 수많은 국민적·국지적 문학으로부터 세계 문학이 등장하고 있다. … 값싼 상품 가격은 [부르주아가] 온갖 만리장성을 무너뜨리는 대포이다. … 한 마디로 부르주아는 그 자신의 이미지에 따라 세계를 창조한다.

프리드먼의 책은 자본가계급의 프로젝트를 제시한다. 사실 중국어, 일본어, 인도네시아어를 포함해 많은 언어로 번역된 이 책은 그 자체로 "세계 문학"의 사례, 또는 지리적 경계를 허문 지적 "대포"의 일부이다. 마르크스와 엥겔스의 주장처럼 "견고한 모든 것은 공기 속으로 사라진다"면, 지구화된 대기의 생명 유지용 산소는 자본주의 이윤의 세계적 추구 대상이 될 것이다. 자연의 생산에서 고려된 바와 같이, 자연의 착취는 마르크스와 엥겔스의 시대와 달리 원료 탐색을 위해 수평적으로 팽창하는 문제일 뿐만 아니라 수직적으로도 확장하는 문제이다. 이슈는 단지 지리적(지표면에서 또는 초지구적 공간에서 새로운 자원의 탐색)이라기보다는 규모적이다. 유전물질을 위해 열대우림, 심해, 인간 신체 등을 샅샅이 약탈하는 기업직 생물 해적질은 탄소배출권이나 다른 많은 환경적 신용권의 금융화와 결합해 자연에서 생물다양성 은행에 이르기까지 강력한 축적 전략이 지배하는 세계를 만들고 있다. 자연적 과정이 지속적으로 완전히 배제되었다는 점에서, 실제 자연은 더 이상 자연적이지 않다.

생산의 조건과 수준의 균등화 경향은 자본주의적 불균등발전의 핵심적 사항이다. 다른 곳에서 마르크스는 이 점을 자본주의의 고유한 특성으로서 "시간에 의한 공간의 절멸" 경향으로 파악했으며, 불균등발전 이론의 핵심적 주제가 되었다. 최근에 질 들뢰즈(Gilles Deleuze)와 펠릭스 가타리(Félix Guattari)는 매끈한 공간에 관해 서술하면서, 경제지리학자와 정치경제학자의 현대적 논의보다 훨씬 더 추상적이고 철학적인 용어로 탈영토화에 관한 의문을 탐구했다. 어떤 경우이든 프리드먼은 그의 "평평한 존재론"이 자본축적, 자본의 공간화된 야심의 직접적인 표현이라는 점에 반대하지 않을 것이다. 사실 프리드먼은 『공산당 선언』을 인용하면서, 마르크스가 19세기 중반에 "믿기 어려울" 정도로 이미 그러한 선견지명이 있었음을 알게 되었다. 마르크스에 관한 평가는 프리드먼에게만 국한된 것이 아니다. 『공산당 선언』 150주년 기념에서, 그리고 마르크스와 그의 말썽꾸러기 추종자들이 마침내 순화되었다는 전후 인식에서, 경제 위기가 발생한 1990년대 후반에, 심지어 월스트리트 자본가들도 마르크스의 명석함과 자본주의의 작동에 관한 그의 정교한 진단을 재발견하고 평가하기 시작했다. 마르크스에 관한 과장된 재발견은 ≪런던타임스≫에서부터 ≪월스트리트저널≫

에 이르기까지 모든 곳에서 나타났다. 다만 이런 재평가의 시간은 무척 짧았다. 1997~1998년 발생한 약탈적인 아시아의 경제 위기가 매우 아슬아슬한 상황을 만들면서, 마르크스의 부활을 당혹스럽게 중단시키고 자본주의 위기에 관한 그의 통찰력을 다시 공식적으로 침묵하는 상황으로 되돌아가게 만들었기 때문이다. 이 위기는 "아시아" 경제 위기, 더 심각하게는 유럽과 북아메리카로의 "전염"을 위협하는 "아시아의 경제적 감기"로 간주되었다. 그러나 이런 사고는 지구의 불평등성, 지구적 균등성의 갑작스러운 붕괴, 그리고 뉴욕, 도쿄, 런던의 지구화 추동자들이 이 위기를 탈지구화하여 금융 권력의 중심지로부터 분리하려는 격렬한 노력 등을 부정하는 것이었다. 이 시기로부터 10년 후 태국과 인도네시아의 위기를 상기할 수 있으며, 또한 우리는 러시아와 브라질의 경제 위기가 '아시아' 위기라는 원인에 따른 주요 결과라는 점을 상기할 필요가 있다. 더 중요하게는 1997~1998년에 발생한 지구적 경제 위기가 마르크스를 금방 무색하게 했다. 왜냐하면 이 위기는 "자본주의 발전에 따른 변증법의 다른 면"을 집약적으로 보여주었기 때문이다. 즉, 균등화에 반해서 자본축적은 위기, 분열, 실업, 공간화된 빈곤화, 전쟁 등 사회적·공간적 차별화를 위한 강력한 힘을 똑같이 발휘했다.

프리드먼은 자본주의라는 동전의 다른 면을 대체로 인식하지 않았다. 그가 마르크스를 활용한 부분은 기껏해야 한 측면이었다. 그가 자본주의의 구체화된 해악이 극복되었다고 판단한 이후에야 마르크스를 존경할 수 있었다는 점은 그가 쓴 책의 넉살 좋은 부제목 "21세기의 간략한 역사(A Brief History of the Twenty-First Century)"에서도 명백히 드러난다. 프리드먼은 마르크스의 위기론, 노동 분업, 사회계급, 빈곤에 의한 죽음, 그리고 자본주의의 자기성취적 환상곡에 관한 통렬한 비판 등을 놓치고 있다. 그는 경쟁, 사적 소유, 정치적으로 제재되고 조화로워진 계급적 탐욕이 어떻든 모두에게 더 좋은 세계를 가져다줄 것이라는 환상을 마르크스가 맹렬히 비판했다는 점을 잊어버렸다. 그는 균등화 경향과 전적으로 반대되는 경향인 사회적 차별화의 심층적 힘이야말로 자본주의의 작동과 존립에 결정적이라는 마르크스의 단언을 지워버렸다. 이 점은 프리드먼이 자인한 바와 같이 기술적 결정론자로서, 기술이 모든 사회적 질병을 정복하며 계급은 "마음의 상태"라는 점을 믿었기 때문일 것이다. 그런 마음의 상태는 엄청난 절망으로 인해 매우 방자한 경영계급에 속아 말려들 것이다. 마음대로 날아서 세계를 내려다볼 수 있는 항공권을 살 수 있을 때, 세계는 확실히 평평하게 내려다보일 것이다. 그러나 짐바브웨 고원지대나 방글라데시 삼각주 어디든 간에, 그 아래에 있는 거주자에게는 그런 항공권 가격이 연간 소득의 몇 배이며, 수백만 달러 아파트나 거실 하나에 월세 7000달러를 내는 뉴욕의 생활양식은 오르지 못할 산이다. 그들에게 뉴욕은 에베레스트 산만큼 멀리 있다.

프리드먼은 이 책의 중간쯤에서 간략하게나마 세계는 아직 완전히 평평하지 않음을 인정하지만, 평탄화시키는 힘이 우세한 것은 분명하다고 주장한다. 그는 빈곤 경감에 전적으로 찬성하며, 빈곤을 줄이는 데 이바지하기 위해 마이크로소프트 재산가가 창립한 게이츠 재단(Gates Foundation)을 후원했다. 이 재단의 자선 슬로건은 "수평적으로 협력합시다"이다. 마이크로소프트가 보유한 자기 자본의 권력을 고려하면 권력의 수직성을 제거하는 것이란 관례적인 자기 잇속 챙기기이다. 또한 평평한 존재론에 관한 게이츠의 견해에 대한 프리드먼의 추인은 지구적 불평등을 효과적으로 평평하게 만든다. 실제 지리적 불균등발전은 균등화와 차별화를 향한 반대 경향의 변증법에서 연유한다.

중국은 신자유주의 시대의 새로운 자본주의적 기적이다. '공산주의 중국'이라고 지칭하기를 주장한 국민이 자신들의 능력으로 자본주의 미국을 이미 능가하고 있다는 점은 많은 보수주의자들의 엄청난 관심을 자아낸다. 불균등발전의 역동성이 중국처럼 가시적인 곳은 더 이상 없다. 1970년대 언어로는 논란의 여지없이 제3세계 국가였던 중국은 2005년 세계에서 네 번째로 큰 경제 대국이 되었으며, 세 번째로 큰 경제국인 독일을 따라잡기 직전이다. 1980년에서 2005년 사이 중국의 국내총생산(GDP)은 1870억 달러에서 1조 9380억 달러로 10배 증가했다. 지구적 규모에서 과거 저발전 경제에서 자본주의적 발전의 선두로 치고 나간 국가로는 중국보다 더 좋은 사례가 없을 것이다. 중국의 거대한 경제 팽창의 직접적 원인은 1978년 덩샤오핑이 자국 경제에 적용한 신자유주의적 개혁이라고 할 수 있다. 이 개혁은 농업, 산업, 과학, 교육, 방어 등 모든 것을 포괄했으며, 중국의 개혁은 많은 국영기업을 경쟁, 시장가격화, 그리고 궁극적으로 사적 소유권에 개방시켰다. 토지와 주택 시장 역시 창출되었으며, 국가는 인프라 개발을 계속 조정했고, 산업 수출의 엄청난 팽창은 거대한 국내시장의 창출 및 성장과 병행되었다. 내적 개혁에 더해 지구적 경제 강국으로서의 중국의 부상은 미국과 영국 경제의 동시적인 신자유주의화, 그리고 1960년대 후반 이후 동아시아 및 동남아시아를 휩쓸었던 산업 팽창에 의해 고무되었다. 일본, 중국과 함께 한국은 이제 세계 상위 12위 경제국 중 하나가 되었다. 중국은 점점 더 지구적 금융자본의 투자 목적지가 되는 한편, 중국의 투자가들(정부를 포함한)은 1조 달러 이상의 미국 정부 채권을 보유하고 있다. 이러한 점을 종합하면 1960년대 이후 동아시아의 산업혁명은 이전의 산업혁명 모두를 왜소하게 만들고 있음이 점점 더 명백해지고 있다. 최소한 이런 측면에서 동아시아 경제의 등장은 동아시아와 더 오래된 유럽 및 북미의 경제 발전소 간 발전의 조건과 수준이 상당히 균등화되었음을 보여준다.

    그렇지만 이러한 경제팽창은 내적 불평등성의 수준이 폭증하는 대가를 치르고 있다. 1980년 중국의 불평등성은 사회민주주의적 독일의 불평등성(지니계수=0.25)과 비견할 만했지만, 2005년 중국의 불평등성은 러시아(지니계수=0.45)보다도 평등하지 않았다. 1980년대에는 중국 인구의 상위 부유층 10%가 하위 빈곤층 10%의 7배를 벌었지만, 2005년에는 이 차이가 18배로 증가했다. 중국 인구의 상위 부유층 10%는 오늘날 국가 부의 45%를 차지하지만, 하위 빈곤층

10%는 1.4%만 차지한다. 경제의 집약적인 자본주의화에 수반된 이러한 사회경제적 차별화의 확장은 다양한 규모, 즉 도시 내부 규모, 도시-농촌의 규모, 지역적 규모에서 지리적 불평등성으로 표현된다. 평등성에 대한 사회주의적 책무를 유지하면서 1949년 마오주의적 혁명은 "균등" 발전을 고취하는 데 역점을 두었다. 당시에는 상하이와 다른 도시에서 기계류를 철거해 시골에다 재배치할 정도였지만 이제는 오래된 역사가 되었다. 자본주의적 산업화는 처음에는 가장 집약적으로 광저우, 주장강 삼각주, 홍콩을 둘러싼 동남부에 초점을 두고 경제력의 규모를 북동부로 선회하도록 했다. 그 후 북부의 투자와 발전은 중국의 중부나 서부 지역에 비해 동부 전체 해안 지역의 경제력을 북돋았다. 그렇지만 중부 및 서부 지역도 투자, 특히 인프라, 자원, 그리고 1차 상품에의 투자를 경험했다. 국제적으로 중국의 자본 투자는 가까운 아시아 경제뿐만 아니라 남아메리카로 그리고 다소 작은 규모로 아프리카로 흘러들어갔다. 도시적 규모에서 상하이와 베이징은 이제 세계에서 가장 큰 메트로폴리스 지역 가운데 하나가 되었으며, 신자유주의적 도시화의 최첨단 패러다임으로 간주될 만하다. 새로운 도시의 부는 점차 부유한 엔클레이브(enclave), 교외, 그리고 쇼핑몰로 집중되는 반면, 거대한 도시재생 프로젝트(특히 2008년 베이징 올림픽과 2010년 상하이 세계엑스포)는 놀라운 규모로 전체 근린 지구에서 빈민을 철수시키고 있다. 수백만 명의 노동계급 거주자는 대규모 젠트리피케이션, 인프라, 이와 관련된 프로젝트들로 인해 쫓겨났다(일부는 재입주했지만 많은 거주자가 그렇지 못했다).

이런 일들 가운데 어느 것도 원만하게 이루어지지 않았다. 영국의 산업혁명에 동반되었던 것과 동일한 (디킨스식의 조건과 동일한) 무자비함이 아시아의 산업혁명을 특징짓는다. 도시 프로젝트 가운데 많은 것은 시위에 봉착했다. 다발적인 탄광 재난에 이어 폭력적 시위가 뒤따랐고(2006년 한 해에 4746명의 광부들이 죽었다), 시골에 있는 노동 작업반의 해산이나 민영화는 광범위한 항의를 유발했다. 시골에서 급성장하는 공장의 억압적인 작업 조건은 억제된 임금 중가와 더불어 광범위한 불안을 유발했다. 이러한 반항에 관한 보고서는 서구 언론은 물론 중국 언론에서도 거의 다루지 않지만, 2005년 중국 정부는 전년도에 7만 4000건의 "대형사건, 시위, 폭동"이 발생한 것으로 추정했다. 아마도 이것이 중국을 세계적인 계급투쟁의 수도로 만드는 이유일 것이다. 과거의 정당 지도자와 더불어 새로운 기업가를 포함하는 오늘날 중국의 지배계급은 국가와 경제 양자를 조정하는 막강한 힘을 장악하고 있으며, 레닌의 예측적인 칙령, 즉 "자본주의는 공산주의의 최고 단계"라는 교시를 향해 질주하고 있다.

인도의 상황은 중국과 동일하면서도 매우 다르다. 인도 경제의 신자유주의화는 1990년대 중반까지는 시작되지 않았다. 인도는 중국과 같은 극단적인 성장을 향유하지 않았지만, 지난 20년간 연평균 6% 이상의 국내총생산 성장률을 보였고, 2000년에서 2005년 사이에는 거의 10%나 성장했다. 오늘날 인도는 국내총생산 기준으로 한국을 추월했다. 인도가 성취한 성장의 많은 부분은 지구적으로 연계된 뭄바이의 금융 허브에 초점을 두고 있다. 뭄바이는 오늘날 세계의 거대 은행, 보험회사, 금융 기업 모두를 위한 주요 기업의 사무실을 유치하고 있다. 그러나 인도의 성장은 또한 첨단기술 중심지인 벵갈루루, 행정중심지인 델타에 초점을 두고 있으며, 이러한 도시와 여타 메트로폴리탄 지역에서의 산업 생산은 주변 시골로 퍼져나가고 있다. 중국 경제와 더불어 인도 경제가 급속하게 팽창한 데에는 많은 이유가 있는데, 전통적 설명에서는 원격 통신, 값싼 교통, 컴퓨터 기술 등을 강조한다. 이런 요소는 의심할 바 없이 과거에는 갈 수 없었던 거리에 걸쳐 상품, 자본, 아이디어, 이미지, 심지어 노동의 이동을 촉진하지만, 1960년대 이후 아시아의 발전은 근본적으로 일본, 북미, 유럽에 대한 임금률의 격차에서 전제되었다.

많은 수용자를 위한 교육시스템이 뉴욕이나 로스앤젤레스의 공적 교육보다 우월하다는 점에서, 오늘날 인구 600만 명의 벵갈룰루와 같은 도시는 영어를 구사하고, 과학적으로 교육 받고, 경영에 박식한 노동자를 훨씬 저렴한 임금으로 풍부하게 공급하고 있다. 영국 산업혁명의 고조기와 일치하지는 않지만 한때 영국에 장악되었던 벵갈루루의 오늘날 성장은 독립 후인 1950년대와 1960년대에 항공기와 전자 산업에 집중하고자 하는 정부 결정에 따라 부분적으로 자극된 것이었다. 추가적인 투자로 벵갈루루는 1990년대 신자유주의적 개혁의 최고가 되기 위해 독특한 준비를 했다. 인도에서 가장 큰 IT 회사인 인포시스(Infosys)의 교외 기업 캠퍼스에서 소프트웨어 공정 일자리를 시작하려는 과학 분야 대학원생은 2007년 30만 루피(7400달러)에 가까운 연봉을 기대할 수 있었는데, 이는 인도에서는 막대한 금액이지만 실리콘밸리의 임금률에 비하면 낮은 편이었다. 인포시스의 공동대표 난단 닐레카니(Nandan Nilekani)는 어쨌든 평평한 지구에 관한 프리드만의 계시를 자극했던 골프 파트너였다.

인도는 아시아의 어떤 국가보다도 많은 억만장자를 자랑한다. 부유층 상위 10%는 국가 소득의 거의 30%를 통제하며, 최고부유층 0.1%는 1990년대 신자유주의화의 가장 주요한 수혜자들이다. 인도의 빈곤은 중국에 비해 논란의 여지가 많지만 더 심각하고 광범위하다. 인도 인구의 3분의 1 이상이 하루에 1달러 이하로 살아가며, 80%는 2달러 이하로 생활하고 있다. 유럽과 북미시장을 위해 값비싼 패션 아이템이나 식료품을 만들고 있는 많은 노동자들, 예를 들어 갭(Gap)과 마크 앤 스펜스(Marks & Spence), 월마트(Wal-Mart), 테스코(Tesco) 등에 공급하는 상품을 생산하는 노동자들은 시간당 겨우 25센트를 받지만, 이들의 고용주는 국제노동법을 따르지 않는다. 이 점이 중국의 규모만큼은 아닐지라도 광범위한 노동의 항거를 유발해, 급성장하는 내수 소비시장으로 밀려들어 노동 불안을 유발하고 있다. 월마트가 지구화되는 만큼 이에 대한 반대 캠페인도 지구화되어, 미국 아칸소 주에 본사를 둔 월마트[바라티(Bharti)그룹과 공동 투자한]가 인도 전역에 걸쳐 15개의 새로운 매장을 확장하는 데 인도인들은 적극적으로 반대하고 있다. 지구적 첨단기술 경제의 최전선에 있는 벵갈루루는 노동 폭동의 온상은 아니지만, 국가 전체에 걸친 시위가 노동조건뿐만 아니라 환경적 이슈, 국가 억압, 슬럼가 정비에 따른 도시 퇴거, 젠트리피케이션, 비공식적인 주거 철거 등을 둘러싸고 발생하고 있다. 시골에서는 시장, 정치적 조건, 그리고 환경적 조건이 연계되어 많은 농업 노동자를 파산시키고 있으며, 이로 인해 수만 명의 영세 농부가 자살했다. 국가의 많은 부분에 걸쳐 좀 더 고립된 토착("부족")지역에서는 광범위한 마오주의적 선동이 인도 정부의 권위를 대신하고 있다.

경제 위기는 자본주의적 불균등발전의 통합적 일부이다. 노동자 조직과 국가의 대응은 아시아의 '호랑이' 경제들, 즉 싱가포르, 대만, 홍콩, 한국 경제에서 임금률을 증가시켰으며, 이들은 다른 아시아 경제의 임금률을 오래전에 능가해, 더 높은 잉여가치를 창출하는 보다 집약적이고 생산적인 일자리로 재구조화하도록 압박하고 있다. 동일한 딜레마가 중국과 인도에서도 조짐을 보이고 있다. 1997~1998년 경제 위기에서 지구적 자본가들은 특정 장소(브라질, 러시아, 그리고 호랑이 경제를 포함한 아시아)에 재앙적인 감가를 집중시키고 다른 곳에서는 가치를 보전하도록 설계된 방식으로 행동했다. 대체로 10년 정도의 다소 긴 기간에 걸쳐 한때 성공적이었지만 자본가들이 희생을 감수하도록 강요한 경제들이 다시 되살아났다. 그러나 경제 위기가 지나가자 자본가들은 다시 들어왔다. 그리고 그다음 위기의 에피소드적 계기에서 위기, 쇠퇴, 실업, 그리고 죽음의 지리는 또 다시 지리적으로 불균등할 것이다. 이 점은 마르크스의 저서에 잘 설명되어 있지만, 자본주의적 신념을 가진 유토피아적 경제학자들은 이를 신경과민적으로 거부한다. 중국이나 인도가 이러한 드라마의 전개에서 실패자가 될 것인가, 아니면 다른 호랑이 경제들이 그렇게 될 것인가, 21세기 자본주의의 심장부인 자산 기반적 미국 경제가 2007년 이후 금융 위기의 확산으로 자신이 야기한 성공의 희생물이 될 것인가, 유럽이 그 자신이 팽창한 무게로 인해 퇴각할 것인가, 두바이와 걸프 국가에서 지구적 자본주의의 새로운 교외가 수십만 명의 남아시아 및 동남아시아 노동자의 본국 송환을 요하는 위기에 직면할 것인

가. 이들 중 어느 것도 쉽게 예측할 수 없다. 그러나 이 모든 장소에서 극빈 계급 (노동자, 여성, 그리고 국민적·민족적·인종적 소수자들)이 희생자가 될 것이라는 점은 예측 가능하다.

지경제의 등장

우리는 항상 신자유주의적 지구화가 세계를 변화시킨다고 말하지만, 오히려 신자유주의가 자유주의적 자본주의의 근본들을 재천명하고 있다. 신자유주의는 일반적으로 애도하는 것처럼 국가와 국가의 규제를 많이 배제하지 않았다. 오히려 많은 국가들은 여러 가지 이유로 국민의 사회적 재생산을 위한 자신의 책임성을 회피하는 한편, 선별적으로 국가 장치를 그 자체적으로 기업주의적인 실체, 즉 자본주의적 팽창을 위해 과거 어느 때보다도 더 노골적으로 작동하는 촉매로 만들고 있다. 미국의 군대만큼 이 점이 확실한 곳은 없다. 미국 군대는 기업과 국방부의 이윤을 위해 무기 판매를 중개하고, 군인과 이와 대체로 같은 수의 민간 용병("독립적인 계약자들")으로 이라크에서 전쟁을 유발했다. 지구화 이론가와 사실상 많은 지구화 반대 활동가의 묘책과는 반대로, 국가는 새로운 지구적 현실에 의해 제거되지 않았다. 오히려 영국에서 멕시코, 중국에서 미국에 이르기까지 국민국가는 많은 방법들로 지구화의 산파 역할을 하고 있으며, 경제적 정책이든 군사적 모험주의이든 간에 국가권력을 향상시키기 위한 수단으로 새로운 지구화를 개척하고 있다. 어떤 경우이든 2001년 9·11 테러에 대한 군사적·정치적 대응이 분명히 나타난 것처럼 지구화 과정에서 국가권력의 축소는 매우 제한적이다. 경제적 경계의 침식은 부정할 수 없지만, 이것이 국민국가의 정치적·문화적·군사적인 경계의 어떤 침식과 필수적으로 조응하는 것은 아니다. 오히려 이들 경계는 많은 곳에서 더 강화되었다. 그렇지만 이 점이 지구화가 구태의연한 뉴스이며 아무것도 변하지 않았음을 의미하는 것은 아니다.

20세기 세계지도는 무엇보다 국가 영토를 나타내는 지정치적(geopolitical) 그림판이었으며, 세계지도가 없었다면 이 시기 전체에 걸친 제1차 세계대전, 제2차 세계대전, 냉전과 같은 특정 계기에 대한 규정 또한 이해할 수 없었을 것이다. 물론 다른 많은 경제적·사회적·문화적 경관이 이 지도를 가득 채우고 있지만, 오늘날 국민국가의 권력에도 세계지도는 이처럼 뚜렷한 권력, 국가, 영토 간 접합을 나타내지 않는다. 1970~1980년대의 아우라를 포착한 듯한 지정학적 보드게임 '리스크(risk)'는 오늘날 시대에 뒤떨어진 이상한 것으로 보인다. 세계 전체에 있는 국민국가의 조각 맞추기 퍼즐은 사실상 공기 속으로 사라졌고, 지구화의 열성적 애호가나 반자본주의 비평가는 모두 이 조각들을 되돌려놓는 작업을 중단했다. 문제는 무너진 국가 조각들의 대부분이 새로 만들어지는 국가 조각들과 동일하지 않다는 점이다. 유럽에서 아프리카에 이르기까지 국가들은 깨졌으며, 동시에 대륙적 규모의 무역 단위 ― 북대서양조약기구(NATO)와 같은 군사적 장치는 말할 것도 없고 메르코수르(Mercosur, 아르헨티나, 브라질, 파라과이, 우루과이 4개국이 1995년 설립한 자유무역지대 ― 옮긴이), 동남아시아국가연합(ASEAN), 유럽연합(EU), 북미자유무역협정(NAFTA) ― 가 전면에 등장했다. 오늘날 세계지도는 국민국가의 안정된 모자이크라기보다 환경적·종교적 차이, 이주 유형과 경제적 흐름, 국지적 침입과 탈식민지적 전쟁 등을 보여준다.

이런 전환은 복잡하지만 불균등발전 이론의 렌즈, 특히 규모의 관점에서 보면 하나의 핵심적 역동성이 드러난다. 1970년대 세계 최부유국 경제의 자본축적의 규모는 국내 경제활동을 규제할 수 있는 국민국가의 능력을 능가했다. 경제활동은 점차 국가 경계 너머로 파급되어 국가적 탈규제 및 국제적 규제를 요청했다. 1980년대 국경을 가로지르는 경제적 무역은 대부분 기업 내부에서 이루어진 거래였다. 특정한 국민경제라는 사고는 점차 맞지 않는 규범이 되었다. 지구적으로 통합된 자본주의의 가능성은 분명 이전에도 예상되었다. 제1차 세계대전 이후 "지구적 먼로 독트린(Monroe Doctrine)"에 대한 우드로 윌슨(Woodrow

Wilson)의 제안은 아마도 미국의 지구적(대륙적 규모를 벗어난) 야망에 관한 첫 번째 실행 가능한 진술이었다. 그렇지만 이는 국내외적 반대, 그리고 자국에서의 반동적 국민주의의 반발로 실패했다. 두 번째 시도는 제2차 세계대전 끝에 유엔, 특히 세계은행, 국제통화기금, 무역 및 관세에 관한 일반 협정[그 이후 세계무역기구(WTO)]의 설립으로 이루어졌지만, 퇴행적이고 자기패배적인 국민주의에 의존했던 냉전으로 인해 다시금 좌절되었다. 지구적 야망을 위한 미국의 세 번째 계기가 어렴풋이 나타나면서 오랫동안 동면했던 제2차 세계대전 제도는 활력을 되찾게 되었다. 신자유주의와 이 책의 초판에서 묘사한, 1970년대 위기의 해법으로 고안되었던 미국의 지구적 권력을 위한 새로운 책략은 냉전의 종식 이후 상당한 자극을 받았지만, 아메리카화 프로젝트와 완전히 겹치는 것은 결코 아니었다. 이는 워싱턴에서 프리토리아, 상하이에서 멕시코시티에 이르기까지 지배 집단이 서로 어떻게 경쟁할 것인가를 두고 싸우게 하면서도 공통의 이해관계로 묶어주는 계급 프로젝트였다. 마찬가지로 이는 방글라데시의 다카에 있는 섬유노동자를 뉴욕의 섬유노동자와, 카리브 해의 바나나 수확자를 유럽의 노동조합과 점차 연결시켰다. 1980년대 이후 노동운동의 승리가 패배에 비해 훨씬 많았지만, 오늘날에는 국가적 조직보다는 국제적 조직이 더 일반적이다. 노동운동은 간헐적인 반전운동이나 다양한 갈래의 지구적 사회정의 운동과 더불어, 최소한 신자유주의와 지구화를 날카로운 비판적 관심, 시위, 정치적 반대의 목표로 만드는 데 성공했다.

지구적 규모의 불균등발전은 국민경제 내에서 엄청난 사회적·지리적 불균등성과 조응했다. 중국과 인도처럼 부상하는 경제에서뿐만 아니라 20세기 자본주의의 심장부에서도 경제적 불평등은 점점 더 심화되었다. 미국은 언제나 엄청난 사회적 불평등을 숨기고 있었지만, 제2차 세계대전 직후 사반세기 동안 이러한 불평등은 비교적 정체된 상태였고, 때로는 완화되기도 했다. 그러나 1970년대 초 사회경제적 불평등은 급격히 심화되었다. 노동자의 임금은 지난 40년간 변하지 않거나 심지어 줄어들었지만, 최상위 1%의 소득은 같은 기간 3배로 늘었다. 불평등의 지니계수는 1970년 0.35였지만, 2001년에는 0.47로 점차 증가해 러시아, 중국, 인도보다 더 높아졌다. 미국에서 1982년 최고경영자(CEO)의 수입은 노동자 임금의 42배였지만, 지난 사반세기를 지나면서 364 대 1이라는 놀라운 비율로 증가했다. 2006년에 승인된 주식 및 헤지펀드 회사의 최고경영자 네 명은 10억 달러 이상의 소득을 얻었고, 이들 최고경영자 가운데 상위 20명은 평균 6억 5800만 달러, 즉 그 해의 노동일 하루당 정확히 275만 달러를 벌었다. 부(소득이라기보다)의 불평등한 배분은 더욱 심화되어 제2차 세계대전 이전 수준으로 되돌아갔다. 이런 현상들 모두의 지리적 측면은 예측 가능하지만 부분적으로는 그렇지 않다. 텍사스에서 플로리다에 이르는 미국 남부 지역의 불균등 수준이 가장 높게 나타나지만, 캘리포니아와 북동부 지역도 그러하며 후자의 지역과 중서부 지역 일부에서는 불평등 정도가 가장 강하게 증가하고 있다.

도시적 규모의 젠트리피케이션은 1980년 초에는 초기 현상 수준이었지만, 이후 지구적 규모의 도시 전략이 되었다. 도심에서 극적인 재투자를 경험한 지역은 더 이상 런던, 시드니, 뉴욕, 암스테르담에 한정되지 않고, 전 세계의 도시에서 나타났다. 젠트리피케이션은 수평적으로 번창해 모든 대륙(아마도 남극대륙은 빼고)의 도시에 영향을 미쳤지만, 또한 수직적으로 맨 아래 계층의 도시에서도 나타났다. 젠트리피케이션은 선별적인 주택 시장의 고립된 사건에서 도시계획 정책에 만연한 강령으로 바뀌었다. 이는 지구적 규모의 도시 교외화와 관련해 1970년 르페브르가 제시한 예측, 즉 도시화가 이제 사회 변화의 동력으로서 산업화를 대신한다는 예측을 선견지명이 있는 것처럼 보이게 했다. 도시 건설은 자본축적의 동기적인 지리적 힘을 가진, 거대한 잉여가치 생산의 근원이었다. 지구 경제를 금융적으로 통제하고 관리하는 기능은 여전히 뉴욕, 도쿄, 런던에 집중되어 있지만, 아시아와 라틴아메리카, 그리고 이제 점차 아프리카의 새로운 지구적 도시들도 지구적 자본의 엄청난 작업장이 되고 있다. 지구적 도시화는 매우 모순적인 과정이며, 산업화를 유지하는 농촌-도시 간 인구 이동에 따라 핵심적으로 추동되었다. 유엔에 따르면, 2006년은 세계 도시인구가 50%를 능가하는 첫 해라고 한다. 젠트리피케이션은 도시를 집중시키고, 교외화는 도시를 분산시키며, 농촌-도시 인구 이동은 메트로폴리스를 재집중시킨다. 이들 모두는 지구적 세계에서 도시 불균등발전에 관한 규모화된 분석을 요청한다.

규모와 결합된 분석 양식에서, 보통 모습을 드러내지 않은 세계를 비교해 대조하는 것은 의미 있는 일이다. 예를 들어 2007년 미국 대학(하버드) 한 곳이 보유한 기부금(운영예산이 아니라 이들이 은행에 가지고 있는 돈)은 359억 달러가 넘었다. 사실 이 대학의 최고 보수를 받는 피고용자는 총장이나 풋볼 코치가 아니라 기부금 관리자였는데, 그의 연봉은 1800만 달러였다(그는 더 높은 보수를 찾아서 사임했다). 기부금은 대학의 자본과 운영예산뿐만 아니라 토지와 건물 등의 자산을 포함하지 않기 때문에 대학교의 실제 가치를 파악하는 지표는 아니다. 그렇지만 최근의 기록에서는 이 기부금만으로도 39개국의 국내총생산을 능가한다. 이는 남아프리카나 페루의 국가 총부채를 상쇄하기에 충분하다. 젠트리피케이션 반대 활동가들이 1980년대 컬럼비아 대학교에 관해 주장한 바와 같이 오늘날 미국의 주요 대학교는 실제로 억만 달러 규모의 초국적 기업으로, 우연히 매년 5월에 똑같이 예산 규모를 발표하는 지구적 주식시장 및 국지적 부동산 개발에 관한 이해관계가 주요하다. 또 다른 예로 2008년 미국의 군사 예산은 7500억 달러에 달하는데, 이는 세계에서 50번째로 큰 호주의 경제 규모에 해당한다.

1990년 에드워드 러트왁(Edward Luttwak) 같은 우파 논평가의 글에 따르면, 지경제학의 언어는 1950년대 프랑스 지역지리학자들이 처음 만들었으며, 1970년대 지구적 정치경제의 재구조화를 살펴보는 마르크스주의적 지리학자들 간에 통용되었다고 한다. 이는 선견지명이 있는 통찰력이었다. 요점은 지정학이 쓸모없게 되었다는 것이 아니다. 사람들은 신문 헤드라인이나 중동에서 미국의 행태를 슬쩍 보더라도 이런 관심을 가질 수는 있다. 오히려 지정학이 아무리 지구적 갈등을 위한 전략적 병기고로 남아 있다고 해도(그리고 이스라엘 - 팔레스타인 - 시리아 - 이라크 - 이란 연결체가 중요한 사례라고 해도), 오늘날 발생하는 갈등은 지정학적 논리보다는 지경제학적 논리에 따라 점점 뒷받침되기 때문이다. 이 말은 이라크나 더 넓게는 중동지역에서의 전쟁이 단순히 석유 때문이라는 의미가 아니다. 이러한 가정은 지경제학적 이유만큼 지정학적 이유를 중요하게 전제하는 정치적 좌파가 저지르는 초보적 실수이다. 오히려 중동전쟁은 마지막으로 남은 주요 불응 지역을 미국이 지닌 지구적 야심의 선 안으로 들어오도록 시도함으로써 지구화 전략을 완수하려는 것과 밀접하게 관련되어 있다. 세계의 석유 공급이 대부분 중동에 근거한다는 점은 결코 우연적이지 않지만, 석유가 유일한 문제이거나 핵심적 문제는 아닐 것이다. 정치적 좌파는 중동 분쟁을 석유를 위한 전쟁으로 이해하지만, 이는 퇴화한 지정학적 심리 상태에 갇힌 것이다. 이러한 점을 주장함으로써 2010년대로 들어가면서 지정학적 계산은 지리를 넘어 평평한 지구적 세계를 창출하려는 미국의 야심에서 세 번째 (윌슨과 루즈벨트 이후) 계기의 실패를 알리는 증거로 신문의 전면을 훨씬 더 장식할 것이 분명하다.

지정학과 대체로 스스로 자초한 국민주의에 의존한 방책은 미국의 앞선 계기에서 지구적 야망의 몰락을 가져왔으며, 이들은 대실책을 반복하는 진로상에 있는 것처럼 보인다. 이런 일이 발생하지 않게 하려면 어떻게 해야 하는지는 전혀 알 수 없지만, 미국과 유럽의 지구적 금융시장에서 발생한 2007년의 위기는 투기적 모기지 투자의 오랜 역사에 상당한 뿌리를 두고 있으면서 1997~1998년 위기가 경제적·지리적으로 이동했음을 보여준다. 이 위기는 처음 태국의 반도체 과잉생산으로 드러났다. 이는 결국 태국 통화인 바트의 가치에 영향을 미쳤고, 그로부터 확산되었다. 10년 뒤 위기는 야수의 탐욕, 야수의 가장 소중한 권리, 즉 미국의 모기지에서 시작된 것처럼 보인다. 이것이 모기지 부문에 한정되지 않고 일반화되고 있다는 점은 지구화된 자본주의의 속성을 바로 드러낸다. 그리고 은행의 국유화를 포함한 강력한 국가 개입이 위기를 다루기 위해 요청되었는데, 이는 신자유주의의 교리와는 완전히 모순된다.

하버마스는 언젠가 모더니즘은 "지배적이지만 죽었다"라고 주장했다. 똑같은 주장이 이라크 전쟁의 경제적 측면에서도 적용되는데, 이를 실패한 "지구화의 종반전"이라고 하겠다. 1999년 시애틀의 투쟁과 연이은 반지구화·반자본주의 저항은 국가의 엄청난 억압적 반작용을 정상적인 것으로 설정하는 데 도움을 주었다. 이러한 저항과 함께 그 후 몇 년간의 경제적 침체 및 후퇴에 따라 신자유주의는 유의한 사회적 변화의 근원으로서 작동하기를 중지당했다. 기껏해야 21세기의 첫 번째 10년의 끝은 기존 신자유주의의 정치적·지리적 영역을 충전시키는 데 그쳤다. 좀 더 냉정하게 말해 이 시기는 신자유주의의 위기를 특징지었다. 신자유주의는 조지 부시가 1980년대 "비전을 담은 사안(vision thing)"(부시가 대통령직의 전망을 설정하는 문제와 관련해 과업이 없는 비전은 꿈에 불과하다고 말한 것과 관련된다 — 옮긴이)이라고 지칭한 것을 소진시켰다. 하버마스에 따르면, 신자유주의는 이제 지배적이지만 죽었다고 할 수 있다.

위기의 신자유주의는 불균등발전의 종말을 가져오지 않을 것이며, 반대로 더욱 강화시킬 것이다. 마르크스가 오래전에 살펴본 것처럼 자본주의는 위기에 직면하면 스스로를 전환하는 데 놀라울 정도로 풍부한 책략을 가지고 있으며, 1970년대 이후 압도적인 선도력을 행사한 것은 자본주의이지 그 반대가 아니다. 하지만 이것도 더는 사실이 아닐 것이다. 불균등발전의 미래 유형과 경험은 자본주의에 대한 반대가 "비전을 담은 사안"에 관한 자신의 비전을 어느 정도 발전시킬 수 있는지에 달려 있다. 그렇지만 세계의 많은 부분에서 우리는 오늘날 사회적 혁명과 이를 실현시킬 수 있는 가능성을 생각할 수 없는 것처럼 보인다. 가장 창조적인 사상가 가운데 하나인 해러웨이는 언젠가 1990년대 중반에 "당혹스럽게 들리는 청중(audibly stunned audience)"에게 다음과 같이 인정했다. "만약 내가 스스로에게 정직하다면, 나는 자본주의를 넘어선 세계가 어떠할 것인지를 생각할 수 있는 능력을 상실했을 것이다." 그녀는 바로 우리 가운데 많은 사람이 어째서 정치적 상상력의 광범위하지만 암묵적인 상실에 빠지게 되었는지를 말하고 있다. 좋든 싫든 간에 혁명은 언제나 역사의 대위법적(contrapuntal) 계기였다. 우리는 이러한 계기들이 우리 자신에게 더 좋은 세상을 가져올 때 이들을 찬양할 것이며, 이들이 우리의 이해관계나 믿음과 관련된 것과 반대될 때 이들을 비난할 것이다. 현재에 관해 당혹스러운 것 중 하나는 혁명적 사회 변화의 전망과 효과가 정치적 가능성의 상상으로부터 어느 정도 멀어졌다는 점이다. 혁명적 상상을 고취하기 위해 다시 시작하려는 것이 지나치게 낙관주의적이지 않기를 바란다.

2007년 9월 27일 뉴욕시에서
닐 스미스

옮긴이 해제

닐 스미스의 불균등발전론과 자본주의의 지리학

1. 서론

　1984년 초판이 출간된 닐 스미스의 첫 저서 『불균등발전: 자연, 자본, 그리고 공간의 생산』은 개념과 이론의 특이성, 독창성으로 그를 일약 저명한 지리학자로 만들었다. 그리고 출간된 지 30여 년이 지난 지금까지도 여전히 많이 읽히는 지리학의 고전 가운데 하나가 되었다. 이 책은 기본적으로 불균등발전에 관한 정치경제학적 이론서이다. 따라서 모순적이고 갈등적인 자본주의의 사회공간적 역동성이 어떻게 균등화(equalization)와 차별화(differentiation) 경향을 통해 끊임없이 불균등한 사회공간적 전환을 만들어내는지를 보여준다. 스미스는 불균등발전과 직접 관련된 공간적 차별화와 균등화 과정, 이로 인한 자본의 시소 운동뿐만 아니라 불균등발전의 이론적 전제로서 자연과 공간의 생산, 지리적 규모(scale) 등을 논의한다. 또한 현실 세계에서 도시적 규모의 불균등발전 과정으로서 젠트리피케이션(gentrification)과 지구적 규모의 불균등발전 과정인 제국주의의 세계화에 관한 분석으로 나아간다.

하비가 1982년 출판한 『자본의 한계』에서 제시한 불균등발전 이론과 스미스가 『불균등발전』에서 제시한 이론을 비교하면, 둘 다 역사-지리적 유물론에 바탕을 두고 자본의 축적 과정과 관련시켜 이론을 구축했으며 이로부터 많은 개념을 차용했다는 공통점을 발견할 수 있다. 물론 하비의 『자본의 한계』는 단지 지리적 또는 공간적 불균등발전에 초점을 둔 저술이 아니라 마르크스의 『자본』, 그리고 더 나아가 마르크스주의 이론 일반에서 누락된 공간적 측면에 초점을 두고 자본순환 과정 전반에 관한 이론을 매우 종합적으로 재구성하려 했다는 점에서 스미스의 이론보다 더 포괄적이고 정교하다고 할 수 있다. 그러나 스미스의 불균등발전은 하비의 이론과는 달리 자연의 물질적·이데올로기적 생산과 공간의 생산(규모의 생산을 포함)에 관한 개념화를 전제로 한다. 그리고 이를 현실 세계에 원용한 도시의 젠트리피케이션 및 제국주의적(신자유주의적) 세계화 과정에 관한 설명으로 나아간다는 점에서 유의성을 가진다.

하비는 2008년 『불균등발전』의 3판 재출간을 축하하면서, 이 책의 서문에 그 이유를 두 가지로 적고 있다. 첫째, "이 책은 마르크스적 이론화와 지리학적 사유가 충돌하는 시작 단계이자 매우 알차고 계몽적인 국면이라고 할 수 있었던 역사적 계기에 지리적 불균등발전에 대해 전적으로 새로운 접근을 선도했다". 둘째, 부와 빈곤의 양극화 심화, 놀라운 속도의 도시화와 환경 파괴를 초래하는 지구 경제의 불균등발전은 이 책이 처음 출판된 이래 사반세기 동안 줄어들기는커녕 가속화되었으며, 이로 인해 이 책에 함의된 정치적 메시지는 거듭 지지받고 있다(Smith, 2008: p. vii; 14쪽).[1] 에릭 스윈지도우(Erik Swyngedouw)도 『불균등발전』을 인문지리학의 고전으로 재고찰하면서, 이 책이 고전적 저서가 된 이유로, 첫째, 이 책이 지리학을 넘어 사회과학 및 인문학 전반에 미친 영향, 둘째,

---

[1] 이하 해당 인용문을 발췌한 원서(Smith, 2008)의 쪽수는 저서 표기 없이 'p.○○'로 기재하고, 번역서인 이 책의 쪽수는 '○○쪽'으로 기재한다.

자본주의에서 지리적 불균등발전의 불가피성에 관한 연구, 셋째, 공간적 규모(scale)라는 개념과 규모 간 접합에 관한 이론화, 그리고 끝으로 이 책에 함의된 정치적 프로젝트의 유의성 등을 들었다(Swyngedouw, Castree and Smith, 2000).

스미스의 불균등발전론은 한편으로는 지리학의 고전이며 마르크스주의적 사회이론의 탁월한 연구로 간주되지만, 다른 한편으로는 하비의 역사·지리 분야의 유물론적 연구와 저서들의 압도적인 영향력 탓에 구체적인 해석과 평가는 제대로 이루어지지 않았다.[2] 이 해제에서는 불균등발전을 중심으로 자본주의사회에서 다양한 규모로 발생하는 지리적 현상에 관한 스미스의 연구를 재해석하고 평가하면서 그 시사점을 찾아보고자 한다. 우선 그의 저서 『불균등발전』을 중심으로 이 이론이 어떻게 구성되어 있는지를 살펴보고, 다음으로 불균등발전론의 연장선상에서 제시된 도시 젠트리피케이션 이론과 제국주의 또는 신자유주의 세계화 과정에 관한 그의 연구를 고찰한다. 그 후 그의 이론이 가지는 함의와 유의성을 재평가해보고자 한다.

2. 닐 스미스의 불균등발전론

자연의 생산, 공간의 생산

닐 스미스에 따르면, "불균등발전은 자본주의하에서 자연 생산의 구체적 과

---

2   그러나 닐 스미스의 『불균등발전』은 이미 2000년 *Progress in Human Geography*에서 인문지리학의 고전으로 평가받았을 뿐만 아니라(Swyngedouw, Castree and Smith, 2000), 이 책의 출간 25주년을 기념한 특별 심포지엄이 개최되었는데, 여기서 발표된 Prudham and Heynen(2011)의 논문 등 5편의 논문과 스미스(Smith, 2011)의 응답이 *New Political Economy*의 특집호로 게재되기도 했다.

정이며 패턴"이다(Smith, 2008: p. 8; 30쪽). 그가 불균등발전을 자연의 생산(그리고 공간의 생산)과 연결해 이해한 것은 암묵적으로 마르크스와 하비의 영향 때문이지만, 더 직접적으로는 자연과 공간에 관한 이론가들의 저술을 바탕에 두었기 때문이다. 이에 관해 하비가 해석한 것처럼(Smith, 2008: p. viii; 15쪽), 스미스가 공간의 생산, 자연의 생산, 그리고 불균등발전을 긴밀하게 연결하려고 한 것은 "르페브르의 주장, 즉 20세기 시작 이래 자본주의는 대체로 공간의 생산을 통해 존립했다는 주장을 심각하게 고려했기(그리고 왜 그렇게 되었는가, 왜 그렇게 되어야만 했는가를 이론적으로 보여주고자 했기) 때문"이며, "화이트헤드의 견해, 즉 인간의 본성을 포함해 '자연의 의미를 결정하는 것은 원칙적으로 시간의 특성과 공간의 특성에 관한 논의로 환원된다'라는 견해를 수용해서 자연의 깊고 다양한 지적·정치적 의미를 탐구하고자 했기 때문"이다(pp. vii~viii; 14쪽).

스미스는 우선 자연의 생산에 관한 고찰을 시작하면서, 물질적 과정보다는 이데올로기적 과정부터 다루고자 했다. 자연(그리고 공간)은 우리 삶의 경관 형태에서 나타나는 공간 관계의 불균등한 유형을 통해 생산되지만, 또한 경관에 관한 우리 사고의 형태 속에서도 생산되기 때문이다.[3] 이러한 점에서 스미스의 '자연의 생산' 개념은 '자연의 사회적 구성' 개념과 일부 중첩된다. 자연에 관한 구성주의적 관점은 자연을 주어진 사물로 이해하고 지식의 권위를 강조하는 근대과학에 도전한다. 그리하여 자연은 사회적으로 구성된 것이며 누구의 입장에서 구성하는가라는 정치적 문제를 비판적으로 고찰한다. 그러나 자연의 사회적 구성 개념은 자연과 사회 간의 물질적 상호 관계를 설명하기 어려운 한계가 있다. 따라서 스미스는 '자연의 생산' 개념과 관련해 과학에서의 자연, 시적 자연, 그리고 마르크스의 자연 개념 등을 비교하면서, 자연과 관련된 이데올로기, 메타포(또는 담론), 재현 등의 힘이 사회공간적 실천을 구성하는 데 어떤 영향력을

---

[3] 스미스의 '자연의 생산' 개념에 관한 좀 더 자세한 논의로는 최병두(2009) 참조.

가지고 있는가를 고찰하고, 특히 자본주의사회에서 자연에 관한 지배적인 부르주아적 표현에 내재된 모순을 해부하고자 한다.

스미스는 자연을 인간 사회와 분리시키는 부르주아적 개념화뿐만 아니라 마르크스주의적 자연관에 대해서도 매우 비판적이었다. 스미스는 자연의 생산에는 물질적 사물의 생산뿐만 아니라 자연에 관한 사고나 의식의 생산도 포함된다고 주장했다. 그러면서 "이념, 개념화, 의식의 생산은 처음에는 인간의 물질적 활동과 물질적 상호 교류 및 현실적 생활의 언어와 직접 뒤얽혀 있다"라는 마르크스의 주장을 인용했다(Marx and Engels, 1964: 47, p. 55; 92쪽에서 재인용). 그는 마르크스가 물질적 생산과 상징적 생산의 통합으로 자연의 생산을 이해했음에도,[4] 그 후 전통적 마르크스주의는 광의적 의미를 협의화해서 단지 물질적(즉, 경제적) 생산에 더 많은 관심을 가지게 되었다고 주장한다. 예를 들어 스미스는 프랑크푸르트학파에 속하는 슈미트(Schmidt, 1971)의 자연관이 일차적 자연(원래의 자연)과 이차적 자연(인간에 의해 전환된 자연)을 분리된 개념으로 범주화했다고 비판하면서 이를 재구성하려 한다. 특히 그는 일차적 자연(사용가치의 영역)이 오늘날 어떻게 이차적 자연(교환가치의 영역) 내에서 사회적으로 생산되었는지를 보여주려 했다.

자연의 생산 개념을 정교하게 하기 위해 스미스는 '생산 일반', '교환을 위한 생산', '자본주의적 생산'이라는 '논리적·역사적 구분'을 이용한다. 그의 설명에 따르면, '생산 일반' 수준에서 인간과 자연은 노동을 매개로 한 신진대사 관계를 갖게 된다. 여기서 "자연과의 관계(물질적 교환)는 명백하게 사용가치 관계이며, 순수한 사용가치로서 자연은 인간과 관계 맺는다"(p. 54; 91쪽). 이러한 사용가

---

[4] 스미스가 주장한 핵심은 자본주의적 생산양식이 하나의 통일체로 자연을 생산함에도, 자연이 비가시적이고 이데올로기적으로 잘못된 이원론에 의해 어떻게 이해되고 있는지를 밝히는 것이다. 스미스는 마르크스의 저술에서 이러한 자연에 관한 통합적 생산의 개념을 『불균등발전』을 서술하기 전에 이미 논문으로 발표한 바 있다(Smith and O'Keefe, 1980 참조).

치를 위한 자연의 생산은 처음에는 자연적 가능성에 따르지만 점차 사회적 필요(특히 노동의 분업에 따른 사회적 필요)에 따라 잉여를 생산하게 된다. 이러한 자연의 생산과 이를 통한 사회적 잉여(가치)의 생산은 어떤 모순을 내재한다. "요컨대 영구적인 사회적 잉여의 생산은 인간 사회가 스스로 자연의 제약으로부터 해방되는 장기적인 과정을 시작하게 한다. 그러나 다른 한편으로는 이렇게 증가된 통제가 필연적으로 사회적 통제이며, 인간 사회 전체가 자연에서 해방되는 것을 돕는다고 하더라도, 이는 오직 사회 내에서 내부적인 차별화와 대규모 인구의 노예화를 통해 이루어질 뿐이다"(p. 59; 96쪽).

사회적 잉여의 발생과 더불어 '교환을 위한 생산'이 시작되면서 자연과의 관계는 전적으로 사용가치 관계에만 머무르지 않는다. 사용가치는 직접적인 사용이 아니라 교환을 위해 생산되기 때문에 자연의 전유는 점점 사회적 형태와 제도에 따라 조절되며, 이러한 방식으로 인간은 자신의 존재에 직접 필요한 것보다 더 많은 자연을 생산하기 시작한다. 이에 따라 사회적 잉여물이 생산되며, '자본주의적 생산'은 이를 일반화해 필요 일반의 충족을 위해서가 아니라 어떤 특수한 필요(즉, 이윤)를 충족하기 위한 작업을 수행한다. 교환을 위한 생산과 함께 자연의 생산은 점차 그 규모를 확대해나가지만, 자본주의적 생산단계에 와서야 인간은 역사상 처음으로 세계적 규모로 자연을 생산하게 된다. 그러나 "세계적 규모의 자연 생산에서, 자연은 점진적으로 이른바 이차적 자연 내부에서, 그리고 이차적 자연의 일부로서 생산된다. 일차적 자연은 자신의 일차성과 독창성을 박탈당하게 된다"(p. 77; 117쪽). 일차적 자연과 이차적 자연 간의 구분은 존재하지만, 자본주의에 따른 자연의 생산과정과 이 과정을 보편적인 것으로 만드는 추동력의 관점에서 보면, 이러한 구분은 자연의 통합성과 비교할 때 별다른 유의성이 없다.

스미스가 말한 자연의 생산 개념은 그 자체로도 매우 유의하지만, 더욱 중요한 것은 자본주의에서 자연의 생산에 관한 이론을 공간의 생산과 결합시켰다는 점이다. 이를 위해 스미스는 화이트헤드(Whitehead, 1920: 33, 93에서 재인용)의 "자연의 의미를 결정하는 것은 원칙적으로 시간과 공간의 특성에 관한 논의로 환원될 수 있다"라는 주장에 초점을 두고, 공간과 자연 간에 내재한 긴밀한 관계를 포착한다. 즉, 스미스는 "공간이 자연과 분리된 별개의 실체로 개념화되지 않는 이상, 공간의 생산은 자연의 생산에 따른 논리적 귀결"이라고 주장한다(p. 92; 137쪽). 이러한 주장은 공간을 자연과 분리해 개념화할 수 없는 것처럼, 자연도 공간과 분리해 개념화할 수 없다는 것을 의미한다. 이러한 점에서 '자연의 생산'에 관한 고찰이 '공간의 생산'에 관한 논제로 나아가는 것은 그리 어렵지 않아 보인다.

공간의 생산 개념은 르페브르(Lefebvre, 1991)에 의해 포괄적으로 논의되었지만, 불균등발전에 관한 스미스의 논의를 통해 더욱 확장되고 재정립된다. 스미스의 해석에 따르면, 르페브르는 생산과정에 초점을 두기보다는 사회적 생산관계의 재생산 과정에 더 많은 관심을 두면서 후자의 과정을 자본주의사회의 핵심적이고 숨겨진 과정이자 본연적으로 공간적인 것으로 이해했다. 반면 스미스는 자연과 공간의 물질적·상징적 생산과정에 초점을 두었다. 스미스가 르페브르의 '공간의 생산' 개념에 추가한 것은 "공간의 생산이 어떻게 사회공간적 관계의 역동성으로 형성된 역사·지리적 과정이 되는지에 관해서뿐만 아니라, 역사적으로 서술되고 물질적으로 구현된 지리적 부식물(etchings)로서의 자연과 환경이 어떻게 자본주의적 공간 생산의 통합적 일부가 되는지에 관해 이해할 수 있도록 했다는 점이다"(Swyngedouw, Castree and Smith, 2000: 267).

스미스에 따르면, 공간의 개념화가 자연의 개념화와 분리될 수 없다는 것은 또한 "공간은 물질로부터 분리될 수 없으며, 인간의 힘이든 그 외 어떤 것이든 힘으로부터 분리될 수 없다"라는 것을 의미한다. 이는 결국 공간은 물질이나 힘으로 가득 찬 것이라는 점에서 공간을 절대적인 것이 아니라 상대적인 것으로 이해하도록 한다.[5] 이러한 공간 개념은 일상생활의 구체적·경험적인 공간에서부터 추상화·일반화된 공간 개념의 역사적 등장을 추적하며, 이에 대한 비판을 가능하게 한다. 스미스는 하트슌의 신칸트주의적 지역 개념을 전적으로 지적 구성물이라고 지적하는 한편, 실증주의적 공간 조직과 그 특성은 기본적으로 절대적 공간관에 기반을 두고 있다고 비판한다.

이들과 달리 공간을 자연과 관련해 이해할 경우, 공간적 속성은 사회 가치에 통합적인 것으로 간주된다. 즉, "공간적 관계를 사용가치의 속성으로 설정할 경우, 자연의 생산에서 공간의 생산으로 나아갈 수 있게 된다". 또한 사용가치로서 공간의 속성을 이용하기 위한 노동은 공간적 속성의 특수성을 반영해 장소-특정적인 특수성을 갖게 된다. 그러나 자본주의의 발달 과정에서 등장한 추상적 노동으로 인해 상황은 달라진다. "추상 노동의 가치 실현은 상품 교환, 화폐관계, 신용 관리, 노동의 이동성을 아우르는 공간적으로 통합된 체계를 함의한다"(p. 113; 163쪽). 노동이 가치의 창출과 실현을 위해 추상화되는 것처럼, 자본축적과 순환과정에서 공간도 추상화된다.

그러나 한편으로 스미스에 따르면, 자본의 축적을 위한 특정 장소나 지역에의 투자는 상대적 공간의 생산을 전제로 한다. 즉, "사회 발전이 공간으로부터 점진적 해방을 이뤄낸 동시에 공간적 고정성이 점차적으로 사회 발전의 필수 토대가 되었다고 상술했던 모순을 이제 면밀히 검토해보자. 자본에 내재된 경향인 임금노동의 보편화 및 그와 더불어 진행되는 가치의 보편화는 우리가 위에서 명명했던 "자연공간", 즉 이전 시대로부터 승계된 절대공간으로부터 사회적 관계와 제도를 해방하는 방향으로 가차 없이 나아간다. 자본 유동성, 그리고 그보다 낮은 수준의 노동 유동성은 이러한 필요성을 명시적으로 나타낸다"(p. 115;

---

5   스미스는 이유는 알 수 없지만 공간을 절대적 공간과 상대적 공간(relative space)으로 구분하고, 후자를 (하비가 제시한 세 가지 공간 개념의 구분에서) 상대적 공간으로, 때로는 관계적 공간(relational space)과 같은 의미로 사용한다. 스미스는 특히 후자와 관련해 일반적 의미에서 인간 활동의 공간을 '지리적 공간'으로 지칭한다.

165쪽). 이에 따라 자본은 자연공간으로부터 사회적 해방을 가져올 수 있지만, 동시에 그만큼 상대적 공간(사회적 공간)의 생산을 전제로 한다. 이와 같이 자본주의 공간은 추상적 노동에 따른 가치 창출의 조건으로 추상화(균등화)되는 동시에 자본의 순환과정에 내재한 것처럼 경관상에 자본을 고정시킬 필요에 따라 지리적 공간의 차별화가 촉진된다.

지리적 균등화와 차별화의 모순적 경향

불균등발전을 직접 논의하고자 할 때, 이 용어가 대체 무엇을 의미하는지 의문이 제기된다. 스미스가 주장한 바와 같이, 불균등발전은 여러 의미를 가지며 이에 대한 이해도 다양하다. 때로 불균등발전은 인간 역사의 보편적 법칙 또는 '모순의 핵심'이라고 주장되기도 하지만, 이로 인해 당연히 주어진 것으로 간주되기도 한다. 스미스는 불균등발전을 자본주의 공간 생산에 내재된 차별화와 균등화의 대립적 또는 변증법적 과정으로 이해한다. 즉, "차별화와 균등화를 향한 모순적 경향"은 "자본주의적 공간 생산을 결정한다. … 실제 자본주의적 생산양식의 핵심에서 도출되는 이 모순은 불균등발전의 현존하는 패턴으로 경관에 각인된다"라고 주장한다(p. 133; 187쪽). 물론 불균등발전은 자본주의의 지리와 관련될 뿐만 아니라 자본주의경제의 여러 부문 간의 성장률 차이와 관련되기도 한다.

스미스는 불균등발전을 차별화와 균등화의 대립적 경향으로 이론화하기 위해, 우선 차별화 경향이 '노동의 분업'에서 출발한다고 주장한다. 즉, 노동의 분업은 사회의 발전 수준과 조건을 공간적으로 차별화하는 역사적 기반이 된다. 예를 들어 도시와 시골 간의 공간적 분화는 상품 교환에 근거한 노동의 분업에 바탕을 둔다. 인간 역사에서 이러한 노동의 분업은 우선 자연적 조건의 차이에서 기인한다. 자연적 조건의 차이에 따라 어떤 지역에서 생산될 수 있는 생산물의 종류가 달라진다. 또한 동일한 노동을 투입하더라도 생산량이 달라질 수 있고, 이에 따라 잉여생산물의 양도 달라진다. 그러나 경제가 발달할수록 이러한 자연적 차이에 따른 이점의 전유는 줄어든다. 반면 자연적 차이는 노동과정의 체계적인 사회적 차이를 위한 기반으로 내면화된다. 즉, 자연의 차이는 사회적 조직에 있어 양적·질적 차이로 전환된다. 농촌과 도시의 입지에 미치는 자연적 차이의 영향은 점차 줄어들지만, 농업과 공업 간의 사회적 노동 분업은 여전히 사회경제적 활동을 조건 짓는다.

지리적 공간의 차별화는 이제 자연적 차이에서뿐만 아니라 더 일반적으로 노동의 사회적 분업에서도 도출된다. 스미스는 『자본』에서 노동 분업에 관한 마르크스의 서술에 바탕을 두고 이를 세 가지 규모, 즉 일반적(general) 노동 분업(공업과 농업같이 주요 활동 간의 분업), 특정한(particular) 노동 분업(일반적 구분으로 상이한 분야 간의 여러 세부 분업), 세분화된(detail) 노동 분업(작업장 내에서 상이한 세세한 노동과정 간에 나타나는 분업)으로 구분한다. 또한 스미스에 따르면, 노동의 분업뿐만 아니라 자본의 분화도 공간의 사회적 차별화에 주요한 근원이 된다. 스미스는 자본의 재생산에 관한 마르크스의 고찰에 근거를 두고 자본의 분화를 세 가지 유형, 즉 부문 간 분화(제1부문인 생산재 생산 부문과 제2부문인 소비재 생산 부문), 분야별 분화(산업 업종별 분화), 개별 자본 간의 분화로 구분한다. 나아가 스미스는 노동의 분업과 자본의 분화를 중첩시켜, 공간의 사회적 차별화 과정을 네 가지 유형, 즉 상이한 부문 간 노동(그리고 자본)의 일반적·사회적 분업, 특정하게 상이한 분야 간 노동(그리고 자본)의 분업, 상이한 개인적 자본 간 사회적 분화, 그리고 작업장 내에서 노동의 세세한 분업으로 구분한다. 스미스에 따르면, 상이한 유형의 노동 분업과 자본 분화는 지리적 차별화를 결정하는 데 동일한 수준은 아닐지라도 각각 중요한 영향을 미친다.

공간의 균등화 경향은 기본적으로 마르크스가 서술한 '자본의 보편화 경향'과 이 과정에 따른 모순적인 지리적 결과로 인해 발생한다. 마르크스는 우선 유통 과정을 배경으로 공간의 균등화 경향을 논의하며 "부르주아들은 생산물 시장을 끊임없이 확장시켜야 할 필요 때문에 지표면 전체를 쫓아다니도록 내몰리고 있다. 모든 곳으로 나아가서, 모든 곳에 정착하고, 모든 곳에서 연계를 갖추어야 한다"라고 주장한다(p. 252; 321쪽). 그러나 마르크스는 『자본』에서 자본이 "자본은 모든 생산 분야에서 노동 착취 조건의 균등성을 요구한다"라고 주장하면서 생산 영역의 균등화를 더욱 일반적으로 서술한다(p. 153; 210쪽). 스미스는 이러한 점에서 자본주의는 생산 영역에서 노동 착취 조건(또는 생산 조건)의 균등화를, 나아가 생산력 발전 수준의 균등화를 지향하는 경향이 있으며, 특히 이런 균등화 경향은 공간적 측면에서 상대적 공간의 지구적 생산에 본연적으로 내재한다고 주장한다. 나아가 스미스는 하비가 강조한 '시간에 의한 공간의 절멸' 개념을 거론하며, "시간에 의한 공간의 절멸은 결코 완전히 실현될 수 없는 균등화 경향의 궁극적 결과이다. 차별화 경향에 항상적으로 반대되는 균등화 경향과 그 결과로 발생하는 모순은 불균등발전을 더 구체적으로 결정한다. 이 모순은 역사적으로 불균등발전의 구체적 패턴에 녹아 있다"라고 주장한다(pp. 153~154; 210쪽).

  스미스는 여기서 나아가 사회적 생산의 영역에서 균등화 경향을 만들어내는 여러 근원을 고찰한다. 예를 들어 자본축적은 노동 분업의 발전을 통해서뿐만 아니라 전 자본주의적 생산양식을 자본의 영역으로 끌어들임으로써 공간적 균등화를 촉진한다. 이 과정에서 자본주의적 원료의 생산은 자연의 퇴락을 초래하고, 자본주의화된 사회에서 인간의 본성은 하향 평준화된다. 자본주의사회에서 이러한 배경하에서 이루어지는 자연의 생산은 두 가지 의미에서 균등화를 유발한다. 첫째, 자연은 보편적 생산수단으로 전락하면서 자본의 부속물이 된다. 둘째, 자연의 유용물은 희소화되면서 질적으로 하향평준화된다. 그리고 상대적 잉여가치의 생산과 재투자를 좌우하는 기술의 발전도 지리적 균등화에 중요한 역할을 한다. 특히 교통과 통신수단의 발달은 생산과 재투자를 좌우하는 기술의 발달과 이를 위한 혁신의 장애 요인을 줄이고 지리적으로 일반화될 수 있도록 한다. 끝으로 가장 중요한 것은 차별화 경향과 마찬가지로 균등화 경향도 자본에 내재적이라는 점이다. 왜냐하면 자본주의의 지리적 팽창은 추상적 노동의 보편화를 초래하기 때문이다. 이러한 점에서 스미스는 자본주의적 "생산 조건과 수준의 균등화는 차별화 경향과 마찬가지로 추상적 노동이 보편화한 산물"이라고 주장한다(p. 159; 216쪽).

이러한 공간적 차별화와 균등화 경향에 관한 논의는 자본축적 과정에서 발생하는 (공간적) 집적과 집중, 그리고 자본축적의 주기적 리듬(또는 변동)에 관한 설명으로 이어진다. 우선 자본축적 과정에서 발생하는 공간적 집적과 집중은 자본의 물리적 입지와 관련된다. 따라서 소수의 자본가가 자본의 점점 더 많은 양을 통제하게 되는 것을 의미하는 사회적 집적과 집중과 구분된다. 교환가치가 점점 더 소수의 수중으로 집중되는 것이 사회적 집중이라면, 공간적 집중은 사용가치가 물리적으로 집중되는 것이다. "자본의 사회적 집중은 특정한 공간적 집중을 동시에 생산하고 요구하며, 개별 자본 규모에서 생산수준과 조건의 지리적 차별화를 향한 가장 중요한 추동력을 제공한다"(p. 164; 221쪽). 이러한 점에서 공간적 집적과 집중은 건조환경을 통한 자본축적 과정과 관련된다. 자본축적의 필요성은 자본주의의 지리적 팽창을 요구하는 한편, 이를 위해 건조환경에 지속적인 재투자가 이루어진다. 건조환경은 자본축적의 진행에 핵심적 요소이지만, 지리적으로는 이동성이 없는 고정자본의 형태를 띤다. 자본주의하에서 도시 발전은 기본적으로 이러한 고정자본의 집중화된 투자와 관련되며, 이로 인해 과거에는 미분화되었던 지리적 공간을 차별화시킨다.

도시 건조환경에 대한 자본 투자는 좀 더 일반적인 자본축적의 주기적 리듬과 공명한다. "건조환경에 대한 투자의 역사적 리듬은 특정한 지리적 패턴을 만들어내며, 이는 역으로 자본축적의 의제에 강한 영향을 미친다"(p. 167; 224쪽). 스미스는 자본축적 리듬의 다양한 유형을 간략히 언급한다. 특히 그는 자본축적의 주기적 리듬을 하비(Harvey, 1982)의 자본순환론, 즉 자본의 1차, 2차, 3차 순환론에 바탕을 두고 설명한다.[6] 또한 하비와 같은 의미로 1차 순환에서 과잉 축적의 위기로 건조환경에 대한 투자가 확대되지만, 이러한 순환은 임시적인 해결에 불과하고 결국 건조환경에 대한 과잉 축적을 유발하면서 자본의 거대한 감가를 초래한다고 주장한다. 스미스는 이러한 점에서 하비가 제시한 세 가지 유형의 위기(또는 공황)를 자본축적의 국지적이고 부분적인 위기, 자본이 한 분야에서 다른 분야로 옮겨가는 이행적 위기, 그리고 자본주의 체계 전체가 영향을 받게 되는 지구적 위기로 구분한다. 이러한 자본축적의 주기적 리듬은 주류 경제학과 지리학에서 강조하는 균형 모형이 실현될 수 없다는 것을 의미한다.

공간적 규모와 자본의 시소운동

스미스는 "지리적 차별화와 균등화의 변증법이 궁극적으로 불균등발전의 패턴을 만들어낸다 해도, 불균등발전 과정을 완전히 특징짓지는 못한다"라고 주장하며 두 가지 의문을 추가한다. "첫째, 이 [차별화와 균등화의] 변증법은 왜 단순히 발전 수준의 정적인 차이로 귀결되지 않고 불균등발전의 역동적 패턴으로 귀결되는가? 둘째, 이 변증법은 어떤 규모에서 작동하고, 이 규모는 어떻게 도출되는가?"(p. 175; 235쪽) 첫 번째 의문과 관련해 스미스는 '공간적 균형 상태' 개

---

6   스미스의 서술에 따르면, "이런 순환은 통합되어 있어서 확실하게 구별하기 어렵다. 실제로 하비가 『자본의 한계』를 완성했을 때, 그는 과정의 통합성을 강조하기 위해 이러한 순환 사이의 구별을 포기했다. 그러나 중심 논리는 동일하다"(p. 168; 225쪽). 그러나 하비의 이러한 자본순환론이 『자본의 한계』의 핵심을 이룬다는 점에서 '이들 순환 간의 구분을 포기했다'라고 보기는 어렵다. 오늘날 자본의 3차 순환(과학, 교육, 기술, 사회적 지출 등으로의 순환)이 매우 중요한 역할을 담당함에도 하비는 『자본의 한계』와 이후 연구에서 이에 관한 연구를 거의 하지 않았다.

념을 자본축적 위기의 내외적 해소 과정과 관련해 재해석하면서 '자본의 시소(see-saw)' 운동 개념을 제시한다. 두 번째 의문과 관련해 스미스는 최근 들어 재론되는 '공간적 규모(spatial scale)'의 개념을 제시한다.

우선 첫 번째 의문과 관련해 스미스는 "분명 공간적 균형을 향하는 경향이 있지만 자본의 핵심에 있는 강력한 힘에 의해 지속적으로 진동한다"라는 하비의 주장에 공감한다. 나아가 그는 '공간적 균형 상태' 문제를 과잉 축적의 위기로 인해 나타나는 자본주의의 내적모순과 관련해 하비가 제시한 '공간적 조정' 개념과 관련시킨다. 하비가 개념화한 '공간적 조정'은 내적 전환과 외적 전환의 계기를 가진다. 내적 전환에서 공간적 조정은 자본의 확대 재생산과 연계된다. 즉, 과잉 축적의 위기 상황에서 자본은 건조환경에 대한 장기적 투자를 통해 위기를 해소하려고 한다.[7] 건조환경에 유휴자본을 투입하는 공간적 조정은 일시적으로 위기를 내적으로 해소한다. 하지만 투자가 이루어진 지역은 건조환경 부문에 대한 과잉투자와 거품 붕괴에 따라 다시 과잉 축적의 위기를 맞게 된다. 그러면 공간적 조정의 외적 계기가 발생하고, 과잉 축적의 문제를 해소하기 위해 자본(그리고 노동)은 다른 지역으로 이동하려고 한다.[8] 그러나 공간적 조정을 위해 추진되는 다른 지역으로의 자본 수출은 또 다른 위기를 만들어낸다. "위기가 일반화될수록 위기를 수출하는 것은 점점 더 어려워진다. 이 해법은 성공적으로 이루어질수록 점점 더 자신의 무덤을 파게 된다. 자본이 전 자본주의적 부문과 지역에 침투하려면, 먼저 이를 자본화하고 이에 따라 새로운 경쟁자를 창출해야만 한다. 이를테면 식민주의의 정치적 메커니즘에 의해서 자본화가 막히게 될

---

7 공간적 조정은 건조환경의 재편을 통해 미래의 자본순환을 원활히 하고자 한다는 점에서 '시간적 조정'이라고 지칭되기도 한다(Jessop, 2006).
8 공간적 균형과 관련된 공간적 조정의 외적 역할은 해외무역과 해외시장의 확대, 그리고 전 자본주의경제의 포섭에 따른 새로운 시원적 축적에 관한 마르크스의 논의뿐만 아니라 룩셈부르크와 레닌이 각각 절대적 공간 개념 및 공간의 관계성에 입각해 제시한 불균등발전과 제국주의에 관한 논의에서도 함의된 것으로 이해된다(p. 177; 237쪽).

경우, 이 식민지는 과잉자본을 위한 유의미한 저장고로 전환되지 못한다"(pp. 177~178; 237~238쪽).

스미스는 자본의 수출과 관련해 또 다른 의문을 제기한다. 공간적 조정을 통한 자본의 역외 수출이 한계에 도달한 반면, "이미 자본주의화된 영역 안에서 자본의 수출은 이윤율의 급속한 하락을 강제하고, 이에 따라 위기를 일반화시키는 수단이 된다. 그렇다면 '내적인' 공간적 조정은 존재하는가?"(p. 177; 238쪽)라는 의문과 관련해 하비(Harvey, 1982)는 지리적 팽창을 통한 자본축적의 가능성은 모든 내적·공간적 해법을 위기에 처하게 하며, 이로 인해 자본의 합리적 감가와 통제된 투자를 포함해 생산과정의 완벽한 재구조화가 요청된다고 주장한다. 특히 공간적 고정성에 따른 건조환경의 감가는 공간적 조정의 한계를 드러낸다. 이에 따라 어떤 지역이 감가를 감수할 것인지를 둘러싸고 지역(국가) 간 전쟁이 발발할 수 있다. 즉, 감가는 내적 통제에 따라 체계적이고 일상적으로 진행되기도 하지만 때로는 전쟁을 통해 간헐적으로 발생하기도 한다. 스미스는 하비가 『자본의 한계』에서 제시한 불균등발전론에 대체로 공감하면서 따라가고자 한다. 다만 스미스는 공간적 조정의 내적·외적 계기 간의 변증법을 이해하면서, 이러한 모순은 지리적 규모의 논제를 제기하지만 하비는 이를 고려하지 않았다고 주장한다. "규모에 관한 논제는 하비의 설명에서 거의 아무런 역할도 하지 못한다. 본연적으로 모순적이면서도 체계적인 논리가 자본주의적 공간 생산을 유도하지만, 그 산물은 이 과정의 구조를 반영하지 않는다는 듯한 잘못된 인상을 주고 있다"(p. 180; 240쪽).

스미스가 제시한 '지리적 규모'의 논제는 바로 이러한 공간적 조정의 내적·외적 계기 간의 모순에서 도출된다. 그에 따르면, 자본주의의 불균등발전을 완전하게 이해하려면 지리적 규모의 생산을 이해하는 것이 필수적이다. "지리적 규모를 분명히 이해하기 어렵다는 점에서, 규모에 대한 이해는 우리에게 자본의 불균등발전을 바라보는 중요하고 결정적인 창을 제공한다. 또한 규모에 대한 이해는 지리적 균형 상태와 이의 궁극적인 좌절의 경향을 이해하는 데 더 날카로운 초점을 제공한다. 공간적 균형 상태(또는 균형의 결여 상태)는 일정한 규모에서 절대공간의 생산을 의미하기 때문이다"(p. 180; 240쪽). 즉, 스미스는 일정 규모의 절대적 공간의 생산을 자본축적과 순환에서 지리적 균형 상태를 유지하기 위한 노력의 결과로 이해한다. 왜냐하면 일정 규모에서 조직된 통합적인 자본주의 공간 경제의 창출은 가치의 결정에 필수적이기 때문이다. 그러나 이러한 규모는 고정된 것이 아니라 역동적으로 변화한다. 스미스는 이러한 규모에 관한 개념화에 이어 자본이 창출하고 자본의 구조에 내재된 공간적 규모들로 도시, 지구, 국민국가의 규모에 관해 서술한다.

규모의 문제는 스미스가 제시한 불균등발전론의 마지막 기본 요소로 제시된다. "요컨대 자본주의하에서 보편성을 향한 추동력은 발전 수준과 조건의 제한된 균등화만을 가져올 뿐이다. 자본은 균등화를 향한 추동력이 집중되는 독특한 공간적 규모(절대공간)를 생산한다. 그러나 이는 오직 규모들 간에, 그리고 규모 내에서 상대공간의 극명한 차별화와 꾸준한 재차별화에 의해서만 가능하다"(p. 196; 258쪽). 이러한 지리적 차별화와 균등화의 변증법은 불균등발전의 외적 패턴 이면에 놓여 있는 자본의 논리와 추동력에 내재하는 '시소' 운동으로 지칭된다. 즉, 자본은 축적과 위기의 리듬에 동조해서 이윤율이 높은 곳으로 이동하며, 이윤율이 높은 지역에는 발전을, 낮은 지역에는 저발전을 초래한다. 그러나 발전이 진행되면서 높은 이윤율이 축소되는 반면, 저발전된 지역은 낮은 지가와 임금 등으로 높은 이윤을 얻을 수 있는 조건이 만들어지고 이에 따라 새롭게 발전이 가능한 지역이 된다. 그러면 "자본은 발전된 지역에서 저발전된 지역으로, 그리고 시간이 지나면 다시 저발전된 처음의 지역으로 돌아가려는 시소운동"을 계속하게 된다(p. 198; 261쪽). 자본의 지리적 시소운동은 스미스의 불균등발전론의 핵심을 이루며, 절대적 공간과 상대적 공간 간의 관계뿐만 아니라 고정자본과 유동자본 간의 사용가치, 그리고 교환가치 간의 변환과정을 함의한다.

핵심은 자본이 자신의 이미지를 따라 고정된 지리적 세계를 창출하는 과정에서 발전과 저발전은 자본-노동관계를 비춰주는 지리적 거울일 뿐만 아니라, 지리적 공간의 역동성 역시 자본의 이미지를 표현한다는 점이다. 발전된 공간에서 저발전된 공간으로, 그리고 다시 발전된 공간으로 되돌아오는 시소운동은 고정자본에서 유동자본으로, 그리고 다시 고정자본으로 끊임없이 움직여야 하는 필요성의 지리적 표현일 따름이다. 그보다 훨씬 근본적 차원에서 이는 사용가치에서 교환가치로, 그리고 다시 사용가치로 똑같이 끊임없이 움직여야 하는 필요성의 지리적 구현이다(p. 199; 261~262쪽).

요컨대 스미스에 따르면, 지리적 차별화는 자연적 차별화와 이에 따른 노동의 분업에 기인하지만, 경제가 발전할수록 자연적 차별화는 감소하고 대신 사회적 차별화가 증대한다. 다른 한편으로 자본은 축적과 순환을 통한 생산력의 증대를 위해 생산의 조건과 수준의 지리적 균등화를 추구한다. 자연과 공간의 생산은 이러한 균등화를 위한 기본 조건이지만, 균등화는 끊임없이 지리적 공간의 차별화에 따라 진동한다. 하비가 제시한 공간적 조정의 수단을 통해 지리적 차별화는 다시 조정되어야 할 문제가 된다. "지리적 공간의 차별화는 수많은 형태를 띠지만, 근본적으로는 자본 자체의 속성인 사회적 차별화, 즉 자본과 임금노동 관계를 표현한다. 불균등발전이 위기를 회피하기 위해 점차 필수 요건이 됨에 따라, 지리적 차별화는 자본의 부산물이 아니라 점점 더 자본을 위한 내적 필수 요건이 되어간다"(p. 203; 266쪽).

3. 불균등발전론의 확장: 도시에서 제국까지

불균등발전론과 규모별 응용 가능성

스미스는 『불균등발전』의 마지막 부분에서 자본의 시소운동에 기인한 불균등발전이 공간적 규모에 따라 어떻게 나타나는지를 논의하며, 앞선 논의와는 달리 다소 불확실한 태도를 보여준다. 왜냐하면 스미스는 자본의 시소운동에 따른 불균등발전은 "도시적 규모에서 아주 명백하게" 나타나는 반면, "국민국가 규모에서는 그렇게 명백하지 않으며", 나아가 "국제적인 규모에서는 지리적 시소운동이 작동한다는 낌새를 찾기가 거의 어렵다"고 보았기 때문이다(pp. 199~200; 263~264쪽). 그는 도시적 규모에서 불균등발전의 패턴이 가장 뚜렷하게 나타나는 이유는 자본의 시소운동이 기본적으로 자본의 이동성에 의존하기 때문으로 이해한다. 도시적 규모에서 불균등발전의 패턴은 기본적으로 교외화와 내부 도시의 쇠퇴, 그리고 뒤이은 교외화의 한계와 내부 도시로의 자본 복귀로 나타난다. 도시적 규모에서 나타나는 자본의 시소운동과 이에 따른 불균등발전은 도시 젠트리피케이션으로 잘 알려져 있다.

그러나 스미스는 국가적 차원에서 위기로 인해 지역의 재구조화가 초래되고 있지만, 이것이 어느 정도 자본의 시소운동과 관련되는지는 명확하지 않다고 보았다. "가령 중부 스코틀랜드와 뉴잉글랜드같이 저발전된 지역은 분명 새로운 발전의 힘을 끌어모으기 시작했지만, 지금까지 자본 회귀의 결과로 나타난 이런 지역의 발전은 규모나 형태 면에서 제한적"이라고 지적한다. 나아가 국제적 규모에서 보면, "자본주의적 부와 성장은 몇몇 잘사는 나라에 집중되고, 자본주의적 빈곤 역시 세계규모이긴 하지만 특정 국가에 한정되어 나타난다. 자본의 이동성과 특히 노동의 이동성은 국민국가의 견고한 국경 및 발전과 저발전의 견고한 정반대 조건에 따라 제약을 받는다"라고 서술한다(pp. 200~201;

263~264쪽).

스미스는 자본의 시소운동이 도시적 규모에서는 명백하지만 국가적 규모, 나아가 국제적 규모에서는 거의 그렇지 않은 것처럼 보이는 점은 불균등발전론의 한계라고 인정한다. 그는 이러한 한계가 발생하는 이유로, "사실 자본은 이윤율 저하를 반등하는 수단으로 시소운동을 실현하려고 애쓰지만, 자본축적이 촉진되면서 감가를 국지화하기 위해 창출해야 하는 지리적 공간이 절대적일수록 자본의 시소운동을 실현하기 위해 필요한 이동성에 대한 장애는 더 커진다"라고 지적한다(p. 200; 264쪽). 즉, 지리적 규모에 따라 공간적 조정이 거듭될수록, 자본의 이동성과 고정성은 지속적으로 강화된다. 그러나 자본의 이동성과 고정성 가운데 어느 하나가 제대로 작동하지 못할 경우, 지구적 규모에서는 좀 더 안정된 불균등성이, 도시적 규모에서는 좀 더 유동적인 불균등성이 나타나게 된다.

스미스가 『불균등발전』에서 제시한 공간적 규모에 따라 지리적 불균등성의 특성이 다르게 나타난다는 주장은 그 후 다소 수정된다. 스미스는 스윈지도우와 노엘 카스트리(Noel Castree)가 『불균등발전』을 인문지리학의 주요 고전으로 재해석하면서 제기한 문제에 답했다. 스미스의 『불균등발전』이 불균등발전을 유발하는 균등화와 차별화의 변증법적 [이론적] 근거를 지적했다면, "이 변증법이 오늘날 취한 형태는 극적으로 변화했다. 따라서 21세기의 시작과 더불어 불균등성의 경관을 유도하는 균등화와 차별화의 새로운 역동성을 분석하는 것이 중요하다"라고 답한다(Smith, 2000: 273). 물론 스미스의 주장은 시소이론이 새로운 현실 변화를 전혀 설명하지 못한다는 의미는 아니다. 다만 변화한 현실에서 나타나는 새로운 요소가 기존의 이론에는 누락되어 있다는 지적이라고 할 수 있다.

구도심에 대한 집중적인 재투자, 국가 경제를 위한 생산의 플랫폼이었던 지역의 쇠퇴, 국가(반드시 국민국가가 아니라고 할지라도) 경제의 공동화, 과거 제3세계 경제의 지구적 중심부로의 통합, 이들 모두는 불균등발전의 시소이론에서 예시되고 있다. 그러나 더 중요한 점은 누락된 변화들이다. 지구적 생산을 둘러싸고 건조된 경제적·문화적 지구화의 집중성, 1960년대 이후 동아시아와 동남아시아의 급속하고 압축적인 산업혁명, 새로운 노동력의 광범위한 젠더화, 지구적 자본의 중심으로 이 국가들과 더불어 브라질, 아르헨티나, 멕시코 경제의 금융적·생산적 통합, 도시의 정치적·경제적 권력의 재구성, 그리고 도시적 규모의 개조, 사하라사막 이남 아프리카의 금융적 제재, 방어적·폭력적 민족주의와 근본주의의 부활 등, 이들 모두는 기존 이론으로는 잘 설명되지 않는 불균등발전의 특정한 현상을 보여준다. 이들은 유의한 역사적 단절을 보여주지만, 불균등발전 이론과 잘 조응할 것이다(Smith, 2000: 272).

이러한 주장은 스윈지도우와 카스트리가 1980년대 이후 세계화 과정에서 경제적·정치적·문화적 활동의 재규모화가 국지적 지리 및 지구적 지리에서 균등화와 차별화의 극적인 전환을 초래하고 있기 때문에 이에 따른 지리적 규모의 이론적 개념화가 긴급하다고 주장하는 데 대해 스미스가 답변으로 제시한 것이다. 그러나 스미스의 답변은 자본의 시소운동과 이에 따라 추동되는 사회공간적 차별화와 균등화의 모순적 경향으로서의 불균등발전 이론이 새로운 현실 변화에 조응하려면 어느 정도 수정되고 확대되어야 한다는 점을 인정한 것으로 해석된다.

그러나 다시 10년 정도 지난 뒤 스미스는 『불균등발전』에 관한 심포지엄에서, 그간 제기된 몇 가지 문제점을 인정하지만 자본의 시소운동에 근거한 자신의 불균등발전론이 여전히 유의하다고 주장한다.

비록 추상적인 용어지만, 불균등발전론은 자본의 시소운동을 주장했다. 이는 이미

국지적이고 우연적인 사건이라기보다 지구적이고 체계적인 현상으로 오늘날 부상하고 있는 젠트리피케이션 과정에서 명백하게 나타나고 있다. 중국, 인도, 브라질, 한국, 그 밖의 남미와 아시아의 여러 다른 나라의 경제(전후 '제3세계'라는 별칭을 가지고 주변화된 경제가 더 이상 아니다)가 급격히 팽창한 것은 자본의 시소운동이 또 다른 규모에서 적용될 수 있도록 한다(Smith, 2011: 262~263).

스미스는 자신의 이론이 적용될 수 있는 사례로 우선 중국을 들었다. "[과거의] 미투자와 저개발은 오늘날 그 반대, 즉 자본주의적 투자와 (재)개발의 홍수를 위한 기회를 창출하고 있다. [이들의] 생동감 있는 지리적 사실로서 창조적 파괴를 보여준다"라고 설명한다. 그는 심지어 사하라사막 이남 아프리카에서도 자본의 시소운동이 나타난다고 주장한다. 스미스에 따르면, 이 지역은 최근까지도 지구적 금융자본으로부터 배제되었던 지역이자 미국 자본이 대체로 무시했던 지역이지만, 중국 자본이 이 지역의 광물자원 개발, 항만 건설, 토지 이용, 공장 건설 등을 위해 많은 곳에 침투하면서 급속히 팽창하고 있다. 특히 스미스는 "중국 정부가 조직한 중국 자본의 투자는 미국이나 유럽 자본에 비해 훨씬 더 급진적이고 지리적으로도 더 혁명적(자본주의의 관점에서)"이라고 주장함으로써 (Smith, 2011: 263), 공간적 조정의 외적 계기로 작동하는 제국주의적 경쟁과 침탈을 지적하고 있다. 스미스는 지구적 규모에서 발생하는 또 다른 불균등발전의 사례로, 자본주의가 쓰나미처럼 강타한 구소련과 동유럽의 해체를 지적한다.

다른 한편으로 스미스(Smith, 2011)는 2000년대 들어 중국과 다른 아시아 국가의 대도시들, 예를 들어 베이징, 상하이, 뭄바이 등에서는 1990년대 뉴욕, 런던, 시드니 등에서 상상할 수 없었던 지구적 규모로 도시의 젠트리피케이션이 이루어지고 있음을 지적한다. 젠트리피케이션은 불균등발전의 국지화(그리고 지구적 투쟁의 국지화)를 추동하는 핵심적 과정이지만, 이 과정 자체는 시기별·지역별로 변화하고 있다. 예를 들어 미국에서는 1980년대부터 일찍이 신자유주의적 정책에 따른 공공 주택 공급의 민영화와 이를 통한 임시 주거 정책으로 젠트리피케이션이 추진되었다. 유럽에서는 1990년대에 '도시 재생'이라는 중립적이고 완곡한 표현으로 진행되었으며, 아시아에서는 국가가 조직한 대규모 도시 개발과 재개발이 21세기 대도시의 경관을 재구성하면서 계급 격차를 급속도로 확장시키고 있다. 스미스에 따르면, 이와 같이 국지적 규모에서 발생하는 불균등발전의 패턴은 30년 전, 즉 『불균등발전』이 출간되었던 1980년대 중반에는 볼 수 없었던 현상이다. 국지적 차원에서 지구적 차원에 이르기까지 불균등발전의 상당 부분은 당시에는 예측 불가능했지만, 젠트리피케이션은 여전히 오늘날 자본축적의 핵심을 이루고 있다. 이러한 점에서 스미스가 『불균등발전』을 출간한 뒤 집중했던 도시적 규모에서의 젠트리피케이션 연구와 지구적 규모에서의 제국주의적·신자유주의적 세계화 과정에 관한 연구를 재평가할 수 있을 것이다.

불균등발전으로서의 도시 젠트리피케이션

스미스는 1970년대 초 스코틀랜드에 위치한 세인트앤드루스 대학교 지리학과에 다니면서 도허티의 강의에 고무되어 교환학생으로 1년간(1974~1975년) 미국 펜실베이니아 대학교에서 공부했다. 여기서 그는 필라델피아 소사이어티 힐(Society Hill) 지구의 재개발에 관심을 가지게 되었다. 이 지역은 미국에서 젠트리피케이션을 가장 초기에 경험했던 곳으로, 재개발 사업은 주로 국가가 직접 진행하거나 국가가 조직한 공적 사업으로 진행되었다. 스미스는 학부 논문에서 젠트리피케이션 과정에서 국가의 개입을 설명하며 '교외로부터의 복귀'는 소비자 취향이 변화한 산물만이 아니라는 점을 밝히고자 했다. 그는 재개발에 따라 도시로 복귀하는 것은 사람이 아니라 순환적 형태로 재작동하는 자본이라고 주장했다(Smith, 1979a). '지대격차'에 관한 개념은 아직 언급되지 않았지만(이 개념은 존스 홉킨스 대학교로 옮긴 이후에 만들어진다), 그는 건조환경을 통한 자본의 전반적 순환과정의 일부로서 젠트리피케이션을 이론화하고자 했다(Smith, 1979b). 스미스는 학부논문을 수정해 ≪미국계획 학회지(Journal of the American Planning Association)≫와 ≪안티포드(Antipode)≫에 발표했으며, 이 논문들은 현재까지 젠트리피케이션 연구를 위한 가장 기본적인 문헌으로 읽히고 있다.

스미스는 1977년 학부를 졸업하고 존스 홉킨스 대학교에서 하비의 제자로 연구를 수행하게 되었다. 그는 1982년 박사 학위를 받았으며, 학위논문을 거의 수정 없이 『불균등발전』으로 바로 출판했다. 그는 박사과정 연구에서도 젠트리피케이션뿐만 아니라 지리학의 역사와 철학에 관심을 가졌으며, 특히 젠트리피케이션을 자본의 순환과정에서 발생하는 불균등발전의 일부로 이론화하려고 했다. 여기서 그는 "사실 젠트리피케이션과 도시 재개발은 자본주의적 생산양식의 구조에 뿌리를 둔 특정하고 더 큰 과정으로서 불균등발전의 선도적 부분"이라고 주장하며, 이를 도시적 규모에서 발생하는 차별화와 균등화 경향의 불균등발전으로 설명했다. 스미스는 "젠트리피케이션은 도시적 규모에서 공간적 재구조화의 선도적 부분을 나타내지만, 이 과정은 지역적·국제적 규모에서도 발생한다"라고 주장한다(Smith, 1982: 151).

이러한 배경에서 스미스는 『불균등발전』에서 도시 젠트리피케이션을 쉽게 설명할 수 있었다. 즉, 도시 차원에서 교외의 개발을 통한 자본의 지리적 이심화는 한편으로는 교외 개발에 동반된 토지지대의 급속한 증가와 이에 따른 발전을 유도하며, 다른 한편으로는 이미 높은 토지지대 수준과 이로 인해 낮은 이윤율을 보이는 도시 내부의 저발전을 초래한다. 이로 인해 퇴화된 항구, 상업용·창고용·주거용 토지 등 도시 내부의 전 지역에서 감가가 유발된다. 그러나 "어떤 지점에서 자본의 감가가 지대의 수준을 충분히 억제해 실제 실현된 지대와 잠재적 지대('더 나은' 이용이 가능할 때) 간의 '지대격차(rent gap)'가 충분히 커지면, 재개발과 젠트리피케이션이 가능해진다. 자본의 교외화로 저발전된 도심 지역은 이제 발전(또는 재발전)의 새로운 장소가 된다"(pp. 199~200; 262~263쪽).

도시적 규모의 젠트리피케이션이 '더 큰 과정으로서의 불균등발전의 선도적 부분'이라면, 스미스의 젠트리피케이션 이론은 그의 더 포괄적인 불균등발전론의 선도적 부분이라고 할 수 있다. 그러나 스미스의 젠트리피케이션 이론은 그의 불균등발전론과는 흔히 분리된 것으로 간주되고 있으며, 후자의 이론만큼 또는 그 이상으로 잘 알려져 있다. 스미스는 젠트리피케이션에 관한 학부 논문을 두 종의 저명한 학술지에 발표한 뒤 이 주제에 관해 45편 이상의 논문을 발표했으며(Doherty, 2013), 편집서(Smith and Williams, 1986)와 단행본(Smith, 1996a)을 출간했다. 스미스는 도시의 젠트리피케이션이 새로운 중간계급의 도시 생활을 위한 내부 도시 재개발 이상의 의미를 가진다고 보았다. 즉, 젠트리피케이션은 자본이 도시의 건조환경 개발을 통해 이윤을 획득하기 위한 새로운 투자 기회로서 추진되며, 이로 인해 도시적 규모에서 공간적 불균등발전이 심화되는 한편, 사회적 긴장, 철거, 노숙 등이 발생하게 된다고 보았다(최병두, 2005).

도시 젠트리피케이션에 관한 스미스의 설명에서 중요한 개념들 중 하나가 '지대격차'이다. 지대격차란 "잠재적 토지지대 수준과 현재의 토지이용에서 자본화된 실제 토지지대 간의 격차"(Smith, 1979a: 545)로 정의된다. 에릭 클라크(Eric Clark, 1995)의 도해적 설명에 따르면(〈그림 1〉 참조), 특정 지역의 개발이 이루어진 시점에서 가장 높았던 물리적 건조환경(예를 들어 건축물 등)의 가치는 시간의 경과에 따라 하락하며, 이에 따라 개발 초기에 증가하던 실제 토지지대는 일정 시점이 지난 후부터 떨어지게 된다. 그러나 더 유용한 용도로 사용할 경우를 전제로 하는 잠재적 토지지대는 계속 증가할 것으로 추정된

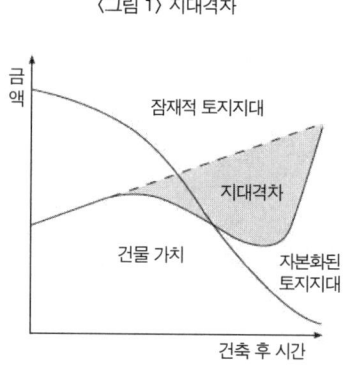

〈그림 1〉 지대격차

출처: Clark(1995: 1491).

다. 그러면 실제 토지지대가 일정 수준까지 하락해 자본이 재투자될 경우, 토지지대는 다시 급속히 증가해서 지대격차는 완전하게 또는 부분적으로 줄어들게 된다.

젠트리피케이션에 관한 스미스의 설명은 단지 지대격차의 개념에만 의존하는 것이 아니라 자본순환에 따른 균등화와 차별화 과정의 시소운동, 즉 도시적 규모에서의 불균등발전론에 근거를 둔다. 스미스의 설명에 따르면, 도시화 과정에서 도시 내부에 투입되었던 자본이 지속적으로 감가되면서 교외로 이동하는 균등화 과정을 겪게 되는데, 이 과정이 어느 정도 진척되면 다시 지대격차가 유발되는 '차별화' 과정이 나타나고, 이에 따라 자본은 지대가 낮아진 도시 내부로 복귀하는 과정, 즉 젠트리피케이션이 이루어지게 된다. 지대격차 개념에 근거한 젠트리피케이션 이론은 결국 건조환경에 대한 자본의 투자 과정에서 발생하는 균등화(교외 개발)와 차별화(내부 도시 쇠퇴), 그리고 다시 균등화(내부 도시로의 자본의 복귀)가 도시공간상에 전개되는 불균등발전을 예시한 것이라고 할 수 있다. 특히 이러한 지대격차의 확대와 감소는 건조환경을 통한 자본의 순환 과정에서 발생하는 가치의 증식과 감가가 지리적으로 불균등하게 진행된다는 점을 예시한다는 점에서 의의를 가진다.

도시 젠트리피케이션과 이를 설명하기 위한 지대격차 개념을 둘러싸고 논쟁이 벌어진 바 있다(Ley, 1986; Smith, 1987a; 김걸·남영우, 1998; 변필성, 2003).[9] 사실 젠트리피케이션에 관한 스미스의 여러 논문이 발표된 것과 비슷한 시기에 레이(Ley, 1980)는 젠트리피케이션의 기원과 원인을 규명하기 위해 대니얼 벨(Daniel Bell)과 하버마스의 이론을 도입해 후기 산업사회의 경제, 정치, 사회·문화라는 세 수준에서 이의 특성을 설명하고자 했다. 특히 레이(Ley, 1986)는 캐나다의 도

---

9   그 외에도 지대격차를 둘러싼 논쟁은 지속되었는데, Bourassa(1993)의 비판적 견해에 대한 Clark(1995)의 반론을 예로 들 수 있다.

시에서 진행되었던 젠트리피케이션에 관한 연구 결과를 발표하면서, "캐나다의 도시에서 지대격차 논제에 관한 증거는 전혀 없다"라고 주장했다(Ley, 1986: 531). 레이의 비판, 특히 지대격차 개념에 대한 레이의 철저한 거부에 대한 응답으로 스미스(Smith, 1987a)는 "문제는 지대격차 논제나 또는 캐나다 도시에서 지대격차가 나타나는지가 아니라, 레이가 젠트리피케이션과 지대격차의 개념을 잘못 이해했다는 점"이라고 지적한다.[10] 스미스의 관점을 더욱 포괄적으로 이해하면, 레이의 설명은 젠트리피케이션 과정에서 문화와 소비를 중요한 요소로 보면서 공급적·생산적 측면을 간과했다고 할 수 있다.

젠트리피케이션에 관한 스미스의 초기 설명은 이 과정에서 작동하는 공급자의 역할과 입장을 규정하는 토지, 주택 시장의 구조적 역할, 나아가 자본축적의 원리와 관련짓고자 했다. 그러나 스미스(Smith, 1996a)는 레이 등이 지적한 비판을 어느 정도 수용해 소비에 기초한 접근에서 강조되는 주요 요인의 가치를 인정함으로써 젠트리피케이션에 관한 통합된 설명을 제시하고자 했다. 물론 스미스에게 개발 행위자의 요인은 부차적인 것으로 기각된다. 그 반면에 젠트리피케이션의 주요 원인을 밝히기 위한 통합적 설명 요인으로, ① 교외화와 지대격차의 등장, ② 선진 자본주의 경제의 탈산업화와 백인 고용의 성장, ③ 자본의 공간적 집중화와 동시적인 탈집중화, ④ 이윤율 하락과 자본의 순환적 운동, ⑤ 인구 변천과 소비 유형의 변화 등을 제시한다(최병두, 2005).

스미스는 탈산업화와 도시 내부로의 백인 전문직 활동의 재집중과 이에 따른 내부 도시의 인구 구성 및 생활양식의 변화를 중요한 요소로 간주한다. 하지만 그는 레이의 연구처럼 풍요로운 도시 거주자가 이룬 주거지 선택에 관한 이

---

10 스미스(Smith, 1987a)는 레이(Ley, 1986)의 설명에서 지대격차에 관한 두 가지 오류로 첫째, 토지 가치를 주택 가치와 결합된 것으로 간주했다는 점, 둘째, 재개발이 이루어지는 시점에서 지대격차가 나타나는 것(지대격차는 건조환경에 대한 자본 투입/철회의 오랜 과정을 통해 전개되는 역사적 격차이다)으로 잘못 이해했다는 점을 지적했다.

해 수준에 머물지 않고 계급 갈등의 관점에서 이해한다. 즉, 스미스는 도시 젠트리피케이션 과정이 도시 내 계급 관계를 반영한 것이라고 주장한다. 특히 스미스에 따르면, 도시 젠트리피케이션 과정을 정당화하기 위해서 백인 중상위 계급은 기존에 도시 내부에서 거주하던 이민자 집단, 노숙자, 빈민이 '도시를 훔쳐갔'기 때문에 이들을 도시에서 몰아내야 한다고 주장한다는 것이다. 스미스는 백인 중상위 계급이 하위 계급에게서 도시를 '보복적으로 탈환'해야 한다고 주장한다는 점에 착안해, 젠트리피케이션 과정이 전개되는 도시를 '리벤치스트 도시(revanchist city)'라고 지칭했다. 그의 연구에 따르면, 이러한 현상은 뉴욕 맨해튼(특히 로어 이스트사이드와 할렘)뿐만 아니라 미국과 유럽의 여러 대도시에 걸쳐 나타나고 있다.

불균등발전으로서의 제국주의와 세계화

스미스의 불균등발전론은 도시적 규모에서 지대격차에 따라 전개되는 자본의 균등화와 차별화 과정, 즉 젠트리피케이션 이론으로 정교화되는 한편, 세계적 차원에서 '아메리카 제국'과 신자유주의적 세계화에 관한 연구를 통해 세련화되었다. 스미스는 아메리카 제국화와 세계화는 기본적으로 지리적 프로젝트이며 새로운 상황 변화에 걸맞은 자본주의의 지리학이 필요하다고 강조한다. 즉, "1970년대 이후, 전후 비교적 안정되었던 자본주의의 지리학은 쓸모없어져 수많은 퍼즐 조각처럼 못쓰게 되었다. 국지적 차원에서 범지구적 규모에 이르기까지 세계의 지리적 질서에 관한 우리의 가정은 전부 또는 대부분 진부해졌으며, 이제 새로운 상황에 걸맞은 이론과 정치적 조직을 함께 재창출해야만 하는 시기에 처해 있다"라고 주장한다(Smith, 1999: 37). 물론 여기서 스미스의 주장은 1970년대 이후 기존의 자본주의가 완전히 전환했음을 의미하는 것이 아니라, 새로운 작동 방식과 영토적 팽창 양식을 도입하게 되었음을 의미한다(최병두,

2005).

이러한 점에서 스미스는 2000년대 들어와 세계 자본주의의 새로운 (비판적) 지리학으로 두 권의 저서를 출판했다. 『아메리카 제국: 루즈벨트의 지리학자와 세계화의 서곡(American Empire: Roosevelt's Geographer and the Prelude to Globalization)』(2003)은 지리학자이자 정치가였던 보먼의 생애와 업적을 다룬 전기로, 불균등발전에 관한 연구 주제와 지리학의 역사 및 철학에 관한 연구 주제를 동시에 다룬 것이다. 『세계화의 종반(The Endgame of Globalization)』(2005)은 9·11 사태 이후 미국의 부시 정권이 선언한 이른바 '테러와의 전쟁'과 이에 따른 아프가니스탄 및 이라크 침공에 대한 대응을 목적으로 쓴 저서로, 불균등발전에 관한 관심의 연장선상에서 서술되었다. 이 두 권의 책은 세계화의 초기 단계와 종반 단계에서 작동한 자유주의적 이데올로기를 비판적으로 서술했다는 점에서 공통점을 가질 뿐만 아니라 불균등발전에 관한 스미스의 관심을 직간접적으로 반영한 저서라고 할 수 있다(Doherty, 2013).

'세계화의 서곡'이라는 부제가 붙은 『아메리카 제국』은 20세기 전반 미국의 정치경제적 팽창 과정을 보먼의 전기를 빌려 치밀하게 분석하고 있다.[11] 보먼은 윌슨과 루스벨트 대통령 당시 미국의 외교정책에 많은 영향을 미쳤으며 유엔의 창안자이기도 하다. 보먼은 지리학자로서 상당 기간(1935~1948년) 존스 홉킨스 대학교 총장을 역임했으며, 스미스는 이 대학에서 박사과정을 지내는 동안 그에 대해 많은 관심을 가지게 되었다. 그는 지리학이라는 학문 영역의 변화에 미친 보먼의 영향과 더불어 미국 제국주의의 팽창 과정에서 그가 담당했던 역할에 관심을 가졌다. 특히 전자와 관련해서 스미스는 보먼이 하버드 대학교를 포함한 미국의 유명 대학교에서 지리학과를 폐쇄하는 데 어떤 역할을 했는지에 대해

---

[11] 스미스는 이 책으로 ≪로스앤젤레스 타임스(Los Angeles Times)≫의 전기 부문 저술상을 받았고, 또한 AAG의 글로브상(Globe Award)을 받았다.

의문을 가졌다.¹² 이러한 초기의 관심에서 나아가 스미스는 보먼의 저서와 주장에서 제시된 지리학적 개념과 세계관이 아메리카 제국화에 어떻게 반영되었는지 고찰했고, 그 결과 『아메리카 제국』을 출간하게 되었다. 따라서 이 책은 단순히 보먼의 전기가 아니라 아메리카 제국의 팽창 과정에 관한 역사지리서라고 할 수 있다.

『아메리카 제국』에서 스미스는 20세기 미국의 제국주의적 팽창 과정을 세 단계로 구분해 설명했다. 첫째 단계는 제1차 세계대전 발발을 전후한 시기로, 유럽 국가들이 새로운 식민지 영토를 개척하려 했던 (대체로 1898년 시작해 1919년 종료된) 제국주의 단계이다. 이 시기 미국의 팽창주의를 뒷받침했던 지경제학적·지정치학적 제국주의의 형태는 단순히 정치적이거나 우발적인 과정이 아니라 자본의 팽창 및 축적과 직접 관련된 불균등발전의 체계적 과정으로 이해된다. 이 시기에 보먼은 제1차 세계대전을 끝내기 위한 파리 협상에서 각 국가의 이해관계를 둘러싼 음모로부터 미국 정부에 많은 도움을 주었다. 둘째 단계는 두 세계대전 사이의 시기로, 국민국가의 정치경제적 조직과 관련해 새로운 제도적 질서와 지리적 재편 과정이 등장하는 것으로 1945년 끝을 맺는다. 이 기간은 흔히 위축과 고립의 시기로 특징되지만, 스미스는 이 시기를 20세기 세계화의 첫 번째 파고로 이해한다. 특히 이 시기 보먼이 '아메리카의 세기(American Century)'를 이론화하고 시행하는 데 기여했다고 스미스는 주장한다. 셋째 단계는 1945년 제2차 세계대전의 종료와 더불어 시작해 현재까지 이르는 시기로, 제국주의의 형태가 정점에 달한 것으로 추정된다. 1989년 국가사회주의의 붕괴

---

12 스미스는 이러한 의문과 관련해 미국에서 지리학을 대하는 낮은 인식에 대해 자괴감을 토로하면서, 영국에서는 지리학이 '정체되어 있지만 그래도 존중받는' 학문이지만 미국에서는 지리학이 '과학의 여왕'임을 거의 인식하지 못한다고 서술했다(Smith, 2003: xix). 특히 스미스는 하버드 대학교의 지리학과 폐쇄와 관련해 핵심 행위자의 정치적 음모를 설명하면서 학과를 지키고자 했던 교수와 학생들, 그리고 폐과가 강행되었던 정치·경제적 배경을 설명했다(Smith, 1987b).

이후로, 보면이 어떠한 역할을 하지는 않았지만, 모순적인 제국의 지경제학(지정학만이 아니라)이 마침내 실현되는 시기로 간주된다.

스미스는 이러한 미국의 제국주의적 팽창의 각 시기에 보면이 어떤 지리적 언어로 미국이 처한 정치적·경제적 상황에 어떻게 대처하고자 했는지 분석하고 있다. 그의 분석에 따르면, 보면은 이 당시 이미 제국(주의)적 전망을 가지고 있었다. 그러나 보면은 과거의 제한적이고 폐쇄적인 식민지 영토 침탈이나 지배와 관련된 고전적 제국주의가 아니라 아메리칸 생활공간(Lebensraum)이 지배하는 세계의 창출로서 제국을 전망했다. 즉, 보면은 미국이 직접 지배하지는 않으면서 경제·정치적 영향력(즉, 무역과 투자, 권력) 아래에 있는 세계, 또는 오늘날 자본주의경제의 세계화에 기초한 미국 제국과 같은 것을 상상했다. 스미스에 따르면, 이와 같이 초기 영토적 식민주의와 후기 경제적 제국주의 간의 구분은 절대적 공간에서 지구적 질서로부터 상대적 공간에서 조직된 지구적 질서로의 전환으로 이해된다. 그렇지만 이는 또한 구조적 모순을 내재한다. 왜냐하면 미국은 지구적인 경제적 야망의 상대적 공간을 전망했지만, 동시에 국지화된 인종적 갈등을 극복해 내적으로 안정된 국가를 형성하면서 당시 대립하고 있던 독일과 소련을 전략적으로 제약하기 위한 영토적 목적에 부응하는 국제적 연합과 상호 연대를 구축하기 위한 절대적 공간의 설계도 필요했기 때문이다(Smith, 2003: 184~185). 이러한 지적은 스미스가 『불균등발전』에서 제시했던 상대적 공간의 전망과 절대적 공간의 설계 간 모순을 반영한 것임을 알 수 있다.[13]

스미스의 불균등발전론이 『아메리카 제국』에도 반영되었음을 찾아볼 수 있는 또 다른 단초는 '미국의 세기'에 관한 그의 해석이다. 이 용어는 미국의 한 잡지 발행인이었던 루스가 1942년 미국의 외교정책을 장식하기 위한 미사여구로

---

[13] 이 점은 하비가 『신제국주의(The new imperialism)』(2005)에서 제시한 자본의 논리와 영토의 논리 간 모순, 즉 자본주의의 지구적 팽창과 제국주의 국가의 영토적 폐쇄성 간 모순에 관한 논의와도 관련된다.

사용하면서 대중화되었다. 그러나 '미국의 세기'는 지리적으로 차별화된 현실을 은폐하고 아메리카 제국의 공간성을 시간으로 대체한 것으로 이해된다. 즉, 모든 권력은 항상 공간성을 표현하는 것처럼, 20세기 아메리카 제국도 분명 공간적으로 조직된 것이다. 그러나 '미국의 세기' 개념과 이에 기초한 아메리카 제국은 이러한 공간성을 시간성으로 대체함으로써 훨씬 더 유연하고 관계적인 세계 권력의 기하학으로 표현된다. 하비(Harvey, 2009: 12)의 설명에 따르면, '미국의 세기'라는 용어는 '민주, 자유, 정의'와 같은 '장엄한' 단어처럼 보편적 가치를 강조하면서, 모든 형태의 지리적 지식과 현상을 무의미하고 사소한 것으로 변형시킨다. "미국의 지정학적 야망은 특정한 영토적 초점을 가지기보다 처음부터 지구적이고 보편적"이었으며, 따라서 루스는 미국의 목적을 어떤 '차별적인 지리'라는 점에서 서술하기를 기피했다. 스미스는 이 점을 두고 "지구적 규모로 작동하는 미국의 세기에 지리는 모든 것이었기 때문에, 동시에 아무것도 아니었다"라고 표현했다(Smith, 2003: 18). 지구적 [보편적] 권력의 소유는 세계의 [차별적] 지리학에 대한 배려를 필요로 하지 않지만, 세계는 기본적으로 차별적 지리로 구성된다는 사실과 분명 모순된다.

스미스는 이러한 미국의 세기를 배경으로 전개되어온 세계화 과정은 이제 정점에 달한 후 점차 종반에 들어서고 있다고 주장한다. 스미스의 가장 최근 저서인『세계화의 종반』은 이러한 상황을 서술하고 있다. 여기서 스미스는 1990년대 신자유주의적 워싱턴 컨센서스(Washington Consensus)에서 2000년대의 신보수주의에 이르는 과정을 미국적 세계화로 특징짓고, 특히 9·11 사태와 그 후 '테러와의 전쟁'이라는 이름을 추진하게 된 아프가니스탄과 이라크 침공을 미국이 지구화의 종반에 접어들었음을 알리는 것으로 이해한다. 그의 설명에 따르면, 부시 행정부가 지경제학적 관점에서 지정치학을 부활시키려고 하지만, 세 가지 'I'가 미국의 지구적 자유주의의 승리를 불가능하게 한다. 세 가지 'I'란 9·11 이후 미국의 고립주의(isolationism), 미국의 무능력(incompetence), 그리고 미국 제국의 경제적 불가능성(impossibility)을 의미한다. 스미스(Smith, 2005a)도 하비(하비, 2005)와 유사한 맥락에서 미국이 조만간 금융 위기에 처할 것이라고 예고했다. 만약 다른 국가가 미국처럼 높은 부채와 무역 불균형, 그리고 엄청난 구조적 허약성을 보였다면 국제통화기금(IMF)이나 세계은행(World Bank)이 개입했을 것이다. 그러나 미국에 대해서는 이런 개입을 지연하거나 포기했다는 점은 지구 경제에서 미국이 차지하는 위상을 고려할 때 결국 지구적 위기를 초래할 수밖에 없다고 추정했다.

위기 상황임에도 감행된 미국의 이라크 침공은 후세인 정권을 종식시켰지만, 동시에 그 반사적 힘의 후폭풍으로 미국의 세계화 프로젝트도 끝나게 되었다고 주장한다. 왜냐하면 이런 전개 과정에는 모순되는 두 가지 힘이 내재되어 있으며, 한편으로는 신자유주의적 교리와 다른 한편으로는 국민주의에 근거한 미국의 일방주의적 세계 지배 전략이 대재난적 전쟁을 초래했기 때문이다. 경제적 세계화와 군사주의적 제국은 자유주의적 기원을 공유할 뿐만 아니라 불균등발전의 모순을 내재한다. 그 모순적 과정은 경제적 신자유주의의 상대적 공간에서 국수주의적 신보수주의의 절대적 공간으로의 전환, 월스트리트와 관련된 시장 공간과 자원(석유)을 추구하는 영토적 규정력 간의 모순 등으로 설명된다. 그러나 이러한 모순이 내재되어 있다고 해도, "지구화의 종반은 제국의 군사적 또는 경제적 조곡, 즉 그 자신의 불가능성에 의한 해체로 도래하지 않는다"(Smith, 2005a: 201). 스미스는 이러한 점에서 불균등발전을 극복할 수 있는 혁명의 역사·지리적 조건과 결과를 이론화할 필요가 있다고 강조한다.

4. 불균등발전론과 스미스의 업적에 대한 재평가

스미스의 『불균등발전』과 그의 전 생애에 걸친 업적은 일관되게 지리학의 전통과 마르크스주의의 전통을 결합하고자 했다는 점에서 포괄적인 관심과 평가를 받고 있다. 그는 『불균등발전』의 서문에서 이 점을 분명히 명시하며 다음과 같은 의문을 제기한다. "자본주의의 지리는 무엇인가? 어떤 특정한 공간적 유형과 과정이 자본주의사회를 특징짓는가? 이들은 자본주의의 발전에 따라 어떻게 변화하는가?"(p. 3; 25쪽). 이러한 의문에 대한 답을 추구하면서 스미스는 불균등발전에 관한 다른 여러 진보적 이론보다 더 건강한 방식으로 자본축적 과정에 내재된 공간적 메커니즘과 모순을 지리학적으로 이론화하고자 했다. 이러한 점은 사이드가 이 책을 "역사적 자본주의하에서 자연과 공간의 생산이 어떻게 본질적으로 빈곤과 부를 결합시키고 산업적 도시화와 농업적 쇠퇴를 통합시키는 경관의 불균등발전을 추동했는지를 탁월하게 이론화"한 저서로 평가했다는 점에서도 확인된다(Said, 1990: 79).[14]

물론 스미스의 연구 업적은 불균등발전론뿐만 아니라 자연과 공간의 생산, 도시 젠트리피케이션과 지대격차 이론, 제국주의의 지정학과 신자유주의의 세계화, 그 외 지리학의 역사와 사상에 관한 많은 연구를 포함한다. 그의 업적은 20세기 후반 지리학 연구를 선도했으며, 마르크스주의와 나아가 사회이론 일반에서 지리학 또는 공간연구의 중요성을 일깨웠다. 테리 이글턴(Terry Eagleton)은 1997년 5월 ≪타임스 문예 부록(Times Literary Supplement)≫에서 다음과 같이 서술했다. "지도에 관한 학문으로 이해되어온 지리학이 … 이제 모든 학문 분야 가운데 가장 관심을 끄는 분야가 되었다. 공간에 관한 생태적인 집착, 포스트모던한 선입관, 그리고 시간에 관한 탈역사적 싫증은 한때 음지에 있었던 학문을 중앙 무대로 옮겨왔다"(Prudham and Heynen, 2011에서 재인용). 같은 맥락에서 하비는 "[그의] 저서들은 학계에서 '공간적 전환'을 촉진하는 데 기여했으며,

---

14 이 문장은 『불균등발전』 제3판에 첨부된 하비의 서문(Smith, 2008)과 Prudham and Heynen (2011)에서 재인용한 것이다.

여러 학문 분야에서 명성을 얻었다"라고 회고했다(Cowen et al., 2012).

특히 『불균등발전』은 자본축적 과정과 지리를 통합적으로 고찰한 스미스의 대표적 역작으로 오늘날 인문지리학의 고전으로 평가되고 있을 뿐만 아니라 지리학을 넘어 사회이론 일반에서 널리 읽히고 있다. 물론 1984년 초판이 나올 당시 지리학계의 상황을 고려하면 이러한 연구는 쉽게 용인되지 않았을 것이다. 그럼에도 "하비의 『자본의 한계』를 보면서, 닐 스미스는 마르크스주의가 지리학에 필요하며, 동시에 지리학은 마르크스주의에 필요하다는 것을 알았다. 『불균등발전』은 공간이 자본의 존립에 왜 그렇게 핵심적인지, 그리고 자본주의적 발전이 왜 필연적으로 (개연적인 것이 아니라) 불균등한지에 대한 통찰력 있는 설명을 제시했다"(Castree, 2001).[15]

물론 이러한 평가가 『불균등발전』을 포함한 스미스의 연구 업적이 아무런 결함 없이 완벽했다고 말하는 것은 아니다.[16] 지리학자뿐만 아니라 사회이론 일반에서 많은 연구자가 공간 문제에 관심을 가지게 되면서, 스미스의 불균등발전론에 대한 관심도 증대했는데, 긍정적 평가와 함께 부정적 비판도 없지 않았다. 특히 『불균등발전』이 매우 압축적으로 개념화된 서술이며, 이로 인해 현실 세계의 구체적 의문들을 제대로 다루지 않았다는 지적이 있었다. 이에 대해 스미

---

15 카스트리(Castree, 2001)는 『불균등발전』이 처음에는 지리학 바깥의 마르크스주의 연구에서 큰 반응을 얻지 못했지만, 1991년 르페브르의 『공간의 생산』이 번역된 이후 공간에 대한 관심이 확산되면서 『불균등발전』의 개정판이 출판되는 등 새로운 관심을 끌게 되었다고 말한다. 스미스는 신자유주의적 세계화가 세계적 금융 위기를 불러왔던 2008년, 하비의 새로운 서문과 자신의 새로운 후기를 추가해서 세 번째 개정판을 출간했다.

16 진보적 지리학 내에서도 마르크스주의가 오늘날 비판적 지리학의 중심이 되어야 하는가를 둘러싼 논쟁이 있었으며, 여러 주장이 제기되었다. 이 논쟁을 제기한 아민과 트리프트(Amin and Thrift, 2000)는 마르크스주의적 관점에서 경제지리학이 이론적 한계에 도달했기 때문에 문화지리학이나 그 외의 다른 분야에서 새로운 비판적 지리학이 발달해야 한다고 주장했다. 그러나 이러한 주장에 대한 여러 반론 가운데 특히 스미스(Smith, 2005a)는 아민과 트리프트가 주장하는 '신-비판지리학'을 블레어적(Blairite) 윤리가 전제된 자본주의에 우리 모두를 끼워 맞추기 위한 것이라고 비난한다(최병두, 2007).

스는 다음과 같이 응답했다. "마르크스가 우리를 위해 한 것, 우리에게 준 것은 다른 여러 가지 가운데 자연에 관한 언어, 공간에 관한 언어, 그리고 불균등발전에 관한 언어를 사람들의 삶과 노동의 관점에서 그들의 일상생활의 사회적 재생산 과정에 개입해 연계하는 능력이었다. … 만약 1984년에 좀 더 구체적인 유형의 질문을 제대로 다루지 못했다면, 이는 마르크스에 대한 철저한 독해에 빠져 있었기 때문이라고 이해해야 한다"(Smith, 2009; Prudham and Heynen, 2011: 226에서 재인용).[17]

한 권의 저서에서 이론적 작업과 구체적 질문들을 모두 다루기는 불가능하다. 그러나 문제는 스미스가 마르크스에 대한 철저한 독해에 빠져 있었다고 스스로 말했지만 당시에나 그 후에나 그는 자본주의의 공간환경 변화와 자본축적 과정 및 이에 내재한 모순과 위기의 역동성 간의 관계를 포괄적으로 이론화하지는 못했다. 그는 자본축적의 역동성과 관련된 주요 개념을 인식하기 위해 주로 하비에게 의존했다. 이 점은 『불균등발전』에서 스미스가 '자본의 감가', '시간에 의한 공간의 절멸', '공간적 조정' 등의 개념을 하비의 『자본의 한계』에서 차용했다는 점에서도 확인된다. 그러나 다른 한편으로 하비의 이론에서 빠져 있던 여러 개념(자연과 공간의 생산, 자본의 시소운동, 젠트리피케이션과 지대격차 등)을 개발하고 이를 마르크스의 이론 일반과 관련시켜 세련화하고자 했다는 점은 분명 스미스의 독창적인 업적으로 인정되어야 한다.

우선 자연과 공간의 생산에 관한 스미스의 주장은 자본축적, 나아가 자본주의의 존립이 기본적으로 자연과 공간의 생산에 바탕을 두고 있다는 점을 인식한

---

[17] 하비는 스미스가 학위논문으로 젠트리피케이션과 도시화에 관한 연구를 할 것이라 생각했다. 이 주제와 관련해서 스미스는 '지대격차' 이론을 포함해 여러 논문을 발표했지만(하비는 당시에는 '지대격차' 개념을 인정하지 않았다고 한다) 그는 전혀 다른 주제로 논문을 저술해 『불균등발전』을 출간하게 되었다. "스미스가 관련 자료를 가지고는 있었지만, 놀랍게도 4개월 만에 이 책을 저술했다"(Cowen et al., 2012).

다. 그리하여 지리학자뿐만 아니라 마르크스주의나 사회이론 일반의 연구자가 이에 관심을 가지도록 한다. 스미스가 제시한 공간의 생산과 '자본주의의 존립'은 분명 르페브르에게서 빌려온 개념이다. 르페브르에 따르면, "자본주의는 지난 한 세기 동안 내적모순을 (만약 해소한 것이 아니라면) 희석시킬 수 있었고, 결과적으로 … '성장'을 이루는 데 성공했다. 우리는 자본주의 성장의 대가를 계산할 수 없지만, 그 수단은 분명히 알고 있다. [그 수단이란] 공간의 점거와 생산이다"(Lefebvre, 1974: 21). 르페브르는 자신의 대표작 가운데 하나인 『공간의 생산』에서 이를 매우 포괄적으로 서술했다. 그렇지만 헤이넨·허슬러·헤로드에 따르면, "『불균등발전』에서 스미스가 기여한 가장 중요한 부분은 자본의 존립에 대한 공간의 중요성을 르페브르보다 훨씬 더 자세하게 밝히고자 했다는 점"이라고 평가된다(Heynen, Hossler and Herod, 2011).

불균등발전을 추동하는 기본 요소로서 '공간의 생산' 개념은 우선 공간에 관한 개념을 재규정하도록 한다. 공간을 단순히 사회 변화가 발생하는 단순 불변의 장소로 이해한다면, 지리적 불균등발전에 관한 일반론은 성립될 수 없기 때문이다. 하비가 주장한 바와 같이 "최근 사회 변화 속에서 활발하게 이루어지는 공간의 생산을 이해하기 위해 다른 시각에서 접근하는 르페브르와 같은 학자들의 연구는 지리학자들에게 이론적으로 큰 도움을 준다. [우리는] 공간을 사회적 행위에 대한 절대적인 고정된 틀로 이해하기보다는 관계적이고 상대적인 것으로 이해함으로써 자본축적이 [자본주의적] 공간과 다양한 형태의 공간성(사이버공간에서 금융시장이 성립하는 등의 일련의 흐름)을 창출하는 것을 볼 수 있다. 이런 총체적 생각은 공간과 공간성 생산에 대한 이론의 발전 가능성을 열어준다. 스미스가 주장한 것처럼 이것은 지리적 불균등발전에 대한 일반론을 발전시켜나가는 데 필수적인 전제이다"(하비, 2010: 121).

그뿐만 아니라 스미스는 르페브르가 제시한 '공간의 생산' 개념에 앞서 '자연의 생산' 개념을 더 포괄적인 개념으로 논의함으로써 '공간의 생산'을 어떻게 유물론적이고 관계론적으로 개념화해야 할지 보여준다. 스미스는 『불균등발전』 출간 이후에도 '자연의 생산' 개념에 대해 지속적인 관심을 가지면서 이를 세련화하고자 했다. 그는 이 개념이 가지는 장점을 다음과 같이 열거한다. 자연의 생산 개념은 첫째, "'자연 자체'의 강력한 물신성을 넘어 자연과의 사회적 관계에 초점"을 두도록 한다. 둘째, 모든 사회가 각각의 규모로 자연을 생산하지만, 특히 자본주의는 최초로 지구적 규모에서 자연을 생산한다는 점에서 "시간적·공간적 규모에 관한 문제"를 다룰 수 있도록 한다. 셋째, "여성과 자연에 대한 이데올로기적 등치에 관한 반본질적·페미니스트적 비판을 고취"시키며, 끝으로 대안적 자연을 어떻게 생산해야 할지의 의문을 둘러싼 '자연의 정치'에 초점을 모을 수 있도록 한다(Smith, 1996b: 50; 최병두, 2009).

스미스는 이러한 '자연의 생산' 개념에서 나아가 자본에 따른 자연의 포섭 개념을 제시한다. 스미스의 주장에 따르면, 자연의 생산 개념은 마르크스의 '신진대사' 개념을 이해하게 해주는 동시에, 마르크스가 제시한 자본에 따른 노동의 포섭 개념에 유추해 자본주의사회에서 자연이 어떻게 자본에 포섭되는지를 이해할 수 있도록 한다. 자연의 형식적 포섭이란 자본이 자연으로부터 물질을 지속적으로 확대 채굴하거나 채취해 유용한 생산물로 전환시킴으로써 축적할 수 있는 상황과 관련된다. 반면 자연의 실질적 포섭이란 자본이 자연의 순환과정을 기술적으로 통제하고 활용함으로써 축적에 기여하도록 하는 상황과 관련된다(스미스, 2007: 55~61). 자본주의 초기 단계에서 자본은 자연으로부터 물질의 생산을 양적으로 확대함으로써 축적할 수 있었고, 이러한 점에서 자본은 자연을 형식적으로 포섭했다. 산업화가 촉진되면서 자본은 형식적 자연 포섭 단계에서 나아가 자연의 생산과정을 기술적으로 통제하고 활용하는 실질적 포섭을 추동하게 되었다. '자연의 생산' 개념과 더불어 '자연의 포섭' 개념은 자연을 통제하고 활용하기 위한 역사적 변화 과정뿐만 아니라 자본주의 생태 문제를 이해하기 위한 여러 통찰력을 제공한다(최병두, 2009 참조).[18]

'자연의 생산' 개념은 이러한 유의성과 통찰력을 제공하지만, 또한 자본주의적 공간환경 문제에 관한 분석에서 몇 가지 한계를 가진다. 우선 자연의 생산 개념은 자본주의를 공간환경 문제의 원인으로 지적하지만, 그 대안을 제시하는 데는 미흡하다. 왜냐하면 이 개념은 "자연을 사회화하는 다른 과정을 희생하면서 생산을 지나치게 강조"하고 있으며, "자본-자연의 변증법에서 자본 '측면'에 상당히 우선성"을 두고 있기 때문이다(Castree, 2001: 204). 또한 이러한 변증법에서 노동의 역할이 생략되면서, "예를 들어 노동자가 자신의 사회적·생물적 재생산을 안전하게 하기 위한 전략의 일부로 특정한 방법으로 공간을 생산하는 것에 대해서는 그렇게 자세히 탐구하지 않았다"라는 점이 지적된다(Heynen, Hossler and Herod, 2011).[19] 그 외에도 자연의 생산 개념은 사회-자연 간의 복잡하고 다양한 관계를 자본-자연의 변증법으로 추상화함으로써, 지구환경을 구성하는 다양한 유형의 요소와 생태계에 내재된 차이를 무시하고 자연을 마치 단일 요소로 이루어진 것처럼 간주하는 경향이 있다.[20]

---

18 이러한 점에서 하비(Harvey, 2009: 231~232)는 스미스를 예를 들어 언급하며 다음과 같이 서술했다. "유전물질과 생물학적 과정에 관한 소유권이 제기되고, 새로운 화학적·유전적 조합(유전자조작 식품 같은)이 만들어지면서, 이제 우리는 '모든 방법으로' 자연의 금융화와 상품화에 개입하게 되었다. 농업의 개간에서 인류가 야기한 기후변화에 이르기까지 모든 역사가 보여주는 결과는 엄청나며, 큰 문제를 가지고 있다." 최병두(2009)는 이러한 자연의 금융화와 상품화를 자본에 의한 자연의 금융적 포섭으로 설명한다.
19 비슷한 맥락에서 구스먼(Guthman, 2011)은 자연의 생산 개념에 바탕을 두고 인간의 신체가 자본주의의 재생산에서 문제가 되는 방법을 고찰한다. 그러면서 스미스가 『불균등발전』에서 인간의 자연, 즉 자본주의적 생산과 노동, 그리고 자연이 생산되는 장소로서 인간 신체 간 관계에 대해서는 별로 다루지 않았다고 지적한다. 스미스(Smith, 2011)는 이러한 지적에 대해 『불균등발전』에서 다음과 같이 말한다. "나는 불균등발전에서 사회적 재생산을 이론화하기 위해 약간의 시간을 보냈지만 충분하지 못했고, 인간 신체의 물질적 기반에 대해서는 거의 논의하지 못했음을 인정한다."
20 이 점에 관해 하비(Harvey, 1996: 183)는 "사회-자연 관계에 대한 일반적 논쟁은 생태계의 엄청난 편차를 간과하고 있다. 자연 일반의 관계적 의미에 관심을 기울이는 것만큼 많은 관심을 차이의 생산에도 기울여야 한다"고 말한다.

스미스는 이러한 공간과 자연의 생산 개념에 바탕을 두고 자본축적의 역동성을 균등화와 차별화 경향, 공간적 규모의 생산, 그리고 자본의 시소운동 등의 개념을 중심으로 설명하고자 한다. 그의 불균등발전론은 자본주의사회에서 공간환경의 생산에 자본이 어떤 역할을 하는지, 이러한 공간환경의 생산이 자본축적에 어떤 역할을 하는지를 규명하고 체계화한 것이라고 할 수 있다. 특히 불균등발전을 자본주의에서 전개되는 두 가지 상반된 공간적 경향, 즉 생산의 수준과 조건을 균등화하는 경향과 이들을 차별화하는 경향의 변증법으로 설명하고자 했다는 점에서 독창성을 가진다. 자본주의사회에서는 한편으로는 자연적·사회적 조건에 따른 노동의 분업과 이에 따라 높은 이윤을 얻기 위한 지리적 차별화의 필요와, 다른 한편으로는 자본축적의 조건을 균등화하면서 새로운 시장을 찾아 끊임없이 팽창하려는 균등화의 필요 간의 모순에 따른 지리적 긴장이 항상적으로 존재한다. 자본축적의 메커니즘은 이러한 지리적 모순과 긴장 속에서 작동한다. 따라서 "스미스는 『불균등발전』에서 자본주의하에서 지리적 불균등발전이 왜 불가피한가를 보여주고자 한다. 자본축적 과정은 균등화와 차별화 과정을 추동하면서 끊임없이 매우 불균등한 공간을 만들어낸다"라는 사실을 밝혔다는 점에서 높이 평가된다(Swyngedouw, Castree and Smith, 2000).

스미스의 불균등발전론은 하비가 제시한 '공간적 조정'의 개념을 전제로 한다. 즉, 자본은 잉여가치를 생산하고 그 기반을 확장하기 위해 이윤이 상대적으로 높은 장소에 투자하지만, 자본 간 경쟁으로 인해 이윤율이 저하되면 자본은 더 높은 이윤을 얻을 수 있는 장소로 다시 이동한다. 이러한 자본의 시소운동은 특정 장소에서 투자와 철수의 순환을 되풀이하면서 사회공간적 불균등과 긴장을 만들어내며, 자본주의적 공간 생산의 기반이 된다. 하비는 이와 관련해 건조환경에 투입된 자본의 고정성과 더 높은 이윤을 위한 다른 장소로의 이동성 간의 모순, 즉 공간적 조정의 한계에 관심을 가진다. 스미스는 하비의 이론에 따라 과잉 축적의 위기 상황에서 나타나는 건조환경에의 투자, 즉 내적 공간적 조정과 다른 지역으로의 이전을 전제로 한 외적 공간적 조정을 구분하면서 지리적 규모의 문제를 제기한다. 스미스는 "자본의 내적모순에 대한 공간적 조정은 불가능하지만, 이런 공간적 조정을 실현하기 위해 사회 활동의 일정한 규모로 조직된 공간적 고정성을 획득할 수 있다"라고 주장한다. 이러한 점에서 그는 "공간적 통합이 가치의 형태에서 추상 노동의 보편화를 위해 없어서는 안 되듯, 추상공간을 사회 활동의 특수한 규모로 차별화하는 것은 자본을 위한 내적 필수 요건"이라고 주장한다(p. 181; 242쪽).

스미스에게 공간적 규모의 창출은 자본축적을 위한 필수적 요건으로 이해된다. 스미스의 불균등발전론에서 또 하나의 핵심 개념을 이루는 공간적 규모는 지도 작성처럼 주어진 것이 아니라 자본축적의 불균등성과 계급 권력의 역동성의 일부로 정치경제적 힘에 의해 물질적으로, 그리고 담론적으로 생산되는 것이다. 달리 말하면 "공간적 규모와 이들의 접합에 관한 닐[스미스]의 이론화는 사회공간적으로, 담론적·물질적으로, 구축된 신체, 장소, 도시, 지역, 세계가 어떻게 서로 관련되어 매우 혼란스러운 지리적 불균등 편성을 만들어내는지를 보여준다"(Swyngedouw, Castree and Smith, 2000: 268). 이러한 공간적 규모의 개념은 자연의 생산 개념과 더불어 1990년대 중반 이후부터 많은 관심과 논의의 대상이 되었다. 하지만 스미스는 이미 1980년대 초에 불균등발전론과 더불어 이러한 개념을 제시하며 이론화 작업을 시도했다. 그런 점에서 그의 선구적이고 독창적인 이론 작업은 자본주의의 지리 이론 발전을 위한 주요한 길을 열어놓았다고 할 수 있다.

자본의 축적 과정에 내재된 이러한 규모(정확하게는 규모의 생산)의 개념은 최근 지리학 연구에서 많이 거론되며 유의성을 인정받는 동시에 문제점도 지적되고 있다. 처음에 스미스는 규모의 개념을 기본적으로 자본축적을 위한 공간의 생산에 한정된 것으로 이해했지만, 이러한 자본 중심적 이해는 규모의 대립적 정치를 제대로 이해하지 못한다는 비판에 직면하게 되었다. 이런 비판에 대해 스미스는 『불균등발전』의 개정판(1990)에서 규모는 "가정의 구분에서 지구의 구분에 이르기까지 공간적 차별화의 가장 기본적인 형태"라고 말한다. 따라서 자본순환의 논리를 통해, 그리고 '반대의 프로젝트', 즉 규모의 생산에 대한 정치를 통해 어떻게 규모가 생산되는가를 이해하는 것이 중요하다고 인정한다(Smith, 2008: 231~232). 그뿐만 아니라 스미스는 권력이 공간을 가로질러 어떻게 작동하는가에 대한 경험적 서술과 조직화를 위한 지침으로 '점핑 스케일(jumping scale)'이라는 개념을 제안했다(Smith, 1992). 그러나 '점핑 스케일' 개념은 규모가 생산된 것이 아니라 오히려 주어진 것처럼 보이게 할 수도 있다는 점이 지적되었다(Mitchell, 2014: 219). 이러한 지적에 스미스는 규모는 주어진 것이 아니라 생산되고 재생산되는 것임을 거듭 주장한다. "규모는 공간적 차별화를 조직해 한 장소와 다른 장소 간의 실질적 차이(상이하게 생산된 사회적 자연)를 인식하고, 나아가 이러한 공간환경적 차이의 동시적인 생산과 재생산을 인식할 수 있도록 하는 행렬로 이해될 수 있다"(Smith, 2011: 262).

스미스의 젠트리피케이션 이론은 도시공간에서 좀 더 구체적으로 나타나는 불균등발전을 경험적으로 고찰했으며, 이 과정에서 '지대격차' 개념을 만들어냈다는 점에서 의의가 있다. 내부 도시에 투입되었던 자본은 감가되면서 도시 외곽으로 이동하지만, 이 과정이 어느 정도 진척되면 자본은 다시 도시 내부로 역류함으로써 젠트리피케이션을 불러온다. 스미스의 지대격차 개념은 왜 이런 젠트리피케이션이 가능한지를 이해하는 데 중요한 통찰력을 제공한다. 이 개념은 『불균등발전』에서 제시한 균등화와 차별화 과정, 이에 따른 자본의 시소운동을 명시적으로 보여주는 핵심이다. 특히 지대격차 개념은 젠트리피케이션을 통해 복귀하는 것은 교외화된 사람이 아니라 자본이라는 점을 명확히 이해시켜준다. 그러나 '지대격차' 개념에 대해서도 여러 사람의 옹호와 경험적 원용과 더불어 비판이 제기되었다. 특히 레이(Ley, 1986) 등이 제기한 문제는 스미스가 지나치게 자본 중심적으로 젠트리피케이션을 설명한 탓에 사람들의 선호와 생활양식의 변화를 제대로 반영하지 못했다고 지적한다. 그러나 지대격차 개념에 내재한 또 다른 문제는 마르크스주의적 지대론을 거의 반영하지 못하고 있다는 점이다. 따라서 이 개념은 이론적으로 이 과정에서 발생하는 지대의 근원과 유형이 무엇인지, 어떤 메커니즘을 통해 개발업자, 토지소유자, 자본가에 의해 전유되는지를 마르크스주의 이론에 기반을 두고 좀 더 정교하게 이론화해야 한다.

그러나 잠재적 지대와 실제 지대 간의 차이를 의미하는 지대격차 개념은 도시공간의 변화를 경험적으로 설명하는 데 매우 유용하게 활용할 수 있다. 즉, 지대격차 개념에 바탕을 둔 젠트리피케이션 이론은 오늘날 미국이나 유럽의 대도시뿐만 아니라 멕시코시티나 도쿄 같은 대도시에서 나타나는 사례연구에서도 유의한 것으로 확인되고 있다. 스미스의 도시 젠트리피케이션 이론은 관련 현상을 간결하고 명료하면서도 종합적으로 서술하는 이론 체계로 인정된다는 점에서, 이에 관한 문헌적 공백을 메울 수 있을 뿐만 아니라 우리나라 상황에도 적용될 수 있을 것이다. 한국의 대도시화 과정은 매우 급속하게 진행되었다. 이에 따라 내부 도시의 재개발과 교외의 신도시화 과정이 동시에 진행되고 있으며, 지방의 대도시는 최근에야 교외화와 도심 퇴락 현상을 겪고 있다. 그러나 일반적으로 한국의 대도시는 한편으로는 근교의 난개발로 교통 혼잡과 환경오염 등의 비용이 증가하고 있으며, 특히 도시 내부로의 접근성이 떨어지고 있다. 다른 한편으로는 첨단기술산업과 정보통신기술이 급속히 발달하고 도시 내부에 재생사업들이 활발하게 촉진되고 있다. 이러한 도시 재생사업은 스미스의 젠트리피케이션 이론으로 잘 설명될 수 있다. 도시 내부에서 이루어지는 재생사업은 기존의 토지이용 패턴과 이러한 토지이용에 의존해 살아가던 주민들을 내몰고, 새로운 토지 소유와 이용으로 지대를 상승시키는 젠트리피케이션 현상을 잘 보여준다.

다른 한편으로 지구적 규모에서 아메리카 제국과 신자유주의적 세계화에 관한 스미스의 연구는 하비의 『제국주의』, 『신자유주의』와 긴밀한 관계가 있다.

이는 마이클 하트(Michael Hardt)와 안토니오 네그리(Antonio Negri)의 『제국』에 비견될 정도로 중요한 업적으로 평가된다. 특히 『아메리카 제국』은 지정학의 역사는 물론 지리학의 역사에서도 주요한 업적으로 평가받고 있다. 이 책은 이중적 구조로 서술되어 있다. 한편으로 스미스는 지리학자 보먼이 어떻게 정치적으로 저명 인물이 되어 윌슨 대통령과 루스벨트 대통령의 외교정책, 나아가 미국의 지구적 야망을 구축하는 데 기여하게 되었는지를 서술했다. 특히 보먼이 아메리카 제국의 등장에서 지리학이 특이한 임무를 맡는 데 핵심적 역할을 담당했다는 점이 강조된다. 다른 한편으로 스미스는 아메리카 제국이 그 이전의 제국들과 어떻게 관련되는지, 그리고 동시에 어떤 다른 원칙 위에서 구축되고 작동했는지를 서술했다. 특히 스미스는 20세기 전반부의 아메리카 제국화가 그가 '아메리카 지구화'라고 부른 현대 자본주의적 지구화를 추동하는 데 어떻게 결정적인 역할을 했는지를 보여준다.

스미스가 특히 강조한 것은 '아메리카 제국화'(그리고 신자유주의적 세계화)는 지리적 프로젝트라는 점이다. '미국의 세기에 관한 지리'를 탐구한 그의 연구는 20세기 전반에 걸쳐 세계적 경제 발전이 특징적으로 미국의 힘과 이에 대한 반응을 표현한 언어와 방법을 이해할 수 있도록 한다. 『아메리카 제국』에 이어 2년 뒤 출간한 스미스의 마지막 저서 『세계화의 종반』은 비교적 분량이 적으며 보먼이 없는 『아메리카 제국』이라고 할 수 있지만, 더 어렵고 또 다른 의미에서 정치적 긴급성을 가지고 저술된 것으로 평가된다(Mitchell, 2014). 여기서 스미스는 1990년대에서 2000년대 중반까지 아메리카 지구화가 전개된 과정을 서술하고자 했다. 그에 따르면, 1989년 시작해 21세기 초 테러리즘과 전쟁으로 고조된 현재 시기(즉, 아메리카 제국의 세 번째 단계)는 역사나 지리의 종말도 아니고, 새로운 세계 질서의 징후도 아니며, 앞선 두 시기의 시작과 조정 속에서 이루어진 세계화의 강력한 형태로 이해된다.

이러한 스미스의 연구는 지구적 규모에서 불균등발전이 어떻게 전개되는지를 보여줄 뿐만 아니라, 앞으로 세계의 정치와 경제가 공간적으로 어떤 과정을 통해 전개되고 전환해갈지에 대한 통찰력을 제공해주는 것으로 평가된다(최병두, 2005). 그의 주장에 따르면, 세계화는 그 용어가 함의하는 바와 같이 신자유주의적 이데올로기일 뿐만 아니라 실제 메커니즘이 작동하는 것과 같은 치밀한 지리적 프로젝트이다. 세계경제의 전례 없는 이동성은 엄청난 비용, 즉 생산과 유통의 구조 및 하부 시설에서 부동적인 엄청난 양의 자본이 필연적으로 고착되는 사태를 초래했다. 이러한 유동성과 고착성 간의 모순 속에서 경제적·세계적 유연성의 가능성을 조정하기 위해 최근 전체적으로 새롭게 건설한 환경이 장소에 고정되어 있으며, 새로운 지리, 즉 불균등발전의 새로운 지리가 구축되고 있다. 따라서 세계화는 신자유주의를 충족시키는 실행의 수단이며, 이러한 지구적 불균등발전의 정치경제의 중심축에 지리학이 위치해 있다. 세계화란 처음부터 자본의 프로젝트로 시작했지만, 이러한 지리적 과정을 통해 자본이 작동하는 방식을 변화시키고 있다.

스미스가 『세계화의 종반』에서 보여준 것처럼 세계화의 제국주의적 전개 과정은 현재까지도 계속되고 있다. 미국의 자유주의자나 신보수주의자들은 자신들을 '코스모폴리탄'이라고 칭하면서도, 미국의 예외주의와 제국주의적 침략은 정당화하고자 한다(Harvey, 2009: ch.1 참조). 이러한 점에서 스미스는 새로운 상황 전개에 걸맞은 자본주의 지리학이 필요하다고 강조한다. 물론 여기서 스미스의 주장은 1970년대 이후 기존의 자본주의가 완전히 전환했음을 의미하는 것이 아니라, 새로운 작동 방식과 영토적 팽창 양식을 도입하게 되었음을 의미한다. 또한 새로운 자본주의의 지리학을 구축하려는 노력은 이론적 작업에 한정되지 않는다. 스미스는 도시적 규모에서의 반(反)젠트리피케이션 운동과 더불어 지구적 규모에서 반자본주의 세력들의 연대가 강화되기를 희망했다. 그는 2008년 서브프라임모기지 사태로 발발했던 금융 위기 직후, '도시에 대한 권리'라는 구호 아래 뭉쳤던 월스트리트 점령 운동을 옹호했으며, 2011년 전개되었던 '아랍의 봄'은 상서로운 시기의 도래를 알리는 현상으로 이해했다. 스미스는 신자유주의를 두고 "지배적이지만 그러나 죽었다"라고 주장하면서(Smith, 2008), "혁명의 가능성이 없다"라는 말로 어떠한 가정도 필요 없음을 강조했다(Smith, 2010: 51). 그는 혁명의 역사·지리적 조건과 그 결과를 이론화하는 작업에 착수했지만, 끝내지 못하고 2012년 9월 29일 운명을 달리하고 말았다.

5. 결론

스미스의 불균등발전론과 그 외 많은 연구가 지리학, 나아가 공간에 관한 사회이론 일반에 기여한 점은 아무리 격찬해도 지나치지 않을 것이다. 그의 연구는 포괄적으로 자본축적의 사회공간적 역동성과 이에 내재한 불균등발전 과정을 이론화했으며, 특히 자본주의의 모순적 경향을 공간적으로 깊이 있게 고찰했다. 좀 더 구체적으로 그의 초기 역작 『불균등발전』은 자연 및 공간의 생산에 관한 이론, 사회공간적인 균등화와 차별화 경향에 관한 개념화, 그리고 공간적 규모와 자본의 공간적 이동과 관련된 시소운동에 관한 고찰 등을 핵심적으로 포함한다. 이러한 세부 주제와 개념에 관한 스미스의 연구는 부분적으로 르페브르와 하비의 연구에 의존하고 있지만, 최소한 이들 주제에 관해서는 르페브르와 하비보다 개념적으로 더 통찰력 있고 경험적으로 더 응용 가능한 성과를 만들어냈다. 스미스가 이미 30년 전에 제시했던 주제와 개념은 오늘날에도 계속해서 새롭게 조명되고 관심을 끌고 있으며, 그만큼 현실적 적실성을 가진 것으로 평가되고 있다. 이처럼 『불균등발전』은 인간 활동의 지리적 불균등성과 자본축적의 작동 메커니즘을 결합한 연구물로, 점점 더 복잡하게 통합되어가는 세계화 과정에서 심화되는 불균등발전을 이해하기 위해 반드시 읽어볼 만한 고전으로 인정받고 있다.

스미스에 따르면, 오늘날 지리적 불균등발전과 공간적 불균등성은 자본주의의 불가피한 속성으로 간주된다. 공간환경의 생산은 기본적으로 사회공간적 관계의 역동성에 의한 역사-지리적 과정이면서 자본주의적 공간 생산의 통합적 일부로 이해된다. 자본주의의 갈등적이고 이질적이며 차별적인 사회공간적 역동성은 균등화와 차별화 과정을 동시에 추동하며, 끊임없이 사회환경적 전환의 불균등 과정을 만들어내고 있다. 이러한 불균등발전론은 도시적 규모에서는 젠트리피케이션 이론을, 지구적 규모에서는 '아메리카 제국'이나 '신자유주의적 세계화'를 이해하기 위한 기본 틀로 응용된다. 불균등발전에 관한 이론 및 이를 국지적 차원은 물론 세계적 차원에서 좀 더 정교하고 세련된 설명으로 확장하고자 했던 스미스의 연구는 기본적으로 역사-지리 유물론에 기초한 '자본주의 지리학'이라고 할 수 있다. 이러한 불균등발전 이론 및 이와 관련된 개념들(예를 들어 지대격차 개념)이 한국적 상황에 어떻게 적용될지에 대한 문제는 더 구체적인 주제를 통해 고찰해야겠지만, 스미스가 제시한 사고는 그 자체로 한국적 상황을 이해하는 이론적·개념적 배경이 될 수 있다.

스미스는 이 분야의 세계적 학자인 하비의 제자이자 동학자로서 세계적인 명성 – 때로 그 명성이 과장되었다는 평을 받기도 하지만 – 을 얻었다. 그는 하비와 마찬가지로 실증주의적 지리학뿐만 아니라 포스트모던 이론이나 개념의 수사학적 과정에 대해 비판하고, 심지어 신비판적 지리학의 주창자들과도 논쟁을 벌였으며, 마르크스주의 전통에 뿌리를 두고 사회공간적 불균등과 불의에 대항하는 이론과 실천을 추구했다. 그는 "자본주의는 본연적으로 지리적 프로젝트"라는 점을 끊임없이 강조한다. 그의 지리학은 물론 전통적인 지리학과는 전혀 다르다. 좁게는 자연의 생산, 불균등발전, 공간적 규모, 도시 젠트리피케이션, 지대격차 등으로 설명되며, 넓게는 제국주의, 신자유주의적 세계화, 나아가서는 좀 더 추상적으로 역사-지리유물론을 구성하는 핵심 요소로 이해된다. 스미스에게 지리학은 계급, 인종, 성의 권력관계가 전개되고 서로 투쟁하는 장이며,

이에 따라 끊임없이 생성·소멸하는 경관이 생산되고 연계되는 '활발한 정치적 과정'이다. 따라서 자본주의가 본연적으로 지리적 프로젝트인 것처럼, 해방적인 정치적 프로그램을 통해 자본주의를 극복하려는 정치 역시 지리적 프로젝트여야 한다고 주장한다. 스윈지도우·카스트리·스미스(Swyngedouw, Castree and Smith, 2000)에서 인용한 스미스의 말처럼 "자본주의는 언제나 근본적으로 지리적 프로젝트이다. 자본주의에 반하는 혁명이 '지리적으로 중요한 어떤 것을 계획하는' 것이라는 주장은 결코 빠른 것이 아니며, 또한 나는 이 주장이 너무 늦지 않았기를 희망한다"(p. 237; 306쪽).

참고문헌

김걸·남영우. 1998. 「젠트리피케이션의 쟁점과 연구 동향」. ≪국토계획≫, 33(5), 83~97쪽.
변필성. 2003. 「젠트리피케이션에 관한 일고찰: 레이와 스미쓰의 1980년대 연구를 중심으로」. ≪한국경제지리학회지≫, 6(2), 471~486쪽.
스미스, 닐(Neil Smith). 1999. 「세계경제 위기와 국제비판지리학의 필요성」. ≪공간과 사회≫, 12, 37~65쪽.
_____. 2007. 「축적 전략으로서의 자연」. 레오 패니치 외 엮음. 『자연과 타협하기』. 허남혁 옮김. 필맥. 39~66쪽.
최병두. 2005. 「닐 스미스의 불균등발전론」. 국토연구원 엮음. 『현대 공간이론의 사상가들』. 한울. 331~344쪽.
_____. 2007. 「마르크스주의 공간환경연구의 동향과 쟁점」. ≪마르크스주의연구≫, 4(1), 96~132쪽.
_____. 2009. 「자연의 신자유주의화: (1) 자연과 자본축적 간 관계」. ≪마르크스주의연구≫, 6(1), 5~51쪽.
하비, 데이비드(David Harvey). 1995. 『자본의 한계』. 최병두 옮김. 한울.
_____. 2005. 『신제국주의』. 최병두 옮김. 한울.
_____. 2010. 『신자유주의 세계화의 공간들』. 임동근·박훈태·박준 옮김. 문화과학사.

하트(Michael Hardt)·네그리(Antonio Negri). 2001. 『제국』. 윤수종 옮김. 이학사.

Amin, A. and N. Thrift. 2000. "What kind of economic theory for what kind of economic geography." *Antipode*, 32(1), pp. 4~9.

Bourassa, S. 1993. "The rent gap debunked." *Urban Studies*, 30, pp. 1731~1744.

Castree, N. 2001. "Marxism, capitalism, and the production of nature." in N. Castree and B. Braun(eds.). *Social Nature: Theory, Practice, and Politics*. London: Blackwell. pp. 189~207.

Clark, E. 1995. "The rent gap reexamined." *Urban Studies*, 32(9), pp. 1489~1503.

Cowen, D. et al. 2012. "Neil Smith: a critical geographer." *Environment and Planning D: Society and Space*, 30, pp. 947~962.

Doherty, J. 2013. "Neil Smith, 1954-2012: The future is indeed radically open." *Urban Geography*, 34(1), pp. 1~4.

Guthman, J. 2011. "Bodies and accumulation: revisiting labour in the 'Production of Nature'." *New Political Economy*, 16(2), pp. 233~238.

Harvey, D. 1996. "*Justice, Nature and the Geography of Difference.*" Cambridge, Mass.: Blackwell.

_____. 2009. *Cosmopolitanism and Geographies of Freedom*. Columbia Univ. Press.

Heynen, N., P. Hossler and A. Herod. 2011. "Surviving uneven development: social reproduction and the persistence of capitalism." *New Political Economy*, 16(2), pp. 239~245.

Jessop, B. 2006. "Spatial fixes, temporal fixes and soatio-temporal fixes." in N. Castree and D. Gregory(eds.). *David Harvey: A Critical Reader*. London: Blackwell.

Lefebvre, H. 1974. *The Survival of Capitalism*. Allison and Busby.

_____. 1991. *The Production of Space*. Oxford: Blackwell.

Ley, D. 1980. "Liberal ideology and post-industrial city." *Annals of the Association of American Geographers*, 70, pp. 238~258.

_____. 1986. "Alternative explanations for inner-city gentrification: a Canadian assessment." *Annals of the Association of American Geographers*, 76, pp. 521~535.

Mitchell, D. 2014. "Neil Smith, 1954-2012: Marxist Geographer." *Annals of the Association of American Geographers*, 104(1), pp. 215~222.

Prudham, S. and N. Heynen. 2011. "Introduction: Uneven Development 25 years onspace, nature and the geographies of capitalism." *New Political Economy*, 16(2), pp. 223~232(Interview at the 105th Annual Meeting of the Association of American Geographers, Las Vegas, NV; 26 March, 2009).

Said, E. W. 1990. "Yeats and decolonization." in T. Eagleton, F. Jameson and E. W. Said(eds.). *Nationalism, Colonialism, and Literature*. University of Minnesota press. pp. 69~98.

Schmidt, A. 1971. *The Concept of Nature in Marx*. London: New Left Books.

Smith, N. 1979a. "Toward a theory of gentrification: a back to the city movement by capital, not people." *Journal of the American Planning Association*, 45, pp. 538~548.

_____. 1979b. "Gentrification and capital: practice and ideology in Society Hill." *Antipode*, 11(3), pp. 24~35.

_____. 1982. "Gentrification and uneven development," *Economic Geography*, 58, pp. 139~155.

_____. 1987a. "Gentrification and the rent gap." *Annals of the Association of American Geographers*, 77(3), pp. 462~465.

_____. 1987b. "Academic war over the field of geography: the elimination of geography at Harvard." *Annals of the Association of American Geographers*, 77, pp. 155~172.

_____. 1988. "The region is dead! Long live the region!" *Political Geography*, 7, pp. 141~152.

_____. 1996a. *The New Urban Frontier: Gentrification and the Revanchist City*. London and New York: Routledge.

_____. 1996b. "The production of nature." in G. Robertson et al.(eds.). *Future Natural: Nature, Science, Culture*. Routledge.

_____. 2002. "New Globalism, new urbanism: Gentrification as global urban strategy." *Antipode*, 34(3), pp. 434~457.

_____. 2003. *American Empire: Roosevelt's Geographer and the Prelude to Globalization*. Berkeley: University of California Press.

_____. 2005a. *The Endgame of Globalization*. London and New York: Routledge.

_____. 2005b. "Neo-critical geography or the flat pluralist world of business class" *Antipode*, 37, pp. 887~899.

_____. 2008. *Uneven Development*(3rd edn). Athens, Georgia: Georgia University Press.

_____. 2009. Interviewed by W. S. Prudham and N. Heynen at the 105th Annual Meeting of the Association of American Geographers, Las Vegas, NV; 26 March.

_____. 2010. "The revolutionary imperative." *Antipode*, 41, pp. 50~65.

_____. 2011. "Uneven development redux." *New Political Economy*, 16, pp. 261~265.

Smith, N. and A. Godlewska. 1996. *Geography and Empire*. Oxford: Basil Blackwell.

Smith, N. and P. O'Keefe. 1980. "Geography, Marx and the concept of nature." *Antipode*, 12(2), pp. 30~39.

Smith, N. and P. Williams. 1986. *Gentrification of the City*. London: George Allen and Unwin.

Swyngedouw, E, N. Castree and N. Smith. 2000. "Uneven development: Classics in human geography revisited." *Progress in Human Geography*, 24(2), pp. 266~274.

White, R. 2004. "The geography of American empire," *Raritan*, 23(3), pp. 1~19.

Whitehead, A. 1920. *The Concept of Nature*. Cambridge: Cambridge University Press.

참고문헌

Abramowitz, Moses. 1961. "On the Nature and Significance of Building Cycles." *Economic Development and Cultural Change*, 9, pp. 225~238.

Adams, Cyrus C. 1901. *A Textbook of Commercial Geography*. New York.

Alonso, William. 1964. *Location and Land Use*. Cambridge, Mass.

_____. 1960. "A Theory of the Urban Land Market." *Papers and Proceedings of the Regional Science Association*, 6, pp. 149~158.

Althusser, Louis. 1969. *For Marx*. London.

_____. 1976. *Essays in Self Criticism*. London.

Amin, Samir. 1976. *Unequal Development*. New York.

_____. 1974. "Accumulation and Development: A Theoretical Model." *Review of African Political Economy*, 1(1), pp. 9~26.

Arglietta, M. 1979. *A Theory of Capitalist Regulation*. London.

Barker, Colin. 1978. "The State as Capital." *International Socialism*, 2(1), pp. 16~42.

Benet, F. 1963. "Sociology Uncertain: The Ideology of the Rural-Urban Continuum." *Comparative Studies on Society and History*, pp. 1~23.

Berger, John. 1974. *The Look of Things*. New York.

Berman, Marshall. 1982. *All that Is Solid Melts into Air: The Experience of Modernity*. New York.

Bernstein, Richard. 1976. *The Restructuring of Social and Political Theory*. Oxford.

Berry, B. J. L. 1970. "Commuting Patterns, Labour Market Participation, and Regional Potential." *Growth and Change*, 1, pp. 1~10.

_____. 1980. "Inner City Futures: An American Dilemma Revisited." *Transactions of the Institute of British Geographers* NS, 5(1), pp. 1~28.

Berry, B. J. L. and Q. Gillard. 1977. *The Changing Shape of Metropolitan America*. Cambridge, Mass.

Bluestone, Barry and Bennett Harrison. 1982. *The Deindustrialization of America*. New

York.
Bowles, Samuel, David Gordon and Thomas Weisskopf. 1983. *Beyond the Wasteland.* New York.
Bowman, Isaiah. 1934. *Geography in Relation to the Social Sciences.* New York.
Braverman, Harry. 1975. *Labour and Monopoly Capital.* New York.
Brenner, Robert. 1977. "The Origins of Capitalist Development: A Critique of Neo-Smithian Marxism." *New Left Review*, 104, pp. 25~92.
Bruegel, Irene. 1978. "What Keeps the Family Going?" *International Socialism*, 1(1), pp. 2~15.
deBrunhoff, Suzanne. 1978. *The State, Capital, and Economic Policy.* London.
Bukharin, Nikolai. 1972. *Imperialism and World Economy.* London.
Bunge, William. 1966. *Theoretical Geography.* Lund.
Burton, Ian. 1963. "The Quantitative Revolution and Theoretical Geography." *Canadian Geographer*, 7, pp. 151~162.
Buttimer, Anne. 1968. "Social Geography." *International Encyclopedia of the Social Sciences*, 6, pp. 139~142.
_____. 1969. "Social Space in Interdisciplinary Perspective." *Geographical Review*, 59, pp. 417~426.
Caplan, Arthur. 1978. *The Sociobiology Debate.* New York.
Carney, J.(eds.) 1980. *Region in Crisis: New Perspectives in European Regional Theory.* London.
Cassirer, Ernst. 1944. *An Essay on Man.* London.
Castells, Manuel. 1977. *The Urban Question.* London.
Childe, Gordon. 1939. *Man Makes Himself.* New York.
Chisholm, George G. 1937. *Chisholm's Handbook of Commercial Geography.* London. (rewritten by L. Dudley Stamp).
Christaller, Walter. 1966. *Central Places in Southern Germany.* Englewood Cliffs, N.J.
Cicero. 1972. *The Nature of the Gods* (De Natura Deorum). translated by Horace McGregor. Harmondsworth.
Cleaver, Harry. 1979. *Reading Capital Politically.* Austin.
Cliff, Tony. 1973. "Permanent Revolution." *International Socialism*, 61, pp. 18~29.
Clifford, James. 1988. *The Predicament of Culture.* Cambridge, Mass.
Cohen, G. A. 1978. *Karl Marx's Theory of History.* Princeton.

Collingwood, R. G. 1946. *The Idea of Nature*. London.
Crowe, S. E. 1942. *The Berlin West African Conference 1884-1885*. London.
Davis, Mike. 1985. "Urban Renaissance and the Spirit of Postmodernism." *New Left Review*, 151, pp. 106~113.
Deutsche, Rosalyn. 1988. "Uneven Development: Public Art in New York City." *October*, 47, pp. 3~52.
Doherty, J.(eds.) 1992. *Postmodernism and the Social Sciences*. Houndmills.
Downing, Andrew Jackson. 1848. "Hints to Rural Improvers." *Horticulture*, July. [reprinted in his *Rural Essays*(New York, 1857)].
Dunford, Michael and Diane Perrons. 1983. *The Arena of Capital*. London.
Durkheim, Emile. 1947. *The Division of Labour in Society*. Illinois: Glencoe.
Emerson, Ralph Waldo. 1965. *Selected Writings*. New York.
Emmanuel, Arghiri. 1972. *Unequal Exchange*. New York.
Engels, Friedrich. 1975. *Anti-Duhring*. London.
_____. 1973. *The Condition of the Working Class in England*. Moscow.
_____. 1954. *Dialectics of Nature*. Moscow.
_____. 1972. *The Origin of the Family, Private Property, and the State*. New York.
Farrington, Benjamin. 1961. *Francis Bacon: Philosopher of Industrial Science*. New York.
Fisk, Milton. 1980. "The Human-Nature Argument," *Social Praxis*, 5, pp. 343~361.
Fox, Kenneth. 1978. "Uneven Regional Development in the United States." *Review of Radical Political Economics*, 10(3), pp. 68~86.
Frank, Andre Gunder. 1967. *Capitalism and Underdevelopment in Latin America*. New York.
Fukuyama, Francis. 1989. "The End of History?" *The National Interest*, 16, pp. 3~18.
Gerratana, V. 1973. "Marx and Darwin." *New Left Review*, 82, pp. 60~82.
Glacken, Clarence. 1967. *Traces on the Rhodian Shore*. Berkeley.
Gottdiener, M. 1985. *The Production of Urban Space*. Austin.
Gottmann, Jean. 1961. *Megalopolis*. New York.
Gould, Stephen Jay. 1987. *Time's Arrow Time's Cycle: Myth and Metaphor in the Discovery of Geological Time*. Cambridge, Mass.
Groh, Dieter and Rolf-Peter Sieferle. 1980. "Experience of Nature in Bourgeois Society and Economic Theory: Outlines of an Interdisciplinary Research Project." *Social Research*, 47, pp. 577~581.

Grünbaum, Adolf. 1963. *Philosophical Problems of Space and Time*. New York.
Habermas, Jürgen. 1970. *Toward a Rational Society*. Boston.
_____. 1975. "Toward a Reconstruction of Historical Materialism." *Theory and Society*, 2, pp. 287~300.
_____. 1983. "Modernity: An Incomplete Project." in Hal Foster(ed.). *The Anti-Aesthetic: Essays on Postmodern Culture*. Port Townsend, Wash.
Haggett, Peter. 1965. *Locational Analysis*. London.
Hall, Edward. 1966. *The Hidden Dimension*. New York.
Haraway, Donna. 1978. "Animal Sociology and a Natural Economy of the Body Politic, Part II: The Past is the Contested Zone: Human Nature and Theories of Production and Reproduction in Private Behavior Studies." *Signs*, 4(1), pp. 37~60.
Harman, Chris. 1980. "Theories of the Crisis." *International Socialism*, 2(9), pp. 45~80.
_____. 1981. "Marx's Theory of Crisis and its Critics." *International Socialism*, 2(11), pp. 30~71.
_____. 1979. "State Capitalism, Armaments, and the General Form of the Current Crisis." *International Socialism*, 2(3), pp. 1~16.
Harris, Nigel. 1983. *Of Bread and Guns: The World Economy in Crisis*. Harmondsworth.
_____. 1979. "The Asian Boom Economies and the 'Impossibility' of National Economic Development." *International Socialism*, 2(3), pp. 1~16.
Hartshorne, Richard. 1939. *The Nature of Geography*. Lancaster, Pa.
_____. 1959. *Perspective on the Nature of Geography*. London.
Harvey, David. 1969. *Explanation in Geography*. London.
_____. 1973. *Social Justice and the City*. London.
_____. 1982. *The Limits to Capital*. Oxford.
_____. 1989. *The Condition of Postmodernity*. Oxford.
_____. 1975. "Class Structure in a Capitalist Society and the Theory of Residential Differentiation." in Peel et al.(eds.). *Processes in Physical and Human Geography*. Edinburgh.
_____. 1975. "The Geography of Capitalist Accumulation: A Reconstruction of the Marxian Theory." *Antipode*, 7(2). [reprinted in Richard Peet(ed.), *Radical Geography* (Chicago, 1977), pp. 263~292].
_____. 1978. "The Urban Process Under Capitalism: A Framework for Analysis."

International Journal of Urban and Regional Research, 2, pp. 101~131.

_____. 1981. "The Spatial Fix-Hegel, von Thunen, and Marx." *Antipode*, 13(3), pp. 1~12.

Harvey, David. 1984. "On the History and Present Condition of Geography: An Historical Materialist Manifesto." *Professional Geographer*, 36, pp. 11~18.

Harvey, David and Lata Chaterjee. 1974. "Absolute Rent and the Structuring of Space by Financial Institutions." *Antipode*, 6(1), pp. 22~36.

Hauser, P. M and L. Schnore. 1965. *The Study of Urbanization*. London.

_____. 1967. *Philosophy of Right*. translated by T.M. Knox. London.

Hinckfuss. 1975. *The Existence of Space and Time*. Oxford.

Holland, Stuart. 1976. *Capital Versus the Regions*. London.

Holloway, J. and S. Picciotto. 1978. *State and Capital*. London.

Horkheimer, Max. 1974. *Eclipse of Reason*. New York.

Horkheimer, Max and Theodor Adorno. 1972. *Dialectic of Enlightenment*. New York.

Hudson, Brian. 1977. "The New Geography and the New Imperialism: 1870-1918." *Antipode*, 9(2), pp. 12~19.

Hutton, James. 1788. *Theory of the Earth: Transactions of the Royal Society of Edinburgh* I. Edinburgh.

Isard, Walter. 1956. *Location and Space Economy*. Cambridge, Mass.

_____. 1942. "A Neglected Cycle: The Transport Building Cycle." *Review of Economics and Statistics*, 24, pp. 139~158.

Jameson, Frederic. 1984. "Postmodernism, or the Cultural Logic of Late Capitalism." *New Left Review*, 146, pp. 53~92.

_____. 1989. "Marxism and Postmodernism." *New Left Review*, 176, pp. 31~45.

Jammer, Max. 1969. *Concepts of Space*. Cambridge, Mass.

Jay, Martin. 1973. *The Dialectical Imagination*. London.

Jordan, Z. A. 1967. *The Evolution of Dialectical Materialism*. London.

Jung, Carl. 1964. *Man and His Symbols*. London.

Kellner, Douglas(ed.). 1989. *Postmodernism/Jameson/Critique*. Washington D.C.

Kern, Stephen. 1983. *The Culture of Time and Space 1880-1918*. London.

Kidron, Mike. 1970. *Western Capitalism Since the War*. Harmondsworth.

Kolodny, Annette. 1975. *The Lay of the Land*. Chapel Hill.

Komarov, Boris. 1980. *The Destruction of Nature in the Soviet Union*. London.

Krader, Lawrence. 1968. *Formation of the State*. Englewood Cliffs, N.J.

Kroner, Richard. 1956. *Kant's Weltanschauung*. Chicago.

Kuznets, Simon. 1960. *Capital in the American Economy*. Princeton.

Laclau, Ernesto. 1971. "Feudalism and Capitalism in Latin America." *New Left Review*, 67, pp. 19~38. [reprinted in his *Politics and Ideology in Marxist Theory* (London, 1977), pp. 15~40].

_____. 1975. "The Specificity of the Political: The Poulantzas-Miliband Debate." *Economy and Society*, 4, pp. 87~110.

Larrain, Jorge. 1979. *The Concept of Ideology*. Athens, Ga.

Lefebvre, Henri. 1968. *The Sociology of Marx*. New York.

_____. 1970. *La Révolution urbaine*. Paris.

_____. 1976. *The Survival of Capitalism*. London.

_____. 1991. *The Production of Space*. Oxford.

Leiss, William. 1974. *The Domination of Nature*. Boston.

Lenin, V. I. 1972. *Materialism and Empirio-Criticism*. New York.

_____. 1975. *Imperialism, the Highest Stage of Capitalism*. Peking.

_____. 1977. *The Development of Capitalism in Russia*. Moscow.

_____. "New Data on the Laws Governing the Development of Capitalism in U.S. Agriculture." *Collected Works*, 22, pp. 13~102.

Leogrande, William. 1977. "An Investigation into the 'Young Marx' Controversy." *Science and Society*, 41, pp. 129~151.

Lévi-Strauss, Claude. 1963. *Structural Anthropology*. New York.

Lewis, Parry. 1965. *Building Cycles and Britain's Growth*. London.

Lewis, Pierce, David Lowenthal and Yi-Fu Tuan. 1973. *Visual Blight in America*. Washington, D.C.

Ley, David and Marwyn Samuels. 1978. *Humanistic Geography*. Chicago.

Lipietz, Alain. 1982. "Towards Global Fordism?" *New Left Review*, 132, pp. 33~47.

Lösch, August. 1954. *The Economics of Location*. New Haven.

Löwy, Michael. 1981. *The Politics of Combined and Uneven Development*. London.

Luxemburg, Roasa. 1968. *The Accumulation of Capital*. New York.

Mackinder, Halford J. 1942. *Democratic Ideals and Reality*. New York.

_____. 1904. "The Geographical Pivot of History." *Geographical Journal*, 23, pp. 421~437.

McPhee, John. 1980. *Basin and Range*. New York.

Mandel, Ernest. 1975. *Late Capitalism*. London.

———. 1975. *Marxist Economic Theory*. London.

———. 1978. *The Second Slump*. London.

———. 1979. *Trotsky: A Study in the Dynamic of His Thought*. London.

———. 1980. *Long Waves in Capitalist Development*. Cambridge, Mass.

Mao Tse-Tung. 1971. "On Contradiction." *Selected Readings*. Peking. pp. 85~133.

Marcuse, Herbert. 1964. *One Dimensional Man*. London.

Marx, Karl. 1899. *Value, Price and Profit*. London.

———. 1963. *The Eighteenth Brumaire of Louis Bonaparte*. New York.

———. 1967. *Capital*, 3 volumes. New York.

———. 1969. *Theories of Surplus Value*, 3 volumes. London.

———. 1971. *A Contribution to the Critique of Political Economy*. London.

———. 1973. *Grundrisse*. London.

———. 1973. *The Revolutions of 1838*. Harmondsworth.

———. 1974. *Surveys from Exile*. New York.

———. 1975. *Early Writings*. Harmondsworth.

Marx, Karl and Friedrich Engels. 1934. *Selected Correspondence*. London.

———. 1955. *The Communist Manifesto*. New York.

———. 1970. *German Ideology*. New York.

———. 1973. *Feuerbach*. London.

Marx, Leo. 1964. *The Machine in the Garden*. New York.

Massey, Doreen. 1984. *Spatial Divisions of Labour*. London.

———. 1978. "The UK Electrical Engineering and Electronics Industry." *Review of Radical Political Economics*, 10(3), pp. 39~54.

———. 1979. "In What Sense a Regional Problem." *Regional Studies*, 13, pp. 233~243.

Merchant, Carolyn. 1980. *The Death of Nature*. San Francisco.

Merrington, John. 1975. "Town and Country in the Transition to Capitalism." *New Left Review*, 93. [reprinted in R. Hilton(ed.), *The Transition from Feudalism to Capitalism*(London, 1976), pp. 170~195].

Miliband, Ralph. 1969. *The State in Capitalist Society*. London.

———. 1969. "The Capitalist State: A Reply to Nicos Poulantzas." *New Left Review*, 59, pp. 53~60.

———. 1973. "Poulantzas and the Capitalist State." *New Left Review*, 82.

Miller, Perry. 1967. *Nature's Nation*. Cambridge, Mass.

Mingione, Enzo. 1981. *Social Conflict and the City*. Oxford.

Moulaert, Frank and Patricia Salinas(eds.). 1983. *Regional Analysis and the New International Division of Labor*. Boston.

Mowry, George. 1965. *The Urban Nation 1920-1960*. New York.

Murphy, Earl Finbar. 1967. *Governing Nature*. Chicago.

Nash, Roderick. 1967. *Wilderness and the American Mind*. New Haven.

Nerlich, Graham. 1976. *The Shape of Space*. Cambridge.

Neugebauer, Otto. 1934. "Vorgriechsische Mathematik," *Vorlesungen über die Geschichte der Antiken Mathematischen Wissenschaften*. Berlin.

Novak, Barbara. 1980. *Nature and Culture: American Landscape and Painting 1925-1975*. New York.

O'Connor, James. 1973. *The Fiscal Crisis of the State*. New York.

Ollman, Bertell. 1971. *Alienation: Marx's Concept of Man in Capitalist Society*. Cambridge.

Ortner, Sherry B. 1974. "Is Female to Male as Nature Is to Culture?" in Michelle Zimbalist Roasaldo and Louise Lamphere(eds.). *Woman, Culture, and Society*. Stanford.

Pahl, Ray. 1968. "The Rural-Urban Continuum." *Readings in Urban Sociology*. Oxford. pp. 263~298.

Palloix, Christian. 1975. *L'Internationalisation du capital*. Paris.

_____. 1977. "The Self-Expansion of Capital on a World-Scale." *Review of Radical Political Economy*, 9(2), pp. 1~28.

Parekh, Bhiku. 1982. *Marx's Theory of Ideology*. Baltimore.

Peet, Richard. 1981. "Spatial Dialectics and Marxist Geography." *Progress in Human Geography*, 5, pp. 105~110.

Piaget, J. 1972. *The Principles of Genetic Epistemology*. London.

Popper, Frank and Deborah Popper. 1987. "The Great Plains: From Dust to Dust." *Planning*, 53(12), pp. 12~18.

Poulantzas, Nicos. 1969. "The Problem of the Capitalist State." *New Left Review*, 58, pp. 67~68.

_____. 1976. "The Capitalist State: A Reply to Miliband and Laclau." *New Left Review*, 95.

Reichenbach, Hans. 1958. *The Philosophy of Space and Time*. New York.

Reiter, Rayna. 1975. "Men and Women in the South of France." in R. Reiter(ed.). *Toward an Anthropology of Women*. New York.

Relph, Edward. 1976. *Place and Placelessness*. London.

Rosenthal, Bernard. 1980. *The City of Nature*. Newark, De.

Ross, Kristen. 1988. *The Emergence of Social Space: Rimbaud and the Paris Commune*. Minneapolis.

Rossi, Paulo. 1968. *Francis Bacon: From Magic to Science*. London.

Russell, Bertrand. 1945. *A History of Western Philosophy*. New York.

Sack, Robert. 1980. *Conceptions of Space in Social Thought*. Minneapolis.

Sauer, Carl. 1925. "The Morphology of Landscape." *University of California Publications in Geography*, 2, pp. 19~55.

Schaefer, Fred. 1953. "Exceptionalism in Geography: A Methodological Examination." *Annals of the Association of American Geographers*, 43, pp. 226~240.

Schmidt, Alfred. 1971. *The Concept of Nature in Marx*. London.

Schmitt, Peter. 1969. *Back to Nature*. New York.

Scott, Allen J. 1988. *New Industrial Spaces*. London.

Scott-Keltie, J. 1893. *The Partitioning of Africa*. London.

Semple, Ellen. 1911. *Influences of Geographic Environment*. New York.

Service, Elman R. 1975. *Origins of the State and Civilization*. New York.

Shaikh, Anwar. 1978. "An Introduction to the History of Crisis Theories." in the Union of Radical Political Economics, *U.S. Capitalism in Crisis*. New York. pp. 219~241.

_____. 1980. "Foreign Trade and the Law of Value: Part II." *Science and Society*, 44, pp. 27~57.

Shaw, Martin. 1975. *Marxism and Social Science*. London.

Smith, Henry Nash. 1950. *Virgin Land*. Cambridge, Mass.

Smith, Joan. 1977. "Women and the Family." *International Socialism*, 100.

_____. 1981. "Women, Work, Family, and the Economic Recession." paper presented at the symposium on "Feminism and the Critique of Capitalism," The Johns Hopkins University (24~25 April 1981).

Smith, Neil. 1979. "Geography, Science, and Post-Positivist Modes of Explanation." *Progress in Human Geography*, 3, pp. 356~383.

_____. 1979. "Toward a Theory of Gentrification: A Back to the City Movement by Capital not People." *Journal of the American Planning Association*, 45, pp.

_____. 538~548.

_____. 1980. "Symptomatic Silence in Althusser: The Concept of Nature and the Unity of Science." *Science and Society*, 44(1), pp. 58~81.

_____. 1981. "Degeneracy in Theory and Practice: Spatial Interactionism and Radical Eclecticism." *Progress in Human Geography*, 5, pp. 111~118.

_____. 1981. "The Concepts of Devaluation, Valorization, and Depreciation in Marx: Toward a Clarification." unpublished, Department of Geography and Environmental Engineering, The Johns Hopkins University.

_____. 1982. "Gentrification and Uneven Development." *Economic Geography*, 58, pp. 139~155.

_____. 1989. "Tompkins Square Park: Rents, Riots, and Redskins." *Portable Lower East Side*, 6, pp. 1~36.

_____. 1989. "Geography as Museum: Conservative Idealism and Private History in the 'Nature of Geography'." *Annals of the Association of American Geographers, Occasional Papers*, 1, pp. 91~120.

Smith, Neil and Ward Dennis. 1987. "The Restructuring of Geographical Scale: Coalescence and Fragmentation of the Northern Core Region." *Economic Geography*, 63, pp. 160~182.

Sohn-Rethel, Alfred. 1978. *Intellectual and Manual Labour*. London.

Soja, Ed. 1989. *Postmodern Geographies: The Reassertion of Space in Critical Social Theory*. London.

_____. 1980. "The Socio-Spatial Dialectic." *Annals of the Association of American Geographers*, 70, pp. 207~225.

Stalin, Joseph. 1940. *Dialectical and Historical Materialism*. New York.

_____. 1954. *Works*. Moscow.

_____. 1971. *Economic Problems of Socialism in the USSR*. Peking.

Taaffe, Edward J., Howard L. Gauthier and Thomas A. Maraffa. 1980. "Extended Commuting and Intermetropolitan Periphery." *Annals of the Association of American Geographers*, 70, pp. 313~339.

Tanner, Nancy. 1981. *On Becoming Human*. New York.

Taylor, Joshua C. 1976. *America as Art*. Washington, D.C.

Taylor, Peter. 1981. "Geographical Scales in the World Systems Approach." *Review*, 5, pp. 3~11.

_____. 1982. "A Materialist Framework for Political Geography." *Transactions of the Institute of British Geographers*, 7, pp. 15~34.

Thomas, Brinley. 1973. *Migration and Economic Growth*. London.

Thomson, George. 1972. *The First Philosophers*. London.

Timpanaro, Sebastiano. 1975. *On Materialism*. London.

Tocqueville, Alexis de. 1945. *Democracy in America*, 2. New York.

Trotsky, Leon. 1969. *Permanent Revolution and Results and Prospects*. New York.

_____. 1970. *The Third International After Lenin*. New York.

_____. 1977. *The History of the Russian Revolution*. London.

Turner, Frederick Jackson. 1920. *The Frontier in American History*. New York.

von Weizsäcker, Carl Friedrich. 1980. *The Unity of Nature*. New York.

Walker, R. 1978. "The Transformation of Urban Structure in the Nineteenth Century and the Beginnings of Suburbanization." in K. Cox(ed.). *Urbanization and Conflict in Market Societies*. Chicago. pp. 165~211.

_____. 1981. "A Theory of Suburbanization: Capitalism and the Construction of Urban Space in the United States." in M. Dear and A. J. Scott(eds.). *Urbanization and Urban Planning in Capitalist Societies*. London. pp. 383~429.

Walker, Richard and Michael Storper. 1981. "Capital and Industrial Location." *Progress in Human Geography*, 5, pp. 473~509.

Warner, Sam Bass. 1972. *The Urban Wilderness*. New York.

Warren, Bill. 1980. *Imperialism: Pioneer of Capitalism*. London.

_____. 1973. "Imperialism and Capitalist Industrialization." *New Left Review*, 81, pp. 105~115.

Webber, Melvin. 1964. "The Urban Place and the Non-Place Urban Realm." *Exploration into Urban Structure*. Philadelphia.

Weeks, J. 1979. "The Process of Accumulation and the 'Profit-Squeeze' Hypothesis." *Science and Society*, 43, pp. 259~280.

Weinberg, Albert K. 1958. *Manifest Destiny*. Gloucester, Mass.

Weinberger, Casper W. 1989. "Bring Back Geography." *Forbes, December* 25, p. 31.

White, Morton and Lucia. 1977. *The Intellectual Versus the City*. Oxford.

Whitehand, J. W. R. 1972. "Building Cycles and the Spatial Form of Urban Growth." *Transactions of the Institute of British Geographers*, 56, pp. 39~55.

_____. 1981. "Fluctuations in the Land-Use Composition of Urban Development During the Industrial Era." *Erdkunde*, 35, pp. 129~140.

Whitehead, Alfred North. 1920. The Concept of Nature. Cambridge.

Williams, Raymond. 1975. *The Country and the City*. St. Alban's.

_____. 1978. "Problems of Materialism." *New Left Review*, 109, pp. 3~17.

Wilson, Edward. 1975. *Sociobiology*. Cambridge, Mass.

_____. 1978. *On Human Nature*. Cambridge, Mass.

Winslow, Barbara. 1979. "Women's Alienation and Revolutionary Politics." *International Socialism*, 2(4), pp. 1~14.

Woolfson, Charles. 1982. *The Labour Theory of Culture*. London.

Yovel, Yirmiahu. 1980. *Kant and the Philosophy of History*. Princeton.

Zukin, Sharon. 1991. *Landscapes of Economic Power*. Berkeley.

찾아보기

주제어

ㄱ

가변자본 227~228
가정 99~100
가족 103, 113~114
가치 30, 75, 88, 98, 108, 131, 161~163, 165, 224
  가치 생산 60
  가치 원천 213
  가치 파괴 226
  가치법칙 108, 122, 124, 248
  가치형태 210
감가 209, 224, 226~232, 237~238, 240, 253, 257, 262, 264, 273, 275~276, 329
건조환경 29, 197, 224~227, 238, 290
결핍 125
경관 15, 18, 25~26, 31, 44~45, 50, 52~53, 56~57, 59, 121, 171, 222, 224, 231, 236, 251~252, 271, 286, 293, 311
경기 침체 227
경쟁 24, 58, 101, 160, 200~201, 212, 217
경제 196~197
  경제 위기 220, 227
  경제 형태 213
  경제순환 225~226
  경제의 재구조화 228
  경제형태 213
  경제활동의 입지 197
  경제활동의 집적과 집중 196
계급 98~99, 157~159, 165, 173, 217

계급 갈등 80
계급 분화 98
계급 착취 99
계급투쟁 27, 116, 177, 215, 266~267
계량혁명 138, 196, 198
고정성 165, 174, 241, 258, 261, 265
고정자본 112, 172~173, 200, 209, 211~216, 222~226, 229, 262, 266
  고정자본의 입지 216
  고정자본의 회수 229
공간 14, 18, 20, 23, 158, 166, 175~177, 180, 190
  공간 개념 139, 146, 149, 157, 183
  공간 관계 23, 141, 143, 162, 164, 175
  공간 구조 20, 183
  공간 규모 29, 203
  공간 요건 168
  공간 차별화 유형 205
  공간 추상화 141~142
  공간, 장소 140
  공간과 사회 이원론 153, 176~177
  공간과 사회(또한 사회와 공간 참조) 29, 85, 153, 177
  공간과 사회의 통합 29, 154
  공간과 자본 164
  공간의 발전 157
  공간의 상대성 147, 156, 213, 237
  공간의 생산 15, 29, 31, 137, 156, 162~163, 170~172, 175~176, 178, 184, 187, 239
  공간의 이데올로기 43
  공간의 재구조화 24
  공간의 차별화 182, 191, 205
  공간적 고정성 158, 173~174, 261
  공간적 균형 235
  공간적 모순 175
  공간적 불균등성 190
  공간적 비이동성 29
  공간적 속성 161~164, 168, 173

공간적 장벽   179
공간적 조정   171, 232, 237~238, 241, 249, 261, 265, 274, 282
공간적 집적   217
공간적 집중   221
공간적 차이   173, 214, 232
공간적 통합   162~163
공산당   261
공산주의   67, 131
공적 공간   157
공황론   227
과잉 축적   225~226, 237, 249, 261, 282
과잉인구   206
과학   38~42, 47, 64, 79, 92, 113, 115~116, 147~148, 150, 156, 172, 183, 212
  과학의 중심성   215
  과학의 헤게모니   214
관계적 관점   24
관념론   50~51, 53, 77, 89, 129
교외 공간   182
교외화   226, 262
교통 체계   26
교통수단   255
교환   89, 91, 94, 97~99, 103~104, 107~109, 115, 118~119, 127~128, 149~150, 157, 162~163, 179, 191, 216, 251
  교환 과정   100, 107
  교환경제   107
  교환관계   103, 115
  교환을 위한 생산   89, 97~103, 107, 109
교환가치   29, 30, 75~76, 79, 85, 88~89, 97, 102, 105~106, 108, 117~120, 130~132, 161, 179, 210, 262
구대륙   45
구체성   188
구체적 노동   59
국가   159~160
국민국가   160, 167, 170~171

국민주의   46, 51, 55, 253~254, 332, 335
국제적 분업   206
국지주의   18
군사적 경쟁   276
규모   138, 146, 160, 166~167, 169~172, 184, 203, 208, 232
규모의 경제   223
균등화   18, 28, 31, 174, 178, 180~181, 183, 187~188, 197, 201, 205, 208~216
균형   232
금융자본   183, 281
기계   39, 41, 53, 59, 70, 203
기계론   40
기술   67, 77~79, 160, 213
기업주의   26
기하학   144~145, 148~149, 161
기회의 평등   194
기후   193
기후변화   120

ㄴ

낭만주의   50, 53~54, 56, 69
내부 도심   262
노동   64, 88, 90~91, 93~95, 108, 111~112, 114, 119, 121, 133, 162, 168, 213
  노동대상   64, 168
  노동 유동성   166
  노동 지출   191
  노동 착취 조건   210
  노동생산성   191, 212
  노동수단   203
  노동시간   108, 132, 161, 213, 216
  노동시장   105
  노동의 사회적 속성   218
  노동의 사회화   221
  노동의 이동성   163
  노동의 자연적 경향   189
노동가치설   215

노동계급　28, 59, 110, 116, 126, 151, 165
노동과정　41, 54, 64, 66, 68, 106, 112, 119,
　　　131, 162~163, 168, 191
　노동과정 차별화　203
　노동과정의 협업적 성격　219
　노동과정의 형태　189
노동력　94, 101, 107~108, 113~114, 128, 165,
　　　210, 213, 218, 223, 227, 243~244, 250,
　　　256, 274
　노동력 가치　244, 249~250
　노동력 재생산　110, 114, 200, 223, 251
　노동력의 전유　218
노동 분업　71, 76, 87, 94~95, 98~99, 103,
　　　111~112, 127, 191, 199, 202, 210, 223
　노동 분업 수단　217
　노동 분업의 기반　204
　노동의 사회적 분업　182, 192, 199
　노동의 성적 분업　110
　노동의 영역적 분업　197, 199
　노동의 자연적 분업　71
　성별에 따른 노동 분업　94, 158
　성적 분업　191
　세분화된 노동 분업　199, 201~202, 205
　영역적 노동 분업　191
　영토적 분업　254~255
　일반적 노동 분업　199~200, 204~205
　제조업과 농업 간 분업　204
　특정한 노동 분업　199, 201~202, 208
노예제　95, 99, 158, 165
논리-역사적 방법　88
논리적-인식론적　66
농노　28, 204
농업　98~99, 106, 110, 158, 168
　농업 노동　106
　농업과 공업 간 분업　192
　농업의 산업화　212
농촌과 도시의 분리(도시와 농촌 참조)　204

ㄷ

다국적 기업　220
단순협업　219
대량생산　256
대량소비　207
대영제국　196
도시　20, 107, 157~158, 182
　도시 재활성화　10
　도시 전선　47
　도시계획　246
　도시규모　203, 206, 242
　도시성　243
　도시의 역사　204
　도시-농촌의 이분법　205
　도시와 농촌　98~99, 110
　도시와 농촌 간 대립　205
　도시화　15
독점자본주의　154
동물　93

ㅁ

마르크스주의　10~11, 20, 24~25, 27, 80, 187
메갈로폴리스　127~128
메타포　55
모순　7, 8, 26, 29, 37, 107, 110, 122, 125, 165,
　　　172, 174~175, 178, 183~184, 189, 213
무장소성　215, 261
무정부주의　16
문명　45, 47, 54
문명화　119, 157, 198
문학적 신사(literary gentleman)　48
문화　67, 116, 160
물리공간　142, 144~145, 151, 176
물리학　42, 44, 119, 141, 144, 156~157, 164
물신성　78~79, 292~293
물신화　76, 124, 169
물질대사　91, 132
미국 제국　17

미시경제학　217
미시신용제도　15
민족주의　23, 159, 173
밀집　222~223

ㅂ

반자본주의　11
법적 통제　202
변증법　64, 70, 72, 79, 81, 89, 106, 146, 148, 154, 156, 161
보복주의적 도시(revanchist city)　11
보편성　130, 190
보편적 자연　37, 42~43, 46, 53, 60
부르주아　61
부르주아 이데올로기　85, 115, 189
부문　200
　부문 간 분업　205
　부문 간 차별화　206~207
　부문(department)으로의 자본 분화　200
　부문의 선택적 집적　206
부분적 위기　230
부정적 존재론　67
분화　98, 103
불균등발전　14, 18, 20~21, 25~28, 30~31, 85~86, 174, 184, 187~190, 197, 203, 210, 214, 232, 259~267
　불균형　207~208
　불변자본　227
　생산관계의 불균등발전　188
　생산력의 불균등발전　197
　자본의 시소운동으로서의 불균등발전　235~268
　지리적 차별화와 균등화의 변증법으로서의 불균등발전　187~232
비이동성　251

ㅅ

사용가치　29, 30, 64, 75, 79, 85, 88~89, 91, 97~98, 105~106, 117~118, 130~132, 161~164, 173, 200~201, 210, 262
사유재산　99, 103, 142, 158, 245
사유화　100, 114
사적 공간　157
사적 소유　58, 167, 221
사적 자본　113
사치재　200
사회공간　142, 144, 150, 153, 176
사회관계　94, 100, 106~107, 128, 142, 150, 157, 165, 175
　사회 구성체들　207
　사회와 공간(또한 공간과 사회 참조)　158, 176
　사회와 자연　89
　사회의 생산양식　199
　사회의 확장　160
　사회적 노동분업　71, 158
　사회적 등가　216
　사회적 생산 영역에서 균등화 경향　210
　사회적 집적·집중　217
　사회적 집중　221
　사회적 차별화　191, 200
　사회적 특화　207
　사회적 필요노동　88, 108, 120, 223~224
　사회주의　75, 126, 131, 133, 175, 215, 267
　사회주의 투쟁　122
　일국사회주의　27
사회통제　214
산성비　130
산업자본　272
산업자본주의　35~36, 45, 133, 172
산업화　23, 173, 204, 208
상대공간　138~141, 144, 163, 167, 169, 171~172, 209~210
상대성이론　139, 145~147
상업자본　272
생계 수단　133, 165
생리학　93~94

생물학 43, 106, 150
생산 일반 89
생산 조건 66, 180, 197, 210, 212, 216, 259,
   263, 265~266, 348
생산(또한 공간의 생산 참조) 29, 31, 201, 216,
   240
  생산자본 29, 216
  생산적 소비 201
생산과정 56, 61, 191, 196, 216, 222
생산력 117, 123, 166, 168, 172, 179, 210, 220
생산물 200~201
생산물의 차이 193
생산수단 91, 98, 107, 109, 113, 115, 120, 165,
   167~169, 195, 200, 210, 212, 221
생산양식 30~31, 75, 86, 103, 109, 111~112,
   116, 119, 123, 125, 164~165, 172, 180,
   190, 210
  자본주의적 생산양식 82, 162, 189
  전 자본주의적 생산양식 197, 210
생존 수단 204
생태운동 53
생활 수단 91, 93~94
선진국과 저개발국 207~208
세계 제국 194
세계경제 206
세계공간의 축소 214
세계비판지리학대회 9
세계시장 160, 162, 165, 170, 181
세계적 규모 128, 165
세계화 11
소비 200~201, 249
소비 기금 225
소외 101~102
소유관계 체계 201
수리공간 145
수요 90
수출 207
숙련 212, 256

순환 비용 178
순환 시간 178
스케일(또한 규모 참조) 24, 156
승리주의 80
시간 14, 113, 137, 139~140, 149, 178, 183
시간에 의한 공간의 절멸 178~179, 210, 216
시공간에서의 유통 과정 209
시소운동 261~265, 272, 281
시원적 축적 217, 247
시장 98, 103, 107, 115, 118~119, 122, 131,
   179, 201, 209
시적 자연 44~45
식민주의 110, 165, 248
식민지 170
신 30, 36, 38, 40, 42~43, 50~51, 54, 58
신국제분업 23
신용 163, 166, 219, 225, 322
신자유주의 11, 15, 16, 307, 309, 321
신진대사 64~67, 68, 70, 73, 91
신칸트주의 23
신화 45
실증주의 11, 44, 62, 152~155
실질적 포섭 219, 248
심상 51

ㅇ
양극화 15
업종 201
  업종 간 자본의 이동 208
  업종 간의 차별화 201
  업종 내부의 하위 분업 192
  업종 위기 230
  업종(sectors)으로의 자본 분화 200
여성 55, 71, 113~114, 158
  여성 억압 99~100, 114
  여성은 "이중 부담" 114
역사 156, 189
역사주의 23

연구 개발　256
영구 혁명　28
영구운동 기계　272
영토　159
영토적 분업　255
예속　214
온실효과　130
외적 자연　36~37, 46~47, 53, 56, 62, 78, 125
욕구　91
운동　162~163, 166~167, 171, 179
운송 수단　160, 179, 196
운송비　195
원료　105, 110, 117~118, 192~193, 196, 206
원자재　163, 167, 181
위기　125, 172~173, 176, 226
　위기 국면　230
　위기의 조건　225
　위기의 주기성　230
위생화　48
위치　140, 142, 151, 162~164, 166~167
유기적 자본구성　250
유대-기독교적 지적 전통　37
유동자본　200, 231, 262
유럽경제공동체　258
유물론　8, 67, 72~73, 87, 89, 121, 242, 287, 288
유토피아　68
유토피아주의　66, 69, 77
유통 과정　209
유통 리듬　224
유한계급　59
의식　92~94, 100~103, 115~116
의식의 생산　92
이데올로기　38, 51, 53, 57~58, 67, 76, 102~103
이론공간　176
이분법　205
이원론　37~38, 56~57, 60, 71, 74

이윤　58, 117, 127, 130~131, 227~230, 259, 276, 281, 312
　초과이윤　235
이윤율　29, 201, 208, 227~228, 236, 246, 260
　이윤율 균등화　201, 208, 235~236
　이윤율 하락(또는 저하)　227, 236, 238, 253, 262, 264, 266, 273
이차적 자연　63~64, 103~107, 111, 117~119, 123, 129~130, 145, 151, 157~160
인간 본성　14, 24, 36, 40, 43, 58, 90~91, 93~94, 97, 100, 109, 112~113, 124, 126, 132, 211
인간과 자연　39, 58, 62, 80, 124
인간과 환경 간의 관계　198
인간의 조건　80
인간화　64
인공두뇌학　44
인구 성장　95, 97
인권운동　16
인클로저　167
인터내셔널리즘　27
일반적 균형　26
일반적 추상성　188
일차원적 인간　214, 267
일차원적 지리　214
일차적 자연　63~64, 103, 106, 107, 111, 117~119, 123, 129~130, 145, 151
임금-노동 관계　210
임금노동　108, 110, 114~115, 117, 151, 165, 170, 210, 247~249, 255, 258, 266
임금률　256
입지　152, 192~193, 196~197, 208~209, 217~218, 231~232, 235~236, 244, 255~256, 300
잉여　95, 96~99, 101, 108, 191~192
잉여가치　28, 88, 108~109, 113, 115, 132, 161, 171~173, 191, 200, 227
　상대적 잉여가치　129, 212, 217, 235

잉여노동   101~102, 106, 191, 214, 216

ㅈ
자동화   215
자본   23, 29~30, 75, 115~116, 165~166, 169,
　　　171, 178~179, 210
　개별 자본   200, 208
　자본 분화   200, 202
　자본 유동성   166
　자본 재생산   200
　자본-노동 관계   164
　자본의 가치절하   209
　자본의 공간 생산   166
　자본의 공간적 집적   193
　자본의 공간적 집중   221
　자본의 과잉-생산   227
　자본의 국제화   184
　자본의 균등화 경향   181, 205
　자본의 보편화 경향   180~181, 209
　자본의 사회적 집적   217
　자본의 순환   10, 236, 242, 251
　자본의 유동   172
　자본의 이동성   260
　자본의 집적과 집중   197, 201, 217~220, 242
　자본의 파괴   228
　자본의 한계   180, 237
　자본의 확장   180, 225
　자본재   207
자본주의   9, 23~24, 58, 80, 107~108, 121, 126,
　　　150, 160~162, 165, 167, 169~172, 174~
　　　175, 183
　자본주의 공간   154, 176, 190
　자본주의 지리   26, 29, 138, 139, 170, 177,
　　　184, 190, 208
　자본주의국가   110
　자본주의의 존립   26
　자본주의적 생산   162, 181
　자본주의적 생산양식   189

주변부 자본주의   207
자본축적   85, 108, 110, 128, 154, 161, 164,
　　　166, 173, 179, 197, 210, 212, 217, 223
　축적 리듬   224, 226~227, 232, 260
　축적을 위한 축적   108, 165
자연   7, 14, 15, 18, 21, 30, 35~37, 39~42, 44~
　　　45, 47, 50~52, 54, 56~58, 60, 62, 68, 70,
　　　73~74, 76, 81, 86, 109, 132, 162
　내적 자연   37, 68, 78
　신적 자연   52
　자연 물신성   79
　자연 세탁   11, 305, 311, 313~315
　자연 정복   47, 54, 58, 80, 111
　자연 지배   35, 66, 71, 75, 76~78, 81~82
　자연 혐오   48
　자연-공간 관계   178
　자연공간   151, 157, 165~166
　자연과 문명 간 대립   49
　자연과 사회   30, 86, 88, 103
　자연관   52
　자연법칙   64, 108, 122~124, 130
　자연-부여적 필연성   66~67
　자연숭배   48
　자연에 대한 불균등한 접근   99
　자연에 대한 이데올로기   30, 43, 53, 57, 59,
　　　60, 129, 198
　자연으로의 복귀   48~49, 53, 93
　자연을 둘러싼 투쟁   80
　자연을 차별화된 통합성   86
　자연의 "복수"   129
　자연의 변증법   64, 128
　자연의 보편성   56
　자연의 생산   29, 82, 85~86, 89, 103, 117,
　　　123, 125~127, 129~133, 137~138, 162,
　　　211
　자연의 생산력   191
　자연의 숙달(mastery)   38, 42
　자연의 이데올로기   59

자연의 이원론 53
자연의 지배 35, 57, 71, 75~78, 81, 82
자연의 차별화 93, 192~193, 197
자연의 총체성 36
자연의 탈가치화 60
자연의 통합성 44, 51, 61, 92, 93, 121, 130~131
자연의 파괴 68
자연적 이점 195
자연적 지리의 조건 192
자연적 차별화 191
자연적 차이 192, 197
자연조건 191
자연주의 50
자연지리 193
자연화 59, 64
자원 193
자유 67, 79
장기파동 225
장소 18, 142, 157, 225
장소-특정적 209, 226, 229
장소성 183
장소학 46
재개발 173, 262
재구조화 23, 273
재생산 99, 109, 175, 177, 227, 243
재입지화 208
저발전 29, 207, 249, 261
적실성 198
전선 48, 50
전쟁 23, 58, 157, 201, 276
절대공간 23, 42, 138~141, 144, 150~152, 163, 165~167, 169~172, 176, 209, 237
접근성 193
정원 36, 40, 45, 52, 53, 59
정치 지리 194
제3세계 173, 274
제국주의 9, 11, 15, 181~184, 189, 248

제로 축적 236
젠트리피케이션 11, 20, 23, 173, 262, 274, 283~285, 298, 307, 326, 329, 333
종속이론 29
주식 소유권 202
중농주의자 60
중심-주변부론 29, 208
중심부 자본주의 207
지구적 공간 209
지구적 특화 207
지구적(global) 위기 226
지구화 11, 15
지대 120, 235~236, 245~246, 260, 262, 360, 378
지대격차 11, 262, 361~363, 372, 376, 378~379, 383
지리 24, 26, 182, 192, 198, 202, 213~224, 232
  지리 과학(science of geography) 17
  지리의 공간적 측면 198
  지리적 균형 상태 232
  지리적 민감성 24
  지리적 불균등발전 214
  지리적 일차원성 215
  지리적 장벽 258
  지리적 주축 27
  지리적 집적·집중 217
  지리적 차이의 균등화 214
  지리적 팽창 208, 216
  지리적 편차 192
  지리적 협업 222
  지리적 확장 160, 170, 172, 180, 182
  총체로서의 지리공간 164
지리공간 138, 150~151, 153~156, 159~161, 163~164, 166~169, 171~174, 178, 183
  지리공간의 생산 163
  지리공간의 차별화 181
  지리공간의 통합성 156
지리학 17, 18, 23, 25~26, 60, 152~153, 160,

167, 170, 192
도덕적 지리학　45~46
비판적 지리학　11
상업지리학　193
신비판지리학　11
실증주의 지리학　153
정치지리학　196
지리학파　167, 170
지역지리학　196, 198
지역　23, 26, 103, 160, 164, 177, 182, 184, 191, 193~195, 197, 203, 206
초국가적인 지역　257
지역 노동시장　243
지역의 차별화　192~193
지역적 정체성　26
지역적 차별화　192
지역주의　159
지역화된 부분(partial) 위기　226
지정학　23
지질학　198
진보　212
진화 이론　44
짐승　104
집적　208, 221
집적 경제　223
집중　220, 223
집합적 노동자　218
집합적 소비　225, 243
집합적 축적 과정　216

ㅊ
차별화　18, 26, 28, 31, 86, 96, 116, 172, 174, 178, 181~183, 191, 231
　차별화와 균등화　18, 178, 187~188, 232, 235, 241, 251, 265~266, 276
착취　115, 180
창조된 공간　174
철도　178, 180~181

청교도　47
초거대도시　23
초월주의　52
추상 노동　210, 216, 242
추상공간　242

ㅋ
쿠즈네츠 주기　225, 229

ㅌ
탄소 거래　15
탈산업화　173
통합적 공간　162
투자의 순환적 '모델'　225
특화　206

ㅍ
페미니즘　76
평준화　181
포드주의　274
포스트모더니즘　11
포이어바흐　90
포퓰리즘　275
프랑크푸르트학파　77, 79~80, 214
프롤레타리아　223
필수재　200
필연　227
필요　91~92, 96, 104, 117, 126, 129
필요노동　213

ㅎ
하부구조　25
하향 평균화　211
합병　219
핵 기술　125
핵전쟁　131
혁명　11, 27~28, 79, 96, 107~108, 126, 175, 279

혁신 212
협력 93, 101~102, 111~112
협업 218
형식적 포섭 219, 248
화폐 88, 98, 107, 162, 179
화폐자본 221~222
환경 퇴락 15
환경결정론 127, 192
환원론 43
황무지 36, 45~48, 52, 54, 56, 127~128
회수 기간 229
희소성 211

인명

ㄱ
가우스, 카를 프리드리히(Carl Friedrich Gaus) 148
고트만, 장(Jean Gottmann) 127, 257

ㄴ
내시, 로더릭(Roderick Nash) 46
노백, 바버라(Barbara Novak) 52
뉴턴 40, 42~43, 51, 139, 140~141, 144~146, 148, 150, 152
니체 67

ㄷ
다우닝, 앤드루(Andrew Jackson Downing) 179
다윈 43, 53
도허티, 조(Joe Doherty) 10, 21
뒤르켐, 에밀(Emile Durkheim) 151, 153

ㄹ
라이헨바흐, 한스(Hans Reichenbach) 146, 148, 156

러셀, 버트런드(Bertrand Russell) 77
레닌, 블라디미르(Vladimir Lenin) 27, 178, 182~183, 237
레텔 118, 149, 155, 261
로즌솔, 버나드(Bernard Rosenthal) 56
뢰슈, 아우구스트(August Lösch) 236
루이스, 패리(Parry Lewis) 224
룩셈부르크, 로자(Rosa Luxemburg) 181~182, 237
르클뤼, 엘리제 16
르페브르, 앙리(Henri Lefebvre) 14, 174~178, 239
리만, 베른하르트(Bernhard Riemann) 145, 148
리카도, 데이비드(David Ricardo) 60

ㅁ
마르쿠제, 헤르베르트(Herbert Marcuse) 78, 214, 267
마르크스, 카를 14~15, 31, 60~61, 63~65, 67~69, 72~74, 79, 81~82, 199, 236, 255, 259
마르크스, 레오(Leo Marx) 45~46, 51, 53, 59, 178
마흐, 에른스트(Ernst Mach) 147, 183
만델, 어니스트(Ernest Mandel) 27, 189, 229, 261
매킨더, 핼퍼드(Halford Mackinder) 27
맬서스, 토머스(Thomas Malthus) 60
모리, 조지(Georeg Mowry) 49
미첼, 돈(Don Mitchell) 7, 12
밀, 존 스튜어트(John Stuart Mill) 60

ㅂ
버먼, 마셜(Marshall Berman) 18
베이컨, 프랜시스(Francis Bacon) 38~39, 42
보먼, 아이자이어(Isaiah Bowman) 127
부하린, 니콜라이(Nikolai Bukharin) 184, 197, 251

뷔퐁 105

ㅅ
사우어, 칼(Carl Sauer) 192
사이드, 에드워드(Edward Said) 15
색, 로버트(Robert Sack) 142, 155, 157, 160
소로, 헨리(Henry Thoreau) 52
소자, 에드워드(Ed Soja) 18, 176
수판, 알렉산더(Alexander Supan) 170
슈미트, 알프레트(Alfred Schmidt) 61~62, 64~70, 72, 74, 76~77, 79, 81, 89, 122, 132
스미스, 애덤 60, 151
스미스, 헨리 내시(Henry Nash Smith) 44
스탈린, 이오시프(Iosif Stalin) 27~28
스탬프, 더들리(Dudley Stamp) 198

ㅇ
아도르노, 테오도르(Theodor Adorno) 78
아리스토텔레스 143~144
아민, 사미르(Samir Amin) 207
아이사드, 월터(Walter Isard) 226
아인슈타인 40, 43, 137, 141, 145~147, 167
알튀세르, 루이(Louis Althusser) 77, 81
애브러모비츠, 모지스(Moses Abramowitz) 224
야머, 막스(Max Jammer) 143, 147~148
에머슨, 피터(Peter Emerson) 51
엥겔스 64, 87, 93, 99~100, 103, 113, 123, 128~130, 158, 239
오듀본, 존 제임스(J. J. Audubon) 48
워커 240
월러스틴, 이매뉴얼(Immanuel Wallerstein) 241
윌리엄스, 레이먼드(Raymond Williams) 80

ㅈ
제이, 마틴(Martin Jay) 79
존-레텔, 앨프리드(Alfred Sohn-Rethel) 74

ㅊ
처치, 프레더릭 에드윈(Frederic Edwin Church) 48
치솜, 조지(George Chisholm) 194, 198

ㅋ
카스텔, 마누엘(Manuel Castells) 175, 177, 243
카우츠키, 카를(Karl Kautsky) 182
칸트 37, 38, 72~74, 87, 151, 155, 183
케츠, 신디(Cindi Katz) 18
코페르니쿠스 146
쿠겔만, 루트비히(Ludwig Kugelmann) 122
쿠즈네츠, 시몬(Simon Kuznets) 224
크라이슬러 273
키케로 104, 118

ㅌ
터너, 프레더릭 잭슨(Frederick Jackson Turner) 198
테일러, 조슈아(Joshua Taylor) 54
테일러, 피터(Peter Taylor) 241
토머스, 브린리(Brinley Thomas) 224
토크빌, 알렉시 드(Alexis de Tocqueville) 46
트로츠키, 레온(Leon Trotsky) 27~28
팀파나로, 세바스티아노(Sebastiano Timpanaro) 81

ㅍ
포이어바흐 89
폰 바이츠제커, 카를 프리드리히(Carl Friedrich von Weizsäcker) 44
프톨레마이오스 146
플라톤 104, 143~144
피타고라스 143

ㅎ
하버마스, 위르겐(Jürgen Habermas) 78
하비, 데이비드(David Harvey) 7, 10, 12, 18,

21, 138, 154, 162, 171, 173~174, 184,
　　　211, 225
하트숀, 리처드(Richard Hartshorne)　192
해러웨이, 도나(Donna Haraway)　94
해리스, 나이절　265
헤겔, 게오르크 빌헬름 프리드리히(Georg Wilhelm
　　　Friedrich Hegel)　63, 67, 72~74, 87, 118,
　　　146, 148, 156
헤트너, 알프레트(Alfred Hettner)　192
호르크하이머, 막스(Max Horkheimer)　78
화이트헤드, 앨프리드(Alfred Whitehead)　14,
　　　139, 145, 148
훔볼트, 알렉산더(Alexander Humboldt)　48

저서

『공산당 선언』　209
『메갈로폴리스(Megalopolis)』　127
『상업지리학 편람(Handbook of Commercial
　　　Geography)』　194
『아메리카 제국』　10
『요강』　209
『자본의 한계』　225, 238~239
『자본』　161, 172, 175, 181, 199
『후기 자본주의(Late Capitalism)』　189

지은이
닐 스미스(Neil Smith)

1954년 스코틀랜드에서 출생, 세인트앤드루스 대학교 지리학과를 졸업한 후 미국 존스홉킨스 대학교에서 데이비드 하비의 제자로 박사학위를 받았다. 『불균등발전』은 그의 박사학위 논문이다. 그 후 컬럼비아 대학교와 럿거스 대학교를 거쳐 2000년 이후 뉴욕시립대학교 석학교수로 재임했으며, 영국 애버딘 대학교에서 저명 교수들에게 위촉하는 Sixth Century Chair에 임명되기도 했다. 주요 저서로 『불균등발전』 외에 『새로운 도시 전선(The New Urban Frontier)』, 『아메리카 제국(American Empire)』, 『세계화의 종반(The Endgame of Globalization)』 등이 있다. 2000년대 후반 혁명의 역사지리적 조건과 전망에 관해 연구했으나, 결과를 보지 못하고 2012년 타계했다. 세계비판지리학대회(International Critical Geography Group)를 주도했으며, 동아시아대안지리학대회(East Asian Regional Conference in Alternative Geography)의 결성에도 많은 영향을 미쳤다.

옮긴이

최병두 대구대학교 지리교육과 교수이다. 서울대학교 지리학과를 졸업하고 영국 리즈 대학교에서 박사학위를 받았다. 자본주의 도시의 공간환경 문제와 대안의 모색에 관심을 가지고 연구하고 있다. 한국공간환경학회 회장, 미국 존스홉킨스 대학교 방문교수 등을 역임했으며, 현재 한국도시연구소 이사장을 맡고 있다. 저서로는 『자본의 도시』, 『국토와 도시』 등이 있고, 역서로는 『공간적 사유』, 『데이비드 하비』 등이 있다.

이영아 동국대 지리교육과, 서울대학교 환경대학원을 졸업하고 영국 브리스톨 대학교에서 박사학위를 받았다. 현재 대구대학교 지리교육과 부교수로 도시 빈곤 및 주거 문제에 관심을 가지고 연구하고 있으며, ≪공간과 사회≫ 편집위원장을 맡고 있다. 저서로는 『도시재생과 가난한 사람들』(공저), 『저성장시대 서울의 도시정책을 말하다』(공저) 등이 있고, 역서로는 『사람을 위한 도시』 등이 있다.

최영래 플로리다 인터내셔널 대학교 국제사회문화학과 지리학 조교수이다. 서울대학교 해양학과를 졸업하고 영국 옥스퍼드 대학교에서 지리·환경학 석사학위를, 미국 오하이오 주립대학교에서 지리학 박사학위를 받았다. 정치생태학 및 환경인류학적 관점에서 동아시아 연안·해양의 개발 - 보전 정치를 연구하고 있다. 저서로는 『생물다양성과 황해』가 있으며, 역서로는 『생물다양성과 기후변화』, 『환경정의』(공역), 『자연과 타협하기』(공역) 등이 있다.

최영진 서울대학교 지리교육과에서 박사학위를 받았다. 현재 서울대학교 사범대학 지리교육과 시간강사로 출강하고 있으며, 지리정치경제학적 관점에서 한국의 기업 및 경제성장에 지정학과 지경학이 미치는 영향을 연구하고 있다.

황성원 학부에서 영문학을 전공하고 대학원에서는 지리학을 전공했다. 지금은 프리랜서 번역가로 일하면서 환경, 생태, 노동, 여성 등 다양한 주제를 다룬 책을 번역하고 있다. 역서로는 『쫓겨난 사람들』, 『기후카지노』, 『자본의 17가지 모순』, 『타자를 위한 경제는 있다』, 『캘리번과 마녀』, 『혼자 살아가기』 등이 있다.

한울아카데미 2043

불균등발전
자연, 자본, 공간의 생산

지은이 ǀ 닐 스미스
옮긴이 ǀ 최병두·이영아·최영래·최영진·황성원
펴낸이 ǀ 김종수
펴낸곳 ǀ 한울엠플러스(주)
편집 ǀ 신순남

초판 1쇄 인쇄 ǀ 2017년 10월 30일
초판 1쇄 발행 ǀ 2017년 11월 10일

주소 ǀ 10881 경기도 파주시 광인사길 153 한울시소빌딩 3층
전화 ǀ 031-955-0655
팩스 ǀ 031-955-0656
홈페이지 ǀ www.hanulmplus.kr
등록번호 ǀ 제406-2015-000143호

Printed in Korea.
ISBN 978-89-460-7043-1 93330(양장)
     978-89-460-6401-0 93330(반양장)

※ 책값은 겉표지에 표시되어 있습니다.
※ 이 책은 강의를 위한 학생판 교재를 따로 준비했습니다.
  강의 교재로 사용하실 때에는 본사로 연락해주십시오.